chapada lavras diamantes

Francisco Lima Cruz Teixeira

chapada lavras diamantes

percurso histórico de
uma região sertaneja

Chapada, lavras, diamantes:
percurso histórico de uma região sertaneja
copyright © 2021 Francisco Lima Cruz Teixeira

EDIÇÃO
Enéas Guerra
Valéria Pergentino

PROJETO GRÁFICO E DESIGN
Valéria Pergentino
Elaine Quirelli

REVISÃO DE LINGUAGEM
Ana Luz

ILUSTRAÇÃO DA CAPA
Enéas Guerra

FOTOGRAFIAS
Elaine Quirelli
Kin Guerra
Letícia Grappi

Dados Internacionais de Catalogação na Publicação (CIP)
de acordo com ISBD

T266c   Teixeira, Francisco Lima Cruz

Chapada, Lavras, Diamantes: percurso histórico de uma
região sertaneja / Francisco Lima Cruz Teixeira. - Lauro de
Freitas : Solisluna Editora, 2021.

432 p. ; 16cm x 23cm.
Inclui bibliografia e índice.
ISBN: 978-65-86539-26-4

1. História do Brasil. 2. História da Bahia. 3. Chapada
Diamantina. 4. Brasil Colonial. 5. Diamante. 6. Garimpo. I. Título.

2021-970   CDD 981
                                   CDU 94(81)

Elaborado por Vagner Rodolfo da Silva - CRB-8/9410
Índice para catálogo sistemático:
1. História do Brasil 981
2. História do Brasil 94(81)

"Este projeto tem apoio financeiro do Estado da Bahia através da Secretaria de
Cultura e da Fundação Cultural do Estado da Bahia (Programa Aldir Blanc Bahia)
via Lei Aldir Blanc, direcionada pela Secretaria Especial da Cultural do Ministério
do Turismo, Governo Federal".

Todos os direitos desta edição reservados à Solisluna Design Editora Ltda.
55 71 3379.6691 | 3369.2028 www.solisluna.com.br editora@solislunadesign.com.br

Gostaria de agradecer aos amigos que leram, comentaram e incentivaram a feitura deste livro. Em ordem aleatória: Olívia Bustani, Paulo Tigre, Ricardo Cavalcante, Antônio Diamantino, Ângela Teixeira, Ricardo Caribé, Luiz Alberto Teixeira, Edgard Porto, Glória Teixeira, Gildásio Santana, Francisco Neves da Rocha, Luciana Moniz, Dinha Ferrero, Kiki Moniz. Agradeço também a Valéria Pergentino e ao pessoal da Editora Solisluna pelo acolhimento, dedicação e arte. E à equipe da Coordenação de Literatura da Fundação Cultural do Estado da Bahia pela competente gestão do Prêmio das Artes Jorge Portugal.

Sumário

9   Panorama da narrativa

13   • PRIMEIRA PARTE •
Sertão da Chapada e das Lavras Diamantinas:
trajetória histórica no período colonial

17   O território

27   Os primeiros habitantes

35   O sertão do couro

53   A conquista do Sertão dos Maracás

69   A mineração do ouro na Chapada Diamantina:
Jacobina e Rio de Contas

99   A fazenda de gado em movimento

103   Uma comunidade rural do sertão antigo

113   Índios, gado, ouro e quilombos: visão geral
ao final do período colonial

123   • SEGUNDA PARTE •
Independência, Império e diamantes:
a Chapada Diamantina no Século XIX

127   A construção do império unitário, centralizador
e escravista

141   Independência e Império na Bahia

163   O sertão e o Império

181   A descoberta de diamantes
na Serra do Sincorá

191 Até que ponto diamantes são eternos?
203 Além de ouro, diamantes
221 A corrida nas Lavras Diamantinas
247 Aspectos sociais das Lavras
263 Sobre o eterno e o etéreo

269 • TERCEIRA PARTE •
A República Federativa e a República do Sertão
271 Coronéis, guerras e decadência
273 A República oligárquica e coronelista
301 A República na Bahia
307 A Bahia agrário-exportadora
323 O sertão, as Lavras e a República
337 Os coronéis e suas guerras
347 As guerras do Coronel Horácio de Matos
369 A Bahia e a Revolução de 1930
377 A desintegração do sertão, a irremediável decadência das Lavras
385 O presente condicionando o futuro
391 Chapada, Lavras para onde se destinam?
411 A quem pertence o futuro?

Panorama da narrativa

*Não é entre pintor e quadro, ou mesmo, audácia que se julgou
excessiva, entre quadro e paisagem que se situa o problema da
história, mas na própria paisagem, no coração da vida.*
Fernand Braudel[1]

A Chapada Diamantina, encravada no coração da Bahia, ficou conhecida mundialmente, na segunda metade do século XIX, por seus diamantes e, nos dias atuais, como destino turístico que atrai um número cada vez maior de visitantes, encantados com suas trilhas, paisagens e história. Um recorte territorial da Chapada, onde foram achadas as pedras preciosas em grande quantidade, passou a ser denominado Lavras Diamantinas. Como na grande maioria das províncias minerais, as Lavras, após breve apogeu, decaíram junto com a produção das minas. Suas cidades se tornaram quase fantasmas. A partir dos anos oitenta do século passado, essas localidades voltaram a ter crescimento demográfico em decorrência do turismo e da agricultura irrigada. Não obstante, a região continua pobre e afogada em problemas sociais e ambientais.

Este trabalho traça a trajetória histórica da Chapada Diamantina desde a época de seus primeiros habitantes, os índios, até os dias atuais. Busca-se construir um amplo panorama da região, reunindo e integrando pedaços de sua saga, dispersos em inúmeras fontes. Apresenta uma visão geral de sua evolução, começando pelo processo de ocupação e colonização, passando pela extração de diamantes, as guerras dos coronéis e a decadência, chegando aos dias de hoje, quando são exploradas alternativas para a recuperação de algum quinhão da riqueza perdida. Destina-se ao público que se interessa pela Chapada Diamantina e por história regional e da Bahia.

Foi utilizado um conjunto expressivo de referências bibliográficas como fonte de informação. Optou-se por não ir em busca de dados primários, originais, oriundos de arquivos até então não explorados.

Julgou-se que o projeto de construir um amplo panorama, que perfaz quatro séculos, prescindiria de informações novas, detalhadas, que seriam muito úteis caso o alvo fosse iluminar algum aspecto específico dessa trajetória. As publicações existentes – as primeiras remontam ao século XVI – contêm dados, informações e análises que nos guiam por esse longo horizonte temporal com segurança.

Por outro lado, evitou-se discorrer sobre as controvérsias existentes na historiografia, pertinentes, principalmente, a interpretações sobre o curso geral de nossa história. A linha interpretativa adotada reconhece essas controvérsias, mas não as revisa ou confronta, renunciando a uma abordagem acadêmica. Nenhuma tese é defendida. A ideia foi descrever e interpretar, deixando, porém, largo espaço para que o leitor chegue às suas próprias conclusões. Afinal, a história resulta da articulação de narrativas criadas, com seus diferentes pontos de vista, os misteriosos aí inclusos.

A abordagem adotada reúne elementos da formação econômica, da estrutura social, do arcabouço político e de alguns traços culturais que ajudam a compor o caminho histórico da região, ao destacar suas especificidades em relação ao entorno maior. A lição de Braudel é clara: não existe história unilateral, não seria possível entendê-la fincada em um ou outro fator dominante. Nessa linha, as dimensões sociais, econômicas, políticas e culturais são exploradas de forma a ressaltar suas interrelações, sem as quais o processo de construção da formação social específica não seria identificável. Escravizados, coronéis, bacharéis, "arraia miúda" e demais participantes do drama da formação da região são observados em suas posições sociais e nas relações entre elas, constituindo a perspectiva humana o pilar básico da interpretação histórica. Buscou-se compreender a multiplicidade da experiência humana através de um longo percurso, limitada, no entanto, pelo território-alvo e suas vinculações com outras regiões da província, do país e do mundo.

O texto está dividido em três partes. Na primeira, além de delimitar e caracterizar o território, percorre-se o período colonial, desde a conquista, a ocupação e o surgimento das primeiras povoações no alto sertão da Bahia, onde está inserida a Chapada Diamantina. A criação de gado era a principal atividade econômica a motivar o desbravamento daqueles vastos territórios desconhecidos, hostis e violentos, do ponto de vista do colonizador em guerra com os primitivos habitantes. A pecuária extensiva, em enormes glebas de terras concedidas a título de sesmarias, deu início à colonização no alto sertão da Bahia, assim como em todos aqueles sertões. Ademais, ouro foi encontrado e explorado nas extremidades norte – Jacobina – e sul – Rio de Contas – da Chapada, na primeira metade do século XVIII, provocando uma corrida que resultou em um maior adensamento da rala população e na instalação das primeiras instituições de estado naquelas longínquas paragens. A exploração de ouro na Chapada é confrontada com a mineração nos distritos de Minas Gerais, no mesmo século XVIII, principal fonte da imensa riqueza dissipada pela coroa portuguesa. No final desse século, o algodão passou a ser cultivado e exportado, ensejando alguma diversificação produtiva na região. Apesar disso, o território permaneceu esparsamente ocupado, e algumas áreas, como a das Lavras Diamantinas e suas escarpadas serras, em grande medida, indevassadas.

A segunda parte se ocupa do século XIX e tem como principal episódio a descoberta de diamantes no rio Mucugê, em 1844. Antes de falar sobre essa descoberta, discorre-se sobre a Independência, a formação do Império brasileiro e seus desdobramentos na Bahia e no sertão. Procura-se contextualizar a corrida de diamantes nas Lavras Diamantinas, relacionando-a com a estrutura econômica, a formação social e o arcabouço político vigentes no país, na província e no sertão durante o período monárquico. Esse contexto é ampliado ao se discorrer sobre a história da indústria do diamante no mundo, desde a antiguidade, na Índia, até os dias de hoje, passando pelas famosas descobertas no sul da África. Essa história não poderia deixar de se deter na exploração do Distrito Diamantino, situado no Vale do Jequitinhonha, em Minas, durante o apogeu do domínio colonial das riquezas minerais do Brasil, ainda no século XVIII. Ao voltar às descobertas das Lavras, exploram-se seu apogeu, promovido pelo trabalho escravizado, e o início da decadência que os métodos tradicionais de exploração não conseguiram reverter.

A terceira parte aborda o século XX. Nesse período, o principal episódio são as guerras dos coronéis. Explorar o fenômeno do coronelismo, em suas relações com a estrutura política da Primeira República, torna-se, por consequência, inevitável. Para tanto, o advento da república é primeiramente analisado, identificando-se as forças políticas que a sustentaram. O predomínio da economia cafeeira do Sudeste relega a Bahia a uma posição marginal no jogo de poder do país, alimentando seu longo processo de decadência. O sertão também sofre as agruras decorrentes de atividades econômicas atrasadas, imersas em estruturas sociais dominadas pelo latifúndio concentrador, incapaz de oferecer alternativas de sobrevivência a uma população que, apesar de tudo, crescia, mas que, em grande parte, teve de procurar outras paragens. O trabalhador livre não era tão livre para escolher ir, vir ou ficar. As guerras na Chapada Diamantina, lideradas pelo célebre coronel Horácio de Matos, adicionam um componente trágico a essa história, tanto pela violência e pelas mortes, como pela devastação das terras da região, periodicamente assoladas pelas secas. As Lavras Diamantinas chegam ao fundo do poço, os fugazes diamantes desaparecem sem deixar muito rastro. Por último, a recuperação que se ensaia desde os anos de 1980 é brevemente averiguada, com o fito de perscrutar os possíveis caminhos dessa história sem fim.

O trecho principal é recheado com ilustrações e caixas de texto, com o intuito de ressaltar algum aspecto da narrativa. As caixas de texto exploram tópicos que se destacam, ou apresentam romances que se desenrolam na região da Chapada e descrevem com arte os dramas oriundos das relações sociais conflituosas e violentas que permeiam aquela sociedade.

O percurso é longo, o caminho tortuoso, mas certamente vale a pena perscrutá-lo. Os encantos e mistérios da Chapada Diamantina são estímulos que nos fazem superar os percalços, assim como suas trilhas em busca de recantos mágicos. Convidamos os amantes da história e das trilhas a desvendarem os segredos desse território, dessa paisagem que pulsa no "coração da vida".

NOTA

[1] Braudel (1978, p. 22).

• PRIMEIRA PARTE •

Sertão da Chapada e das Lavras Diamantinas: trajetória histórica no período colonial

*Sertão que se alteia e se abaixa. Mas que as curvas
dos campos estendem sempre para mais longe. Ali
envelhece vento. E os brabos bichos, do fundo dele...*
João Guimarães Rosa[1]

A conquista e a ocupação do sertão representaram grandes obstáculos para a epopeia colonial dos portugueses no Brasil. Os colonizadores precisavam se assenhorear daquele território imenso, desconhecido e, em boa parte, indevassável, para levar a empreitada a bom termo. Sem embargo de aventuras em busca de concretas ou fantasiosas riquezas minerais, as terras além da faixa litorânea eram imprescindíveis para viabilizar a agricultura de exportação, que necessitava de alimentos e força animal para movimentar culturas e indústrias. Para tanto, seria necessário domar os índios rebeldes e desbravar as áreas mais propícias à criação de gado, os vales dos rios, que fornecessem a bendita água naquele clima seco e árido. A ambição era ilimitada, os perigos inimagináveis, velhos ventos e bichos brabos entre eles.

Para entender o perfil estrutural de uma região, nada mais vantajoso do que uma viagem histórica por sua formação. Comecemos pelo início, tentando identificar os primeiros habitantes do território, os primeiros colonizadores e suas venturas de conquista e ocupação, as primeiras atividades econômicas que contribuíram para fixar os luso-brasileiros no largo espaço geográfico da Chapada Diamantina e a sociedade daí resultante. Para tanto, é indispensável recorrer a um contexto geográfico maior, de onde se possam retirar referências sobre a organização social que se estabeleceu no sertão do Nordeste brasileiro durante o período colonial. Referências que ajudem a desvendar características particulares que distinguem o espaço menor que se quer focalizar.

Após as guerras de conquista dos primeiros habitantes, os colonizadores da Chapada passaram a estabelecer fazendas de gado, ativi-

dade que dominou o sertão do Nordeste brasileiro naquela época. No século XVIII, houve mineração de ouro nos extremos norte e sul do território. O algodão esteve presente no sertão da Bahia, ao sul e ao norte da Chapada, diversificando, a partir do final do século, a produção local. Mesmo assim, ao final do período colonial, o espaço ainda era pouco povoado, as ocupações distantes e descontínuas. As células sociais básicas eram as fazendas distantes, quase autônomas, e poucas vilas onde o Estado se fazia presente. Em torno de poucas grandes propriedades giravam a economia e a população de escravizados e homens livres da "pequena esfera". Antes de discorrer sobre tudo isso, porém, cumpre delinear o território cuja história queremos contar.

NOTA

[1] Rosa (2006, p. 542).

O território

A Chapada Diamantina é delimitada de diferentes maneiras por distintos autores. No intuito de fixar uma referência territorial, a delimitação aqui adotada comporta duas dimensões espaciais. A primeira, mais ampla, será chamada de Chapada Diamantina. A segunda, mais restrita, compreende a parte da Chapada Diamantina onde ocorreu a mineração de diamantes em larga escala, aqui denominada de Lavras Diamantinas. Esse espaço menor é identificado pela poligonal formada pelas atuais cidades de Mucugê, Andaraí, Lençóis e Palmeiras, além do distrito de Igatu (Xique-Xique), cujas localizações estão plotadas no Mapa Físico da Bahia (Mapa 1).[2]

Compreende-se que a Chapada Diamantina está situada no alto sertão da Bahia, parte integrante de um abrangente sertão brasileiro, que se reconhece, em uma primeira aproximação, pela oposição à faixa litorânea, onde a colonização começou. Erivaldo Fagundes Neves propõe que o alto sertão da Bahia seja delimitado tendo como balizas sua longa distância do litoral (cerca de quatrocentos quilômetros em linha reta), o limite ocidental do Rio São Francisco e suas terras altas, as "maiores altitudes do Nordeste do Brasil".[3] Em um recorte geográfico do alto sertão da Bahia se insere, portanto, a Chapada Diamantina.

Desde a carta de Caminha, a palavra sertão enfeixa diversos sentidos nas descrições históricas de uma vasta porção do território do país, os autores tratando de extrair não só significado, mas também poesia desse poderoso vocábulo.[4] Nas palavras de Guimarães Rosa, "...o sertão está em toda parte".[5]

Cavalcanti Proença sugere que Euclides da Cunha foi o primeiro autor a apontar a existência de dois brasis, ao revelar o contraste entre

"...o nosso modo de viver e o daqueles rudes patrícios, mais estrangeiros nesta terra do que os imigrantes da Europa. Porque não no-los separa um mar, separam-no-los três séculos". No sertão, nas palavras de Euclides da Cunha, foi onde se forjou "...aquela rude sociedade, incompreendida e olvidada,[...] o cerne vigoroso da nossa nacionalidade". Discorrendo sobre sua formação histórica, Capistrano de Abreu alude a uma "época do couro" nos sertões, enquanto Fernand Braudel chega a falar de uma "Civilização do Couro" no vale do rio São Francisco.[8] O que importa reter no momento é que os processos sociais que historicamente se desenrolaram no sertão, ou nos sertões, possuem característica próprias, diferentes, em significativa medida, dos que tiveram lugar na faixa litorânea, região muito mais explorada pela historiografia.[9]

Geograficamente, a Chapada Diamantina é parte da serra do Espinhaço que, com mais de 1.200 km de extensão, atravessa, com pequena variação longitudinal, os estados da Bahia e de Minas Gerais, indo na direção norte–sul, desde o paralelo 10, na margem direita do rio São Francisco, na Bahia, até o paralelo 20, a nordeste da cidade de Belo Horizonte, em Minas Gerais, mantendo, ao longo desse percurso, características semelhantes e singulares, como já haviam observado os naturalistas bávaros Spix e Martius na célebre *Viagem pelo Brasil*, em 1818.[10] A Serra do Espinhaço está dividida em quatro segmentos denominados, de sul para norte: Espinhaço Meridional, Platô do Rio Pardo, Espinhaço Setentrional e Chapada Diamantina. Suas rochas consistem essencialmente de conglomerados, arenitos e pelitos, as duas últimas metamorfoseadas em quartzitos e xistos.[11]

A Chapada Diamantina é tão antiga geologicamente, que existem rochas com idade superior a três bilhões de anos. Sua geologia é caracterizada por um conjunto complexo de vários tipos de rochas formadas por processos sedimentares de origem estuarina (sedimentos depositados entre os rios e os oceanos), aluvial (sedimentos carregados para grandes bacias por enxurradas e rios sujeitos a inundações), fluvial (sedimentos carregados por córregos e pequenos rios), glacial (sedimentos depositados em períodos de congelamento planetário), além das intrusões (material depositado em fraturas e falhas). As rochas de origem vulcânica encontradas na Chapada, assim como as sedimentares, foram tão metamorfoseadas ao longo do vastíssimo tem-

Mapa 1
Mapa Físico da Bahia

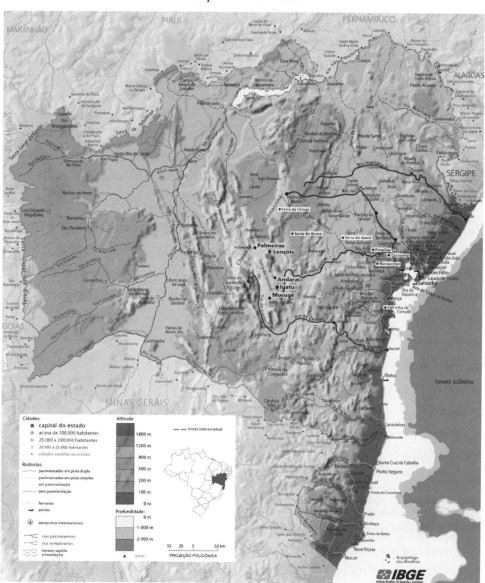

Fonte: IBGE

po (alterações causadas pelo tectonismo e pela pressão hidrostática), que mudaram sua natureza fisioquímica. Todo esse complexo imprime um relevo bastante acidentado às altas terras da região. Especula-se que um grande meteoro ajudou, com seu impacto, a constituição atual da Chapada Diamantina, principalmente a região da serra do Sincorá, único local do mundo onde foi encontrado carbonado, um tipo especial de diamante.[12]

Quando entra no estado da Bahia, para formar sua chapada, a serra do Espinhaço se divide, grosso modo, em três cordilheiras paralelas, conforme descrição de Theodoro Sampaio. A mais ocidental e mais alta é formada por segmentos de serras batizadas com vários nomes: das Almas, do Itubira, da Furna, de Santo Antônio, da Mangabeira e de Brotas, que vão em direção à margem direita do São Francisco, para onde correm suas águas.

A cordilheira central, distante quarenta quilômetros da primeira, se estende entre os rios de Contas e Paraguaçu e, ao sul, começa com o nome de serra do Cocal, recebendo os nomes de serra do Tromba, do Gagau ou do Bastião, seguindo em direção noroeste com o nome de serra do Gado Bravo. Depois de várias interrupções, chega até as proximidades da cidade de Xique-Xique, na margem direita do São Francisco, com o nome de serra do Assuruá.

A cordilheira oriental tem o nome geral de Serra do Sincorá e dista trinta quilômetros da central. Essa serra é bastante fragmentada, tanto no sentido longitudinal como transversal e recebe diversos nomes em suas ramificações locais, à medida que avança na direção noroeste: Santa Isabel, Capa Bode, Veneno, Estrela do Céu, Lençóis, Estiva, Barro Branco, João Felix, Saudade, Roncador, Parnaíba, Pedra Cravada, Selim. Essas três cordilheiras se espalham-se por 370 quilômetros de comprimento e 228 de largura, entre os paralelos 10 a 14 graus de latitude sul e entre os meridianos 40 a 42 de longitude oeste.[13]

Nunca é ocioso lembrar a importância da Chapada Diamantina para o regime hídrico do estado da Bahia. Além de alimentarem o São Francisco, em seu segmento médio, suas águas dão origem aos quatro principais rios baianos que deságuam no Atlântico e que podem ser vistos no Mapa 1. O primeiro, a partir do sul, é o rio de Contas, que nasce na serra do Tromba, município de Piatã, a 1.500 metros de altitude, percorre 620 quilômetros, na direção sul–leste, até sua foz, junto à cidade de Itacaré, após banhar 15 municípios.

O rio Paraguaçu nasce na extremidade sul da serra do Sincorá, no morro do Ouro, atual município de Barra da Estiva, e começa a correr na direção sul–norte, paralelo a essa serra, no meio de campos gerais. Nesse percurso inicial, era chamado, antigamente, de Paraguaçusinho. Quando chega próximo à cidade de Mucugê, passa a receber as águas dos rios que descem das partes mais elevadas da serra e, próximo da cidade de Andaraí, toma o rumo oeste–leste. Após atravessar regiões de matas e caatingas, o Paraguaçu se depara com a Barragem de Pedra do Cavalo, perto da cidade de Cachoeira, inaugurada em 1985, responsável pelo abastecimento de boa parte da população da Região Metropolitana de Salvador. Deságua na Baía de Todos os Santos, em um percurso total de 600 quilômetros, banhando 86 municípios.

O rio Jacuípe nasce mais ao norte, no município de Morro do Chapéu, a cerca de 1.000 metros de altitude, e desce o sertão no sentido noroeste–sudeste, banhando 35 municípios, em um percurso de 338 quilômetros. Ao chegar ao município de Antônio Cardoso, perto de Feira de Santana, desemboca no Paraguaçu, contribuindo para o volume da barragem de Pedra do Cavalo.

Por último, o rio Itapicuru, que nasce no extremo norte da Chapada Diamantina, próximo da histórica cidade de Jacobina. Daí avança no sentido oeste–leste, percorrendo o território de 54 municípios, indo desaguar próximo à cidade do Conde, litoral norte do Estado. É o único curso d'água perene em uma vasta região do nordeste da Bahia.

As bacias hidrográficas desses quatro rios perfazem um total de 103.580 km^2, correspondendo a cerca de 18,2% do atual território baiano. Elas estão situadas, em sua maior parte, no chamado semiárido nordestino, região de baixa pluviosidade, periodicamente castigada pelas secas. Esses rios são responsáveis pelo abastecimento de uma considerável parcela da população do estado, suas águas sendo também extensivamente usadas na irrigação. Várias barragens espalhadas ao longo dos seus cursos procuram garantir reservatórios perenes. Devido à proeminente importância da água para a vida humana, não seria exagero afirmar que os rios que nascem da Chapada Diamantina se constituem no principal recurso natural da Bahia.

A vegetação da Chapada Diamantina é particularmente diversificada. Ela se compõe de campos rupestres, florestas de pântanos, florestas de galerias, florestas de encostas, restingas, cerrados, gerais e caatinga. A fauna é também bastante diversificada e, assim como a flora, conta com várias espécies endêmicas. O que hoje resta da vegetação original é restrito, face aos processos de exploração e extração de madeira para os mais diversos fins, desde os tempos dos índios, além da exploração de diamantes. Mesmo assim, o conjunto formado por relevo, rios, vegetação e clima faz da Chapada Diamantina um destino que atrai um contingente cada vez maior de turistas de todas as partes do mundo. Contribui para isso a existência do Parque Nacional da Chapada Diamantina, criado em 1985, uma área de cerca de 152 mil hectares, na parte central da serra do Sincorá, a leste da região. A paisagem de serras, rios, cachoeiras, lagos, grutas e pântanos, em um território cheio de histórias e mistérios, no meio de um clima seco, é considerada única no mundo. O Mapa 2 situa a Chapada Diamantina e o seu parque no Estado da Bahia.[14]

Desde não se sabe muito bem quando, diamantes foram encontrados em toda a região da Chapada Diamantina. Spix e Martius, em 1818, reportaram que, "ao que consta", pelo que ouviram falar, havia exploração de diamantes na extremidade sul da serra do Sincorá.[15]

Ademais, diamantes foram produzidos "no extremo noroeste, as antigas lavras de Santo Ignácio de Assuruá, vizinhas de Chique-chique; no meio, tendendo para Oeste, as não menos antigas lavras, hoje abandonadas, da Chapada Velha, ao nordeste de Macaúbas; [...] e no extremo nordeste, as minas do distrito do Morro do Chapéu"[16] Apesar dessa dispersão geográfica, a grande quantidade de diamantes produzida na região originou-se do espaço mais restrito das Lavras Diamantinas, localizada no centro da serra do Sincorá e que cobre uma área de aproximadamente 16.500 km^2, a partir da sua descoberta, em 1844, no leito de um córrego tributário do rio Mucugê, afluente do Paraguaçu.

Ao focar as Lavras Diamantinas, onde, a partir da segunda metade do século XIX até a primeira do século XX, a principal atividade econômica foi a extração de diamantes, este trabalho abordará um conjunto especifico de relações sociais que se estabeleceram nesse território. As Lavras — inseridas na Chapada Diamantina, um pedaço do Alto Sertão da Bahia, um recorte do sertão "que está em toda parte" – estão situadas no que Capistrano de Abreu chamou de "sertões de dentro", onde, antes dos diamantes, a criação de gado predominou.[17] Essa delimitação territorial tem como substrato as relações, econômicas, políticas, culturais historicamente situadas nesse espaço, cujas marcas permanecem até os dias de hoje e ainda fazem parte de sua identidade. A compreensão desse conjunto de relações, no entanto, não pode prescindir das conexões das Lavras com o seu entorno imediato, o restante da Chapada Diamantina, nem com o seu entorno maior, o alto sertão da Bahia e, indo mais longe, em direção ao sul, o

Mapa 2
Bahia: regiões e a Chapada Diamantina

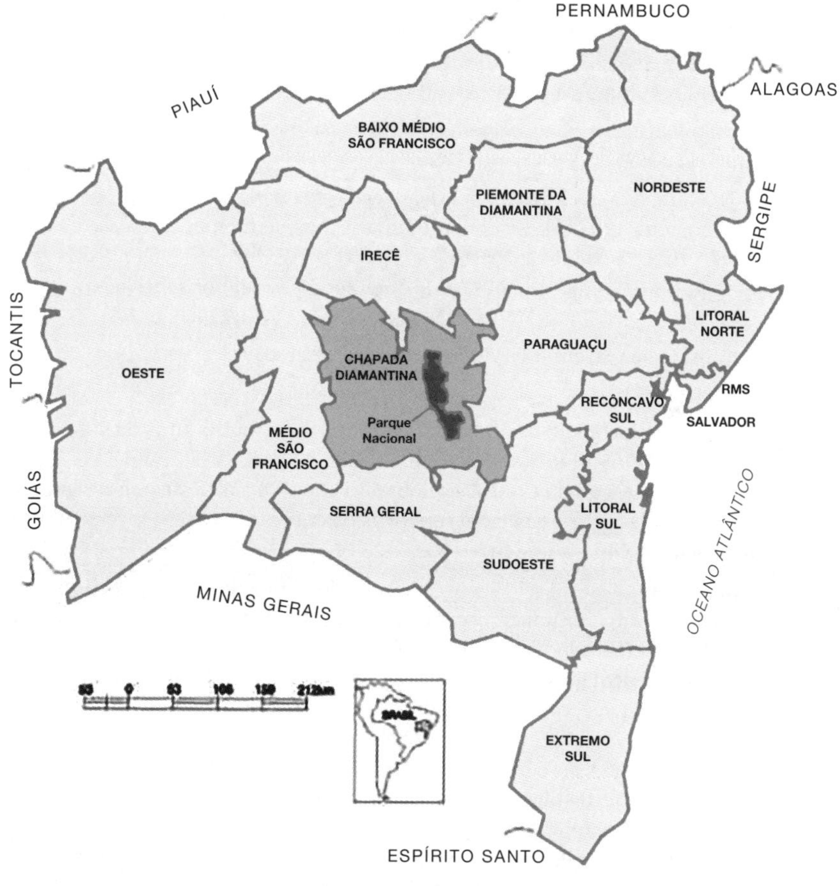

Fonte: http://www.bahia.ws/mapa-bahia/chapada-diamantina

sertão das Minas, conexões essas que espraiaram uma extensa rede de relações produtivas comerciais e sociais. Em direção ao litoral, as redes de inter-relações das Lavras Diamantinas se estendiam até o porto, na Cidade da Bahia, e, daí, até a Europa, integrando o centro produtor da *commodity* aos fluxos comerciais globais.[18]

Nessa viagem histórica pelas Lavras Diamantinas, cumpre primeiro indagar quem eram seus primeiros habitantes.

NOTAS

[2] O conceito de território e os critérios de territorialização são bastante controversos. Para uma visão geral do debate, ver Haesbaert (2002, p. 17-38). Ver também Brandão (2012).

[3] Neves (2008). Em outro trabalho, esse mesmo autor discute o "sertão como categoria espacial", vinculando-o não só à dimensão geográfica, mas sobretudo às suas especificidades culturais e políticas (2011 a).

[4] Para uma análise histórica da origem e dos usos da categoria "sertão", inclusive na literatura e no cinema, ver Amado (1995).

[5] "O senhor tolere, isto é o sertão. [...] Lugar sertão se divulga: é onde os pastos carecem de facho; onde um pode torar dez, quinze léguas, sem topar com casa de morador; onde o criminoso vive seu cristo jesus [...] O gerais corre em volta. Esses gerais são sem tamanho. Enfim, cada um o que quer aprova, o senhor sabe: pão ou pães, é questão de opiniães.[...] O sertão está em toda parte". Rosa (2006, p. 7-8).

[6] M. Cavalcanti Proença, em Introdução a Cunha (2011, p. 9).

[7] Cunha (2011, p. 105).

[8] Capistrano de Abreu (2000) nos fala: "Pode-se apanhar muitos fatos da vida daqueles sertanejos dizendo que atravessaram a época do couro". Já Braudel (1970), usa a expressão "Civilização do Couro" englobando não só o Nordeste como também a região dos Pampas, que possui características bastante diferentes, de resto pontuadas por Capistrano no mesmo livro (p. 232-233).

[9] A sempre citada frase do Frei Vicente do Salvador, considerado o pai da historiografia brasileira, antecipa concretamente a situação: "Da largura que a terra do Brasil tem para o sertão não trato, porque até agora não houve quem a andasse por negligência dos portugueses, que sendo grandes conquistadores de terras não se aproveitam delas, mas contentam-se de andar arranhando ao longo do mar como caranguejos." Frei Vicente do Salvador (1918, p. 19). Jorge Caldeira interpreta essa frase, e a obra do Frei, como uma forma de discriminação entre os homens letrados, que ocupavam o topo da hierarquia social, e os analfabetos sertanistas, quase todos mamelucos, que, já naquela época, haviam esquadrinhado os sertões, mas que, aos olhos do autor, não mereciam crédito. Não obstante, é forçoso reconhecer que, em 1627, quando o religioso publicou seu livro, os sertões não haviam ainda sido, na

sua quase totalidade, efetivamente ocupados, pois os sertanistas estavam em busca de escravos índios, metais preciosos e, em alguns casos, produtos extrativistas. Ver Caldeira (2015).

[10] Spix e Martius (1981, v. 2, Livro Sexto, Cap. 2).

[11] Para uma descrição geológica da Serra do Espinhaço, ver Silva (1994).

[12] Para uma história da formação geológica da Chapada, ver Cezar e Camargo (2016).

[13] Sampaio (1998). Essa edição foi reproduzida a partir de fotografia direta do volume editado pelas Escolas Profissionais Salesianas, em 1905. A viagem foi feita entre 1879 e 1889. Em Geografia e Geologia, chapada refere-se a uma considerável área de terras elevadas, com o topo relativamente plano. Pode ser sinônimo de planalto ou altiplano.

[14] Para uma inspirada descrição da fauna, flora e geologia da Chapada Diamantina, ilustrada por belas fotos da sua paisagem, ver o livro de Jean Yves Domalain (1998, p. 4). O autor, famoso naturalista e aventureiro, chega a afirmar que: "Após mais de trinta anos de viagens nas regiões do globo mais renomadas pelas suas paisagens, o que eu vi de mais bonito, de mais espetacular, é Mucugê".

[15] Spix e Martius (1981, p. 130).

[16] Sampaio (1998, p. 131).

[17] Abreu (2000, p. 156). Para ele, na época da expansão da pecuária no atual Nordeste, os "sertões de dentro" compreendiam todo o território da Bahia atual, inclusive o além São Francisco, então território de Pernambuco, chegando até o Piauí e Maranhão, enquanto os "sertões de fora" eram aqueles mais ao norte e mais próximos do litoral. Caio Prado Junior concorda com essa divisão e a reforça (PRADO JÚNIOR, 2000, p. 55). Essa distinção procura destacar duas correntes de povoamento: uma que parte da Bahia e outra de Pernambuco.

[18] Segundo Braudel: "O passado das civilizações nada mais é, aliás, que a história dos empréstimos que elas fizeram umas às outras, ao longo dos séculos, sem perder com isso seus particularismos ou suas originalidades" (BRAUDEL, 1989, p. 29).

Os primeiros habitantes

Em vários locais da Chapada Diamantina são encontradas pinturas rupestres, indicando que aquelas serras e vales já eram procurados por habitantes pré-cabralinos em busca de abrigo, água, caça e pesca há cerca de, provavelmente, 10 mil anos. Em um território seco e árido, as serras ofereciam meios de sobrevivência relativamente mais fáceis, com suas paredes de arenito formando convenientes proteções contra intempéries e predadores. As fotografias, na página ao lado e nas páginas seguintes, mostram pinturas rupestres nas proximidades de Mucugê.[19]

Sendo impossível contar toda essa história, que não se sabe exatamente quando e como começou, inicia-se com a chegada dos portugueses e o processo de colonização que se instalou nas novas terras "descobertas".

O historiador Wanderley Pinho argumenta que "A guerra ao gentio é que traçou as primeiras linhas de ocupação e da exploração da terra", referindo-se às primeiras sesmarias e aos primeiros sesmeiros no Recôncavo Baiano. Nessa visão, a colonização não teria sido direcionada pela fertilidade das terras e a presença de cursos de água. A submissão ou a expulsão dos primeiros habitantes das áreas que ocupavam era condição indispensável para a ambição colonial ganhar concretude. A execução do projeto de colonização requeria a conquista e a manutenção do território, seja o contíguo à costa, caranguejos que eram, seja o do sertão, englobando, nesse vocábulo mítico, desde o princípio, todo o espaço interior que não se conhecia. Nessa linha, Jacob Gorender sustenta que o primeiro problema que enfrenta o estudioso de nossa história é o confronto entre os portugueses colonizadores e as tribos indígenas, os habitantes do território que se queria colonizar.[20]

No alto sertão da Bahia, não poderia ser diferente: para ocupar e explorar esse território, o colonizador teve, primeiro, de se haver com os primitivos moradores. Assim como não foi diferente na Chapada Diamantina, cuja ocupação e exploração coloniais "...são direta consequência da submissão, êxodo ou extermínio do índio". Mas, afinal, quem eram eles?

A história dos índios do Brasil é pouco conhecida, mormente daqueles que não habitavam a costa. O primeiro relato sobre os habitantes dessas terras, após a carta de Caminha, foi feito por Gabriel Soares de Sousa — colono português que se tornou senhor de engenho na Bahia e realizou expedições em busca de minérios — em seu livro de 1587. Baseado em informações colhidas em histórias de índios mais velhos, ele testemunhou que os Tupinambás, ocupantes da maior parte do litoral da Bahia quando da chegada dos portugueses, haviam descido da região do além São Francisco, expulsando os Tupinaés das bordas da Baía de Todos os Santos, obrigando-os a migrarem para o sertão, onde a sobrevivência era mais difícil. Os Tupinaés, por sua vez, já haviam antes expulsado os Tapuias da mesma dadivosa região conquistada pelos Tupinambás. Com a expansão dos colonizadores pelo território, Tupinaés e Tapuias foram se dispersando e se interiorizando cada vez mais.[22]

Essa versão das guerras e migrações pré-cabralinas, apresentada pelo primeiro cronista do Brasil, tornou-se voz corrente na historiografia, embora sua veracidade nunca tenha sido comprovada. Mais recentemente, em seu livro sobre a "Guerra dos Bárbaros", Pedro Puntoni sugere que, em linhas gerais, o primeiro relato de Gabriel Soares de Souza, embora impreciso e genérico, encontraria respaldo em pesquisas antropológicas atuais.[23]

Desde o início, os europeus utilizaram a denominação tapuia para os gentílicos que não pertenciam à grande etnia tupi, na época ocupante de quase toda costa, cujas diferentes nações eram percebidas como pertencentes a um único grupo cultural em virtude de seus costumes e de sua língua. A denominação tapuia referia-se a todos os índios que habitavam o sertão e que eram, em geral, hostis e resistentes ao processo de colonização. Para os jesuítas, a principal característica dos tapuias era a sua diversidade linguística. Havia mais de cem línguas difíceis e travadas, as ditas línguas bárbaras, diferentes daquela falada pelos tupis da costa, que, apesar de pequenas diferenças, era tida como uma única "língua geral". Dessa perspectiva, tapuia é o

nome genérico que tanto os colonizadores como os próprios índios eventualmente seus aliados designavam as hordas, para eles adversas, que não falavam a língua geral. A visão das nações tapuias como uma unidade distinguida pela língua e pela hostilidade ao mundo cristão europeu orientou todo o acidentado processo de ocupação das terras por eles habitadas, o vasto sertão do Nordeste, cenário da longa Guerra dos Bárbaros. Essa diferenciação binária entre tupis e tapuias era aderente ao propósito de subjugar todos aqueles que não aceitavam a invasão, quase sempre acompanhada da escravidão. Na verdade, porém, como disse o próprio Gabriel Soares de Souza, "... os tapuias são tantos e estão divididos em bandos, costumes e linguagem".[24]

A genérica distinção entre os tupis da costa e os tapuias do sertão, embora funcional do ponto de vista da conquista, encobre mais do que revela a diversificada e complexa paisagem humana do sertão do Nordeste. As dificuldades para identificar e caracterizar as etnias são enormes e não estão, até hoje, plenamente resolvidas. Pode-se, no entanto, acompanhar a proposta de Pedro Puntoni, para quem, em linhas gerais, essa extensa área era habitada por dezenas de diferentes grupos étnicos, dentre os quais se destacavam os cariris (ou kiriris), que ocupavam o sertão de dentro, inclusive as margens do São Francisco, e os tarairius, que ocupavam o sertão de fora, notadamente o Rio Grande do Norte e o Ceará. No caso do sertão baiano, Puntoni ainda cita os paiaiases e anaios, envolvidos nas guerras na serra do Orobó, sobre os quais pouco se sabe.[25] Essa proposta é conveniente por indicar uma distribuição espacial dos grandes grupos indígenas. Deve-se levar em conta, no entanto, que as tribos se deslocavam nesse imenso espaço, tanto devido às guerras entre eles e, após a invasão, com os colonizadores, como em busca de terras mais propícias à sobrevivência em diferentes épocas, imprimindo uma dinâmica própria à ocupação do espaço que não comporta a ideia de territórios fixos ao longo do tempo.

O grupo Cariri era dividido em três subgrupos: Maracá, Paiaiá e Sapuiá. Como pontua Maria Hilda Baqueiro Paraíso, esses subgrupos habitavam o Vale do Paraguaçu, sendo que os Maracás habitavam sua porção sul.[26] Eles se deslocaram no sentido norte–sul, em linha com o litoral, de onde haviam sido expulsos para o interior do continente por grupos de origem tupi. Mesmo assim, faziam incursões à costa em

Mapa 3
Localização dos Maracás, Paiaiás e Topins – segmento do Mapa Etnográfico
de Kurt Nimuendaju

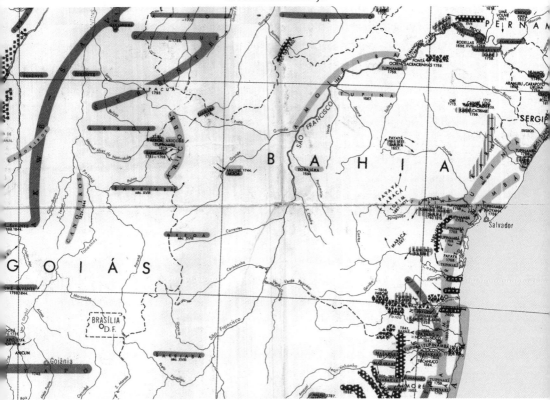

Fonte: Mapa etno-histórico de Curt Nimuendaju I Fundação Instituto Brasileiro de Geografia e Estatística em colaboração com a Fundação Nacional Pró-Memória. Rio de Janeiro: IBGE, 1987.

busca de alimentos, a exemplo da farinha de peixe, usada em rituais, ou em ataques a inimigos tupis e aos colonos. Os Maracás ocupavam a região central da Capitania da Bahia, entre os rios de Contas e Paraguaçu, em boa parte das terras hoje chamadas de Chapada Diamantina. Ao se deslocarem para o norte, se encontraram com os Paiaiás e os Topins, esses últimos da etnia tupi. Possivelmente devido à predominância dos Maracás nessa região, ela era chamada de "Sertão dos Maracás".[27] O Mapa 3, um segmento do mapa etnográfico de Kurt Nimuendaju, localiza os Maracás, Paiaiás e Topins no território baiano, indicando seus deslocamentos.

Os Maracás pertenciam ao grupo linguístico Macro-gê, ou seja, estavam inclusos na denominação genérica de Tapuia. Não eram antropófagos, tomando seus inimigos batidos como escravos, os quais passaram a negociar, nos primórdios da conquista, com os luso-brasileiros. Gabriel Soares de Souza assim os descreve:

> ...começando logo que os mais chegados tapuias aos povoadores da Bahia são uns que se chamam de alcunha os maracás, os quais são homens robustos e bem acondicionados, trazem o cabelo crescido até as orelhas e copado, e as mulheres os cabelos compridos atados detrás, o qual gentio fala sempre de papo tremendo com a fala, e não se entende com outro nenhum gentio que não seja tapuia.
>
> Quando estes tapuias cantam, não pronunciam nada, por ser tudo garganteado, mas a seu modo; não entoados e prezam-se de grandes músicos, a quem o outro gentio folga muito de ouvir cantar.

O mesmo autor nos informa sobre suas artes de guerra:

> São estes tapuias grandes flecheiros, assim para a caça como para seus contrários, e são muito ligeiros e grandes corredores, e grandes homens de pelejarem em campo descoberto, mas pouco amigos de abalroar cercas.
>
> Costuma este gentio não matar a ninguém dentro em suas casas, e se seus contrários, fugindo-lhes da briga, se acolhem a elas, não os hão de matar dentro nem fazer-lhes nenhum agravo, por mais irados que estejam; e esperam que saiam para fora, ou, se lhes passa a ira e aceitam-nos por escravos, ao que são mais afeiçoados que a matá-los, como lhes fazem a eles.

E sobre suas habitações:

> Vivem estes tapuias em suas aldeias em casas bem tapadas pelas paredes, e armadas de pau-a-pique, a seu modo, muito fortes, por amor dos contrários, as não entrarem e tomarem de súbito, nas quais dormem em redes, como os tupinambás, com fogo à ilharga, como faz todo o gentio desta comarca.[28]

Ao lado, uma foto da estátua que homenageia os índios Maracás na cidade do mesmo nome, situada próximo à Chapada Diamantina.

NOTAS

[19] As pinturas rupestres da Chapada Diamantina não foram ainda datadas, sendo poucas apenas catalogadas. Ver, a respeito, o trabalho de Etchevarne (2017).

[20] Gorender (2010, p. 83). Note-se que o autor, nesse livro, defende a original tese de que, no Brasil, se instalou um modo de produção particular, o escravismo colonial.

[21] Pinho (1982, p. 41 e 43).

[22] A 5ª Edição do Tratado Descritivo do Brasil (Sousa, 1971), escrito em 1587, é castigada pelo estudo e exame de muitos códices manuscritos existentes no Brasil, em Portugal, Espanha e França, e acrescentada de alguns comentários por Francisco Adolfo de Varnhagen. A famosa passagem é a seguinte: "C A P Í T U L O CXL-VII – Que trata de quais foram os primeiros povoadores da Bahia. Os primeiros povoadores que viveram na Bahia de Todos os Santos e sua comarca, segundo as informações que se têm tomado dos índios muito antigos, foram os tapuias, que é uma casta de gentio muito antigo, de quem diremos ao diante em seu lugar. Estes tapuias foram lançados fora da terra da Bahia e da vizinhança do mar dela por outro gentio seu contrário, que desceu do sertão, à fama da fartura da terra e mar desta província, que se chamam tupinaés, e fizeram guerra um gentio a outro tanto tempo quanto gastou para os tupinaés vencerem e desbaratarem aos tapuias, e lhos fazerem despejar a ribeira do mar, e irem-se para o sertão, sem poderem tornar a possuir mais esta terra de que eram senhores, a qual os tupinaés possuíram e senhorearam muitos anos, tendo guerra ordináriamente pela banda do sertão com os tapuias, primeiros possuidores das faldas do mar; e chegando à notícia dos tupinambás a grossura e fertilidade desta terra, se juntaram e vieram de além do rio de São Francisco, descendo sobre a terra da Bahia que vinham senhoreando, fazendo guerra aos tupinaés que a possuíam, destruindo-lhes suas aldeias e roças, matando aos que lhe faziam rosto, sem perdoarem a ninguém, até que os lançaram fora das vizinhanças do mar; os quais se foram para o sertão e despejaram a terra aos tupinambás, que a ficaram senhoreando. E estes tupinaés se foram pôr em frontaria com os tapuias seus contrários, os quais faziam crua guerra com fôrça, da qual os faziam recuar pela terra adentro, por se afastarem dos tupinambás que os apertavam da banda do mar, de que estavam senhores, e assim foram possuidores desta província da Bahia muitos anos, fazendo guerra a seus contrários com muito esforço, até a vinda dos portugueses a ela; dos quais tupinambás e tupinaés se têm tomado esta informação, em cuja memória andam estas histórias de geração em geração." (p. 299-300).

[23] Puntoni (2002, p. 67- 68).

[24] Sousa (1971, p. 338).

[25] Puntoni (2002, p. 81).

[26] Paraíso (1985).

[27] Ver a respeito: Siering (2008, p. 40-43).

[28] Sousa (1971, p. 339-340).

O sertão do couro

O processo colonizador posto em marcha pelos portugueses primeiramente se ateve à ocupação da faixa costeira. O comércio do pau-brasil e o funcionamento dos engenhos de açúcar, atividades que, inicialmente, deram sentido econômico à colonização, dependiam de segurança para os exploradores e de mão de obra abundante, o que implicava relacionar-se, de alguma forma, com os primeiros habitantes, seja para combatê-los, escravizá-los, formar alianças ou encarcerá-los em aldeamentos e missões, ainda que esse processo fosse narrado como uma abençoada conquista cristã.

A expansão da economia canavieira requeria não só o aumento das áreas cultivadas, mas também o suprimento dos insumos energéticos indispensáveis à produção da mercadoria: alimentos, lenha e tração animal. A principal atividade econômica da Colônia, voltada para o mercado internacional, só seria viável caso houvesse encadeamentos produtivos com o seu interior. Por sua vez, o acesso aos insumos só estaria garantido com a conquista e o desbravamento de novas terras, para além da faixa costeira, mesmo que, para isso, seus habitantes tivessem de ser expulsos, escravizados ou mortos. As primeiras expedições bandeirantes em busca de minerais e índios para escravização, ao esquadrinhar o terreno, foram precursoras da ocupação do sertão do Nordeste pelo gado.

Essa visão simplificada da lógica do processo colonizador, evidentemente, esconde os grandes obstáculos à sua efetivação. Em primeiro lugar, as normas e regulamentos advindos da Metrópole, que procuravam disciplinar e controlar a ocupação de um território que, no caso do sertão, era desconhecido e incomensurável, nunca seguiram uma linha mestra predefinida, evidenciando uma concertação política complexa no centro do poder real e, muitas vezes, indefinida. Nessa concertação, embora os interesses da Coroa e os da classe comercial metropolitana prevalecessem, nem sempre estavam claros os caminhos e os meios para garantir os melhores proveitos. Considere-se também que a política de colonização portuguesa era condicionada por compromissos e alianças gestadas na arena geopolítica da Europa de então. O Tratado de Tordesilhas, de 1494, ainda era a referência abstrata de divisão territorial e a ameaça de anexação pela Espanha, efetivada pela União Ibérica (1580-1640), uma constante. Por outro lado, as normas e os regulamentos sofriam mudanças e descaminhos quando chegavam à Colônia, temperados pelas disputas em torno de sua adaptação aos meandros do concreto contexto político local. Em suma, as políticas podiam estar institucionalizadas, mas nem sempre eram praticadas.[29]

Em segundo lugar, as ordens religiosas, jesuítas à frente, lutaram para impor outra lógica ao processo de colonização, sustentada em suas interpretações dos dogmas católicos e, ao mesmo tempo, cônscias dos interesses econômicos de suas organizações, que poderiam ser melhor defendidos com o controle da mão de obra indígena concentrada em aldeamentos ou missões, pela persuasão ou pela força. Atritos com os colonos tornaram-se inevitáveis, em alguns casos resultando em conflitos armados, culminando com a expulsão de ordens e de religiosos.[30]

Em terceiro, pela resistência dos povos indígenas, tanto por meio de guerras como pela negociação de acordos com os colonizadores que lhes garantissem, pelo menos por algum tempo, a sobrevivência e, quiçá, algum grau de liberdade. Para eles, a alternativa à luta era a morte ou a escravidão. A superação desse obstáculo foi custosa e longa, resultando em uma ocupação precária do território, sujeita a embates por longo tempo.

Os primeiros estabelecimentos pastoris para suprir gado vacum e de montaria para os engenhos foram implantados no próprio Recôncavo, contíguos às áreas cobertas por canaviais.[31] Esse arranjo, porém, se mostrou inviável. As terras do Recôncavo eram as melhores para o cultivo da cana, e não compensaria o escasso massapê ser desperdiçado com a criação de gado. O custo de transporte do açúcar pelas vias fluviais e marítimas em torno da baía, onde estava o massapê, era baixo, estimulando sua utilização pelos engenhos e não pelo pastoreio. Ademais, não havia, então, cercas de arame para impedir que as reses danificassem os canaviais. A solução foi levar a criação para o interior, o sertão, onde as condições eram mais apropriadas. Nas palavras de Capistrano de Abreu:

> O gado vacum dispensava a proximidade da praia, pois como as vítimas dos bandeirantes a si próprio transportava das maiores distâncias, e ainda com mais comodidade; dava-se bem nas regiões impróprias ao cultivo da cana, quer pela ingratidão do solo, quer pela pobreza das matas sem as quais as fornalhas não podiam laborar; pedia pessoal diminuto, sem traquejamento especial, consideração de alta valia num país de população rala; quase abolia capitais, capital fixo e circulante a um tempo, multiplicando-se sem interstício; fornecia alimentação constante, superior aos mariscos, aos peixes e outros bichos da terra e água, usados na marinha. De tudo pagava-se apenas em sal, forneciam suficiente sal os numerosos barreiros dos sertões.[32]

A quantidade de gado demandada pela produção açucareira era significativa. Nos *Diálogos da Grandeza do Brasil*, o autor anônimo calcula que, em cada engenho, haveria "... 15 ou 20 juntas de bois, com seus carros necessários", sem contar os animais empregados para tracionar as moendas, quando não movidas a água, nem os destinados à alimentação. A quantidade de bois de trabalho em um engenho era comparável à de escravos. Ademais, a carne seca fazia parte da dieta básica da população, juntamente com farinha de mandioca e rapadura.[33]

Com a emergência da cultura do tabaco, no último quartel do século XVII, na parte do Recôncavo que fica no planalto, à margem direita do baixo Paraguaçu, os couros de bois passaram a ser usados na embalagem dos rolos, tornando mais aproveitável o animal. Couros passaram também a ser exportados em larga escala, atingindo, segundo Roberto Simonsen, uma quantidade anual na casa das 200.000 peças, em torno da metade do século XVIII.[34] Em 1711, Antonil estimou uma população total de 1.500.000 cabeças de gado em todo o Brasil, sendo que 500.000 nos sertões da Bahia.[35] Ainda havia o gado de montaria e carga (equinos, muares e asininos), largamente utilizado no transporte de humanos e de mercadorias pelas grandes distâncias do vasto território. As tropas de burros se impuseram como conspícuos veículos de transporte terrestre, sucedendo aos ombros de índios. Em suma, no Nordeste, o mercado para a pecuária crescia à medida que a produção açucareira se expandia e que a própria atividade pastoril se instalava. Esse estímulo foi capaz de vencer todas as dificuldades inerentes a essa criação no sertão. Em decorrência, uma marcante divisão social do trabalho foi se estabelecendo nos limites do grande território colonial. De um lado, as plantações de cana, no litoral; de outro, o fornecimento, pelos sertões, de insumos indispensáveis à produção do açúcar destinado ao mercado internacional.

A criação de gado avançou em direção ao norte da cidade do Salvador, seguindo o rumo nordeste da capitania. A princípio, Garcia d'Ávila liderou esse vetor de expansão. Em menos de vinte anos após sua chegada na esquadra de Tomé de Souza, de quem seria filho bastardo, protegido e único herdeiro no Brasil, reuniu terras que iam de Itapuã até as margens do Rio Real, na atual fronteira de Sergipe. Sempre enfrentando a belicosidade de tribos indígenas, conseguiu derrotar, pacificar ou escravizar suas gentes, organizando um exército de gentílicos comandados por portugueses e mestiços, disposto em torno de sua fortaleza em Tatuapara, uma conveniente enseada distante 14 léguas de Salvador, onde edificou a Casa da Torre. Em 1590, ao derrotarem os Caetés, em Sergipe, em encarniçada batalha comandada pelo então governador interino, Cristóvão de Barros, apoiado pela Casa da Torre, os portugueses conseguiram conter o avanço dos franceses na região, em demanda do pau-brasil, e abrir caminho para o avanço dos currais. Após essa vitória, os descendentes de Garcia d'Ávila ampliaram os seus domínios, dizimando e escravizando grandes contingentes indígenas que lhes oferecessem resistência quando da instalação de suas fazendas.[36]

A partir desse núcleo inicial e incentivado pelo crescimento da demanda provinda da costa, o gado avançou sertão adentro, sempre beirando os rios em busca de pastagens e água para os rebanhos, permeando o território onde se instalou a "época do couro" sobre a qual nos falava Capistrano de Abreu.[37] Primeiramente, "no sertão de dentro" da Bahia, os currais se dispuseram ao longo dos rios Sergipe, Real, Itapicuru, Jacuípe e, principalmente, o São Francisco e seus afluentes, incluindo o rio das Velhas, que corre no estado de Minas Gerais de hoje. Posteriormente, os desbravadores cruzaram o São Francisco e avançaram para o sul do Ceará, do Piauí e do Maranhão, sempre em conflito com índios e, às vezes, com as missões religiosas instaladas naquelas paragens, dado que jesuítas e capuchinhos já haviam estabelecido aldeamentos naqueles sertões, especialmente no médio São Francisco. Ao adentrarem as terras dos atuais estados do Piauí e do Maranhão, a corrente de ocupação advinda da Bahia encontrou-se com outra, oriunda de Pernambuco. O São Francisco sempre servindo como ponto focal de atração dos desbravadores, que por lá iam criando um polo aglutinador capaz de resistir às forças magnéticas do litoral, embora disperso por uma grande faixa territorial.

As boiadas desciam em busca da costa percorrendo longas distâncias, desde os sertões até o Recôncavo, em jornadas que podiam atingir até mais de 300 léguas, realizando, nas palavras de Caio Prado Junior, "... o que só o aeroplano conseguiu em nossos dias repetir: a proeza de ignorar o espaço".[38] O caminho das boiadas passava por Jacobina, lugar de descanso e de comércio, antes de chegar à feira do Capoame, já perto de Salvador, próximo de onde hoje se situa a cidade de Camaçari. Os volumes de reses transportadas por toda essa extensão eram expressivos, movimentando a economia das povoações que se formavam em torno dos currais e locais de pouso, em lento processo de adensamento da ocupação, com idas e vindas decorrentes, principalmente, das guerras com os tapuias do ramo dos cariris. Mesmo ao custo de longas buscas e violentos combates, a escravização dos indígenas era um bom negócio, porquanto essa valiosa "mercadoria" servia como mão de obra para todas as coisas, dentre elas cuidar de currais.

Duas famílias se destacaram nessa epopeia de ocupação do sertão da Bahia. A primeira, já mencionada, foi a família Garcia d'Ávila, com sua Casa da Torre. A segunda foi a do mestre de campo Antonio Guedes de Brito, conquistador de tribos tapuias no médio São Francisco, cujo patrimônio foi posteriormente incorporado à Casa da Ponte. Essas duas casas receberam, ao longo do século XVI e XVII, várias sesmarias em todo o sertão do Nordeste, muitas delas obtidas após conquistarem territórios por meio de guerras com os índios. A famosa passagem do livro de Antonil, escrito em 1711, delineia quais seriam as imensas dimensões desses latifúndios:

> Sendo o sertão da Bahia tão dilatado, como temos referido, quasi todo pertence a duas das principaes familias da mesma cidade, que são a da Torre, e a do defunto Mestre de Campo Antônio Guedes de Brito. Porque a casa da Torre tem duzentas e sessenta legoas pelo Rio de S. Francisco acima, á mão direita, indo para o Sul; e indo do dito rio para o norte, chega a oitenta legoas. E os herdeiros do Mestre de Campo Antônio Guedes possuem, desde o morro dos Chapéos até á nascença do Rio das Velhas, cento e sessenta legoas.[39]

Por essa descrição, uma significativa área do atual estado da Bahia e do de Minas Gerais seria propriedade das duas famílias. Apesar de a extensão das terras aquinhoadas por esses potentados serem de dimensões continentais, a descrição de Antonil serve apenas como uma referência, e não como um mapeamento. Em primeiro lugar, como pode ser visto no Mapa 4, em meados do século XVIII, ainda havia um grande desconhecimento sobre as dimensões e a disposição do vasto território, que só podiam ser apreendidas na medida em que ele era penetrado e conquistado. Por consequência, prevalecia uma "geografia imaginária" descrita e analisada por André Heráclito do Rêgo.[40] Os limites das grandes sesmarias — parte das quais foi concedida antes de as áreas terem sido dominadas — eram definidos por essa fantasia geográfica.[41] Em segundo lugar, outras sesmarias foram posteriormente concedidas dentro dessas mesmas áreas, evidenciando, por um lado, o desconhecimento do terreno e, por outro, as disputas políticas em torno da ocupação do território. Em terceiro, as terras eram invadidas por terceiros, uma vez que era impossível ter um controle centralizado de todas essas áreas, além do fato de que tribos indígenas nelas habitavam e se defendiam da invasão. Tudo isso levou a disputas intermináveis em torno da propriedade de terras, muitas vezes resolvidas pelas armas.

Em quarto lugar, a conquista e a ocupação dessas terras não se deram de forma linear e contínua no tempo e no espaço. Pelo contrário, como demonstra Márcio Roberto Alves do Santos, o processo de instalação da colonização no sertão da Bahia compreende, em linhas

Mapa 4
Recens elaborata Mappa geographica regni Brasiliae in
America Meridionali Gorge MattaüsSeutter, 1740

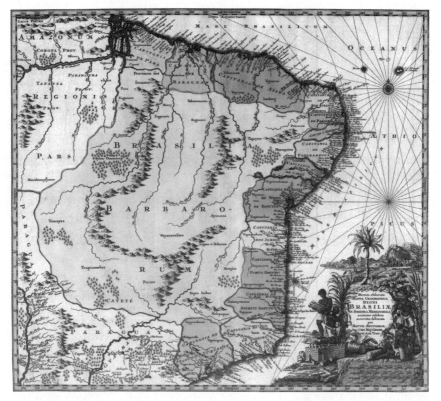

Fonte: O tesouro dos mapas: A cartografia na formação do Brasil. Instituto Cultural Banco Santos.

gerais, quatro estágios. Inicialmente, foram empreendidas missões de exploração do território, visando à descoberta de recursos minerais, além do aprisionamento e da escravização de índios. Em um segundo momento, vem a conquista, por meio de guerras com os grupos e tribos resistentes à colonização, os "bárbaros tapuias". A ocupação vem em seguida, com o estabelecimento de unidades produtivas, os currais, os sítios e as fazendas que, aos poucos, vão juntando contingentes populacionais, formando comunidades. Por último, com o estágio de "territorialização", implantavam-se os instrumentos jurídico-políticos e ideológicos que consolidavam a soberania portuguesa sobre o espaço ocupado. O Estado, enfim, se faz diretamente presente, mesmo que de forma restrita, tênue e por meio de prepostos, os próprios donos das terras. Todo esse processo comportou recuos e perdas, configurando uma dinâmica marcada por mudanças de rumo, reversões e descontinuidades. Na segunda metade do século XVIII, após dois séculos de colonização, o território efetivamente ocupado compreendia basicamente instalações pastoris ao longo dos rios, formando "mini territórios ribeirinhos, conectados por caminhos terrestres e fluviais".[42]

O processo de distribuição de terras por meio da concessão de sesmarias resultou em uma extraordinária concentração da propriedade e, consequentemente, da riqueza, marcando definitivamente a questão fundiária no sertão do Nordeste, como de resto em todo o país. Mas, afinal, o que eram as sesmarias?

O estatuto das sesmarias tem origem em Portugal do século XIV, quando uma grande crise social e política levou o rei D. Fernando, em 1375, a promulgar uma lei de redistribuição de terras não cultivadas. O contexto era de embate entre a burguesia comercial ascendente e a aristocracia rural, em um país devastado pela peste e pela fome, em grande parte decorrentes do abandono do campo por grande número de proprietários. A lei criava a figura do sesmeiro, autoridade instituída pelo Rei com poderes para expropriar e doar terras não cultivadas a quem as pudesse aproveitar. Era uma lei contrária ao latifúndio improdutivo, tido como incompatível com uma situação de escassez generalizada. Instituía o trabalho assalariado no campo, visando a conter o êxodo rural, dispositivo bem avançado para a época. A lei das sesmarias foi incorporada aos dispositivos legais portugueses desde as *Instruções Joaninas*, de 1385, logo após a revolução que iniciou a dinastia de Avis, passando pelas *Ordenações de D. Duarte*, de 1436, as *Ordenações Afonsinas*, de 1446, as *Ordenações Manuelinas*, de 1511-1512, até chegar às *Ordenações Filipinas*, de 1603, que disciplinou a vida civil no Brasil por três séculos e que esteve parcialmente em vigor até 1917, substituída, finalmente, pelo Código Civil.[43]

O estatuto da sesmaria foi transposto para a Colônia quando da instituição das Capitanias Hereditárias, em 1534. Por princípio, as novas terras, conquistadas ou por conquistar, eram propriedade da Coroa portuguesa, que delegou aos capitães donatários e, posteriormente, aos capitães governadores, a autoridade para reparti-las, dentro de seus domínios, entre os cristãos que pudessem cultivá-las, devendo as doações ser posteriormente confirmadas em Lisboa. Previa-se apenas a cobrança do dízimo, imposto que incidia, com uma taxa de 8 a 10%, sobre a produção agrícola das sesmarias, o dízimo das *miunças*, revertido para o tesouro real.

A aplicação do estatuto das sesmarias no Brasil resultou bastante diferente do espírito da lei portuguesa. A lei lusitana limitava o tamanho do lote de terra que seria doado e estipulava o prazo de cinco anos para seu aproveitamento, findo o qual, em caso de ociosidade, ele seria revertido ao domínio do soberano, e provia que uma pessoa só poderia receber uma doação. Esses dispositivos não se impuseram no Brasil, mesmo frente às débeis tentativas de a Coroa controlar as concessões, em alguns momentos por ela consideradas desregradas.

Na Colônia, as condições que se impuseram ao efetivo domínio e exploração econômica da terra, aliadas às disputas políticas na Metrópole e no plano local, modificaram tanto o espírito como a real aplicação da lei. No caso particular do sertão do Nordeste, as sesmarias eram concedidas, em muitos casos, como recompensa pela conquista de territórios aos índios hostis, territórios esses desconhecidos, apenas parcialmente dominados e cuja manutenção dependia do uso da força e da violência em mãos de particulares. Por outro lado, a viabilidade da criação de gado nas terras do sertão exigia grandes extensões de terra, em função das técnicas empregadas e as condições edafoclimáticas do território. Nesse contexto, a terra, o recurso básico em todo o empreendimento colonial, além de assegurar a realização econômica a seus detentores, se transformou em um patrimônio símbolo de poder político e militar em uma sociedade perpassada por violentos conflitos. A sesmaria foi transformada, pela realidade colonial, de instrumento da política de exploração e povoamento em garantia permanente da propriedade agrícola, instalando um regime fundiário marcado por grandes latifúndios concentradores de poder e renda, com repercussões até os dias de hoje. Para se ter uma ideia da concentração, em 1675, a maior parte das sesmarias concedidas em todo o território da Bahia se encontrava nas mãos de apenas 10 ou 12 famílias.[44]

A estrutura da produção pastoril em terras doadas a título de sesmaria no sertão do Nordeste, ou simplesmente conquistadas e ocupadas por quem chegasse primeiro, possuía características próprias, diferenciadas das que prevaleciam nas plantações da faixa litorânea. Podendo ser vista como parte do arcabouço do modo de produção caracterizado por Jacob Gorender como "escravismo colonial", a criação de gado no sertão, no entanto, incorporava aspectos diferenciados às suas forças e relações de produção, em comparação com as plantações canavieiras.[45]

O gado era criado de forma extensiva, em grandes glebas de terras, geralmente ao longo de rios ou à beira de lagoas que pudessem garantir água e bons pastos. Devido ao baixo nível técnico empregado, a possibilidade de usar grandes extensões de terras era indispensável para viabilizar o empreendimento, considerando-se ainda o terreno árido e as estiagens periódicas em todo aquele sertão. O sal para o gado era escasso, problema em parte resolvido pelos barreiros, ou lambedores, em barrancos de cursos d'água, onde as reses podiam suprir a carência de cloreto de sódio e de outros nutrientes minerais através do barro com eflorescência salino-salitrosa. Não havia preocupação com melhoramento genético e, ao longo do tempo, as espécies importadas foram se adaptando ao ambiente seco das catingas e serrados, com perda de tamanho, peso e leite. A baixa produtividade, no entanto, não impedia a criação em quantidade suficiente para abastecer todo o mercado, do Maranhão à Bahia. Afinal, uma vez conquistada e concedida, a terra deixava de ser um bem escasso, podendo ser usada com abundância suficiente para garantir a viabilidade do negócio.[46]

O curral era a célula produtiva básica. Sua estrutura, bastante simples, requeria capital de pequena monta e parcos conhecimentos técnicos para sua instalação. Após a terra conquistada, em poucos dias levantava-se uma casa, coberta de palha, onde se instalava o "curraleiro", um tosco curral e alguns poucos escravos ou trabalhadores livres. O "curraleiro" tornava-se responsável por algumas cabeças de gado ali deixadas, que pastavam e se reproduziam em, pelo menos, uma légua quadrada de terra. No início da conquista, quando as fronteiras ainda não estavam consolidadas, os currais se constituíam em verdadeiros enclaves coloniais no território tapuia, tendo o "curraleiro" a adicional missão de defesa. As condições de vida, especialmente nas frentes pioneiras, eram penosas, conforme a descrição de Capistrano de Abreu:

Os primeiros ocupadores do sertão passaram a vida bem apertada; não eram os donos das sesmarias, mas escravos ou prepostos. Carne e leite havia em abundância, mas isto apenas. A farinha, único alimento em que o povo tem confiança, faltou-lhes a princípio por julgarem imprópria a terra à plantação da mandioca, não por defeito do solo, mas pela falta de chuva durante a maior parte do ano. O milho, a não ser o verde, afugentava pelo penoso do preparo naqueles distritos estranhos ao uso do monjolo. As frutas mais silvestres, as qualidades de mel menos saborosas eram devoradas com avidez.[47]

Currais reunidos em uma mesma área formavam uma fazenda, permitindo a centralização da gestão de uma área ampliada. A partir desses núcleos iniciais, as células se desenvolveram, a ponto de Antonil, no início do século XVIII, assim as descrever:

> E assim como há curraes no território da Bahia, e de Pernambuco, e de outras capitanias, de duzentas, trezentas, quatrocentas, quinhentas, oitocentas e mil cabeças: assim há fazendas, a quem pertencem tantos curraes, que chegão a ter seis mil, oito mil, dez mil, quinze mil, e mais de vinte mil cabeças de gado; donde se tirão cada anno muitas boiadas, conforme os tempos são mais ou menos favoráveis á parição, e multiplicação do mesmo gado, e aos pastos, assim nos sítios como também nos caminhos.[48]

Os currais e as fazendas podiam ser explorados diretamente pelos sesmeiros, por meio de prepostos por eles designados, ou por foreiros. No caso das grandes sesmarias do Nordeste, prevalecia o proprietário ausente, que delegava a gestão das fazendas a vaqueiros, ou arrendava suas terras a foreiros. As sesmarias continentais eram efetivamente ocupadas por terceiros, em fatias de terras delas repartidas, como é observado por Antonil:

> E nestas terras, parte os donos dellas tem curraes próprios; e parte são dos que arrendarão sitios dellas, pagando por cada sitio, que ordinariamente he de huma legoa, cada anno dez mil réis de foro.[49]

Para se ter uma ideia desse fatiamento, em 1819, já na fase de liquidação da imensa sesmaria continental, as terras da Casa da Ponte abrigavam 110 rendeiros, em comparação com 64 fazendas sob exploração direta. As rendas de foros e aquelas amealhadas diretamente tornavam esses sesmeiros continentais verdadeiros potentados coloniais, com a riqueza ainda mais concentrada pelo fato de alguns deles também possuírem engenhos de açúcar e se dedicarem a atividades comerciais.[50]

Nesse contexto produtivo se destacava a figura do vaqueiro, o administrador de um pedaço de terra, que mantinha uma relação de meação, ou parceria, com um sesmeiro ou um foreiro. O sistema de meação empregado, chamado *quarta* ou *sorte*, previa que a quarta parte das reses produzidas na fazenda seria destinada ao vaqueiro. O proprietário entrava com a terra e fornecia as cabeças iniciais. Após quatro ou cinco anos de trabalho, ao fim da primeira safra de crias, o vaqueiro passava a receber anualmente sua quarta parte dos animais produzidos, podendo, caso prosperasse, algum dia se estabelecer por conta própria, na condição de foreiro. Essa forma de trabalho livre não assalariado era cobiçada pelos trabalhadores da pecuária, uma vez que abria um caminho para ascender nas rígidas escalas econômica e social da Colônia. Talvez o maior exemplo seja o de Domingos Afonso Mafrense, de alcunha Sertão, originariamente vaqueiro e foreiro da Casa da Torre, que se tornou o maior latifundiário e criador de gado do Piauí.[51]

O trabalho escravo sempre conviveu com o trabalho livre na pecuária nordestina, seja nas fazendas sob exploração direta dos sesmeiros, seja nas dos foreiros. Em apoio ao vaqueiro, trabalhavam homens livres — brancos pobres, negros forros, mestiços, índios submetidos em regime de pagamento por diárias (jornaleiros) —, assim como escravos, tanto gentílicos como africanos, os quais, com o tempo, passaram a predominar. Um vaqueiro podia ter de dois a quatro auxiliares, trabalhadores livres ou escravos. Uma mesma fazenda podia ter mais de um vaqueiro, a depender do tamanho, sendo a paga proporcionalmente dividida.[52] Vale a pena transcrever as palavras de Capistrano de Abreu descrevendo o processo de trabalho em uma fazenda de gado daquela época:

> Adquirida a terra para uma fazenda, o trabalho primeiro era acostumar o gado novo no pasto, o que exigia algum tempo e bastante gente; depois ficava tudo entregue ao vaqueiro. A este cabia amansar e ferrar os bezerros, curá-los das bicheiras, queimar os campos alternadamente na estação apropriada, extinguir onças, cobras

e morcegos, conhecer as malhadas escolhidas pelo gado para ruminar gregariamente, abrir cacimbas e bebedouros. Para cumprir bem com seu ofício vaqueiral, [...] deixa poucas noites de dormir nos campos, ou ao menos as madrugadas não o acham em casa, especialmente de inverno, sem atender às maiores chuvas e trovoadas, porque nesta ocasião costuma nascer a maior parte dos bezerros e pode nas malhadas observar o gado antes de espalhar-se ao romper do dia, como costumam, marcar as vacas que estão próximas a ser mães e trazê-las quase como à vista, para que parindo não escondam os filhos de forma que fiquem bravos ou morram de varejeiras.[53]

A condução das boiadas desde os currais dos sertões até o mercado litorâneo constituía outro elo da cadeia produtiva. Era realizada por trabalhadores especializados, os "passadores" de gado, que ganhavam por animal transportado, conduzindo boiadas de 300 a 500 reses, juntamente com tangedores e guias por ele contratados, muitos deles índios, acostumados a longas caminhadas. Embora os custos de transporte não fossem desprezíveis, os ganhos do comércio, o elo final da cadeia, amealhavam boa parte do valor final do produto. No início do século XVIII, enquanto em Jacobina, onde o gado descansava, pastava e havia uma feira, a cabeça era vendida por 2$500 a 3$000 réis, no mercado da cidade da Bahia, esse mesmo animal podia alcançar um preço de 5$000 a 6$000 réis, ou até 8$000 réis, no caso de bom boi de trabalho.[54] A classe dos comerciantes prosperava com o negócio, seus ganhos rivalizando com os dos criadores.

Com a descoberta de ouro na alta bacia do rio Doce, em Minas, no final do século XVII, de ouro em Jacobina e Rio de Contas, na Bahia, e de diamantes, no alto Jequitinhonha, também em Minas, na segunda década do século XVIII, e do ouro em Goiás e Mato Grosso, mais tarde, a demanda por gado aumentou consideravelmente, incentivando a expansão da criação no sertão do Nordeste. A proibição inicial de comunicação entre a Bahia e as minas (Carta Régia de 1701), visando a controlar o contrabando ("descaminho") do ouro, ou mesmo para evitar fantasiosas invasões das áreas de mineração por "potências estrangeiras", não foi capaz de conter o comércio entre as duas regiões. Uma via paralela aos rios São Francisco e das Velhas era usada para escoar gado, sal, escravos e demais mercadorias para as minas, que passaram a concorrer com os canaviais pela demanda por alimentos e escravos, para desespero de alguns senhores de engenho, enquanto outros simplesmente foram minerar ou comerciar nas montanhas. O número de currais e de fazendas aumentava, ocupando cada vez mais espaços dentro do território tapuia.[55]

O impulso para a ocupação da Chapada Diamantina foi, inicialmente, o mesmo para todo o sertão do Nordeste, e nela se instalou o mesmo tipo de economia e relações sociais da "época do couro". Antes, porém, os colonos e desbravadores tiveram de desencadear guerras para dizimar ou expulsar os gentios do território.

NOTAS

[29] O Tratado de Tordesilhas dividia o mundo "descoberto e a descobrir" entre Espanha e Portugal, tendo como referência geográfica o meridiano a 370 léguas a oeste da ilha de Santo Antão, no arquipélago de Cabo Verde. As terras a leste dessa linha pertenceriam a Portugal e a oeste à Espanha.

[30] Os conflitos entre colonos e religiosos são reportados por Jorge Caldeira: "Os inacianos foram expulsos de São Paulo em 1641, restringidos no Rio de Janeiro, expulsos das terras da Casa da Torre e do Maranhão". (CALDEIRA, 1999, p. 153). Luiz Alberto Moniz Bandeira (2007, p. 226-227) reporta o conflito entre Martin Nantes, capuchinho francês que dirigia os aldeamentos de Pambu e Uracapá, no São Francisco, e Francisco Dias d'Ávila (segundo), em torno de 1680. Os capuchinhos franceses deixaram o país em 1702, após 50 anos de trabalho missionário, principalmente no interior do Nordeste, por não terem obtido permissão para renovar seus quadros (PUTONNI 2002, p. 76). Os jesuítas foram expulsos definitivamente do Brasil, por decisão do Marquês de Pombal, em 1759, no reinado de D. José I.

[31] Abreu (2000, p. 151).

[32] Idem, p. 151. Uma Carta Régia de 1701 proibiu a criação de gado a menos de 10 léguas a partir da costa. Nessa época, o pastoreio já estava interiorizado.

[33] *Diálogos das grandezas do Brasil* (ABREU, 1977, p. 129). Na introdução dessa edição, Capistrano de Abreu atribui a autoria dos Diálogos, escrito em 1618, a um certo Ambrósio Fernandes Brandão, burocrata português (talvez cristão-novo). No entanto, como essa autoria não pôde ser comprovada, o livro é tido como de autor anônimo.

[34] Simonsen (1978, p. 171). Para a Bahia, Caldas (1951) reporta que "[...] outros muitos generos como são solas e atanados (couro curtido) que se vem nesta Cidade e sua Capitania muitas fabricas dele e inumeráveis cortumes para cima de 86.000 meios de sola e mais 3.500 [...] atanados e muito mais de 5.000 couros em cabelo...", por volta de 1759.

[35] Antonil (1711, p. 199).

[36] Para uma detalhada história da Casa do Torre, ver o livro de Bandeira (2007). Ver também Calmon (1983).

[37] Vale a pena lembrar as palavras usadas por Capistrano ao descrever essa época: "Pode-se apanhar muitos fatos da vida daqueles sertanejos dizendo que atravessaram a época do couro. De couro era a porta das cabanas, o rude leito aplicado ao chão duro, e mais tarde a cama para os partos; de couro todas as cordas, a borracha para carregar água, o mocó ou alforje para levar comida, a maca para guarda roupa, a mochila para milhar cavalo, a peia para prendê-lo em viagem, as bainhas de faca, as broacas e surrões, a roupa de entrar no mato, os banguês para curtume ou para apurar sal; para os açudes, o material de aterro era levado em couros puxados por juntas de bois que calcavam a terra com seu peso; em couro pisava-se o tabaco para o nariz." Abreu (2000, p. 153).

[38] Caio Prado Junior (2000, p. 190).

[39] Antonil (1711, p. 199).

[40] Rêgo (2016). A "Geografia Imaginária" por certo era também influenciada pela tentativa portuguesa de superar o Tratado de Tordesilhas, que limitava o território da sua Colônia americana a uma proporção que tornaria a sua exploração possivelmente inviável economicamente, pela prática de distorcer o território com a fantasia cartográfica. Ver Faoro (1997, p. 157). Em Visão do Paraíso, Sérgio Buarque de Holanda vincula as origens da "geografia fantástica" aos mitos construídos a respeito dos tesouros e riquezas que existiriam em algum lugar do Brasil central. Ver Holanda (2000, cap. III).

[41] Vale a pena citar Abreu (2000, p. 151-152): "Na margem pernambucana do rio S. Francisco possuía duzentas e sessenta léguas de testada a casa da Torre, fundada por Garcia d'Ávila, protegido de Tomé de Sousa, a qual entre o São Francisco e o Parnaíba senhoreava mais oitenta léguas. Para adquirir estas propriedades imensas, gastou apenas papel e tinta em requerimentos de sesmarias".

[42] Alves (2010, p. 394).

[43] Ver Faoro (1997, p. 123-127), e Ruy Cirne Lima (1990). Cirne Lima destaca a definição de sesmarias constante tanto das *Ordenações Manuelinas* como das *Filipinas*: "Sesmarias dão propriamente as dadas de terras, casaes, ou pardieiros que foram, ou são de alguns Senhorios, e que já em outro tempo foram lavradas e aproveitadas, e agora o não o são" (p. 25). O mesmo autor observa que a legislação original

de D. Fernando foi alterada pela *Ordenações Juaninas*, "...influenciada pelo direito romano, sob o prestígio das ideias de liberdade, visando mais ao povoamento do que à agricultura, mas, não obstante, conservando o nome e a tradição da velha Lei de D. Fernando" (p. 24). Cirne Lima ainda conclui que a Lei, em Portugal, produziu resultados mínimos em relação aos que eram esperados. O despovoamento do país, provocado pelos descobrimentos, estaria entre as razões para tais resultados (p. 31).

[44] Informação de Santos (2010, p. 198), citando uma carta do desembargador Sebastião Cardoso Sampaio ao Rei, contendo um relatório e parecer sobre a situação das sesmarias na capitania da Bahia. Ver também, nesse mesmo trabalho, que grandes porções de terras foram simplesmente ocupadas sem que houvesse concessão de sesmaria. Sesmarias podiam também ser concedidas após a ocupação da terra por algum pioneiro (p. 187-188). Para uma discussão sobre as origens da concentração da propriedade de terras no Brasil, ver: Motta (2009).

[45] Gorender (2010, cap. XX).

[46] Neves (2011 b).

[47] Abreu (2000, p. 153).

[48] Antonil (1711, p. 200).

[49] Idem, p. 200.

[50] Santos (2010, p. 201-202).

[51] Santos (2010, p. 139 e 140). Accioli reporta que DomingosAffonso Sertão, pelas continuadas entradas no interior, "passára do estado de indigente na cidade, ao de opulência". (SILVA, 1843, Tomo I, p. 120).

[52] Para uma descrição das relações de trabalho na pecuária, baseada em dados empíricos consistentes, ver Gorender (2010), Capítulo XX. Observe-se que o sistema de *quarta* ainda sobrevive em algumas regiões do país. Em Uma comunidade sertaneja, Neves (2008) apresenta dados empíricos sobre a mão de obra servil no Alto Sertão da Bahia nos séculos XVIII e XIX, onde ela convivia, muitas vezes em uma mesma unidade produtiva, com a meação e o trabalho familiar.

[53] Abreu (2000, p. 153-154).

[54] Antonil (1711, p. 189).

[55] Simonsen (1978, p. 157-158).

A conquista do Sertão dos Maracás

O primeiro registro de uma incursão no sertão dos Maracás foi aquela empreendida por Gabriel Soares de Souza em busca de minérios.[56] Em 1585, esse senhor de engenho, já dono de boa fortuna, foi à Europa, onde escreveu seu *Tratado Descritivo do Brasil*, pedir à corte de Madri, uma vez que Portugal se encontrava unido à Coroa espanhola, autorização para promover buscas de metais preciosos. Confiava nas informações que lhe foram passadas por seu falecido irmão, que passara três anos nos sertões, tendo supostamente chegado até o São Francisco, de onde trouxera amostras de ouro e prata. Conseguidas as concessões e favores requeridos, voltou ao Brasil em 1591 com uma legião de 360 colonos e quatro frades. Mesmo tendo naufragado na costa de Sergipe, quando perdeu boa parte dos homens, seguiu em frente com seus planos. Sua aventura é descrita por Frei Vicente do Salvador:

> Partiram de Jaguaryppe e chegaram à serra de Quarerú, que são cincoenta léguas, onde fizeram uma fortaleza de sessenta palmos de vão com suas guarífas nos cantos, como el-rei mandava que se fizesse a cada cincoenta léguas. Aqui fizeram os mineiros fundição de pedra de uma beta que se achou na serra e se tirou prata, mas o general a mandou cerrar e, deixando alli doze soldados com um Luis Pinto africano por cabo delles, se foi comos mais outras cincoenta léguas, onde nasce o rio de Paraguaçú, a fazer outra fortaleza, na qual, por as águas serem ruins e os mantimentos piores, que eram cobras e lagartos, adoeceram muitos, e entre elles o mesmo Gabriel Soares, que morreu em poucos dias no mesmo logar, pouco mais ou menos, onde seu irmão havia falecido.[57]

O local onde foi erguida a fortaleza pelos homens da excursão de Gabriel Soares de Souza, que Frei Vicente do Salvador chama de serra de Quarerú (Guarariú), é o mesmo onde, cerca de cem anos depois, será criada a primeira povoação do sertão do Paraguaçu, batizada de Santo Antônio da Conquista, hoje João Amaro, distrito de Iaçu, às margens do rio. Não é muito certo que a expedição tenha chegado às nascentes do Paraguaçu, que ficam no atual município de Barra da Estiva, na extremidade sul da serra do Sincorá. Mesmo que as tenham alcançado, lá não ficou mais nada do que a notícia. De qualquer sorte, a morte de Gabriel Soares de Sousa e de boa parte da sua equipe, decorrentes de doenças contraídas na viagem, indica as dificuldades encontradas nas tentativas de penetrar no vale do Paraguaçu, que Capistrano de Abreu chamou de impermeável.[58]

Essa excursão exploratória foi um empreendimento isolado, fruto do ímpeto de um visionário tocado pela ambição de minerais preciosos.[59] A conquista e a ocupação da área central do território baiano desenrolaram-se em um processo lento, dificultoso e descontínuo no tempo e no espaço. Essa história começa com as guerras contra os tapuias que ocupavam a região, um dos episódios da Guerra dos Bárbaros.

Para Pedro Puntoni, a Guerra dos Bárbaros se refere a um conjunto de batalhas entre luso-brasileiros e índios, que ocorreram em diversos pontos do território do Nordeste, entre 1650 e 1720: na parte central e no noroeste do sertão baiano, que Puntoni chama de Guerras do Recôncavo; no sertão dos estados mais ao norte, os "sertões de fora" de Capistrano de Abreu, a Guerra do Açu; e o Terço dos Paulistas, que combateu no sertão do Rio Grande entre 1699 e 1716.[60]

Por Guerra dos Bárbaros se denomina um conjunto de embates fragmentados no tempo e no espaço, nos quais diversos tipos de forças coloniais se enfrentaram com diversas nações indígenas, os "bárbaros", os "indomáveis tapuias" que se espalhavam pelos sertões. Os colonizadores visavam a descobrir e a explorar minérios, escravizar índios ou abrir espaços para a criação de gado. Seus opositores travavam uma guerra de sobrevivência, ora defendendo-se, ora atacando, mas sempre acuados pela desmesurada ambição de seus inimigos. Apesar de a maior parte dessas guerras ter sido travada por exércitos privados, a Coroa e o governo geral sempre procuraram controlá-las com fito no domínio do processo de colonização. Para tanto, recorria-se à legislação, ao eventual apoio material às excursões e às recompensas aos combatentes.

No Nordeste, essas guerras foram, principalmente no início, bastante difíceis para os portugueses, que desconheciam totalmente o terreno, ao contrário dos inimigos, e não estavam acostumados com as táticas de guerrilhas dos índios. As tropas regulares, os "Terços", comandadas pelo governo geral, ficavam concentradas nas cidades da costa e mal conseguiam proteger a Colônia dos inimigos externos. A guerra ao inimigo interno teve de ser travada por meio das tropas auxiliares, as Ordenanças — uma força militar paralela, organizada por particulares, muitas vezes a soldo do governo ou dos colonos, como os paulistas recrutados pelo Governo Geral na Bahia — ou mesmo por entradas de sertanistas sem qualquer respaldo oficial. A distribuição de patentes dessas milícias, em conjunto com a concessão de sesmarias e do direito de escravização dos gentílicos capturados, ao estimular a formação de expedições dessa natureza, foram largamente usadas como instrumentos para a efetivação do domínio luso-brasileiro sobre os territórios adentrados, uma vez que não havia recursos fiscais para a conquista, manutenção e segurança das áreas ocupadas, embora a orientação oficial, mesmo que não explícita, sempre procurasse se fazer presente. À Coroa interessava expandir a colonização sem o dispêndio de recursos do seu Tesouro, cada vez mais ávido. Os oficiais (capitães-mores, capitães e seus subordinados), uma vez estabelecidos em suas sesmarias, passavam a exercer funções militares e legais, constituindo-se em agentes da Coroa nas remotas áreas sertanejas, onde a autoridade real não conseguia se fazer presente. Não por coincidência, a hierarquia das Ordenanças refletia, em grande medida, a hierarquia social na Colônia.[61]

Diversas estratégias foram empregadas para combater as tribos e nações "bárbaras", sendo muito comuns alianças de ocasião com grupos hostis aos que estavam sendo combatidos. Os luso-brasileiros se aproveitavam das rivalidades entre as nações ou tribos para forjarem alianças temporárias, não só nas guerras internas, mas também em conflitos com os inimigos externos, fossem franceses ou holandeses. Os seus exércitos eram majoritariamente compostos por índios – aliados, aldeados ou submetidos (os "índios mansos") – e também africanos cativos ou alforriados. Mestiços, principalmente mamelucos, comumente participavam como guias, feitores e "capitães do mato", mais afeitos que eram ao ambiente dos sertões. Paradoxalmente, apesar das suas sangrentas guerras com os luso-brasileiros, os gentílicos eram, reconhecidamente, a maior força de defesa que a Colônia possuía, não podendo os colonizadores deles prescindirem para que os processos de ocupação e de defesa do território pudessem ter êxito.[62]

No início da colonização, prevaleceu a indecisão em torno da guerra, captura e escravização dos índios. Em tese, as incursões armadas só podiam ser realizadas caso fossem consideradas "guerras justas". Os jesuítas sempre foram contrários ao cativeiro dos gentílicos, por eles considerados seres humanos perdidos que deviam ser convertidos ao cristianismo, mesmo que à força, pelos soldados da missão de "dilatação da fé". O trabalho de catequese provém dessa percepção e tinha o apoio formal da Coroa e de Roma. No entanto, a atuação dos inacianos e de outras ordens religiosas sempre era uma fonte de conflitos com os colonos, que reclamavam de "concorrência desleal". Para eles, não era justo que apenas os missionários tivessem acesso à mão de obra dos índios, com ela produzissem e comercializassem as mesmas mercadorias e ainda gozassem de isenção de impostos. Para os leigos interessados em explorar as riquezas da terra, as missões das ordens religiosas representavam apenas uma "zona franca" com larga exploração da força de trabalho nativa.[63]

Uma lei de março de 1570 já previa a possibilidade da decretação de "guerra justa", embora apenas no caso de tribos antropófagas. Depois de idas e vindas, outra lei, de 1611, regulamentou a "guerra justa" contra nações rebeldes, "os bárbaros tapuias irredutíveis", liberando o resgate e a escravização desses inimigos. A decretação de tal guerra, todavia, dependia da autorização de uma junta formada pelo governador-geral, o bispo, membros da Relação da Bahia (Tribunal de Justiça da Colônia, criada em 1609) e representantes das ordens missionárias, reservando-se ao Rei a avaliação da decisão. Essa lei, além de atender aos reclamos dos colonos, é vista como uma medida de defesa, uma vez que facilitava a arregimentação de forças indígenas para combater os inimigos externos que acometiam na costa, além das tribos rebeldes e negros fugidos escondidos nos sertões. Ao legitimar essa guerra, o estatuto da "guerra justa" procurava assegurar a continuidade do domínio português e, ao mesmo tempo, atender aos interesses dos exploradores, os ativos agentes da colonização. A partir daí, o genocídio passou a ter as bênçãos do Rei e da Igreja.[64]

Durante as invasões holandesas, o processo de conquista e ocupação dos sertões pelos luso-brasileiros arrefeceu, os esforços de guerra voltando-se para repelir os invasores. Uma vez expulsos os holandeses, em 1654, os recursos disponíveis poderiam ser destinados aos conflitos com os índios hostis, que renderiam frutos tanto pela escravização como pela abertura de novos territórios a serem explorados e, quem sabe, com descoberta de ricas minas. Nesse contexto se desenrolaram as guerras no Recôncavo, que teve como um dos resultados a conquista do sertão dos Maracás.[65]

Seguindo a periodização proposta por Puntoni, as guerras no Recôncavo se iniciam em torno de 1651 com as "Jornadas do Sertão", causadas pelos ataques dos tapuias, que desciam o rio de Contas, aos colonos estabelecidos em Ilhéus e ao sul do Recôncavo, nas bordas da região canavieira. Na verdade, ataques de tapuias nas extremidades da zona de povoamento (Cachoeira, Jaguaripe, Maragogipe) já estavam acontecendo há mais tempo e, sem que houvesse uma organizada resistência por parte das autoridades, os colonos ficavam abandonados à própria sorte. Os prejuízos em vidas e bens eram significativos, ameaçando a estabilidade da colonização.[66]

No início daquele ano, o governador-geral, conde de Castelo Maior, nomeou o sargento-mor Diogo de Oliveira Serpa como comandante de uma primeira jornada. Ele deveria se juntar a um sertanista chamado Luís da Silva e, na ilha de Boipeba, a Francisco Fernandes Preto, considerado um "grande língua", capaz de dialogar com os tapuias. As instruções recomendavam recrutar soldados índios junto à Casa da Torre. Desertores foram perdoados para engrossar as fileiras da expedição. Apesar dessas providências, não se teve notícias dos resultados da jornada. Ainda em 1651, o governador-geral nomeou Gaspar Rodrigues Adorno, descendente dos Adornos e Rodrigues, primeiros colonizadores da região de Cachoeira, como capitão-mor de uma outra jornada ao sertão. Ele teria a ajuda de seu irmão, Agostinho Pereira, e de Manoel da Costa, contando com uma tropa de 40 combatentes, divididos em duas colunas. Por onde passassem, os residentes deveriam lhes fornecer mantimentos e suas próprias armas. Adorno, considerado um dos mais qualificados sertanistas da Bahia, não se moveu de Cachoeira, causando embaraço ao governador, que recebeu notícias de novos ataques indígenas.

Três anos depois, em 1654, o novo governador-geral, Jerônimo de Ataíde, conde de Atouguia, frente aos persistentes ataques, resolveu empreender uma nova jornada, dessa vez com maiores recursos. Os gastos, orçados em 1:600$000 reis, seriam cobertos pelos moradores, por meio de uma finta. Foram recrutados contingentes em diversos pontos da capitania, reunidos em uma tropa formada majoritariamente por índios e mestiços. O comando foi novamente confiado a Gaspar Rodrigues Adorno, com a colaboração de seu irmão Agostinho, agora nomeado sargento-mor, do mesmo Luís da Silva e seus índios do Itapicuru com o apoio de Pedro Gomes, sargento-mor da Bahia. Segundo Felisbello Freire, "A empresa não foi coroada de bons resultados. Os índios resistiram e não foram vencidos".[67] O mesmo aconteceu com a jornada comandada por Tomé Dias Lassos, dois anos depois, organizada nos mesmos moldes. Apesar dos fracassos, essas primeiras entradas no centro-sul baiano serviram para indicar a extensão do problema e a necessidade de uma nova estratégia de combate aos tapuias daquele sertão.[68]

A nova estratégia, concebida pelo novo governador-geral, Francisco Barreto de Menezes, veterano da guerra contra os holandeses, priorizava a construção de uma estrada de Cachoeira até as matas, na entrada da serra do Orobó, onde os índios que atacavam o Recôncavo haviam sido localizados. Considerou-se que essa estrada poderia superar a falta de suprimentos para as tropas que adentravam aquele sertão, principal problema das entradas anteriores. Além da estrada, larga o suficiente para o trânsito de carros, uma fortaleza (casa-forte) deveria ser construída nas bordas da serra de Orobó, beirando o Paraguaçu (perto da atual cidade de Itaberaba), capaz de abrigar em segurança as tropas avançadas. Com esse intuito, em 1657, o governador comissionou o sargento-mor Pedro Gomes, juntamente com Gaspar Rodrigues Adorno, para tal empreitada. Como os índios continuavam com os seus ataques, ainda nesse mesmo ano, o governador enviou Luís Alvares, com 23 soldados, até Jacobina, com a missão de recrutar, nas aldeias Paiaiá, com os então aliados, os reforços necessários para o combate em Orobó.

Não se soube mais notícias de Luiz Alvares e suas tropas, e a situação da casa-forte tornou-se crítica. A resposta do governador foi nomear o experiente capitão Bartolomeu Aires para comandar quatro companhias de infantaria, visando a desencadear uma guerra total contra os tapuias, não só em Orobó, mas também na serra da Utinga e onde mais se escondessem, "desbaratando-os, degolando-os por todos os meios e indústrias que no ardil militar forem possíveis". As mulheres e os menores deveriam ser tomados como cativos. Essas tropas se dirigiriam à casa-forte, distante 40 léguas de Cachoeira, no intuito de guarnecer, abastecer e reforçar aquela praça e de lá lançar uma ofensiva. Os resultados dessa iniciativa também não foram auspiciosos. Nenhuma aldeia foi desbaratada. O problema teimava em permanecer. Em 1658, os Maracás, aliados aos Topins, atacaram Maragogipe e Jaguaripe, causando mortes, danos e muita insegurança.

Os parcos resultados alcançados até então já haviam levado o governador Barreto de Menezes a apelar para a experiência dos paulistas no trato com o "gentio bárbaro" dos sertões. Em 1657, ele enviou carta ao capitão-mor de São Vicente, solicitando os bons ofícios da Câmara de São Paulo no recrutamento de experientes sertanistas para darem combate aos tapuias da serra do Orobó e adjacências. Como a guerra havia sido considerada "justa", além de soldos, os paulistas seriam recompensados pelo autorizado cativeiro dos índios que fossem capturados, com a permissão de levá-los para São Paulo. Foram recrutados Domingos Barbosa Calheiros e Bernardo Sanches Aguiar com a sua gente, constituída tanto de "brancos como índios".

Os paulistas chegaram à Bahia em outubro de 1658, onde outros contingentes foram agregados. Rumaram para Cachoeira, onde receberam reforços de soldados índios e alguns colonos voluntários, além de carros com mantimentos providenciados pelo sargento-mor Pedro Gomes. Seguiram pela estrada dos Tocos, em demanda da Jacobina, onde receberam novos reforços de índios paiaiases, submetidos ao grande sesmeiro Padre Antonio Pereira, bem como o concurso de um guia, Antonio Crioulo, o mesmo que servira na expedição de Luiz Álvares. O plano era, com a ajuda dos paiaiases, seguir para o sul em busca dos topins, nas matas do Orobó. Apesar de pertencentes ao grupo étnico tupi, os topins eram considerados tapuias, rebeldes habitantes do sertão.

A expedição foi um completo fracasso. Depois veio a se descobrir que os paiaiases, em conluio com Antonio Crioulo, haviam enganado não só os paulistas como, anteriormente, Luiz Alvares, enveredando-os por caminhos tortuosos que nunca alcançavam os inimigos, sendo as tropas dizimadas por doenças e pela fome. Os paiaiases, considerados aliados, se voltaram contra os luso-brasileiros, chegando a matar alguns guardas de mantimentos em aldeias dominadas. A partir daí, foram declarados inimigos a serem escravizados ou exterminados.[70]

A declaração de guerra não resolvia a urgente questão que, por um lado, levava pânico aos povoamentos atacados e, por outro, impedia o avanço da conquista por uma vasta porção do território. Os ataques abrandaram quando grupos de paiaiases ainda considerados fiéis foram "descidos" (transferidos) para perto das povoações acometidas (Cachoeira, Aporá, Maragogipe, Jaguaripe). A ideia era de que eles pudessem, por contato e "comércio", assegurar o controle dos outros tapuias.[71]

Essas medidas não impediram que os ataques retornassem, dessa vez com a invasão inédita de uma vila, a de Cairu, onde foram mortos 15 moradores. As fontes de suprimento de lenha e farinha de mandioca, insumos essenciais para a produção açucareira, estavam ameaçadas, comprometendo toda a empreitada colonial na Bahia. O governador-geral, Alexandre de Sousa Freire, instado pela Coroa a achar uma solução definitiva para o problema, resolveu recorrer novamente aos paulistas, convicto de que os sertanistas baianos não seriam capazes de resolver a situação. Para atrair os experientes sertanistas do Sul, as recompensas daquela "guerra justa" seriam generosas. Dessa vez, além de soldos, os sertanistas seriam recompensados com a concessão de sesmarias nas terras conquistadas e com mercês a serem reivindicadas junto à Coroa. Sem esquecer as presas, sempre bem-vindas como escravos, garantido o transporte, por conta do governo, até São Paulo.[72]

Foram recrutados os sertanistas Estevão Ribeiro Baião Parente, comandante maior das forças luso-brasileiras, e Brás Rodrigues Arzão, o seu segundo. Eles só chegaram à Bahia em 1671, quando o governador já era Afonso Furtado de Castro do Rio Mendonça, Visconde de Barbacena, que se empenhou nos preparativos da expedição, organizada nos mesmos moldes das anteriores. Após reunir homens e mantimentos, deviam partir de Cachoeira em perseguição aos tapuias na serra do Orobó e cercanias. As tropas foram engrossadas com índios fornecidos pelos principais fazendeiros daqueles sertões: 40 paiaiases de João Peixoto Viegas, reunidos nas suas terras de Itapororocas, 30 das aldeias de Gaspar Rodrigues Adorno, reforços das aldeias de Camamu e de outras localidades. Na verdade, do total de 400 homens, entre rasos e oficiais, a grande maioria era composta por "índios mansos", submetidos, escravizados e tornados soldados na marcha de ocupação do território.[73]

Os alvos estavam mais bem sinalizados. Os grupos a serem combatidos eram os maracás, os topins e os paiaiás rebeldes, incrustados no vale do Paraguaçu e suas cercanias para o sul, em direção ao rio de Contas, e para o norte, encontrando o Jacuípe. As tropas partiram das terras do Aporá pelo antigo caminho aberto por Pedro Gomes, passando por Piranhas até atingir a casa-forte nas bordas do Orobó. A primeira incursão na serra do Orobó não logrou bons resultados, voltando capturados apenas sete índios. Batedores indígenas conseguiram avisar às aldeias, permitindo a fuga da população para áreas mais remotas. Apesar de toda a farinha levada, os paulistas tiveram de voltar famintos ao local de partida. O custo da guerra se elevava cada vez mais, o que requereu um novo aporte de dinheiro por parte dos moradores, dada a recusa da Coroa em comprometer mais recursos, provocando insatisfação e pessimismo entre os colonos.

Os paulistas partiram novamente para o sertão no ano seguinte (1672). Dessa vez, guiados por índios kiriri-sapuyá, lograram conquistar três aldeias topins, onde recolheram um grande número de prisioneiros. Devido a doenças e maus tratos, poucos sobreviveram. Depois dos topins, os sertanistas foram ao encalço dos maracás ao sul, deles conquistando quatorze aldeias e aprisionando 1.500 indivíduos, dos quais apenas a metade sobreviveu para ser despachada para São Vicente. Uma terceira ofensiva desbaratou mais três aldeias de maracás, com o aprisionamento de 1.200 indígenas. Nessas incursões, os paulistas teriam sido guiados pelos topins conquistados, que haviam se tornado inimigos dos maracás. Depois de tantos anos de insucessos, dessa vez os luso-brasileiros haviam conseguido afastar o perigo dos engenhos do Recôncavo. Ademais, avançaram sobre um território ainda inexplorado, mas onde, agora, o processo de ocupação poderia ser iniciado e sobre ele imposta, formalmente, a soberania da Coroa. Destarte, em dezembro de 1673, Baião Parente inicia sua quarta e última incursão sobre os maracás, que resultaria no início da ocupação daquele território.

O projeto de ocupação do território conquistado aos maracás previa a distribuição de sesmarias aos combatentes paulistas, conforme acertado, e a criação de duas povoações como "peões" do processo. Em decorrência, na mesma área onde Gabriel Soares de Sousa houvera, cerca de um século antes, construído uma fortaleza, foi fundada, por Estevão Ribeiro Baião Parente, em 1674, a vila de Santo Antonio da Conquista, no médio Paraguaçu, a primeira povoação luso-portuguesa naquele imenso espaço. Para tanto, os índios capturados na região foram transferidos para Salvador, e "índios mansos", muitos participantes das tropas da conquista, foram fixados no local, indicando que a mão de obra indígena escravizada foi largamente utilizada nessa ocupação. A segunda povoação nunca foi implantada.

Embora a vila de Santo Antônio da Conquista tenha sido povoada, por delegação de Baião Parente, sob a liderança do capitão Manoel de Hinojosa, que servira nas entradas como comandante dos "gentis mansos", seu senhorio foi apropriado pelo coronel Manoel de Araújo Aragão, sesmeiro no sertão próximo de Cachoeira, aproveitando-se da ausência do comandante e de seu filho, João Amaro Maciel Parente, que havia atuado como capitão na guerra aos gentis. Depois de conturbado contencioso judicial, João Amaro recuperou o patrimônio do pai e depois o vendeu, junto com todas as suas terras, ao mesmo coronel Manoel de Araújo Aragão. A vila desempenhará importante papel de pouso e posto fiscalizador no caminho do sertão e das minas para a cidade da Bahia, antes de entrar em franca decadência a partir da terceira década do século XVIII, indicando a reversibilidade do processo de ocupação colonial nas zonas de fronteira.[74]

No tocante a sesmarias, os dados levantados por Marcio Roberto Alves do Santos indicam que, de 1670 até o final do século, 37 concessões foram feitas entre os rios Paraguaçu e de Contas, parte aquinhoada por antigos combatentes dos maracás. Foram garantidos subsídios para a fixação de paulistas na região, incluindo a isenção de impostos e custeio de despesas de instalação. Essas glebas eram menores do que as antigas sesmarias continentais, marcando um novo padrão de ocupação. A exceção a essa regra foi aquela concedida a Manoel de Araújo Aragão, em 1687, depois do término das guerras, com uma área de 200 léguas quadradas (20 léguas de comprimento por 10 de largura) entre os rios Paraguaçu e de Contas. Todas elas podem ser caracterizadas como sesmarias de fronteira, onde a atividade pastoril ainda teria de eventualmente enfrentar conflitos com os índios remanescentes, os quais, movimentando-se em amplas extensões, podiam ameaçar os currais, que funcionavam como postos avançados da colonização na região. Outras sesmarias foram distribuídas no vizinho vale do rio Jiquiriçá, mais ao sul do Paraguaçu, onde os maracás também viviam, que começou a ser ocupado nessa mesma época. Mesmo com as vitoriosas guerras, os índios não foram extintos e continuaram a acometer em toda a área por, pelo menos, mais um século.[75]

As fazendas de gado instaladas nessas terras foram as primeiras unidades de ocupação da parte central do sertão baiano. Constituíam uma frente pioneira de colonização, em um vasto espaço territorial até então indevassado. Essa frente ia sendo firmada na medida em que, ao longo do Paraguaçu até atingir e transpor a serra do Sincorá, foi-se abrindo um caminho que encurtava o percurso das minas até a cidade da Bahia, alternativo àquele que descia o São Francisco e passava por Jacobina (ver Mapa 5). Embora mais curto, o caminho do Paraguaçu era difícil, de povoamento muito esparso e cheio de perigos, por conta da falta de água em alguns trechos, possíveis ataques de tapuias, doenças e animais, além do seu curso não ser navegável, conforme o relatório que o mestre de campo de engenheiros Miguel Pereira da Costa apresentou ao Vice-Rei, Vasco Fernandes Cezar, após tê-lo percorrido em 1720. Era o Paraguaçu impermeável de Capistrano de Abreu:

Não seria excessivo chamar impermeável o Paraguaçu, impermeável na marinha, impermeável no álveo, impermeável nas margens, salvo o oásis de Cachoeira. Só próximo às origens pôde utilizar-se e sua utilidade consistiu em dar passagem para outras bacias, para o rio de Contas, para o São Francisco.

Como se vê, até a passagem do Sincorá continuava impermeável o Paraguaçu. Apesar disso era frequentado seu caminho, porque abreviava a jornada consideravelmente.[77]

Nos primeiros anos da década de trinta do século XVIII, em expedição de reconhecimento territorial encomendado pelo governo-geral, o prático Joaquim Quaresma Delgado identificou 27 unidades de ocupação ao longo desse curso fluvial, ocupando uma extensão linear de 75,5 léguas. Mais próxima do litoral do que o São Francisco, a ocu-

pação da bacia do Paraguaçu era mais rarefeita do que na do grande rio, indicando as dificuldades enfrentadas para sua efetiva ocupação. Nesse panorama, destacava-se a antiga sesmaria de Manoel de Araújo Aragão, que, segundo o explorador Miguel Pereira da Costa, "...e hoje é de seu neto de mesmo nome, e todas as terras da travessia, Maracás, e da outra parte do rio como também das que seguem nessa derrota até os distritos do Rio das Contas."[78]

Enquanto a parte central da Chapada Diamantina, onde futuramente serão desenvolvidas as suas Lavras, era ocupada de forma precária, dispersa e insegura, perto das fazendas de gado de Jacobina, no seu extremo norte, e das áreas escassamente povoadas do alto rio de Contas, na extremidade sul da região, foram achados cursos d'água auríferos, o que desencadeou a atividade mineradora nesses distritos.

NOTAS

[56] Em **Visão do Paraíso**, Sérgio Buarque de Holanda refere-se a uma expedição comandada por Vasco Roiz de Caldas, que, saindo de Salvador por volta de 1560, penetrou o Paraguaçu por sessenta ou setenta léguas, em demanda das supostas minas do São Francisco, sendo desbaratada pelos gentios da região. Existem escassas informações sobre essa entrada e tudo leva a crer que não resultou em nada. Ver Holanda (2000, p. 54). Há ainda a misteriosa entrada de Belchior Dias Moréia, neto de Caramuru, que, entusiasmado com os relatos da expedição de Gabriel Soares de Souza, teria adentrado o vale do Paraguaçu em 1595, em busca das minas de ouro e prata, vagando por oito anos no sertão. Quando voltou, declarou ter descoberto fabulosas minas de prata. Por não ter recebido os favores da Corte, morreu sem revelar seu roteiro. Seu neto, também Belchior Dias Moréia, dizendo-se conhecedor do roteiro do seu antepassado, realizou expedições, de 1671 a 1675, mas nunca encontrou nada. Sobre os Dias Moréia, ver Franco (1989, p. 262-263).

[57] Salvador (1918, p. 351-352). Teodoro Sampaio e Felisbello Freire discordam desse percurso. Para eles, Gabriel Soares de Sousa marchou em busca das nascentes do São Francisco e não do Paraguaçu, seguindo uma linha leste-noroeste e não leste-oeste como descrito por Frei Vicente Salvador. Ver Freire (1998, p. 72).

[58] Abreu (1975).

[59] Sérgio Buarque de Holanda discorre sobre a "geografia mítica dos sertões ocidentais" que servia como estímulo para que desbravadores corressem esses sertões em busca do "Dourado" ou da "Serra das Esmeraldas", das minas de prata, mirando a fortuna das preciosidades que desembocavam na escravização de índios (BUARQUE DE HOLANDA, 2000).

[60] Puntoni (2002).

[61] As principais patentes das Ordenanças eram as de mestre de campo, capitão-mor, comandante de um número variável de companhias, sargento-mor, o segundo em comando, capitão de distrito e alferes. Para senhores de engenho e fazendeiros, uma patente das Ordenanças significava uma distinção social, substituta de títulos nobiliárquicos. Ver: Schwartz e Pécora (2002, Apêndice B), Apêndice B. Segundo Puntoni (2002, p. 182-183): "As forças auxiliares da Colônia foram regulamentadas, por assim dizer, com o disposto no 'regimento geral das ordenanças' de 1570 [...] a hierarquia das milícias era formada pelos senhores locais, proprietários, ou "homens bons", donde a reprodução da ordem social garantir a funcionalidade esperada da organização militar".

[62] Puntoni (2002, p. 50).

[63] Para uma abrangente análise desses conflitos em São Paulo, ver Caldeira (2006).

[64] Puntoni (2002, p. 53 e 60).

[65] Puntoni (2002) identifica quatro episódios que compõem as Guerras no Recôncavo: Jornadas do Sertão (1651-1656), Guerra do Orobó (1657-1659), Guerra do Aporá (1660-1673) e as Guerras no São Francisco (1674-1679). Neste texto, serão resumidos os três primeiros episódios, por terem se desenrolado nos limites do território inicialmente delimitado. As Guerras no São Francisco não serão, portanto, abordadas.

[66] As principais fontes utilizadas para descrever as Guerras do Recôncavo foram: Puntoni (*op. cit*, cap. 3), Santos (2010) e Siering (2008). Outras referências são citadas ao longo do texto.

[67] Freire (1998, p. 38).

[68] Presumiu-se que as jornadas de Gaspar Adorno e Tomé Lassos tiveram como resultado a paz com um dos grupos tapuias, os Paiaiá. Pode-se verificar, porém, que essa paz não fora sacramentada, a julgar pelos acontecimentos posteriores.

[69] Regimento do capitão Bartolomeu Aires, de 31/01/1658, citado por Puntoni (2002, p. 100).

[70] A descrição constante da "Proposta que o Senhor Alexandre de Sousa Freyre (governador-geral) fez em Relação (aos desembargadores da Relação da Bahia) sobre os Tapuyas e assento que sobre ella se tomou", de 1669, revela uma situação intrigante "porque prometendo os payayases guiar aos nossos para as Aldeias dos Inimigos que elles diziam nos faziam o damno; e segurando-os de que em cinco dias as veriam, os trouxeram mais de sessenta enganados, em companhia de um crioulo do Padre Antonio Pereyra, de quem tambem os nossos se fiaram, guiando-os ao redor por serras invias, e montanhas asperas sem jamais nunca poderem chegar ãs ditas Aldeias, que buscavam, usando da industria de aconselharem aos nossos que não atirassem, para matar caça, nem cortarem pau para tirar mel, por não serem sentidos dos Tapuyas que nos faziam o mal, e nunca estes Tapuyas que elles diziam, se acharam; nem se podiam achar, por não haver outra nação mais que a dos Payayases". Esse documento foi reproduzido por Neves (2008).

[71] Os descimentos era uma prática comum. Os grupos indígenas dominados eram assentados nos locais mais convenientes para os colonos. Às vezes, após a conveniência cessar, os índios eram deslocados de volta ao local de origem.

[72] Segundo Puntoni (2002, p. 192), o pagamento de soldos a tropas auxiliares não era uma prática comum. Nesse caso, o pagamento foi justificado pela importância da guerra que iria ser travada.

[73] Schwartz e Pécora (2002) publicaram o panegírico fúnebre a D. Afonso Furtado, o Visconde de Barbacena governador-geral, escrito por um certo Juan Lopes Sierra, em 1676. Nesse documento, o autor descreve com detalhes os preparativos para a guerra, liderados pelo seu herói, relacionando os homens, armas e mantimentos utilizados, incluindo a contribuição dos grandes fazendeiros com índios e demais recursos.

[74] Santos (2010, p. 242).

[75] Santos (2010, p. 206 a 220). Curiosamente, parte dessas sesmarias ocupavam áreas que supostamente pertenciam à sesmaria continental Guedes de Brito – Casa da Ponte, conforme mapa traçado por Erivaldo Fagundes Neto, evidenciando a "geografia imaginária" que prevalecia naquela época. Marcio Roberto Alves dos Santos inclui um mapa na página 190 que pode ser comparado com o de Erivaldo Fagundes Neto (2005, p. 119).

[76] Costa (1885).

[77] Abreu (1975, p. 54 e 56). Curioso observar que, em seu relatório, Miguel Pereira da Costa remarca o ataque de morcegos ao gado e à montaria. Andaraí significa rio dos Morcegos, na língua dos índios da região.

[78] Esses dados foram coletados por Santos (2010, p. 337). Para a citação, ver Costa (1885, p. 40).

A mineração do ouro na Chapada Diamantina: Jacobina e Rio de Contas

Desde o final do século XVI, sabia-se da existência de ouro na região de Jacobina, possivelmente descoberto por sertanistas paulistas. Se, então, havia exploração, era clandestina e em pequena quantidade. Em 1701, de acordo com relato de Ignácio Accioli de Cerqueira e Silva[79], um "particular" não identificado apresentou ao governador-geral João de Lencastre quatro palhetas de ouro de tal peso, que rendeu a expressiva quantia de 1.200$000. Segundo esse mesmo autor, frente àquela novidade, o governador encarregou o capitão Antônio Alvares da Silva de verificar a descoberta. A expedição desse capitão não obteve bons resultados. Antes dessa data, em 1697, o mesmo João de Lencastre teria ordenado uma expedição liderada pelo capitão-mor Cosme Damião de Faria com o intuito de verificar a possibilidade de mineração de ouro na serra da Sapucaia ou da Jacobina. De acordo com os registros, em 1701 ou 1702, Cosme de Faria e seus acompanhantes descobriram, então "oficialmente", veios auríferos promissores em Pindobaçu, em nascentes da bacia do Itapicuru. A princípio, as jazidas de Jacobina não se mostraram muito generosas, mas, à medida que os garimpeiros foram avançando, tornava-se claro o potencial daquela província aurífera.[80]

A área de Jacobina, que abrangia as nascentes do rio Itapicuru, nominalmente fazia parte das sesmarias concedidas à família Guedes de Brito em 1665 e 1663. Naquela área, crescera um arraial que funcionava como entreposto do comércio de gado, sendo o mais importante pouso no caminho das boiadas vindas do São Francisco e do Piauí. A descoberta do ouro passou a atrair uma leva de pequenos exploradores: paulistas, homens brancos de "pequena esfera", mulatos e escravos. Algumas dessas pessoas fizeram roças, pastagens e engenhos no entorno das minas, evitando o desabastecimento que ocorrera nas Minas Gerias no início da exploração do ouro por lá. As boiadas continuaram passando, e as tropas de mulas se amiudaram, animando o comércio. As instituições do regime colonial ainda não se faziam presentes naquelas paragens, as relações sociais se regulando pela norma natural, pontuadas pela violência.

Surpreendentemente, em 1703, o rei de Portugal, D. Pedro II, por Carta Régia, ordenou que o governador-geral proibisse a exploração dessas minas. A alegação foi a da vulnerabilidade das descobertas ao ataque de piratas e potências estrangeiras, por estarem muito próximas do litoral: eram "apenas" 80 léguas que poderiam ser facilmente percorridas pela estrada das boiadas. Receava-se também que o deslocamento de levas de homens livres e escravos para a mineração deixasse as lavouras de mantimentos desassistidas, prejudicando toda a economia da Colônia, em especial suas culturas de exportação, pela falta de mão de obra e de alimentos.

Questões de natureza fiscal também se impuseram: havia um forte temor de que essas riquezas se esvaíssem pelo contrabando, sem deixar muita coisa para o Tesouro Real, dada a baixa capacidade coletora e repressora. Ademais, uma política rigidamente mercantilista procurava evitar o aumento da circulação de qualquer tipo de moeda nos mercados internos da Colônia. Porém, assim como as tentativas de conter o comércio entre as regiões do gado e das minas (Carta Régia de 1701) não surtiram efeito, não se tem notícia de que a pequena mineração em Jacobina tenha estancado após a proibição.[81]

A ocupação daquelas terras pela gente miúda ocasionou, posteriormente, um longo contencioso judicial entre os moradores e os Guedes de Brito, da Casa da Ponte, iniciado em 1729 e que se estendeu até o século XIX. Os moradores reclamavam da cobrança de rendas das terras onde mineravam e plantavam, como também no núcleo urbano, que, embora pudessem ter sido concedidas em sesmarias, nunca haviam sido aproveitadas pelos sesmeiros, como previa a lei. Não achavam justo pagarem, além dos "quintos" reais e demais impostos, renda da terra que haviam ocupado com muito trabalho, para não falar dos combates com os índios da região, dado que o sesmeiro era totalmente ausente.[82]

A descoberta de ouro no alto rio de Contas ocorreu na segunda década do século XVIII. Nessa época, aquela região era de difícil acesso, o que demonstra a desventurada expedição liderada pelo experiente sertanista Pantaleão Rodrigues, conforme reportado por Miguel Pereira da Costa. Por volta de 1718, na companhia de 35 homens armados, esse aventureiro subiu o rio de Contas a partir da sua foz, na cidade de Itacaré de hoje. Após oito meses de caminhada enfrentando índios arredios e impiedosos obstáculos naturais, seu corpo, em frangalhos, juntamente com o do último companheiro, foi encontrado perto da nascente do rio por vaqueiros da fazenda do Campo Seco, que os socorreram.[83]

No final do século XVII, surgira, nesse sítio, no Planalto da Serra das Almas, um pequeno povoado à margem do rio de Contas Pequeno, chamado de "Creoulos". Servia de pouso para os viajantes vindos de Goiás e do norte de Minas Gerais em direção a Salvador e os da rota que ligava o Vale do São Francisco ao caminho da costa. Em 1681, estiveram no arraial dos Creoulos o Capitão-Mor Francisco Ramos, o Cônego Domingos Vieira Lima, o Padre Antônio Gonçalves Filgueira (vigário do Santo Antônio da Jacobina) e Manoel Oliveira Porto, com destino às nascentes do rio Sincorá. Por engano, subiram o Rio de Contas Pequeno julgando tratar-se do Rio de Contas, acabando por encontrar a povoação dos Creoulos. A esses viajantes haviam sido concedidas sesmarias de 10 léguas para cada um, tendo como referência de demarcação o rio Sincorá em direção ao rio de Contas. Por essa mesma época, outras sesmarias haviam sido concedidas em torno dessa região, poucas efetivamente aproveitadas ou ocupadas.[84]

Capistrano de Abreu reporta que, em 1690, após transporem o Paraguaçu, o capitão-mor Marcelino Coelho Bittencourt, em companhia do seu filho, Damaso Coelho de Pina, e do seu genro, André da Rocha Pinto, combatiam índios no alto Rio de Contas. Ao tentarem se estabelecer nessa área, sofreram oposição do mestre de campo Antônio Guedes de Brito, que alegou serem aquelas terras pertencentes à sua sesmaria. Ainda segundo Capistrano, em 1691, as partes chegaram a um acordo, "o mestre de campo abriu mão da metade das terras entre os rios Paraguaçu, S. Francisco, Velhas, Doce, Pardo e Contas que poderiam arrendar".[85]

Pelo visto, a imprecisão dos limites das propriedades continuava imperando, tornando impossível saber exatamente as fronteiras entre sesmarias e posses em tão vastas extensões. Mesmo que parte daquela imensidão de terras tenha sido concedida, sua ocupação era precária, e sua expansão dependente do arrendamento de terras da sesmaria dos Guedes de Brito. Em 1720, notava Miguel Pereira da Costa:

> Há por esses distritos alguns moradores a largas distâncias uns dos outros, já de anos ali estabelecidos com suas famílias, e fazendas de pouco gado e menos mantimentos, por não ser o país abundante dele, mas nenhum tem número suficiente de escravos com que empreender grande operação, pois por este se regula o poder por estes sertões, sendo axioma entre eles – fulano é poderoso porque põe tantas armas: neste número entram negros, mulatos, índios, mamelucos, carijós, e mais variedades de gente que há por aquele sertão.[86]

Esse era o panorama da ocupação da região do alto rio de Contas quando, em 1713, o bandeirante Sebastião Pinheiro da Fonseca Raposo, entusiasmado com as sucessivas descobertas em várias áreas dos sertões, partiu em expedição de São Paulo, acompanhado pelo filho, irmão e sobrinho, além de numerosa comitiva composta por mestiços e escravos negros e índios, inclusive mulheres e crianças, rumando em direção ao norte do Jequitinhonha. Subiram além desse rio e foram bater em um riacho das nascentes do rio de Contas, na serra do Tromba, distante três léguas do povoado de Mato Grosso, que se formaria pelo ajuntamento de mineiros que prospectavam aquela bacia e seus supridores de víveres e demais mercadorias. Lá encontrou, em data imprecisa entre 1718 e 1719, ouro em abundância. Passaram a garimpar com toda a força, obtendo resultados anotados por Miguel Pereira da Costa, que lá chegou em 1721, seis meses depois da partida de Raposo e sua gente:

> Teve tal fortuna que achou o ouro a quatro e cinco palmos de cava da sua formação, e trabalhava a princípio com oitenta bateias; mas dando com ouro graúdo, meteu toda a comitiva, curumins e fêmeas a trabalhar, com o que chegou a trazer no riacho cento e trinta bateias: já então desprezava o ouro miúdo, por lhe gastar tempo nas lavagens, e assim mandava despejar as bateias, e só buscava

pedaços, folhetas e grãos maiores, castigando fortemente alguns que lhe davam de "jornal" apenas uma libra de ouro: o que mais admiração faz, não tendo nada de paradoxo, é tirar um pedaço de arroba e meia, do feitio de asa de um tacho, e ainda mais, que em um dia, dando na maior mancha, trabalhou desde a madrugada até às 10 horas da noite, valendo-se para isso de fachos, e apurou nela nove arrobas.[87]

Sabe-se que a quantidade total de ouro juntada por Sebastião Raposo foi muita, mas o volume é desconhecido, e a extração de nove arrobas em um só dia possivelmente é um exagero. Miguel Pereira da Costa, após inquirir algumas pessoas da equipe do sertanista, chegou à conclusão de que sua fortuna alcançara quarenta arrobas de ouro da boa pinta. De vida atribulada e desregrada, violento e sanguinário, possivelmente perseguido pelo Tribunal do Santo Ofício em São Paulo, Raposo, ao ver as autoridades reais se aproximarem, atraídas pelas riquezas da região, abandonou seu arraial e saiu zanzando pelos sertões da Bahia, Maranhão, Piauí e Ceará, chegando à serra de Ibiapaba, onde veio a morrer assassinado após uma revolta entre pessoas de sua bandeira, em 1720.[88]

A prodigalidade daquelas jazidas era bem clara, para ela acorrendo pequenos mineradores, moradores das vizinhanças e garimpeiros vindos de outros distritos mirando as riquezas dos riachos daquelas serras. Após a partida de Raposo, a pequena mineração continuou prosperando, não obstante ainda viger a mesma proibição Régia de 1703. O mestre de campo de engenheiros calculou um total de 2.000 pessoas trabalhando nos córregos daquelas serras, sem lei nem temor, sendo que 700, entre bateias e almocafres, só no riacho antes explorado pelo sertanista paulista:

> Compunha-se esse número de toda a variedade de gente, que para aquela parte tinha concorrido, como paulistas do Serro do Frio e Minas Gerais, homens brancos de pequena esfera, que deste recôncavo e de muitas partes do sertão tinham ido, mulatos e negros, e entre todos havia vários criminosos; mas nem entre todos estes, nem entre os moradores antigos daquelas vizinhanças, havia algum poderoso, ou de grandes cabedais; nem o capitão-mor daqueles distritos tinha poder coercitivo com que executar as ordens

do governo geral deste Estado, nem as que me era preciso encarregar-lhe, em virtude das que do mesmo governo levava; e assim viviam ali todos voluntários, sem receio, obediência ou temor, uns roubando, e outros matando; e logo que em algum ribeiro acertavam alguns com melhor pinta, caía aquela multidão na tal parte, que ordinariamente desaparecia o ouro, sendo para eles axioma infalível, que o ouro não quer ambição nem soberba, pois tirando-se sem estas com bom rendimento, logo que estas chegam se esconde, como a experiência lhes havia mostrado por vezes.[89]

Em nova mudança na política colonial, a Coroa suspendeu a proibição de mineração nas minas baianas. Primeiramente em Jacobina, em agosto de 1720, posteriormente em Rio de Contas, em outubro de 1721. As razões dessa mudança não são muito claras, sendo o término da Guerra de Sucessão da Espanha sempre apontado como fator de relevo. Nessa guerra, Portugal se alinhou com a Inglaterra, a Holanda e a Áustria contra as pretensões do neto de Luís XIV da França ao trono espanhol. Em consequência, o Rio de Janeiro, que já despontava como um importante porto de ouro dos descidos de Minas, sofreu dois ataques de corsários franceses, em 1710 e 1711, sendo que o segundo, comandado por René Duguay-Trouin, levou à rendição e ao saque da cidade. A França também disputava a margem esquerda do Amazonas, que só foi reconhecida como portuguesa em 1713. Agora, com a paz restabelecida, as minas do interior da Bahia não estariam mais ameaçadas por potências estrangeiras.[90] Mesmo considerando esses fatores externos, deve-se levar em conta que a política de proibição esteve longe de atingir os resultados pretendidos. A exploração naqueles distritos não havia cessado, e o "descaminho" do ouro continuava.

Em novo passo na política para as minas baianas, em agosto de 1720, a Coroa determinou a criação da vila de Jacobina. O vice-rei Vasco Fernandes César de Menezes designou o coronel Pedro Barbosa Leal para tal missão, que foi concluída em julho de 1722, aproveitando a prévia existência de missões religiosas que contribuíram para nuclear o povoamento. Em 1725, Pedro Barbosa Leal já estava à frente da construção da vila de Rio de Contas, após nova autorização real.[92]

A criação dessas vilas seguia a experiência de Minas Gerais, onde a atividade de mineração produzia aglomerações urbanas que facilitavam o estabelecimento dos aparatos estatais. Com isso, os interesses, principalmente fiscais, da Coroa podiam estar presentes. Além de magistrado, guardião das normas civil, política e jurídica que serviriam para "conservar-se os moradores em toda a paz e quietação", as vilas abrigavam guarda-mor, escrivão e tesoureiro para a cobrança e remessa dos tributos sobre o ouro. Esses eram funcionários da Coroa que, ao cuidar dos interesses do Rei, não deixavam de cuidar dos seus. Havia ainda o agente responsável pela ordem, geralmente um proprietário, "pessoa principal da terra", que recebia uma patente de oficial das Ordenanças, o que lhe conferia a titularidade do poder militar e de polícia em um dado território, ficando encarregado de enfrentar as ameaças de indígenas, escravos fugidos e combater a criminalidade. Em contrapartida, as vilas constituíam suas câmaras, supostas representantes dos interesses da elite dos moradores, formadas pelos "homens bons", o que, obviamente, não incluía os homens de pequena esfera ou os de esfera nenhuma, os escravos. As Câmaras cuidavam das pequenas coisas da comunidade, os assuntos miúdos.[93]

Encaminhada a fundação das duas vilas, Pedro Barbosa Leal foi então escalado para abrir um caminho entre Jacobina e Rio de Contas. Esse caminho se integraria com aqueles que ligavam as áreas mineradoras da Bahia às de Minas Gerais, permitindo que se estabelecesse um corredor de comércio desde o sul do país até os sertões do Piauí e do Maranhão. Essa "Estrada Real" também melhoraria as condições de fiscalização dos fluxos de mercadorias, especialmente do ouro. Em 1725, esse caminho já estava aberto, passando pelo atual Morro do Chapéu, onde, na época, começava a se formar um povoamento, localizado na nascente do rio Jacuípe, em território então ocupado por algumas fazendas de gado, despontando as do famoso sesmeiro e sertanista João Peixoto Viegas (ver Mapa 5).

Vilas e caminhos iam sendo criados em decorrência de ações que visavam a estabelecer os mecanismos da fase de territorialização da empreitada colonial, quando se consolidava a soberania portuguesa sobre o espaço conquistado e pronto para ser explorado. A princípio, as aglomerações urbanas dessas vilas eram análogas a ilhas cercadas por imensos territórios, verdadeiros continentes, esparsamente povoados. Os caminhos uniam esses pontos distantes por meio da circulação de pessoas e mercadorias, com tropas de mulas superando os obstáculos dos ásperos terrenos pelas muitas léguas. Nesses continentes esparsamente povoados, apesar do aparato estatal presente, era impossível deter o contrabando do ouro e a evasão de tributos, meios usados pelos colonos para contornar a política mercantilista, sempre mirando maximizar a transferência de todo e qualquer valor para a Metrópole. Desde cedo, o tecido econômico dos sertões da Colônia aprendera a usar, em sua trama, o resiliente e heterodoxo fio da informalidade. O ouro desviado contornava a restrição monetária ao comércio, abrindo novas possibilidades de acumulação.

Por volta de 1727, foram descobertas as jazidas das Minas Novas (Araçuaí e Fanado). Essas descobertas são atribuídas a Pedro Leolino Mariz, ele próprio nomeado primeiro superintendente das Minas Novas. Esses distritos fizeram parte do território baiano até 1757, quando foram incorporadas à Capitania de Minas Gerais. Havia, portanto, três províncias minerais em território da Bahia. Interligá-las e controlá-las passou a ser uma prioridade para as autoridades reais.

Nessa linha, em 1727, André da Rocha Pinto comandou uma entrada ao sertão entre os rios de Contas e São Mateus, passando pelo Pardo e pelo Verde Grande, uma imensa área a leste dos distritos mineradores, infestada por diversas nações indígenas que, supunha-se, haviam migrado para a região devido às guerras contra os luso-brasileiros nas outras áreas. A entrada, cujo "armador" (financiador) foi o coronel e superintendente Pedro Leolino Mariz, condição que lhe garantia participação nos resultados, tinha como objetivos o aprisionamento de gentílicos, a descoberta de minas, a conquista de áreas para a criação de gado e a abertura de um caminho ligando as minas baianas às de Minas Gerais, atingindo ainda as povoações do rio Pardo, e daí, pelo litoral, até Ilhéus. A resistência dos índios, os acidentes de percurso e as dificuldades encontradas em um terreno desconhecido fizeram com que essa entrada não rendesse bons frutos. Esse amplo espaço geográfico só foi definitivamente conquistado no século XIX, quando os resistentes aimorés foram finalmente dizimados pelo exército imperial. No entanto, uma ligação direta entre as minas baianas e as de Minas Gerais foi estabelecida, sem passar pelo São Francisco, sendo amplamente usada para fins de comércio e circulação de ouro. Formara-se uma ampla área de mineração que ia de Jacobina, no extremo norte da Chapada Diamantina, até as cabeceiras do Jequitinhonha, passando por Rio de Contas, conectada por uma "Estrada Real", que, por sua vez, se interligava à "Estrada Real" mineira, via de transporte e de fiscalização da produção aurífera que demandava o porto do Rio de Janeiro. O Mapa 5 mostra essas vias de comunicação.

Os distritos minerais baianos — Jacobina, Rio de Contas e Minas Novas — faziam parte do grande território onde, durante o século XVIII, se explorou ouro em grande escala e que incluía, além das minas baianas, as do centro-norte de Minas Gerais e do interior de Goiás, chegando até Mato Grosso. As primeiras descobertas no final do século XVII, na região central de Minas Gerais, impuseram à Coroa decidir sobre sua tributação. Embora o objetivo sempre fosse a maximização dos recursos remetidos à Metrópole, o governo demonstrava indecisão sobre como atingi-lo, o que levava a constantes mudanças na política fiscal. A legislação tributária era confusa, vacilante e mudava no ritmo dos embates políticos tanto na Metrópole como na Colônia, como de resto toda a legislação administrativa da Colônia, assim como a do Reino, que foi chamada por Caio Prado Junior de "legislação extravagante".[94]

No que se refere às minas de ouro, a primeira questão fiscal dizia respeito à distribuição das "datas" — lotes de terras destinadas à mineração — dado que, pelas *Ordenações Filipinas*, "os veeiros e minas de ouro e prata, ou qualquer outro metal" eram partes dos direitos reais.[95] Nos primeiros anos, em todos os distritos de mineração, não prevaleceu nenhuma regulação régia sobre as "datas", os córregos sendo exploradas por quem chegasse primeiro, caso não fosse expulso por mineradores mais poderosos no comando de capangas armados e plantéis de escravos. Essa situação provocou muitos conflitos turbulentos, com várias mortes e insegurança generalizada. No sentido de coibir abusos, o governador do Rio de Janeiro, Artur de Sá Menezes, promulgou um Regimento de Minas, em 1700, que, dois anos depois, com pequenas mudanças, foi ratificado pela Coroa e se manteve por todo o restante do período colonial, indo até o Império.[96]

Mapa 5
Caminhos do sertão
Trajetos de boiadeiros, mineradores e tropeiros - séc. XVIII e XIX

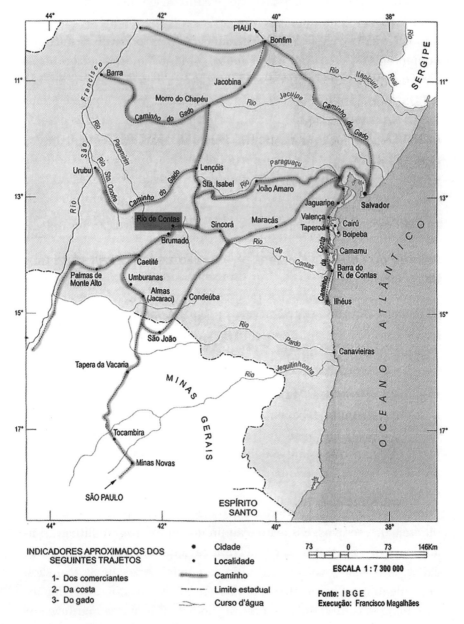

Por esse Regimento, o primeiro explorador a descobrir ouro teria o direito de escolher o local de suas duas primeiras datas. A terceira ficava com a Coroa e a quarta com o seu representante, o guarda-mor. Essas eram as chamadas "datas inteiras" e mediam trinta braças quadradas. As outras datas seriam divididas em lotes de tamanhos proporcionais ao número de escravos que os mineiros interessados possuíssem, a cada escravo sendo alocadas duas braças quadradas. A data da Coroa era logo vendida ao minerador que oferecesse o lance mais alto, a arrecadação revertendo para o Tesouro Real. Uma vez distribuídas, as datas estavam livres para ser compradas, vendidas, amalgamadas. Esse sistema ensejàva, por um lado, o enriquecimento, inclusive pela corrupção, dos funcionários reais e, por outro, as reviravoltas da fortuna pela falta de conhecimento prévio do potencial de produção de cada data eventualmente arrematada ou comprada. Afinal, não existe mineração sem risco exploratório. Em algumas regiões, as originais "Minas Gerais", as datas não foram oficialmente distribuídas, ficando o direito à extração estabelecido pela prioridade da posse.[97]

As mesmas *Ordenações Filipinas* estabelecem: "E de todos os metais que se tirarem, depois de fundidos e apurados, nos pagarão o quinto em salvo de todos os custos". A cobrança e a arrecadação da quinta parte da produção seria a principal forma de o Tesouro Real se beneficiar da corrida do ouro no Brasil. Essa tarefa não se mostrou de fácil execução naqueles sertões desconhecidos, selvagens e desbravados por aventureiros que não estavam dispostos a ser regulados e taxados. Não obstante, a cobrança dos quintos reais começou em 1700, mesmo ano do Regimento, quando o governador Artur de Sá Meneses estruturou uma burocracia formada por superintendentes, provedores, escrivães e tesoureiros encarregados de sua arrecadação, além dos guardas-mores responsáveis pela distribuição das datas. As casas de Registros estabelecidas nos caminhos para o Rio de Janeiro, São Paulo, Bahia e Pernambuco cuidavam que nenhuma pessoa saísse das minas com ouro sem apresentar guia de pagamento do quinto. Tudo isso garantido, a partir de 1719, pelos famosos "Dragões Reais de Minas", uma polícia montada militarizada, cujos primeiros regimentos foram enviados de Portugal, que tinha a incumbência de garantir a ordem e reprimir o contrabando e a sonegação. Estavam subordinados à autoridade real na região, o superintendente, que, partir de então, prescindia do concurso de potentados locais, paulistas ou "emboabas" reinóis e baianos, para a função de segurança.

A implantação de um complexo sistema de arrecadação nas minas era a face mais visível do processo de institucionalização do controle régio sobre aquelas riquezas, que até então estivera sob os desígnios dos descobridores paulistas ou dos "emboabas", engajados em violentas disputas. Nesse conflito, a Coroa decidiu por seu próprio lado: o ouro era do Rei, portanto nada mais natural que sua exploração fosse por ele regulada e controlada. Nas palavras de Raymundo Faoro:

> As minas aceleraram o curso da disciplina americana às rédeas do soberano, rédeas firmes e curtas. O patrimônio real, preservado pelo estamento burocrático, esquece serviços antigos e lealdades novas, espalha seus tentáculos cobiçosos pela Colônia imensa. A violência militar, com os batalhões importados, a máquina administrativa, servida pelo policialismo e pela espionagem, tem em mira o real erário, que alimenta a corte e os nobres, os funcionários e os mercadores.[99]

A forma de tributar o metal variou entre o quinto e o imposto de capitação, como é aludido por Joaquim Felício dos Santos:

> A história de Minas nos primeiros tempos, depois do descobrimento das lavras auríferas, quase que só consiste nas variações das ordens sobre a maneira de tributar o ouro em benefício da Fazenda Real, e na resistência e relutância que faziam os mineiros, com mais ou menos sucesso, ao vexame e severidade com que eram executadas. O Governo não tinha um sistema determinado, variando constantemente entre a capitação e o quinto, ou na circulação livre do ouro em pó ou convertido em barras nas casas de fundição; o que, porém, transpirava em todas as suas determinações era o intuito único de aumentar os interesses do fisco, tendo em pouca monta a sorte dos povos e os sacrifícios que poderiam fazer para suportarem os impostos com que eram sobrecarregados.[100]

O imposto de capitação, que já havia sido experimentado brevemente em 1710, substituiu os quintos de 1735 a 1750. Ele incidia sobre escravos, mineradores, oficiais, lojas e vendas, na base de uma quantia fixa anual em ouro para cada categoria (*per capita*). Se, por um lado, a Coroa considerava que esse imposto resolveria o problema da baixa arrecadação dos quintos, por outro, ele era odiado pela população das minas, que o considerava extremamente regressivo, ao não levar em conta as diferenças de renda que cada escravo, minerador livre, oficial, loja ou venda obtinha a cada ano, igualando a todos e levando muitos à bancarrota. Para evitar a cobrança desse imposto, as Câmaras de Vila Rica (Ouro Preto), Sabará e São João Del Rei, mediante a Junta da Fazenda, propuseram pagar, a partir de 1714, uma renda fixa anual de trinta arrobas, a serem distribuídas em cotas para cada vila, podendo, com isso, o ouro circular livremente para fora dos distritos. Às Câmaras ficaram consignados os direitos de entradas, incidentes sobre as cargas destinadas aos distritos minerais.

Esse sistema não demorou muito, sendo modificado em 1719. Ele não satisfazia aos anseios da Metrópole, sempre em busca de rendas adicionais. Para tanto, a Coroa determinou a abertura de casas de fundição e da moeda na região, o que provocou rebeliões em Pitangui, em janeiro de 1720, e Vila Rica, em junho de 1721. Para evitar que as casas fossem criadas, as Câmaras contrapropuseram um aumento da renda anual fixa para 52 arrobas, proposta aceita e que vigorou de 1722 a 1725. Todavia, para a Coroa, isso não era suficiente, determinada que estava a impor seus próprios meios de arrecadação. Finalmente, os mineiros, representados pela Junta, capitularam e concordaram com a instalação das casas de fundição, onde todo o ouro seria quintado e cunhado em barras, recebendo seus proprietários um valor em réis, tabelado por oitava, sempre abaixo do preço de mercado, proibindo-se novamente a circulação do metal fora dos distritos. Foram instaladas casas de fundição e da moeda em Vila Rica, em 1725, e casas de fundição em Sabará e São João Del Rei, em 1734. Essas medidas, pelos cálculos da Coroa, aumentariam a arrecadação pela maior fiscalização da circulação do ouro.

Mesmo assim, a ameaça do imposto de capitação continuava e, para evitar a sua instituição, em 1734, a Junta ofereceu à Coroa um teto anual de cem arrobas. Caso ele não fosse atingido por meio das casas de fundição, os mineiros se cotizariam para completar o montante. Mas não houve jeito: em 1735, a capitação foi instituída, permanecendo ainda a obrigação de arrecadação mínima das cem arrobas, o que faltasse sendo cobrado por meio de derramas. A capitação só foi abolida em 1750, retornando o quinto a vinte por cento, mantendo-se o teto de cem arrobas, em um período em que a produção já declinava, levando a novo arrocho fiscal na região.

Este breve resumo das formas de tributação do ouro não abrange toda a carga tributária imposta às minas. Dízimos e outras taxas eram cobrados nos distritos mineiros, a exemplo do direito de passagem (pedágio para atravessar rios) e de subsídios "voluntários", como aquele criado para custear a reconstrução de Lisboa após o terremoto de 1755. Frente a uma Coroa disposta a empregar todos os meios para extrair o máximo das minas, não é surpreendente que o contrabando tenha prosperado tanto: é incalculável o montante de ouro brasileiro que foi ilegalmente transacionado, tanto internamente como no comércio direto com a África e a Inglaterra, o que era, de acordo com a lógica mercantilista, terminantemente proibido, mas não propriamente combatido.

O apetite pantagruélico da Coroa resultou, ao fim e ao cabo, em rendimentos totais menores, relativos aos que poderiam advir de uma tributação mais razoável. Ademais, a burocracia instalada para cobrar os impostos e fazer valer a lei contribuíam para contrair a receita líquida. Além de custar caro pelos salários e vantagens, as autoridades quase sempre eram sócias do negócio de contrabando, sua participação integralizada pelo tráfego de influência e pelas concessões de facilidades, prática generalizada.[101] Essa situação é bem resumida por Raymundo Faoro, "O senhor de tudo, das atribuições e das incumbências, é o rei – o funcionário será apenas a sombra real. Mas a sombra, se o sol está longe, excede a figura". A autoridade real vinha "fazer o Brasil", o que, em suma, significava aproveitar ao máximo o tempo de serviço na Colônia para enriquecer e, ao fim do mandato, levar tudo para Portugal. No contexto das minas da Colônia, aproveitar oportunidades requeria distintos talentos, conforme assinalou Charles Boxer: "Apesar de todos esses obstáculos, e outros mais [...], o Brasil era ainda uma terra de genuína oportunidade. Somente, todavia, para os resistentes, os afortunados, ou para os destituídos de escrúpulos".[102]

Os dispositivos do Regimento de 1700-1702 também se aplicaram à mineração do ouro na Bahia. Sua observância, todavia, mostrou-se ainda mais difícil do que em Minas. No tocante às datas, só após a fundação das vilas de Jacobina e Rio de Contas se estabeleceu algum controle, embora ainda prevalecesse, em larga medida, o sistema de posse por quem chegasse primeiro e conseguisse mantê-la frente aos mais poderosos armados. Quanto aos quintos, junto com as vilas, foi instalada uma estrutura arrecadadora, embora incipiente. Após construir as vilas, instalar as câmaras e magistrados, Pedro Barbosa Leal foi nomeado superintendente das minas, com amplos poderes para arrecadar os tributos. A princípio, ele estabeleceu a cobrança de uma quantia em ouro por bateia, sistema semelhante ao de capitação que vigorou em Minas. Em 1725, Barbosa Leal informou ao vice-rei a existência de "pouco mais de setecentas bateias em efetivo exercício nas minas de Jacobina e oitocentos e trinta nas daquele Rio das Contas".[103]

Com o intuito de aumentar a arrecadação, em 1727, a Coroa ordenou a abertura de casas de fundição em Jacobina e Rio de Contas, para que fosse introduzida a cobrança pelo sistema dos quintos. Alegando dificuldades intransponíveis para a execução dessa ordem, desde falta de pessoal e de material até o transporte dos equipamentos, o vice-rei Vasco César, também preocupado com os gastos da fazenda Real com os ordenados dos oficiais a serem designados, resolveu não criar logo as casas de fundição. Deliberou pela sua instalação provisoriamente na cidade da Bahia, onde, desde 1714, funcionava uma casa da moeda, aproveitando dois capacitados fundidores mandados de Lisboa. Posteriormente, foram criadas casas de fundição em Jacobina (1729) e nas Minas Novas (1730), construídas por Pedro Leolino Mariz, então superintendente de todas as minas baianas. A casa de fundição de Rio de Contas nunca foi instalada. A de Jacobina foi fechada e depois reaberta, em 1751. A estrutura arrecadadora, nas minas baianas, funcionava precariamente, abarcando um imenso espaço esparsamente povoado, com várias possibilidades de descaminhos, pois a fiscalização nos caminhos oficiais era frouxa e leniente. Em decorrência, o montante arrecadado era disperso e incerto, variando conforme a capacidade e a vontade do superintendente de plantão em "mostrar serviço" para seus superiores.[104]

O ouro extraído no Brasil, no século XVIII, encontrava-se em depósitos aluviais. Esses depósitos acumulam sedimentos não consolidados ao longo dos leitos e das margens dos rios e dos córregos. As águas que desciam das serras transportavam as terras mais leves para o oceano, enquanto o ouro, mais pesado, era retido no leito dos rios e dos córregos, não muito longe das elevações de onde vinha.

A mineração dos depósitos aluviais era feita de forma bastante rudimentar. Os primeiros mineradores limitavam-se a extrair a areia do fundo dos córregos, depositá-la em pratos de estanho, utensílio de mesa de todo viajante, onde o cascalho era lavado com movimentos circulares, até o material mais leve se separar do ouro que restava depositado no fundo do prato. Mais tarde, com a chegada dos escravos, que traziam alguma experiência com a mineração na África, foram introduzidos instrumentos um pouco mais sofisticados. Bacias de madeira, chamadas bateias, passaram a ser utilizadas. Rasas, com o fundo afunilado e maiores do que os pratos de estanho, medindo de dois a três palmos de diâmetro, as bateias permitiam uma separação mais rápida e mais eficaz do ouro. A "canoa" de couro de boi ou flanela passou também a ser utilizada para armazenar o material a ser lavado nas bateias. A mineração ocorria na época da seca, quando era possível desviar as águas dos córregos e rios para acessar e lavar os depósitos de seus leitos. Eram métodos muito simples, a céu aberto, mas que, no início, renderam bons resultados devido à especial riqueza das rochas, que eram facilmente decompostas pelos aguaceiros do período das chuvas.

Com o passar do tempo, tornou-se necessário acessar o cascalho aurífero em profundidades cada vez maiores de água e debaixo de camadas de lama que se depositavam nos leitos dos rios e córregos, nas suas margens e nas encostas das serras. Para tanto, a água era represada no próprio córrego ou em terreno ao lado, servindo como meio para revolver o material imprestável. A princípio, essa água era escoada por meio de corumbés, um tipo menor de bateia. Tempos depois, foram introduzidas noras, chamadas pelos mineiros de rosário, primitivas bombas hidráulicas que serviam para escoar o líquido represado. Do terreno drenado retirava-se o material estéril superficial, permitindo que se acessasse o cascalho virgem até sua base rochosa, às vezes formada por piçarra, onde o ouro adere.

O processo de extração do minério evoluiu muito pouco e lentamente. A Coroa nunca se interessou pelo fomento à pesquisa de métodos mais avançados que permitissem uma maior produtividade ou que prolongassem a vida útil das minas, evitando a rápida decadência da produção. A mineração subterrânea era uma exceção, praticada algumas vezes na fase descendente do ciclo de produção.[105]

As lavras eram unidades de produção fixas, com um número variável de escravos, a depender de seu tamanho. Os cativos trabalhavam sob o comando de feitores, encarregados da supervisão e da repressão à sonegação do minério. O trabalho era realizado em condições extremamente insalubres. Na maior parte do tempo, os mineradores ficavam com as pernas dentro d'água, nas baixas temperaturas da estação seca do inverno, a outra parte do corpo exposta ao sol. A alimentação era pobre e escassa. Um ambiente perfeito para a disseminação de diversas doenças, que, somadas aos acidentes, elevava a taxa de letalidade a níveis alarmantes. O cálculo econômico dos proprietários privilegiava o aumento da produção no mais curto prazo, mesmo que em detrimento da preservação do escravo adquirido a peso de ouro. Não existia possibilidade de se enxergar o escravo diferentemente de uma coisa, um bem de produção, um investimento, em que a dimensão humana não estava presente.[106]

Sem embargo do grande número de pequenas explorações, a concentração da produção nas minas era alta, quando medida pela quantidade de escravos por proprietário. Os dados analisados por Jacob Gorender, referentes ao ano de 1717 em Minas Gerais, no início do ciclo minerador, revelam que mais da metade dos escravos (52,4%) se encontravam nas mãos de menos de um quinto (18,8%) dos proprietários. Importante notar que quanto maior a quantidade de escravos maior era a extensão de braças de terras auríferas lavradas por seus proprietários, o número de cativos indicando o tamanho do empreendimento. A concentração tendeu a aumentar, dado que uma maior quantidade de escravos distribuídos por diversas datas equilibrava melhor os golpes do azar. Ou seja, reduzia o risco exploratório dos grandes proprietários em comparação com aqueles que não possuíam um número suficiente de trabalhadores cativos para distribuí-los por diversas datas. Além disso, a montagem de estruturas mais complexas de produção e o número de escravos necessário para operá-las exigiam capital cada vez mais volumoso.[107]

Grande lavra nas proximidades do famoso pico do Itacolomi, entre as atuais Mariana e Ouro Preto, pelo traço de Rugendas.

A exploração do ouro também era feita por trabalhadores autônomos, predominantemente de forma individual, às vezes em pequenos grupos, os chamados faiscadores. Trabalhavam em áreas cujas datas não haviam sido distribuídas oficialmente, em locais explorados por lavras e que já não compensavam a mineração em maior escala, ou em redutos só por eles conhecidos. Mudavam constantemente de lugar, procurando córregos escondidos ou abandonados, fugindo da fiscalização. O contingente de faiscadores era composto de homens brancos pobres (de "pequena esfera"), mulatos, pretos forros e também escravos que pagavam jornal (diária) a seus donos, inclusive mulheres. A quantidade desse tipo de trabalhador aumentava à medida que as minas iam decaindo, embora seus despojos pudessem continuar sendo faiscados com o simples concurso de uma bateia e um almocafre.[108]

A mesma estrutura de relações de produção e de trabalho prevaleceu nas minas baianas, com duas pequenas diferenças. A primeira: a concentração da produção nessas minas que, a julgar pela amostra de dados colhida por Albertina Lima Vasconcelos para Rio de Contas em 1748 e 1749, era menor do que a de Minas. De fato, quando esses dados são comparados com os de Jacob Gorender, anteriormente citados, conclui-se que, em Rio de Contas, havia apenas 7,2% de proprietários com mais de 10 escravos, enquanto, em Minas, essa proporção era de 18,8%. Na Bahia, quase 93% dos proprietários possuíam até dez escravos, enquanto, em Minas, esse percentual de pequenos proprietários era de 81.2%. Essa análise deve ser vista com cautela, considerando-se que os dados são referentes a épocas distintas. No entanto, a história das minas baianas, que só foram oficialmente descobertas depois que a mineração já era realizada, pode ajudar a explicar essa menor concentração. Mineradores individuais, faiscadores e demais aventureiros chegaram antes dos proprietários de plantéis de escravos e ocuparam os rios e córregos promissores. Outra possível explicação é a maior dispersão das jazidas, além de sua menor produção e mais breve duração, em comparação com as de Minas, mais apropriadas à pequena exploração.

A segunda diferença entre a mineração em Minas e na Bahia se refere às atividades de subsistência. Ao contrário dos distritos do sul, a criação de gado e a agricultura de mantimentos foram se estabelecendo em Jacobina e Rio de Contas, *pari passu* com a mineração. No caso de Jacobina, a região era conhecida como centro de produção e comercialização de gado antes mesmo de as minas serem exploradas. A mineração dinamizou essas atividades subsidiárias, estabelecendo fortes relações comerciais com as áreas de seu entorno. A circulação de ouro em pó facilitou sobremaneira o comércio, pelo relaxamento de uma restrição básica à realização de trocas: a falta generalizada de moeda, de meios de pagamentos. Na verdade, a mineração na Bahia, como também nos outros distritos do país, representou um novo alento para a economia sertaneja, que passou a contar com novos mercados, girando ao ritmo da circulação de um sonante meio de trocas.[109]

Pandiá Calógeras afirma que é impossível calcular, de forma definitiva, a produção de ouro do Brasil. Não existem estatísticas confiáveis nem da produção, nem dos quintos e nem das fintas pagas pelos mineradores. O contrabando é outro fator impeditivo de tal cálculo. Apesar da imprecisão, os dados coletados por Noya Pinto nos permitem ter uma ideia do volume produzido e, principalmente, da duração e do perfil do ciclo. O Gráfico 1 apresenta a produção em Minas, Goiás e Mato Grosso, as principais províncias auríferas da Colônia, de 1700 a 1799. Verifica-se que, entre 1735 e 1754, ocorreu o maior pico de produção. A partir dessa data, a produção total começou a decrescer. A produção de Minas, no entanto, a maior província, começa a decrescer antes, no quinquênio que vai de 1735 a 1739. Mesmo sem computar o contrabando, esses números devem estar subestimados. Noya Pinto chega a essa conclusão ao analisar as cargas de ouro nas frotas que aportavam em Lisboa. Servem, no entanto, como referência para a análise do ciclo produtivo.

A produção das minas da Bahia é muito mais difícil de calcular. Sabe-se que ela foi significativamente menor do que a de Minas e inferior às de Mato Grosso e Goiás. Imagina-se que o contrabando era ainda maior nas minas baianas, que não possuíam uma estrutura capaz de controlar o descaminho pelos caminhos oficiais, pelas picadas que eram abertas para escapar da fiscalização e pelos rios que ligavam os distritos à costa. Caso o número de escravos empregados seja utilizado como indicador da produção, é possível ter uma estimativa com-

Gráfico 1
Brasil – produção de ouro de 1700 a 1799 (em quilogramas)

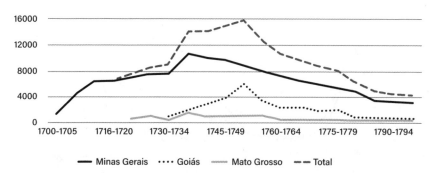

Fonte: Elaborado a partir dos dados de Pinto (1979, p. 114).

parada com a produção de Minas. Segundo Charles Boxer, em 1734 havia 13.500 escravos trabalhando nas minas baianas, metade dos quais nas Minas Novas. Enquanto isso, em 1735, 96.541 escravos estavam matriculados nas comarcas mineiras de Vila Rica (20.863), Mariana (26.892), Rio das Mortes (14.400), Sabará (24.284) e Serro Frio (10.102). Ou seja, o número de escravos na Bahia correspondia a 14% daqueles que trabalhavam em Minas. Se considerarmos apenas Jacobina e Rio de Contas, metade desse número (7%).[111]

Uma série parcial da produção baiana foi compilada por Frederico Edelweiss, sendo apresentada no Gráfico 2. Observe-se que essa série vai de 1723 a 1743, período no qual a produção média de Jacobina e Rio de Contas atingiu 227 quilos por ano. Os dados utilizados por Albertina Lima Vasconcelos permitem estimar que a produção, nesses dois distritos, foi significativa até, pelo menos, 1772, beirando uma média anual, a partir de 1743, na casa dos 140 quilos. Edelweiss nos alerta, porém, que essa produção, calculada com base no ouro quintado, corresponde apenas a, no máximo, um quarto da produção total, indicando a extensão do contrabando e da sonegação do imposto real.[112]

Não seria exagero afirmar que a sobrevivência política e econômica de Portugal, no século XVIII, dependeu de sua aliança com a Inglaterra, garantida pelo ouro brasileiro. Desde o famoso Tratado de Methuen (1703), estava claro o perfil da especialização econômica

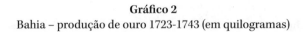

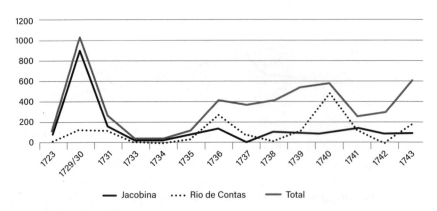

Fonte: Elaborado a partir dos dados em Frederico Edelweiss (1950, p. 175).

portuguesa. Frente a uma Inglaterra já despontando como potência industrial, esse Tratado garantia o mercado inglês para vinhos portugueses, em troca do mercado português para as manufaturas britânicas. As descobertas do ouro no Brasil e, em menor escala, dos diamantes passaram a garantir a expansão do consumo dos produtos importados pela Metrópole e suas colônias, sendo o déficit comercial coberto com os abundantes minerais brasileiros. Nesse processo, a corte portuguesa tornou-se a mais suntuosa da Europa, famosa pelas suas extravagâncias e prodigalidade. Não houve incentivo às manufaturas em Portugal, e, no Brasil, foram terminantemente proibidas. Mesmo como entreposto comercial que recebia os produtos das colônias para reexportá-las para a Europa em troca das manufaturas, Lisboa dependia de Londres: os comerciantes portugueses contavam com o crédito inglês para participar desse fluxo de comércio, muitos deles meros agentes de seus colegas britânicos. Ao fim de sua cuidadosa análise do comércio anglo-português na época do ouro, Virgílio Noya Pinto chega à conclusão de que:

> A enorme desproporção entre os valores importados da Inglaterra e os exportados por Portugal só foi possível graças ao crédito que o ouro brasileiro manteve dentro das relações comerciais anglo-portuguesas.

A perfeita conexão entre a idade de ouro do Brasil e as transformações na economia inglesa possibilitaram o impulso do capitalismo industrial na Inglaterra.

Essas constatações levam-nos a concluir que o ouro brasileiro está para o movimento secular capitalista, como os metais preciosos do México e Peru estão para o movimento secular mercantilista, e o ouro do Alasca, do Transvaal e da Austrália está para o movimento secular planificado.[113]

Há ainda de se considerar o contrabando. Ele era realizado por meio de transações diretas com navios estrangeiros, predominantemente ingleses, em portos brasileiros, não obstante a proibição desse tipo de comércio. Era realizado também nos portos portugueses, tendo como veículos os navios de guerra, navios mercantes e navios de passageiros (*paqueboats*) que faziam a linha entre Lisboa e Londres. Sem falar que as naus da própria frota real carregavam, além do ouro e outras mercadorias declaradas, parcelas contrabandeadas que eram repassadas aos navios ingleses no próprio porto de Lisboa, antes do desembarque da carga legal. As naus da Carreira da Índia, vindas de Goa e Macau, ao tocarem na Bahia para reabastecer, também levavam seu quinhão de ouro não quintado. Roberto Simonsen estima que 20% do ouro produzido não era declarado. Charles Boxer sugere que esse percentual era maior, podendo ter chegado, em certos períodos, a 60% de toda a quantidade extraída. Pequenos fraudadores conviviam com o grande contrabando, que se destacava pelo volume transacionado e pela organização, chegando a existir companhias com a finalidade precípua de fraudar os quintos. Elas não se esqueciam de incluir autoridades reais como sócias.[114]

O contrabando do ouro a partir da Bahia tinha um destino adicional bastante atrativo. O comércio de escravos era feito diretamente com a África desde o século XVII, boa parte em troca do fumo baiano. A mineração do ouro aumentou consideravelmente a demanda por escravos. Entre dez a vinte mil pessoas foram trazidas anualmente apenas da fortaleza de Ajudá, no golfo de Benim. Nessa situação, nada mais natural do que levar o ouro não declarado para pagar pelos escravos importados. Esse comércio direto entre a Bahia e a África era oficialmente proibido, mas sempre fora tolerado. Quando Lisboa tentou coibi-lo, houve forte reação na Colônia impedindo a supressão do tráfico direto. Comerciantes baianos chegaram a organizar companhias para a operação do negócio, que era, sem dúvida, o ramo mais lucrativo da economia colonial, abrindo uma brecha na política mercantilista. Essa ligação direta não se limitava a escravos. O ouro contrabandeado também era usado para obter produtos manufaturados, principalmente ingleses, às vezes holandeses, levados diretamente dos portos africanos para a Bahia. Vale lembrar que o ouro baiano também circulava internamente, sendo usado em profusão na decoração das igrejas e nas joias de damas de várias esferas, escravas incluídas. Em suma, embora a produção das minas baianas não possa ser comparada à de Minas Gerais, o contrabando parece ter sido mais forte, drenando boa parte dessa riqueza em direção a mãos outras que não as de Sua Majestade.[115]

Mesmo com a mineração em Jacobina e Rio de Contas, na primeira metade do século XVIII, a região da Chapada Diamantina ainda era escassamente povoada. Já vimos que, em direção do vale do Paraguaçu, Joaquim Quaresma Delgado identificou, em 1734, 27 unidades de ocupação ao longo desse curso fluvial, perfazendo uma extensão linear de 75,5 léguas (cerca de 450 quilômetros). Nesse caminho, existia o povoado de Santo Antônio da Conquista (vila de João Amaro), que, em 1721, contava com 20 casas. Por outro lado, em 1732, Quaresma Delgado, ao percorrer a estrada aberta por Pedro Barbosa Leal, concluída em 1725, identificou 24 unidades de ocupação entre Jacobina e Rio de Contas, numa extensão de 87,7 léguas (cerca de 520 quilômetros). As unidades de ocupação incluíam fazendas, sítios e povoados onde houvesse a presença luso-brasileira. Os povoados, aglomerações urbanas que englobavam vilas e arraiais, eram escassos e pouco habitados. O maior, o arraial de Bom Jesus (atual Piatã), contava então com mais de 60 casas, enquanto a vila de Rio de Contas aglutinava apenas 20 moradias, menos do que o arraial do Mato Grosso, que contava com 27 habitações. Em direção ao Norte, encontravam-se Morro do Chapéu, pequena povoação, e a Vila de Jacobina. Na direção Sul, nas bordas da Chapada Diamantina, estava Caetité, povoado cuja primeira referência escrita data de 1734.[117]

Apesar da escassa ocupação dessa época, as bacias dos rios Paraguaçu e de Contas formavam uma zona de enlace fluvial que os portugueses chamavam "varadouro". Antes dos luso-brasileiros, varadouros já eram usados pelos indígenas para se movimentarem no interior do continente, formando circuitos por onde trocas culturais eram realizadas. Os colonizadores aproveitaram o enlace dessas duas bacias para penetrar naquele vasto sertão, chegando até o São Francisco e à região ao sul, na direção das minas.

Nas primeiras décadas do século XVIII, no entanto, o grande espaço da Chapada Diamantina podia ser caracterizado como de "fluidez periférica", no qual as estruturas políticas e administrativas se tornavam cada vez mais ausentes à medida que aumentava o afastamento das duas primeiras vilas. O território era palco de repetidos tumultos, atos de violência e arbitrariedades, onde o mais forte imperava e administrava a justiça conforme seus critérios. Na ausência do Estado, quem possuía escravos e armas, geralmente um oficial das Ordenanças, exercia o papel de agente do governo, sem qualquer separação entre seus interesses privados e a esfera pública. Valentões e desordeiros, percorriam os caminhos semeando mortes e praticando saques sem peias. Em suma, naquelas plagas, a fase de "territorialização" da colonização anda era incompleta. Essa é a origem de uma sociedade marcada pelo mandonismo e pelas disputas armadas entre famílias e facções que se estendem até o século XX e que, até hoje, convive com episódios de conturbação da lei e da ordem oficiais.[118]

A mineração do ouro contribuiu para dinamizar a agropecuária da região da Chapada, mormente no seu entorno. Um novo mercado se abriu e um sonante meio monetário passou a ser produzido e a circular internamente, aumentando consideravelmente as possibilidades de alguma acumulação de capital. Além da mineração, mudanças na política colonial vão impactar na incipiente economia da região, transformando as condições iniciais de sua ocupação.

NOTAS

[79] Silva (1843, Tomo V, p. 18 e 19).

[80] As informações e datas sobre as descobertas em Jacobina são imprecisas e confusas. O importante a ser ressaltado é que a descoberta oficial foi posterior à efetiva mineração por garimpeiros clandestinos e resultou de iniciativa do governo-geral. Ver a respeito, além de Silva (1843), Magalhães (1978, p. 207), Vasconcelos (2015, cap. 2) e Fagundes (2011).

[81] Sinteticamente, pode-se entender por mercantilismo um conjunto de regras de gestão econômica praticada pelas principais nações europeias durante a Idade Moderna (séculos XVI-XVIII). O principal foco dessas regras era a sustentação da balança comercial, que deveria ser sempre superavitária, permitindo às nações a acumulação de riqueza, de preferência sob a forma de ouro e prata. Assim como a proteção do mercado interno, a exploração colonial era um instrumento fundamental dessa política. No caso de Portugal, o monopólio de todo o comércio das suas colônias, que só poderia ser feito a partir de Lisboa por meio das Frotas Reais, sempre visou a carrear o máximo de recursos para a Metrópole. Apesar das tentativas de proteção das manufaturas no século XVII, o Tratado de Methuen (1703) levou a crescentes déficits comerciais, mormente com a Inglaterra, que foram cobertos pelo ouro brasileiro. Para tanto e para satisfazer suas despesas suntuárias e de segurança, em um período de infindáveis guerras na Europa, a Coroa envidou todos os meios para extrair da Colônia a máxima quantidade de ouro possível, utilizando-se do monopólio de seu comércio, associado a uma elevada carga tributária, sem conseguir, porém, coibir o incalculável contrabando. Sobre o mercantilismo, ver Schumpeter (2006, Parte II, Capítulo 6).

[82] A sesmaria de 1655 fora concedida a Antonio Guedes de Brito e Bernardo Vieira Ravasco, irmão do Padre Antônio Vieira e Secretário Geral do governo da Bahia por um longo período. Posteriormente, os Guedes de Brito compraram a parte que cabia a Vieira Ravasco, unindo as duas glebas. Esse contencioso demonstra o poder político que tinha a Casa da Ponte, uma vez que, por princípio, as terras auríferas pertenciam à Coroa. Mesmo assim, os sesmeiros conseguiram várias decisões favoráveis às suas pretensões de proprietários com direito a auferir renda. Ver Neves (2005, p. 144-153). Para o desabastecimento em Minas, ver Boxer (2000, p. 71-72).

[83] Costa (1885, p. 54-56).

[84] Para as sesmarias concedidas entre o alto Paraguaçu, rio Sincorá e o rio de Contas, ver Freire (1998, p. 45-49). Ver também os dados coletados e analisados por Santos (*op. cit.*, cap. 6).

[85] Abreu (1975, *op. cit.* p. 54).

[86] Costa (1885, p. 46).

[87] Costa (1885, p. 47). Uma arroba equivale a 14,7kg.

[88] A trajetória de Sebastião Raposo é narrada em Franco (1989, p. 333 e 334). Ver também Freire (1998, p. 156). Após a sua morte, seus escravos foram a hasta pública, o arrecadado revertendo para o Tesouro Real.

[89] Idem, p. 49.

[90] A Guerra de Sucessão da Espanha também produziu o famoso tratado de Metheun, entre Portugal e a Inglaterra. Esse tratado, de 1703, fez parte das negociações que levaram Portugal a se unir à coligação inglesa na guerra. Por ele, a Inglaterra eliminou as taxas alfandegárias sobre o vinho português, em troca do mesmo tratamento para as manufaturas inglesas (tecidos de lã e algodão). Essa guerra também resultou nos tratados de Ultrecht, de 1713, que, segundo Virgílio Noya Pinto, "[...] fixaram claramente a história do Atlântico no século XVIII". Por eles, Portugal assegurou suas conquistas na América, com destaque para a Colônia do Sacramento, no rio da Prata, e o norte da Amazônia. Ver Pinto (1979, capítulo 1).

[91] Em 1720, com a nomeação de Vasco Fernandes César de Menezes, futuro Conde de Sabugosa, a Coroa substituiu a governadoria geral por vice-reinado de forma permanente. Antes, apenas governadores gerais da mais alta fidalguia ostentavam o título de vice-rei. A sede do vice-reinado permaneceu na Bahia até 1763, quando a capital foi transferida para o Rio de Janeiro.

[92] Pedro Barbosa Leal, talvez o mais importante sertanista baiano, já havia, no final do século XVII, participado da prospecção e descoberta de minas de salitre nas vizinhanças do São Francisco, mineral estratégico naquela época por ser matéria prima para a fabricação de pólvora. Barbosa Leal nos legou também relatos em cartas que são documentos preciosos para a história do desbravamento dos sertões baianos. Ver Santos (2010, p. 134-138).

[93] A vila de Jacobina foi inicialmente estabelecida no sítio do Saí, onde havia a missão franciscana de Nossa Senhora das Neves, em território do atual município de Senhor do Bonfim. Em 1724 foi transferida para a missão franciscana de Bom Jesus, onde se fixou. O primeiro sítio de Rio de Contas foi no pé da serra de onde corre o rio de Contas Pequeno (hoje chamado rio Brumado), onde está localizada a cidade de Livramento de Nossa Senhora. Em 1745 foi transferida para o planalto onde se localizava o arraial do Creoulos. Nessa época não havia missões religiosas em Rio de Contas. Ver Freire (1998, cap. III) e Neves (2011).

[94] Prado Junior (2000, p. 309), onde ainda se lê: "É todo esse caos imenso de leis que constitui o direito administrativo da colônia".

[95] *Ordenações Filipinas*, Livro 2, Título 26, Item 16. Acesso *on-line*, Em <http://www1.ci.uc.pt/ihti/proj/filipinas/ordenacoes.htm>, p. 440. Acesso em 02/04/2018, 18h.

[96] O "Regimento dos superintendentes, guarda-mores e mais oficiais deputados para as minas", de 2 de abril de 1702, foi publicado pela primeira vez por Eschwege, em 1833. Com 32 artigos, trata da repartição das minas e do tamanho e distribuição das datas de concessão, além do pagamento do quinto, não só do ouro, mas também do gado. O Regimento encontra-se em Eschwege (1979, v. 1, p. 94-102).

[97] A respeito da distribuição de datas, ver Antonil (1837, cap. VI, p. 151-152). Ver também Boxer (2000, p. 74-75). Braça é uma antiga medida portuguesa, que equivale a dez palmos, perfazendo 2,2m.

[98] *Ordenações Filipinas*, Livro 2, Título 33, Item 4, p. 453.

[99] Faoro (1997, p. 164).

[100] Santos (1976, p. 45).

[101] Eschwege enumera uma quantidade impressionante de Casas de Registros e Quarteis espalhados por toda a província de Mina Gerais (p. 217). Ele argumenta: "Não havia a menor dificuldade quando se tratava de despender grandes somas com o estabelecimento de novos Registros, ou, como aconteceu em 1720, com a fundação de uma Casa de Permuta, desde que se pudesse colocar meia dúzia de parentes e afilhados. Tal desorganização aumentava tanto as despesas, que os guardas dos Registros absorviam mais do que valia o próprio tesouro, que lhes incumbia guardar". Eschwege (1979, p. 135).

[102] Faoro (1997, p. 171). Adiante, Faoro passa a citar os famosos sermões do Padre Antônio Vieira, de denúncia dos descalabros do funcionalismo real, onde se lê (p. 173): "Perde-se o Brasil, Senhor (digamo-lo em uma palavra), porque alguns ministros de Sua Majestade não vêm cá buscar o nosso bem, vêm cá buscar nossos bens". Sobre a relação entre arrocho fiscal e contrabando, ver ver Boxer (2000), Pinto (1979) e Eschwege (1979). A citação de Boxer está na página 38.

[103] Silva (1843, p. 52).

[104] As referências sobre a estrutura arrecadadora dos quintos reais na Bahia são controversas. Virgílio Noya Pinto (1979) e Albertina Lima Vasconcelos (2015) afirmam que as casas de fundição de Jacobina e Rio de Contas foram criadas. Por sua vez, Erivaldo Fagundes Neto, com base em correspondência do próprio vice-rei, chega à conclusão que as fundições não foram instaladas nessas duas vilas. Não obstante, de acordo com Ignácio Accioli de Cerqueira e Silva (1843), Pedro Leolino Mariz, que sucedera a Pedro Barbosa Leal como superintendente das minas da Bahia, instalou a casa de fundição de Jacobina e, mesmo enfrentando revolta, conseguiu criar a casa de fundição das Minas Novas, em substituição à de Rio de Contas.

[105] Para uma abalizada descrição dos métodos de mineração, ver Eschwege (op. cit., v. 1, p. 167-179). Piçarra é um tipo de rocha alterada; seus grãos são formados por minúsculos cristais arredondado.

[106] Ao discutir as razões econômicas para as altas taxas de mortalidade de escravos no Século XIX, Leff (1991, v.1, p. 64) conclui: "Altas taxas de mortalidade podem ter sido a reação dos fazendeiros às altas taxas de juros e, daí, a um baixo valor presente para a renda que os escravos poderiam gerar no futuro distante. Nessas condições, o excesso de trabalho pode ter refletido um esforço de parte dos donos de escravos de modificar o perfil temporal do seu fluxo de renda, a fim de obter mais produto mais cedo, mesmo ao custo de taxas de mortalidades mais altas dos escravos e sacrifício da produção posterior". Nesse contexto, aumentar a sobrecarga de trabalho era o meio utilizado para aumentar a "rentabilidade" da unidade servil.

[107] Os dados sobre a concentração da produção são encontrados em Gorender (2010, p. 471).

[108] A organização da produção nas minas e suas condições de trabalho são descritas em Prado Júnior (2000, p. 178-200), Gorender (2010, cap. XXI) e Boxer (200, p. 205-207).

[109] Vasconcelos (op. cit. p. 291 para os dados sobre a distribuição dos escravos e p. 246-250 para o mercado de gado e gêneros de subsistência nas minas baianas).

Fernando Carlos de Cerqueira Lima analisa a oferta e a circulação de moeda no Brasil nos séculos XVI e XVII. A circulação de moedas metálicas, nessa época, restringia-se praticamente às cidades comerciais do litoral. No resto do país, a circulação era extremamente limitada, o escambo prevalecendo nas trocas comercias, com eventuais e raras liquidações de contas em moedas. Ver LIMA, 2005. Sobre a escassez. Sobre a escassez generalizada de meios de pagamento no Brasil colonial e as primeiras tentativas de se criar moeda fiduciária, ver Aguiar (1960, v.1, p. 81-83).

[110] "Estabelecer de modo definitivo qual a produção do ouro de nosso país, desde as primitivas lavras paulistas, é, por certo, empresa impossível. Nem se conhecem os algarismos das remessas dos quintos, nem há meios irrecusáveis de avaliar o total extraído na vigência do regime das fintas, e nem sequer houve cobrança exata dos impostos sobre o metal precioso. Segredos contidos em documentos ainda não divulgados dos arquivos aquém e de além-mar, contrabando desnorteador de cálculos fundados sobre os reditos públicos, tudo se coliga para impedir a fixação de números exatos". Calógeras (1938, tomo 3, p. 467).

[111] Para o número de escravos nas minas baianas, ver Boxer (2000, p. 174). Para o de Minas, Apêndice IV, p. 357.

[112] Edelweiss (1950). Vasconcelos (2015, p. 163-164).

[113] Pinto (1979, p. 290, 330 e 334).

[114] Simonsen (1978, p. 284). Boxer (2000, p. 219-220).

[115] Sobre o contrabando do ouro desde a Bahia, ver Pinto (1979, p. 84) e Boxer (2000, p. 174-177). Em *A Nação Mercantilista*, Jorge Caldeira estima em 24 navios baianos comerciando diretamente com a costa africana nessa época. Refere-se à mesma situação no Rio de Janeiro, que supria as minas com escravos obtidos diretamente em Angola. Caldeira (1999, p. 190-192).

[116] O Roteiro de Quaresma foi publicado no livro de Freire (1998, p. 501-532). O livro *Caminhos do sertão*: ocupação territorial, sistema viário e intercâmbios coloniais nos sertões da Bahia, organizado por Neves e Miguel (2007) transcreve, anota e comenta as "derrotas" (rotas) percorridas por Joaquim Quaresma Delgado. Santos (2010, *op cit.*), compila e analisa os dados sobre as ocupações identificadas nas derrotas de Quaresma pelos sertões da Bahia.

[117] Segundo dados coletados por Vieira Filho (2006, quadro 2, p. 95), em 1774, a Comarca de Jacobina contava com 21.972 habitantes, sendo que as freguesias de Santo Antonio de Jacobina e Santo Antonio da Vila de Jacobina reuniam 5.332 almas e 608 fogos (casas).

[118] O conceito de "enlace fluvial" ou "varadouro" é atribuído por Márcio Roberto Alves do Santos a Jaime Cortesão. O de "fluidez periférica" o mesmo autor atribui a Antonio Manoel Hespanha. Ver Santos (2010, p. 320, 333-334).

A fazenda de gado em movimento

A partir do final do século XVII, inicia-se um processo de mudança na política de colonização, pela qual a Coroa buscava assegurar seu protagonismo na ocupação do território, o que, nos sertões do Nordeste, havia sido largamente delegado a particulares. A descoberta das minas e a expansão da atividade pastoril aceleraram a fase de "territorialização" da colonização, pela implantação, no espaço interior do território, dos instrumentos jurídico-políticos e ideológicos usados para consolidar a soberania portuguesa, ainda que precariamente.

Dentre os novos regulamentos, estavam aqueles que, desde a segunda metade da década de 1690, visavam a garantir um maior controle das áreas concedidas e obrigar o efetivo aproveitamento das terras pelos sesmeiros. Por essas normas, o tamanho das sesmarias, que já vinha diminuindo desde a década de 1670, passa a ter um limite-padrão de três léguas de comprido por uma de largo, com uma légua de intervalo entre duas concessões. Esse processo culmina com a Carta Régia de 1753, pela qual os foreiros poderiam se tornar proprietários das terras que cultivavam, mesmo que reclamadas por sesmeiros, além de reverter para a Coroa as terras por eles não aproveitadas (terras devolutas). Esse regulamento modificou substancialmente o regime da propriedade territorial na Colônia.[119]

No plano internacional, os tratados de Madrid (1750) e de Santo Idelfonso (1777), entre Portugal e Espanha, substituíram o de Tordesilhas e, ao adotarem o princípio do *uti possidetis*, reconheceram as conquistas portuguesas no interior da Colônia, englobando boa parte do território brasileiro atual. A colonização dos sertões passou a ser referendada internacionalmente, evitando-se qualquer disputa em torno do avanço luso-brasileiro.

Enquanto isso, desde o início do século XVIII, a economia voltada para o mercado interno crescia fortemente, impulsionada pela adicional demanda das minas e pela oferta de meios de pagamentos, principalmente ouro em pó, delas oriundos, como é alertado por Capistrano de Abreu, "[...]o povoamento do sertão, iniciado em épocas diversas, de pontos apartados, até tornar-se uma corrente interior, mais volumosa e mais fertilizante que o tênue fio litorâneo".[120] Nessa linha, Jorge Caldeira ressalta a importância e o tamanho da economia que vicejava nos sertões, que, para ele, não pode ser vista como mero apêndice das plantações litorâneas, posto que obedecia a uma dinâmica própria, movida pela interação de diversos mercados no interior da imensa Colônia, desde o extremo sul até a Amazônia, passando pelos sertões do gado. Para Caldeira, "[...] o peso do 'setor interno' da produção colonial era maior no Brasil que em outras colônias americanas naquele momento", o que se constitui em "um fato próprio da formação social brasileira".[121] O exemplo do gado é ilustrativo, dado que seu mercado continuava crescendo a ponto de, ao final do século XVIII, mais de 20.000 bois fossem consumidos todo ano apenas na cidade da Bahia.[122] Dessa perspectiva, a sociedade colonial poderia ser mais bem compreendida pela análise das dinâmicas relações entre a economia exportadora e a produção para o mercado interno.

Uma evidência da força dessa economia interior é dada pelo traçado dos caminhos, a princípio meras trilhas e picadas usadas pelos sertanistas, mas que, com o tempo, foram se transformando em canais de circulação do comércio, lubrificados pelo ouro "descaminhado" e percorridos por numerosas tropas de muares. No caso da Bahia e suas conexões com a região das Minas, essa rede de circulação pode ser verificada no Mapa 5, pela qual o ouro, o gado e os escravos importados da África fluíam em busca de demanda. Os caminhos baianos, como mostra outro mapa, de Roberto Simonsen, se conectavam com os de outras regiões, tanto ao sul como ao norte, tanto por rotas terrestres como fluviais, por onde fluía a corrente interior volumosa de Capistrano.[123]

O desenrolar da ocupação do sertão foi paulatinamente mudando o cenário dos antigos currais. Em meados do século XVIII, as sesmarias continentais eram coisas do passado; muitos sesmeiros já não eram absenteístas; o território já não era tão disputado com os tapuias, a não ser em regiões de fronteira; muitas terras foram invadidas ou adquiridas por posseiros. Nesse processo, a fazenda de gado típica dos séculos XVI e XVII foi se diferenciando no tempo e no espaço. De empreendimento eminentemente pastoril, em algumas áreas que ofereciam recursos naturais adequados (terras férteis e água), ela passou a se caracterizar como unidade poliprodutora, com elevado grau de autonomia. Na região de Caetité, ao sul da Chapada Diamantina, desenvolveu-se a cultura do algodão, voltada para o mercado externo, assim como, em menor extensão, no norte da região. Mesmo tendo sido instalado um processo de contínuo fracionamento do território, os latifúndios continuaram imperando, neles se abrigando crescentes contingentes de despossuídos, desde escravos e jornaleiros até agregados e meeiros, os sem terras de então.

A história de uma típica fazenda do Alto Sertão da Bahia ajudará a compor a história dessa região e da sua Chapada Diamantina no século XVIII.

NOTAS

[119] Vale a pena transcrever as palavras de Felisbello Freire sobre essa mudança; "As sesmarias foram consideradas caducas, menos as zonas cultivadas pelos sesmeiros, seus feitores e arrendatários. Os foreiros foram garantidos em seu direito pleno de propriedade e transformaram-se em senhorios, e as porções de terras não cultivadas foram consideradas como devolutas, podendo os primitivos sesmeiros obtê-las, mas, segundo os termos da legislação em vigor, para colonizarem em três anos e na extensão de 3 léguas de comprido e 1 de largo". Freire (1998, p. 195).

[120] Abreu (200, p. 127).

[121] Caldeira (1999, p. 179). Com base em aprofundado estudo empírico no Recôncavo baiano de 1780 a 1850, Barickman (2003) defende que a grande plantation para exportação não era tão dominante no Brasil rural e que o mercado interno de produtos essenciais marcava uma presença significativa na economia da região, mesmo que não provocasse "mudanças qualitativas dinâmicas" no tecido econômico como um todo. As culturas de exportação necessitavam da produção interna de alimentos básicos para se reproduzir. O autor analisa a produção de farinha de mandioca nas suas relações com as culturas de exportação (açúcar e tabaco).

[122] Prado Júnior (2000, p. 189).

[123] Simonsen (1978), 1 Carta: Caminhos antigos, mineração.

Uma comunidade rural do sertão antigo

Em precioso livro, Lycurgo Santos Filho nos traz a história, lastreada em dados primários originais, de uma fazenda do Alto Sertão da Bahia, na comarca de Rio de Contas, nas bordas do sul da Chapada Diamantina. A gleba onde se instalou a fazenda do Campo Seco, ou Brejo do Campo Seco, foi adquirida por Miguel Lourenço de Almeida, por volta de 1750, de antigos foreiros da Casa da Ponte. Essa gleba era parte da antiga sesmaria continental originada por Antonio Guedes de Brito, naquela época iniciando o seu processo de fracionamento. A fazenda, banhada pelo rio do Antônio, situava-se a três léguas do povoado de Bom Jesus dos Meiras, atual cidade de Brumado, próxima dos caminhos que uniam a vila de Rio de Contas à cidade da Bahia e à região das Minas Gerais (ver Mapa 5). Àquela altura, a ameaça tapuia na área, embora ainda presente, já estava controlada. As terras da fazenda, formadas por caatingas e serrados, eram amplas, férteis, ricas em água, mas o contínuo desmatamento e a exploração indiscriminada secaram-nas, transformando-as em campos arrasados. O livro descreve a história do Brejo do Campo Seco por 150 anos, desde sua instalação, em meados do século XVIII, até sua decadência, no final do século XIX.[124]

Miguel Lourenço de Almeida, o primeiro proprietário, era português de Sintra, distrito de Lisboa, possível cristão-novo, que fizera alguma fortuna atuando como um misto de empresário da área financeira e comercial, tendo sido ainda tabelião e coletor de impostos. Tornou-se "Familiar do Santo Ofício", porém, ao amealhar algum cabedal, decidiu abdicar da vida burguesa e dedicar-se a um empreendimento rural nos confins do sertão de Rio de Contas, onde passou a morar pelo resto da vida. Pertencer ao Santo Ofício lhe conferiu privilégios e imunidades, mas não se tem notícia que o "Familiar" tenha exercido funções investigativas ou persecutórias naquelas plagas. Casou-se com Ana Francisca da Silva, sertaneja das margens do São Francisco, por onde andara trabalhando, com quem teve oito filhos, seis mulheres e dois homens, todos casados com gente da própria região. Miguel Lourenço se recusou a pleitear a patente de Capitão-Mor do corpo de Ordenanças, que a sua posição de proprietário de terras no sertão lhe reservava, preferindo a vida privada da fazenda às funções públicas que os "homens de bem" exerciam por delegação do governo.

A fazenda instalada pelo "Familiar" foi inicialmente voltada para a criação de gado vacum, além de equinos, mirando a alta demanda por montarias na região. Trocava cavalos e bois por ouro em pó oriundo das minas de Rio de Contas ou das Minas Novas. Exercia atividades comerciais com carne e couro, além de emprestar dinheiro a juros. Por trinta anos, Miguel Lourenço labutou presencialmente na consolidação do empreendimento, tendo falecido em 1785, com a idade de 77 anos, deixando uma fazenda que, se não era das maiores para os padrões da época, rendia e prosperava.

Miguel Lourenço de Almeida foi sucedido por Antônio Pinheiro Pinto, natural de Caetité, então pequena, mas próspera vila, situada quatorze léguas a oeste do Campo Seco. Assim como dois outros irmãos, Joaquim e José, havia casado com uma filha do "Familiar". Pinheiro Pinto, sertanejo desde cedo acostumado às lides da vida rural, revelou-se um empreendedor de grande tino. Durante os 37 anos em que esteve à frente da fazenda (1785-1822), ampliou consideravelmente os negócios e o capital da família. Introduziu a cultura do algodão, na época em que a região de Caetité começava a despontar como polo cotonicultor de vulto. Adquiriu várias pequenas fazendas e sítios ao redor do Campo Seco, o que lhe permitiu expandir consideravelmente a criação de gado. Aumentou a produção de cana, transformada em rapadura e aguardente, em engenhoca própria. Expandiu as lavouras de mantimentos (mandioca, feijão, milho, arroz), destinadas ao consumo da fazenda e ao comércio. Foram instaladas oficinas de ferreiro e carpinteiro para o fabrico e a manutenção, por escravos de ofício, dos diversos instrumentos e ferramentas utilizados no dia a dia da propriedade.

A cotonicultura ofereceu uma oportunidade para diversificar a produção daquele pedaço de sertão, pela oferta de uma mercadoria destinada à exportação. Os teares mecânicos da Revolução Industrial inglesa garantiam a demanda. Além de produtor, Pinheiro Pinto foi um importante comerciante de algodão, comprando dos produtores locais para revender no porto de São Félix, em frente a Cachoeira. No Campo Seco, efetuava-se o beneficiamento (descaroçamento) da fibra, utilizando-se uma bolandeira (dois cilindros de madeira que giravam em sentido contrário, impulsionados por uma roda d'água). Ali também se fiava e tecia o algodão, obtendo-se um tecido grosseiro, usado em embalagens de mercadorias e em roupas de escravos e agregados.[126]

Pinheiro Pinto dedicou-se intensamente à atividade comercial, aproveitando a localização da propriedade, muito próxima ao caminho por onde passavam inúmeras tropas de burros em direção à cidade da Bahia, ao São Francisco, às Minas Gerais. Comerciou produtos da sua propriedade e de outras origens, das mais diversas, inclusive tabaco e sal, produtos estancados, ou seja, monopólio real. Organizou tropas de burros para o transporte das mercadorias, principalmente o algodão. Além de criador, agricultor e comerciante, Pinheiro Pinto exercia a função de banqueiro, emprestando grandes e pequenas quantias a clientes da região. Aproveitou todas as oportunidades para aumentar o patrimônio, acumular capital e expandir seus negócios. O patriarca cuidou com afinco de seus interesses e de sua numerosa prole.[127]

O genro do "Familiar do Santo Ofício" ergueu o Sobrado do Brejo, imponente construção em estilo colonial, típica das fazendas de gado do sertão, avantajado nas suas dimensões, um monumento à riqueza e ao prestígio social reunidos pelo clã. A pintura de Enilson Meira, na página seguinte, reproduz o Sobrado do Brejo em seu esplendor, símbolo da potência que o Brejo do Campo Seco se tornou, destaque entre as propriedades da região. Pinheiro Pinto, ao contrário do sogro, buscou as honras oficiais, em conformidade com seu poder econômico, político e alta posição social, ao receber as patentes de tenente e Capitão de Milícias, sucessoras das Ordenanças como corpo auxiliar de segurança e defesa. Ao final da vida de Pinheiro Pinto, o Brejo do Campo Seco atingiu o seu ápice. A primitiva fazenda de gado havia se transformado em uma unidade poliprodutora quase autossuficiente, um empreendimento de considerável tamanho.

Antonio Pinheiro Pinto foi sucedido por seu filho, Inocêncio Pinheiro Canguçu, em 1822. A mudança no nome deveu-se ao movimento nativista posterior à Independência, que unia brasileiros em oposição aos portugueses, que dominavam o grande comércio, movimento que culminou com a abdicação de Pedro I, em 1831. Naquela época, a adoção de nomes nativos tornara-se uma forma de afirmação dos valores nacionais, sendo Canguçu a denominação de uma espécie de onça comum na região. A Independência transformou pouca coisa no contexto econômico daquele sertão, mas a personalidade do novo senhor do Campo Seco provocou mudanças na trajetória da fazenda.

Ao contrário do pai e do avô, Inocêncio foi um esbanjador, levando uma vida de aventuras. Nas palavras de Lycurgo Santos Filho: "De temperamento aventureiro, sua vida pontilhou-se de episódios romanescos e trágicos. Impetuoso, brigador, turbulento, insofrido, gastador, namorador [...] As andanças donjuanescas renderam-lhe dez filhos ilegítimos, entre os conhecidos, de mães brancas, pretas e mu-

Sobrado do Brejo, 1812, Brumado, Bahia. Pintura do artista Enilson Meira.

latas".[128] A partir de 1838, passou a viajar constantemente pelas suas propriedades. Levava mais tempo fora do que no Sobrado do Brejo, onde morava sua esposa, até abandonar a casa grande do Campo Seco. Inocêncio foi desbravar e implantar novas fazendas em Minas Gerais, no vale do Jequitinhonha, onde se exilou, possivelmente devido a crimes pouco conhecidos e nunca punidos. Nas suas propriedades permaneceram a criação de gado, a produção de rapadura e aguardente, as culturas de algodão e de mantimentos. Assim como o pai e o avô, Inocêncio bancava empréstimos e financiava o comércio de algodão. No entanto, encerrou as atividades do armazém, afastando-se do balcão onde o pai realizara tantos negócios. Com sua morte em 1861, as propriedades foram parcialmente divididas entre os inúmeros filhos e descendentes que deixou.

Exupério Pinheiro Canguçu, filho mais velho e sucessor de Inocêncio, estava à frente dos negócios da família desde 1838, após o pai se retirar para o Jequitinhonha. Exupério era um homem letrado, havia estudado em Salvador, falava latim, possuía uma pequena biblioteca e sempre procurou educar os filhos e filhas, abrindo uma pequena escola no Sobrado do Brejo. Casou-se com uma prima-irmã, filha da irmã do seu pai, casada com um Meira, outra importante família da região e, com isso, pôde reunir, por herança do casal, boa parte das terras e bens que haviam sido divididos pela morte de seu antecessor.

Dos quatro senhores do Brejo do Campo Seco, Exupério foi aquele que obteve maior projeção e reconhecimento social. Militou na política em quatro diferentes distritos da região. Em Caetité, foi vereador por muitos anos. Em Santo Antônio da Barra (atual Condeúba), foi líder político inconteste por longo período, exercendo o controle dos cargos públicos por meio de seus correligionários. Em Brejo Grande (atual Ituaçu), foi chefe do Partido Liberal, com grande influência sobre os destinos do local. Em Bom Jesus dos Meiras (atual Brumado), que abrigava a sede das propriedades da família, Exupério ocupou todos os cargos políticos e administrativos, inclusive o de Intendente (prefeito) e de Presidente da Câmara, exercendo o comando da região por um dilatado período. Atingiu o posto de "Coronel Comandante Superior da Guarda Nacional do Município de Caetité", sede de batalhão desse corpo auxiliar que sucedeu as Ordenanças e as Milícias.

O poder econômico da família finalmente abraçava o poder político que, pelas normas sociais da época, lhe seria inerente. O país não era mais colônia e a independência dinamizara a dimensão política da sociedade, a base, o poder local, aumentando sua importância no contexto da nação. O último senhor do Brejo do Campo Seco teve uma vida social intensa, gozou de grande prestígio, quase se tornou Barão, título que foi cair nas mãos de um primo. Isso tudo não impediu que se envolvesse em uma briga entre famílias, que resultou em tragédia, que é narrada no texto abaixo.

Dentre os empreendimentos de Exupério, destaca-se a construção de uma usina siderúrgica em pleno sertão baiano. Por volta de 1868, foi inaugurada, no Brejo do Campo Seco, uma forja do tipo catalão, semelhante a outras que existiam em Minas Gerais. Era abastecida por minério extraído da "Pedra de Ferro", encravada na Serra das Éguas,

Paixão, rapto e sangue no Alto Sertão da Bahia

Em 1844, a futura mãe e uma tia, chamada Pórcia, do poeta Castro Alves, ao viajarem em comitiva de uma fazenda em Caetité para outra em Curralinho (hoje município de Castro Alves), pararam para descansar no Sobrado do Brejo – imponente sede da fazenda do Campo Seco, perto da atual cidade de Brumado – costume de viajantes pelas longas distâncias dos sertões. Leolino, irmão mais novo de Exupério Canguçu, senhor do Campo Seco, se apaixonou por Pórcia e, mesmo sendo casado, resolveu raptá-la e levá-la para outra fazenda da família, onde se esconderam – sozinhos – por três semanas. A donzela era filha de uma destacada família, os Castros, e estava sendo escoltada sob a proteção da família dos Mouras, outro potentado do sertão de Rio de Contas.

Um crime de honra imperdoável fora cometido, e a briga era inevitável. Um Moura foi assassinado por Leolino e outro apunhalado gravemente, após o Sobrado do Brejo ter sido invadido e a filha do poderoso Castro resgatada, algumas semanas após o rapto, aproveitando a ausência dos irmãos Canguçu. Depois de mais algumas mortes, Leolino, findando uma longa caça de quatro anos, foi assassinado em Minas, onde buscara proteção nas fazendas do pai. Além dos Mouras e dos Castros, os Canguçus foram combatidos também pelos distante uma légua do Sobrado do Brejo (onde hoje se explora magnesita), local onde foi instalada a fundição. O carvão vegetal era usado como combustível juntamente com a lenha, em menor proporção. O investimento alcançou a expressiva soma de cem contos de reis. Mesmo tendo produzido ferro em vara durante dez anos – vendido como tal e empregado na manufatura de instrumentos agrícolas, utensílios domésticos, aros para rodas de carros de boi, ferraduras e pregos –, o empreendimento não se mostrou viável frente à melhor qualidade e menor preço do produto importado. A aventura industrial do sertanejo do gado, ao drenar o capital acumulado durante longo tempo, contribuiu para o ocaso da grande fazenda.

Apesar de todo prestígio e projeção social que angariou, Exupério não foi capaz de impedir que o Brejo do Campo Seco penasse em irreversível decadência. Quando faleceu, aos 80 anos, em 1900, quase nada

Medrados, outra família importante da região que, pouco tempo depois, tomará conta de Mucugê, nas Lavras Diamantinas.

Afrânio Peixoto se inspirou nesse episódio para escrever o romance "Sinhazinha". Jorge Amado dedicou o primeiro capítulo do "ABC de Castro Alves" ao rapto da tia do poeta. Pedro Calmon também escreveu sobre essa luta de famílias na sua "História de Castro Alves". No seu livro, Lycurgo Santos Filho comenta essas três obras, corrigindo os equívocos factuais, uma vez que teve acesso a documentação original inédita da própria fazenda do Brejo do Campo Seco, guardada por quatro gerações, além de depoimentos de familiares. O caso expõe, com bastante clareza, alguns aspectos das relações sociais no sertão de antigamente, e a violência, como ainda hoje, no papel da justiça.

restava da antiga fortuna. Morreu pobre, deixando para os descendentes as terras desvalorizadas, vendidas na bacia das almas. Lycurgo Santos Filho resume claramente a trajetória do Brejo do Campo Seco:

> Acompanhando-se a trajetória da fazenda do Campo Seco, sob a suserania dos quatro proprietários, em sua ascensão (Miguel Lourenço e Pinheiro Pinto), seu apogeu (Inocêncio e Exupério Canguçu), seu declínio e ocaso (Exupério), segue-se "pari-passu" a ascensão, apogeu e declínio do Nordeste pastoril. Se fossem usados gráficos, as linhas se justaporiam. Com Miguel Lourenço verifica-se o incremento da pecuária e a intensificação do comércio com a região das minas, onde bois e cavalos se trocavam por ouro. Sob Pinheiro Pinto assiste-se ao fastígio alcançado pela lavoura do algodão, que então assume acentuada expressão econômica. Inocêncio viveu ainda à custa do comercio pastoril e algodoeiro. E Exupério assistiu, dentro do Nordeste, ao declínio e fim de sua prosperidade.[129]

As relações de produção no Brejo do Campo Seco espelham aquelas que prevaleciam no Nordeste pastoril. O patrimônio familiar, reunido em uma única unidade de produção, era administrado pelo patriarca, chefe inconteste dos negócios e da família. Exercia atividades políticas e de milícia. Esse chefe tinha abaixo de si vaqueiros e feitores. Os vaqueiros eram responsáveis por determinada área e certo número de reses, e eram pagos pelo sistema da *quarta*, também chamado de *sorte*. Os feitores, assalariados, eram responsáveis pela gestão do trabalho escravo. A fazenda, conforme a regra dominante, possuía agregados, encarregados de diversas tarefas ou plantando em regime de meação. Mão de obra livre também era contratada para determinados serviços por jornal (diárias), a exemplo dos artífices empregados na construção do Sobrado do Brejo. Mesmo com essa diversidade de relações de trabalho, o esforço braçal e pesado parava nos braços da escravaria.

A mão de obra escrava, de origem africana, foi empregada extensivamente no Brejo do Campo Seco desde o seu início, em 1755, até a abolição, em 1888. Lycurgo Santos Filho calculou que o primeiro proprietário, Miguel Lourenço, chegou a ter entre 40 e 50 escravos, incluindo adultos, menores, homens e mulheres. Seu sucessor, Pinheiro Pinto, elevou esse contingente a 100 indivíduos, o maior número alcançado. Exupério, o último senhor dessa casa, já perto da abolição, ainda possuía 40 cativos. Os escravos eram ocupados nas mais diversas tarefas: auxiliar de vaqueiro, lavoura de algodão e mantimentos, manufatura da rapadura e de aguardente, ofícios de ferraria e carpintaria, e nos afazeres domésticos. Aos escravos era permitido plantar e criar em dias de folga, apenas os domingos, em vista de aumentar a produção de alimentos, guardar algum dinheiro e, quem sabe, um dia, comprar a alforria. Negros de ganho, comuns nas cidades do litoral, também existiram no Campo Seco, alugados por dia a fazendeiros da região. Os senhores do Campo Seco ainda realizavam o comércio de cativos.

Uma fazenda poliprodutora, a exemplo do Campo Seco, demandava o emprego de conhecimentos técnicos mais complexos do que o típico curral de gado. Com referência a bovinos, Inocêncio Canguçu tentou um melhoramento genético pela criação da raça "Maronesa", porém sem grande sucesso. A cotonicultura exigia outro tipo de conhecimento daquele empregado na criação de gado, inclusive para seu beneficiamento. O comércio de algodão, além de capitais disponíveis para o adiantamento aos produtores, implicava a organização de tropas de burros até São Felix, uma logística custosa e arriscada. A cultura de mantimentos e a produção de rapadura e aguardente requeriam conhecimentos adicionais, mesmo que rudimentares, mais especializados do que aqueles empregados nos simples currais. Não obstante, o empreendimento siderúrgico de Exupério Canguçu não sobreviveu a tecnologias mais avançadas de além-mar, pois o atraso tecnológico de sua indústria era impossível de ser, de alguma forma, compensado.

A decadência da fazenda do Brejo do Campo Seco deveu-se, em primeiro lugar, a questões competitivas. No caso do gado, à redução dos negócios, devido à decadência da mineração, somou-se a concorrência da produção do sul de Minas e dos pampas gaúchos, mais qualificada e mais valorizada. O algodão norte-americano, de melhor qualidade e produtividade devido ao emprego de técnicas e cultivares mais elaborados, desbancou o do Alto Sertão da Bahia e, de resto, de todo o Brasil.[130] Por outro lado, problemas com a mão de obra, decorrentes da proibição do tráfico negreiro e posterior abolição, afetaram toda a vida rural do sertão escravista, que parece nunca ter se adaptado à nova realidade. Por último, a devastação das matas e as queimadas indiscriminadas, que indicam o baixo nível técnico da produção, deixaram as terras gastas, o solo seco e a água cada vez mais escassa. Ao final do século XIX, a economia sertaneja e, junto com ela, a do Brejo do Campo Seco entraram em fase vegetativa. Apenas as Lavras Diamantinas irradiavam algum dinamismo.

NOTAS

[124] Santos Filho (1956). O livro escorou-se em informações inéditas provenientes da documentação da própria fazenda Brejo do Campo Seco, guardada por quatro gerações, o que permitiu ao autor a realização de uma radiografia minuciosa da trajetória e do funcionamento de um estabelecimento dessa natureza.

[125] Durante o período colonial, a Coroa contratava a cobrança de alguns tributos, os contratos sendo arrematados em concorrência por quem oferecesse mais ao Tesouro.

[126] A bolandeira é identificada por Prado Júnior (2000, p. 153) como a muito antiga *churka* do Oriente. Ele a descreve como "...dois cilindros tangentes e revolvendo em sentido contrário. O algodão é forçado entre eles, passando a pluma e ficando o caroço retido". No fim do período colonial, a cotonicultura se espalhou pelo sertão da Bahia, sendo encontrada nas proximidades de Jacobina e Morro do Chapéu, em 1818, por Spix e Martius. A região de Caetité, no entanto, foi a área baiana mais produtiva. Ver Spix e Martius (1981, v.2, livro VI, cap. II e livro VII, Cap. I).

[127] No Brasil colonial, a concessão de créditos era feita pelos comerciantes, que adiantavam bens de capital, bens de consumo e fundos necessários à produção em troca da futura safra. Esse era o padrão vigente na cultura do açúcar: os senhores de engenho dependentes dos adiantamentos dos seus clientes exportadores e importadores, que funcionavam como agentes das grandes casas de Lisboa e do Porto. A monetização das trocas era reduzida, impedindo o estabelecimento de um significativo processo de acumulação de capitais na Colônia.Nesse contexto, o comércio de escravos era o mais lucrativo. Os senhores de engenho buscavam proteção da Coroa para não terem suas dívidas executadas, o que quase sempre conseguiam. Ver Caldeira (1999).

[128] Santos Filho (1956, p. 47).

[129] Santos Filho (1956, p. 71).

[130] Ao analisar a cotonicultura no Brasil, Prado Junior (2000) destaca sua incapacidade de acompanhar o progresso técnico mundial. Além da comparação com melhores cultivares dos EUA, ele exemplifica o atraso brasileiro pela persistência do uso da bolandeira (ou *churka*) para o descaroçamento, apesar da inovação representada pela *saw gin*, máquina inventada por Whitney, em 1792. Prado Júnior (*op. cit.*, p. 137-138).

Índios, gado, ouro e quilombos: visão geral ao final do período colonial

Na virada do século XVIII para o XIX, nas últimas décadas do período colonial, após sofrer uma séria depressão em meados dos setecentos, a economia baiana passava por uma fase auspiciosa. Seus principais produtos de exportação, o açúcar à frente, obtinham bons preços, estimulando os investimentos na expansão da produção. A guerra da independência dos EUA, as rebeliões escravas no Caribe e as guerras napoleônicas foram favoráveis ao açúcar brasileiro, ao prejudicar a produção e o comércio a partir das Índias Ocidentais. Apesar de o açúcar estar sempre à frente, nesse período se inicia uma fase de diversificação, com a emergência de novos produtos (algodão, café, cacau) e a consolidação de outros (fumo, couros). No caso do algodão, a guerra da independência americana e a Revolução Industrial abriram amplas perspectivas para esse produto no mercado internacional.[131]

O Gráfico 3 indica os principais traços estruturais da economia baiana ao final do período colonial, com base na renda auferida por seus principais produtos de exportação. Os cinco produtos considerados (açúcar, fumo, algodão, couros e ouro) perfizeram 92,2% da receita total com exportações no período (1796-1807). Pode-se verificar que o açúcar domina a pauta, respondendo por uma média de 50,7% da receita. No entanto, a participação dos outros produtos é expressiva, revelando o grau de diversificação produtiva alcançada pela Capitania. O segundo produto da pauta, o fumo, alcança uma média de 17,1%, ou de 25%, caso sejam consideradas as exportações para a Índia e a África, além daquelas para Lisboa. A emergência do algodão é evidenciada, alcançando, na média do período, 14,1% da receita total, chegando a mais de 20% nos dois primeiros anos do século XIX. As ex-

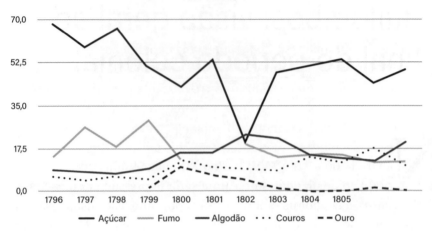

Gráfico 3
Bahia: percentagem da receita total de exportção dos principais produtos
1796-1807

Fonte: Elaborado a partir dos dados da Tabela 1, em Barickman (2003, p. 56 e 57).

portações de artigos de couro, que atingem a média de 9,7%, indicam a importância da criação de gado. O Gráfico permite ainda verificar a decadência da mineração do ouro, cuja a média das exportações, no período, atingiu apenas 2,3% da receita total. Embora a produção fosse reduzida, o café, com 0,5%, em média, e o cacau, com 0,2%, já participavam da pauta de exportações. O peso econômico do sertão pode ser percebido pela cultura do algodão e pela velha atividade pastoril que, mesmo voltada para o mercado interno, participava com um importante produto na pauta de exportação. Nessa época, as exportações baianas perfaziam, aproximadamente, 30% das exportações totais da Colônia, sendo que açúcar, algodão e couro respondiam por dois terços da pauta brasileira. Pinto de Aguiar reporta que, nesse período, houve tentativas de recuperar o atraso tecnológico da Colônia, que, no entanto, foram descontinuadas, sem resultados significativos.[132]

Enquanto isso, no ocaso colonial, a ocupação da Chapada Diamantina ainda era rarefeita. O território entre as vilas de Rio de Contas e de Jacobina compreendia um espaço continental, com o caminho entre elas ainda escassamente habitado e, a essa altura, sem o estímulo da mineração para sua expansão. Fora dessas vilas, as instituições estatais praticamente não se faziam presentes. Mesmo com a mineração do ouro, a pecuária permanecia como principal atividade econômica, seguida da cotonicultura. As margens dos principais rios (de Contas, Paraguaçu, Jacuípe e Itapicuru) abrigavam esparsas fazendas de gado, sendo as do Itapicuru e do Jacuípe, cuja exploração precedeu às dos outros dois rios, mais numerosas. A área onde viria a se desenvolver as Lavras Diamantinas, montanhosa o bastante para afastar o gado de suas escarpas, ainda era ocupada por índios e quilombos.

Mesmo assim, o crescimento populacional do imenso território foi expressivo. A Tabela 1 apresenta os números disponíveis sobre a população baiana em 1799 e 1808. Verifica-se que a população da comarca de Jacobina – que englobava a própria vila e os termos de Caetité, Rio de Contas, Vila Nova da Rainha (atual Senhor do Bonfim) e Urubu (atual Paratinga, na margem direita do São Francisco) – correspondia, em 1779, a 11,6% do total da Capitania. Já em 1808, esse percentual atingia 16%, indicando o crescimento das atividades econômicas na região.[133]

Tabela 1
Bahia: população por comarcas - 1779 e 1808

Comarcas	1779	1808
Bahia	158.671	249.314
Jacobina	24.103	53.854
Ilhéus	16.313	23.780
Porto Seguro	8.333	9.124
Total	**207.420**	**336.072**

Fonte: Mattoso (1992, Tabela. 4, p. 88).

Ao passarem por Rio de Contas em 1818, Spix e Martius reportam uma população, de 900 habitantes na vila e de 9.000 em toda a diocese. Nesse mesmo ano a comarca de Jacobina, somava 56.000 habitantes. Além da baixa densidade demográfica, a pobreza da região foi realçada pelos viajantes bávaros:

> Precisar o povo de um país de riqueza tão exuberante recorrer a tais expedientes, para subsistir, nos parecia incrível, se não hou-

véssemos visto a miséria em que geralmente vive a gente nessa região do sertão, e se acha bem. Pareceu-nos, entretanto, quanto à educação e necessidades, que este povo está em condições inferiores mesmo aos mais remotos sertanejos de Minas. Uma palhoça imunda, tendo em volta uns pés de bananeira descuidados, uma roça de feijão e mandioca, um rebanho de gado e alguns cavalos magros, que devem buscar eles próprios a subsistência, eis a mais alta aspiração desses matutos.[134]

Embora não haja registros de ocupações luso-brasileiras nas Lavras Diamantinas propriamente ditas, há evidências da existência de agrupamentos de escravos fugidos no entorno dessa área. Os historiadores João José Reis e Flávio dos Santos Gomes afirmam que "Onde houve escravidão houve resistência. E de vários tipos".[135] O tipo de resistência mais comum foi a fuga e formação de quilombos ou mocambos. Esses podem ser caracterizados como "...reunião em determinado lugar de um número crescente de escravos fugidos, que resistiam a retornar à casa senhorial, tocavam uma produção agrícola e desenvolviam outras atividades de subsistência, ocasionalmente cometendo roubos, e submetidos a um 'governo' alternativo ao da sociedade envolvente".[136] As estratégias de sobrevivência dos fugitivos incluía o relacionamento com habitantes de assentamentos próximos, inclusive de índios, visando às trocas comerciais necessárias à sobrevivência das comunidades.

Os dados coletados por Janaina Brainer Barroso Neves permitiram identificar vinte e oito entradas para destruir mocambos na região de Cachoeira, durante o século XVII, número que indica a extensão do fenômeno.[137] No que se refere à Chapada Diamantina, Pedro Tomás Pereira reporta a existência de três quilombos nas suas cercanias, ao final do século XVIII (1796). Tendo como referência uma carta do governador Dom Fernando José de Portugal ao Ministro de Estado Dom Rodrigo de Sousa Coutinho, o autor nos conta que o governador deu provimento a uma representação de moradores da vila de Cachoeira requerendo que esses quilombos fossem extintos, dados os prejuízos e insegurança causados aos colonos pelos assaltos e roubos. Os três agrupamentos estavam assentados nos hoje municípios de Itaberaba (quilombo de Orobó), Boa Vista do Tupim (Tupim) e Andaraí (Andarahy), todos no vale do Paraguaçu. Não se sabe quando esses mocambos foram formados, porém a carta do governador indica que dois deles (Orobó e Andarahy) restaram dizimados pela entrada do capitão-mor Severino da Silva Pereira e seu filho, Bento José Pereira. Neles foram encontradas plantações de mandioca, inhame, arroz, cana, frutas e outros víveres. Foram aprisionados treze fugitivos, entre homens, mulheres e crianças. Um grande número conseguiu escapulir, indo se refugiar no quilombo de Tupim, que não foi atacado.[138]

As relações de produção diferenciadas na criação de gado e demais culturas, nas quais o trabalho livre estava presente, mesmo em condições bastante precárias, convivendo com a escravidão de forma diferente das grandes plantações da faixa costeira, por certo têm uma grande influência na formação da sociedade sertaneja, na conformação do "outro país" do qual falava Euclides da Cunha.[139] Se por um lado oferecia oportunidades de trabalho livre independente, a concentração da propriedade, por outro, não permitia que essas oportunidades fossem aproveitadas por uma população de miseráveis, a gente miúda, de pequena esfera – curraleiros, vaqueiros, meeiros da lavoura de subsistência, mestiços livres e pobres, escravos índios, escravos africanos – e os fora da lei – quilombolas, índios fugidos, luso-brasileiros perseguidos pela justiça. População que foi crescendo tributária dos grandes latifúndios, no trato de uma terra áspera, para quem a mera sobrevivência era a maior ambição.

A concentração da propriedade vinha acompanhada do monopólio do poder político, garantido pelas armas. O isolamento geográfico – nesse imenso território, onde o afastamento entre as unidades de ocupação foi diminuindo aos poucos, as distâncias aumentadas pela precariedade dos meios de comunicação – ajuda a explicar essa "rude sociedade, incompreendida", geradora, três séculos depois, do fenômeno de Antônio Conselheiro e da Guerra de Canudos. A violência indiscriminada dos poderosos, uma constante desde o extermínio das nações indígenas, produzia o fermento de revoltas periódicas, sem causas bem definidas, sempre frustradas, inócuas. Uma sociedade rigidamente estratificada, na qual aqueles que possuíam vastas extensões de terra formavam uma classe que, mesmo subordinada ao polo comercial-financeiro litorâneo, era incontestavelmente dominante no plano local. Homens livres de pequena esfera, em crescente número, se atrelavam a atividades clandestinas, como a garimpagem, ou se agregavam aos latifúndios como meeiros, feitores, capangas. Os escravos, tidos como coisas, não podem ser classificados.

Em sua trajetória histórica, o sertão do Nordeste, após o período colonial, enfrenta uma fase de estagnação no século XIX, que vai desembocar em grandes ondas migratórias alargadas no século XX. Passa a ser fornecedor de um imenso "exército industrial de reserva" usado na construção da infraestrutura e no trabalho desqualificado nos seringais amazônicos, na indústria e nos serviços do Sudeste, na construção de Brasília. O sertão do Nordeste é, certamente, o elemento mais forte da vergonhosa tragédia social brasileira. Como pontua Raymundo Faoro:

> A herança do conquistador – o "coronel" e o capanga, o fazendeiro e o sertanejo, o latifundiário e o matuto, o estancieiro e o peão – permanecerá, estável, conservadora, na vida brasileira, não raro atrasando e retardando a onda modernizadora, mais modernizadora do que civilizadora, projetada do Atlântico.[140]

Muitas vezes, a literatura transforma contextos históricos em ficção, romantizando períodos marcantes da trajetória de uma região. Esse é o caso de *Os Pareceres do Tempo*, romance de Herberto Sales, que se passa no século XVIII, em parte ambientado no alto sertão da Bahia do período colonial.

Os Pareceres do Tempo –
Romance e aventura no Alto Sertão da Bahia

O livro conta a estória de Policarpo Golfão, filho de um fidalgo português que recebe de Sua Majestade, por serviços prestados na Carreira da Índia, uma sesmaria no interior da Bahia, após a sua morte. Essa sesmaria fica em alguma parte do Alto Sertão, na fictícia região de Cuia d'Água, vila de Monte Alto. Policarpo, o herdeiro, se faz acompanhar ao Brasil do seu primo Quicas Alçada, fiel escudeiro e companheiro de venturas e desventuras.

Ao chegar à cidade da Bahia, Policarpo é recebido em palácio pelo governador-geral, que localiza em um mapa suas terras e lhe confere a patente de capitão-mor "...ungindo-o assim do necessário grau de autoridade para, no exercício de boa e firme autoridade, administrar o seu dilatado patrimônio".

Logo em seguida, nosso herói sai à compra de escravos "...para deles fazer uso no desbravamento da sesmaria que lhe fora doada, e onde pretendia desenvolver atividades agrícolas e outras...". Convenientemente, seu hospedeiro e guia, Almeidão, é sócio de uma companhia de tráfico, sociedade por cotas cujos membros pertenciam à Irmandade dos Traficantes, respeitável instituição da Colônia. O padre capelão do navio tumbeiro, Salviano Rumecão, por coincidência velho conhecido de Quicas Alçada, além de exercer suas "funções religiosas" junto aos cativos, tem autorização para traficar cinco peças por viagem. As condições sanitárias dos navios são, com fina ironia, denunciadas. A rendosa importação de gente em forma de mercadoria é desvendada.

O padre Salviano leva os novos amigos para visitar seu tio-avô, Teodoro Rumecão, ouvidor-geral, morador do famoso solar dos Sete Candeeiros. Lá, Policarpo avista pela primeira vez a formosa donzela Liberata, filha da autoridade, por quem se apaixona. Na sua visita ao solar, toma conhecimento de que Teodoro Rumecão é dono de terras

vizinhas às da sua sesmaria, no sertão de Monte Alto.
Policarpo, sempre acompanhado de Quincas, parte para suas terras com os escravos comprados, não sem antes declarar seu amor a Liberata por meio de cartas e encontros secretos. Vão de barco até Cachoeira, já na companhia do capitão-do-mato contratado. Após organizar a comitiva, segue em penosa viagem por terra até Monte Alto, onde encontra Sezefedo Rumecão, filho do ouvidor-mor, administrador das fazendas da família naquelas plagas. Sezefredo o recebe muito bem, junto com dois jesuítas do lugar, que trabalham na catequese de índios maracás. Além dos índios, aldeados em pequena parte das fecundas terras, onde plantam roças em sistema de meação, Cuia d'Água possuía excelentes pastagens nativas, próprias para a pecuária. A relação do sesmeiro Policarpo, "verdadeiro dono das terras", e os índios é intermediada pelos religiosos.

Após iniciar a instalação da fazenda, Policarpo retoma o contato por cartas com Liberata e decide viajar até à cidade da Bahia para pedi-la em casamento. Antes, porém, logo ao chegar à capital, ele entra em negociação com a Casa da Torre, por indicação do ouvidor-geral Teodoro Rumecão, visando a estabelecer sociedade em negócio de compra e venda de gado, pelo qual Policarpo pretende acumular alguma pecúnia para investir na sua empreitada. Os negócios com Garcia d'Ávila correm

bem, mas seu pedido de casamento foi lamentavelmente rejeitado. A donzela já estava prometida a outro pretendente, mais em conta com as pretensões de "nobreza" do ouvidor-geral.

Policarpo não desiste e prepara uma complicada operação de fuga, com subsequente casamento na vila da Barra, a mais importante povoação do médio São Francisco, de onde ruma com a esposa Liberata para Cuia d'Água. Com isso, se torna inimigo da família Rumecão, o que, mesmo com o passamento do ouvidor-mor, lhe causa problemas. Na volta à sua fazenda, Policarpo tem notícia da morte do seu primo Quincas Alçada pelos maracás, devido às suas andanças com uma das índias. Não satisfeitos com o assassinato de Quincas, os índios atacaram e atearam fogo na casa grande e no curral, possibilitando a fuga dos escravos. A tensa situação social naquelas paragens explodira de forma violenta, destruindo a fantasia de criar uma comunidade harmônica e integradora, nutrida pelo sesmeiro.

Os maracás fogem depois de queimarem as roças e ranchos. Após esses acontecimentos, a tragédia se impõe na trama. Os escravos são caçados por um especializado negro forro, que sugere estarem eles se escondendo em um quilombo. Policarpo gasta muita energia, tempo e dinheiro na reconstrução da fazenda e na busca dos índios maracás, que são encontrados, e o primo Quincas Alçada vingado. Após parto de gêmeos, Liberata falece e deixa Policarpo transtornado.

A única companhia que lhe resta é a da negra Gertrudes, amor não reconhecido, sublimado e nunca consumado.

A estória de Policarpo Golfão e sua amada Liberata bebe, na história do sertão nordestino, seus traços mais marcantes, suas marcas mais estruturantes. Além de literatura de alto nível, uma densa lição sobre nossas origens, embebidas de tragédia humana.

NOTAS

[131] No Capítulo 1 do seu livro, Barickman (2003) apresenta uma fundamentada análise da economia baiana no final do século XVIII e início do XIX, que evidencia a retomada e a diversificação ocorridas no período.

[132] Esses números foram estimados a partir das tabelas constantes de Simonsen (1978, p. 385-387). Sobre renovação tecnológica, ver Pinto de Aguiar (1960, p. 67-71).

[133] Apesar de terem sido rigorosamente criticados e analisados por Katia Mattoso, esses dados representam apenas estimativas, dada a precariedade dos recenseamentos realizados. Em 1779, a população baiana representava cerca de 18,5% do total brasileiro e, em 1805, 17,2%. Importante assinalar que livres ou escravos, negros e mulatos perfaziam 2/3 da população da Bahia. Em 1808, em torno de 34% era formada por escravos negros e mulatos. Mattoso (1992, cap. 6).

[134] Spix e Martius (1981, p. 129). O expediente a que eles se referem era o aproveitamento do caule da palmeira de ouricuri para preparar um "...pão seco, extremamente pobre em matéria nutritiva", para comer em tempos de penúria. Certamente, os viajantes estavam se referindo à realidade de pequenos posseiros e meeiros espalhados pelo território e não à das grandes fazendas de gado e algodão.

[135] Reis e Gomes (1996, p. 9).

[136] Reis (1996, p. 366).

[137] Neves (2008, p. 416).

[138] Pedreira (1962).

[139] Barickman (2003, p. 315) identifica uma diversificação marcante nas relações de trabalho na cultura do fumo no Recôncavo, convivendo pequenos proprietários, trabalho livre e cativos, bem diferente das plantações de cana para a produção de açúcar. O mesmo autor admite, no entanto, que "O fumo baiano destaca-se como uma espécie de anomalia na história agrária do Brasil colonial oitocentista". Uma comparação com a história do gado talvez possa retirar o fumo da condição de anomalia, no que se refere às relações de trabalho.

[140] Faoro (1997, p. 156).

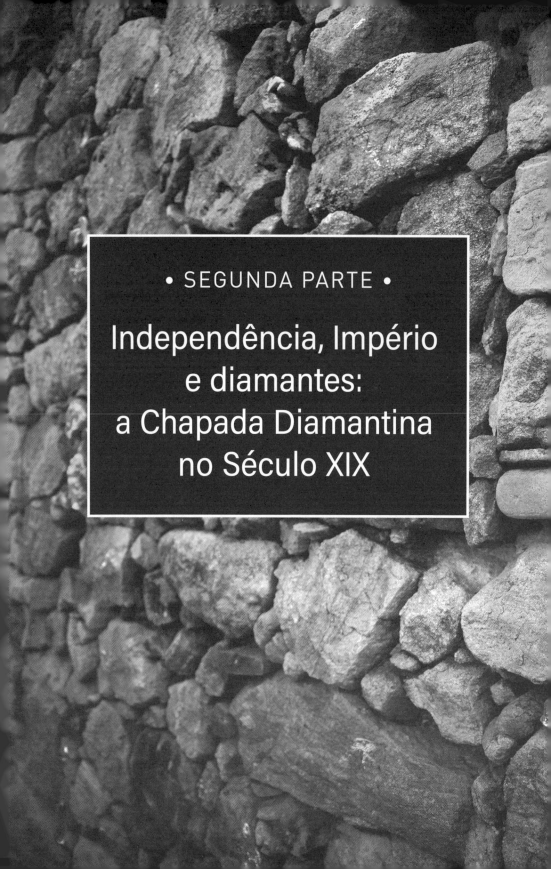

• SEGUNDA PARTE •

Independência, Império e diamantes: a Chapada Diamantina no Século XIX

No sertão a pedra não sabe lecionar,
e se lecionasse não ensinaria nada;
lá não se aprende a pedra: lá a pedra,
uma pedra de nascença, entranha a alma.
João Cabral de Melo Neto[1]

Em meados do século XIX, diamantes foram encontrados em profusão na face centro-oriental da Chapada Diamantina. Àquela altura, a velha economia agrário-exportadora nordestina, herdada do período colonial, entrava em decadência, incapaz de enfrentar a competição internacional. O açúcar era o passado, o café o futuro. Após mais de trezentos anos, o Norte perdia a proeminência para o Sul. Os diamantes acendiam esperanças de melhores perspectivas para a Bahia e, particularmente, para seu sertão.

As serras e seus cursos d'água foram revolvidos, muito diamantes extraídos, mais intensamente do que em Minas no século XVIII. O alto sertão baiano viveu uma época de muita agitação, de abalos nas tradicionais relações sociais, porém sem modificar substancialmente o que havia sido plantado pela exploração colonial. O trabalho escravo continuou a ser o esteio de toda a atividade econômica, ainda que convivendo com a mão de obra livre dos garimpeiros que vagavam pelos sertões em busca de riquezas, desde antanho. O capitalismo moderno teria de esperar sua vez de chegar até aqueles ermos.

O diamante veio e rapidamente se foi. Deixou marcas, rastros, belezas. O ciclo da mineração na Chapada seria curto, suas benesses afluindo para poucos. A permanência da estrutura social e política não permitiu forma alguma de descentralização da riqueza e do poder.

Tudo isso no contexto de um país cuja formação continha vícios de origem: a escravidão, a monarquia centralista e centralizadora, as mentalidades convictas da eterna vocação agrária exportadora. Cultivava-se a manutenção da ordem autoritária e excludente, aquela ordem onde todos sabiam os seus lugares, assegurando que os interesses dos poderosos prevalecessem a qualquer custo. Aos subalternos restavam obediência e conformidade, o instinto de sobrevivência falando mais alto do que veleidades libertárias.

Antes de falar das Lavras, cumpre esclarecer os meandros da vida de um império tropical, uma anomalia no quadro internacional da época. Estabilidade e centralização eram os pilares da política. Sempre apoiando a monarquia, o Nordeste agrário sofreu. Os diamantes não resolveram a situação, nem poderiam. No processo de acumulação capitalista, o luxo é apenas um detalhe. No caso do diamante, embora brilhante, um pequeno detalhe. Uma pedra que "entranha a alma" do sertão.

NOTA

[1] Melo Neto (2001, p. 185).

A construção do império unitário, centralizador e escravista

Atransferência da Corte para o Brasil, em 1808, acelerou o processo que culminaria com a separação da mais rica Colônia do que restara do Império Marítimo Português. A primeira consequência desse episódio foi a célebre "Abertura dos Portos às Nações Amigas", assinada pelo regente D. João, ainda na Bahia, em janeiro daquele ano. Por ela, Lisboa deixou de ter o monopólio sobre o comércio da Colônia, que, a partir de então, poderia ser feito diretamente com outros países. Essa medida atendia aos interesses ingleses, em direção dos quais pendeu a Coroa portuguesa quando, acossada pela avalanche napoleônica, buscara proteção na aliança com a "nação amiga". A relação entre os dois países ficou ainda mais estreita em 1810, quando da assinatura de um tratado comercial que conferiu privilégios alfandegários à Inglaterra: enquanto a tarifa única a incidir sobre todas as importações desse país foi estabelecida em 15%, as oriundas de Portugal seriam de 16% e as dos demais países 24%. A franquia do mercado brasileiro foi o preço pago para assegurar, mais uma vez, a independência política de Portugal, em uma Europa sempre conflagrada por intermináveis guerras. As monarquias absolutas chegavam ao ocaso.

O estabelecimento da Família Real no Rio de Janeiro, acompanhada de quinze mil cortesãos, funcionários e demais encostados, engendrou uma grande transformação na capital da Colônia. Ela passou a contar com o fluxo financeiro dos impostos que anteriormente eram mandados para a Metrópole. Em um país em constante estado de baixa monetização, a circulação desses recursos poderia representar uma importante fonte de dinamização de toda a sua economia. Todavia, os gastos do governo se concentraram na capital e em suas vizinhanças, dando sequência à transferência da arrecadação nas capitanias, só que, agora, não mais para Lisboa, e sim para a Corte instalada no Rio. Essa cidade passou a receber várias obras de urbanização que mudaram o seu acanhado perfil. Foram criadas instituições artísticas e culturais. A burocracia se expandiu, ao ritmo de criação de novas repartições e, com elas, os empregos necessários para acomodar todos os apaniguados.

A Coroa resolveu fundar, ainda em 1808, o primeiro Banco do Brasil e, por meio dele, canalizar a poupança local para financiar sua crescente dívida. Os bilhetes emitidos pelo banco passaram a ter curso forçado, o que, juntamente com as emissões do Tesouro, desviavam a moeda do padrão-ouro, dogma sempre defendido, mas, na prática, nunca praticado. A função de prover crédito para empreendimentos privados nunca foi exercida, e o banco se especializou no financiamento do governo. Perdulariamente administrada, essa instituição financeira perdeu credibilidade, juntamente com o valor dos seus papéis. O primeiro Banco do Brasil foi prematuramente extinto em 1829, encerrando uma experiência de periclitante gestão das finanças públicas. A importante função de intermediação financeira continuou sem contar com os modernos instrumentos bancários.[2]

Com a abertura dos portos, os comerciantes ingleses estabelecidos no Brasil passaram a dominar o comércio exterior, tomando o lugar dos portugueses no topo da cadeia mercantil. A maior parte desse comércio passou a ser feita diretamente com a Inglaterra, destronando o monopólio lisboeta, até então o único entreposto distribuidor dos produtos coloniais na Europa e reexportador das manufaturas, sobretudo inglesas, para a Colônia. Os britânicos passaram a se aliar com intermediários locais que tinham acesso direto aos produtores, a maior parte deles funcionando como *comissários*, agentes comerciais que adiantavam recursos para a produção e o consumo dos agricultores em troca das safras futuras, tal como em toda a época colonial. Suas conexões e relações com os produtores eram de suma importância, dado que não existia o instituto da garantia de crédito, e as transações eram lastreadas em relações de confiança, na força da tradição do "fiado", sem amparo legal.[3] As casas inglesas cuidavam dos grandes negócios de exportação e importação, puxados pelo fornecimento de crédito aos comissários ou a grandes comerciantes. Os traficantes locais de escravos continuavam a ser aqueles que reuniam as maiores possibilidades de acumulação endógena de capital, eles mesmos fiadores da mercadoria mais cara em qualquer projeto de exploração econômica da época.[4] Essas transações de crédito eram feitas a juros mordentes, pagos pelo elo inicial da cadeia, os produtores das mercadorias comercializadas, em proporção aos riscos exacerbados pelas frágeis normas e convenções.[5]

Consequente à chegada da Corte, foram abolidas as restrições à instalação de atividades industriais, prevalecentes no período colonial. Os investimentos, porém, foram limitados, incapazes de superar a incerta política comercial, o câmbio valorizado e o baixo consumo interno travado por um mercado limitado pela escravidão e pela reduzida massa salarial, contida nos limites da renda gerada por relações de trabalho pré-capitalistas. A constituição de empresas industriais e financeiras dependia de autorização real, intermediada pelos políticos de plantão, criando-se um sistema de privilégios e favores perpassando as concessões públicas e as obras de infraestrutura.

Paradoxalmente, não obstante a presença da Corte, o sentimento nativista e antilusitano cresceu. Para a elite colonial, tornava-se claro que a separação era não só desejável como possível. A intermediação de Lisboa tornara-se um fardo que poderia ser descartado. Sob a influência das ideias iluministas, transformadas politicamente pela Revolução Francesa e pela Independência dos EUA, ideais republicanos e federalistas começam a ser veiculados, sinalizando dificuldades para a sobrevivência da monarquia absoluta. A Maçonaria congregava e organizava os cultores dos novos ideais. Os agricultores de exportação e os comerciantes locais, as grandes forças econômicas da Colônia, se posicionaram claramente a favor da separação. Independência que, sobretudo, garantisse a manutenção da ordem senhorial escravista e que impedisse aventuras políticas radicais.

A criação do Reino Unido de Portugal, Brasil e Algarves, em 1815, não resolveu a situação, sendo apenas um pretexto para D. João permanecer no Brasil, mesmo com o término da invasão francesa, evitando enfrentar mais cobranças da protetora Inglaterra, dessa vez lá na Europa. De caráter republicano, a Revolução Pernambucana de 1817, violentamente reprimida e derrotada pela casa de Bragança, indicou uma difusa revolta contra a sufocante centralização de poder, que drenava recursos cada vez maiores das capitanias para uma Corte tropicalizada de forma extravagante, paquidérmica e corrupta. O desfecho do movimento de 1817 indicava, porém, que dificilmente a transição para a independência passaria ao largo da Casa Real.

Os acontecimentos se precipitaram a partir da Revolução Liberal do Porto, em 1820. Pressionado pelas Cortes, a assembleia constituinte instalada pela revolução, D. João VI, que havia sido aclamado no Brasil em 1818, retornou para Portugal, em 1821, onde foi novamente aclamado e terminaria jurando a Constituição, em outubro de 1822. Deixou por aqui o seu filho, em uma manobra que visava a manter as duas coroas na casa de Bragança, ainda que sob molduras constitucionais. Fora algumas guarnições portuguesas fiéis às Cortes de Lisboa, não havia mais forças políticas contrárias à separação. Comerciantes ingleses e brasileiros, agricultores, o poderoso estamento burocrático, em grande parte herdado de Portugal, todas as esferas confluíam para o projeto de separação. Essa fase tumultuada da vida do país culminou com o golpe da Independência. Ao ser perpetrado pelo próprio Príncipe, afastava-se qualquer veleidade republicana. A casa de Bragança havia de imperar, vitorioso o projeto de D. João VI. Essa solução, no entanto, não resolvia sérias questões relativas à construção da nova nação.

Prevaleceu o projeto de uma monarquia constitucional comandada pela velha dinastia portuguesa. A Constituição de 1824, outorgada após a dissolução da constituinte por um imperador com claras intenções absolutistas, criou a figura do Poder Moderador, encarnado na pessoa do monarca, que, por esse meio, concentrava um feixe de poder bem superior ao de qualquer outra monarquia constitucional. A nova ordem, no entanto, não resolvia os problemas políticos, principalmente aqueles que confrontavam os comerciantes portugueses com as hostes nativistas. Os conflitos se aguçaram levando a um período de aguda instabilidade. Após perder o apoio das forças políticas locais, D. Pedro I não foi capaz de subsistir às pressões atiçadas pela revolta popular permanente que se instalou na Corte, abdicando ao trono em favor de seu filho menor, em abril de 1831. Regressou a

Portugal não sem antes obter um empréstimo na Inglaterra, bastante danoso para o tesouro brasileiro, que usou, em sua maior parte, para financiar a guerra que o levou ao trono português. Deixou um país tumultuado politicamente e financeiramente alquebrado.[6]

Durante o período entre o início do Primeiro Reinado e o fim da Regência (1822 a 1840), várias revoltas eclodiram nas províncias: em 1824, novamente em Pernambuco, a Confederação do Equador; em 1833, no Pará, a Cabanagem; em 1835, no Rio Grande do Sul, a Revolução Farroupilha; em 1837, na Bahia, a Sabinada; em 1838, no Maranhão, a Balaiada; em 1835, em Salvador, a Revolta dos Malês, a maior rebelião escrava do país. Entre 1831 e 1845, trinta revoltas armadas ocorreram no país. A Revolução Praieira de Pernambuco, em 1848, marca o fim das revoltas regionais. Todos esses movimentos foram reprimidos com mão de ferro pelo poder central, muitas vezes recorrendo às forças regionais, esforço que conservou intacto o território conquistado durante o período colonial, em detrimento da descentralização federalista ou mesmo de bandeiras republicanas, fincando as bases da centralização unitária. O ideal da unidade territorial mantida pela estabilidade monárquica se contrapunha à fragmentação, à instabilidade e ao caudilhismo que grassavam nas repúblicas da América espanhola, caminho a ser evitado a qualquer preço, de acordo com a visão das elites conservadoras.

Não obstante, a passagem do liberal Padre Feijó pela Regência se destacou pela tentativa de instalar um regime mais descentralizado, de cunho federalista, mais consentâneo com as bases produtivas da nação. As reformas de Feijó foram sufocadas e revertidas antes mesmo do fim da maioridade, em 1840, por um movimento engendrado no topo da elite política conservadora, denominado de Regresso. As velhas bandeiras centralizadoras, herdadas da época colonial, agora empunhadas pelos interesses do comércio e da grande agricultura, aliados ao estamento político-burocrático instalado na Corte do Rio, apegados ao conservadorismo estagnante, prevaleceram e se consolidaram sob o manto da monarquia.

No regime político vigente no Segundo Reinado (1840-1889), destacava-se a figura do Imperador, com o seu Poder Moderador, ocupando o ápice da estrutura de poder. Por meio da prerrogativa de fazer e desfazer ministérios e de convocar eleições para a Câmara dos Deputados, o Monarca exerce o controle sobre a vida política e administrativa do Império.[8] Os programas dos trinta e seis gabinetes imperiais formados por Pedro II seguiam suas orientações. Os ministros eram recrutados entre os membros vitalícios do Conselho de Estado e do Senado, algumas vezes entre deputados e, em menor proporção, presidentes de província. A dança das cadeiras era limitada a uma restrita trupe de participantes, que, em muitos casos, conseguiam prolongar

Imperador D. Pedro II caracterizado como Poder Moderador.

sua influência pela inserção de filhos e parentes no círculo restrito de políticos considerados aptos a exercer cargos ministeriais.[9] "Saquaremas" (conservadores) e "Luzias" (liberais) desfilavam seus blocos sob o patrocínio do mesmo abstrato Poder Moderador, espécie de Espírito Santo político. Uma vez desfeito o ministério, outro era logo composto pelas mãos do Imperador, que, subsequentemente, convocava eleições, cujos resultados eram conhecidos de antemão: o partido que ascendia ao poder faria folgada maioria na Câmara, garantida pelo controle e manipulação das eleições por parte dos presidentes das províncias, meros funcionários do governo, feitos e desfeitos pelo Monarca. Essa estrutura política pode ser resumida na fórmula: "o rei reina, governa e administra". Estabeleceu-se um simulacro de monarquia constitucional, sem precedentes em outros países ocidentais, caracterizada como uma "...imensa farsa: farsa do parlamentarismo, apoiado na farsa fundamental das eleições". Uma sociedade escravocrata governada por instituições pretensamente liberais e representativas.[10]

Em linhas gerais, o Partido Liberal era mais ligado aos interesses dos produtores agrícolas voltados para o mercado interno, além de contar com a militância de profissionais liberais urbanos. Programaticamente, era defensor da descentralização federalista e de maior autonomia das vilas, do fortalecimento do poder local. Por outro lado, o Partido Conservador era nitidamente favorável à centralização do poder na Corte. Vinculava-se aos interesses da agricultura de exportação e dos comerciantes que, por meio do fornecimento de crédito, dominavam a fazenda, o engenho, o latifúndio e o tráfico de escravos, o mais lucrativo ramo. Essa distinção, todavia, diluía-se quando um dos partidos galgava o poder ministerial. Eles eram chamados a compor o governo para executar um programa previamente definido por Pedro II, a quem juravam fidelidade e prometiam seguir suas orientações. Quando ungidos, nada separava um "saquarema" de um "luzia". Ambos passavam a prestar serviços a uma estrutura de poder extremamente concentrada, para a qual o que mais importava era a conservação dos dois pilares institucionais básicos: a monarquia unitária e a escravidão. Para tanto, contavam sempre com o apoio da burocracia estatal. Desde a queda de Feijó (1837), o federalismo era carta fora do baralho.

O papel das câmaras das vilas, compostas pelos "homens bons", critério básico de pré-qualificação social de eleitores, restringia-se às pequenas questões locais, premidas por uma estrutura tributária que carreava quase toda arrecadação para o Tesouro Imperial. Em 1856, enquanto o nível central ficou com 83,1% da receita total do Império, o nível local arrecadava apenas 2,75%, ficando 14% para as províncias.[11]

Aos potentados locais, donos das terras, eram concedidas patentes da Guarda Nacional. Criada por Feijó, em 1831, como reação à desordem militar na Corte, as patentes funcionavam como símbolos de pertencimento ao arcabouço político da Nação, na condição de servidores da ordem estabelecida. Os senhores de terras, travestidos em oficiais da Guarda, ofereciam os mesmos serviços de polícia paramilitar da época da Colônia, por meio das Ordenanças e Milícias, tanto sufocando como gerando conflitos, muitas vezes dirimidos pela força das armas, principalmente nas áreas mais afastadas das grandes cidades, onde o Estado não se fazia presente. Na estrutura de poder do Império, os coronéis rurais, ao controlarem a situação local, pairando acima da Câmara das vilas, ocupavam a sua base mais funda. Mesmo se seus interesses colidissem com os dos comerciantes fornecedores de crédito, os produtores rurais aceitavam uma saída conciliatória, desde que os pilares básicos do regime fossem mantidos – a monarquia, que sustentava a tradição com estabilidade, e a escravidão, que garantia o anacrônico processo produtivo – e que sua autoridade, em seus domínios, fosse reconhecida.[12]

Sobre essa estrutura pairava o estamento burocrático encrustado no coração do poder, com ramificações em todas as esferas do serviço público. Tal estamento era formado por bacharéis de Coimbra, no início, depois das escolas de direito de Olinda (fundada em 1827, transferida para Recife, em 1854) e de São Paulo (também fundada em 1827). A maioria de seus integrantes era constituída de magistrados, contando ainda com membros do clero e de militares, eventualmente nobilitados pela graça do Imperador, quase todos amarrados a empregos públicos, a única forma de sobrevivência fora do campo e do comércio. A função política principal desse estamento consistia em cuidar da máquina conservadora para que funcionasse como sempre, sem perspectivas de mudanças ameaçadoras. A burocracia exercia seu papel independente do ocasional partido no governo, sendo ela própria parte dos partidos e dos governos. As tarefas do judiciário se confundiam com as do executivo e do legislativo, nas figuras das mesmas pessoas.[13]

No "teatro das sombras", consoante a expressão de José Murilo de Carvalho, destacavam-se os atores burocráticos, cujo domínio da política os tornava representantes da sociedade e, ao mesmo tempo, do Estado. Um teatro em que palco e plateia se confundiam nos mesmos personagens, trocando-se os lugares pela batuta do moderado diretor. Uma dramaturgia dissociada da realidade da nação, pois nela não havia lugar para uma miríade de pequenos produtores nem para os indivíduos da pequena esfera, população que crescia dissociada da vida política do país, sem exercer as prerrogativas da cidadania. Crescimento desprovido de educação: em 1857, apenas 1% dos habitantes estavam matriculados em escolas primárias; em 1890, cerca de 85% da população permanecia analfabeta. Alienada do mundo lá fora, a representação era encenada em rico cenário, ao abrigo da conveniente sombra lançada pelo trabalho servil, sombra confortável, mesmo que ameaçadora.[14]

No tocante à economia real, a transferência da Corte e a Independência não mudaram significativamente o panorama dos tempos coloniais. No princípio do Século XIX, o país continuava a produzir, fundamentalmente, os mesmos bens primários destinados ao mercado externo: açúcar, algodão, tabaco e couros. A mineração do ouro e de diamantes se encontrava em franca decadência, as aluviões das cabeceiras dos rios das regiões centrais em acelerado processo de exaustão. A Inglaterra substituíra Portugal no papel de Metrópole. Passou a dominar o comércio exterior por meio das casas exportadoras, financiadoras dos comerciantes brasileiros, e dos comissários, que adiantavam recursos à produção e também agiam como distribuidores dos produtos manufaturados, importados pelas mesmas casas. Os ganhos comerciais e financeiros, sob a mesma cobertura, cuidavam de transferir a maior parte do valor adicionado pela produção agrícola para a nova metrópole, limitando as possibilidades de acumulação de capital internamente. O capital financeiro inglês era também responsável pelo fornecimento de créditos para cobrir eventuais déficits na balança comercial e para financiar a expansão da infraestrutura ferroviária e urbana. Restava, para alguns brasileiros, o tráfico de escravos, mantido até 1860, apesar da repressão britânica e da Lei Eusébio de Queirós, de 1850. As tentativas de industrialização foram limitadas pelas políticas cambial e comercial, além do estreito mercado interno. Havíamos de nos conformar com uma inserção subalterna na divisão internacional do trabalho, comandada pelo Império Britânico. Em conformidade, internamente predominava a mentalidade que concebia o Brasil como um país essencialmente agrícola. O capitalismo industrial passava ao largo, permanecendo a velha lógica mercantilista, engessando a economia em múltiplos controles, dependente de favores dos poderosos.[15]

O café surgiu no início do Século XIX, inicialmente nas cercanias da cidade do Rio de Janeiro, de onde adentrou o Vale do Paraíba fluminense, em seguida o paulista, ganhando, por fim, a região do planalto, a oeste de São Paulo, se espalhando pelas profícuas terras roxas. Ele chegou no momento em que outras culturas coloniais (açúcar, algodão) passaram a enfrentar uma persistente crise. Nesse contexto, o café possibilitou a estabilidade das receitas tributárias do governo

Um pé de café carregado de frutos.

central. Na década de 1841-50, o produto já era responsável por cerca de 41% das receitas com exportações. Com ele, manteve-se a estrutura agrária exportadora assentada na monocultura, uma réplica da economia colonial, tendo agora como ponto focal o norte da Europa. A cultura do café, o grande sustentáculo econômico do Império, aprofundou a dependência das finanças externas, uma vez que ela exigia crédito de mais longo prazo, quase sempre bancado, em última instância, pelas casas bancárias internacionais.

Com a expansão do café, o deslocamento de eixo da economia se completa. As províncias do Norte, Bahia e Pernambuco à frente, perdem força econômica em relação às do Sul, o novo centro dinâmico do país. As cidades desse novo centro, mormente o Rio de Janeiro, se modernizaram, não só pela expansão da infraestrutura urbana (iluminação, transportes urbanos, obras de saneamento) como também pela adoção de hábitos e costumes europeus, nos moldes ingleses e franceses, em substituição aos lusitanos. Modernização superficial de uma estreita camada social, em uma sociedade arcaica e rigidamente estratificada, clivada pela escravidão.

Em resumo, a estabilidade imperial foi fundada institucionalmente, por um lado, em um arremedo de monarquia constitucional e, por outro, no trabalho escravo. Prevaleceu um regime político centralizador, manipulado pelo estamento burocrático que também exercia o papel de corretor de privilégios e favores.[16] O processo de burocratização do novo Estado não levou à sua efetiva modernização, uma vez que foram mantidos as tradições e os princípios de gestão do antigo regime colonial. O Império foi sustentado por uma economia agrário-exportadora, controlada por velhas políticas de inspiração mercantilista. Economia cuja regulamentação não se coadunava com os requisitos da acumulação endógena de capital, com exceção daquela que levasse ao comércio, com destaque para o de escravos, a maior parte do valor adicionado pela agricultura.[17] Desse quadro resultou um país estagnado. De 1820 a 1890, a renda *per capita* do Brasil cresceu apenas 4%, enquanto, comparativamente, de 1820 a 1900, a dos Estados Unidos triplicou.[18] No momento em que as potências ocidentais avançavam aceleradamente, puxadas pela locomotiva do capitalismo industrial, para o Brasil, o século XIX foi verdadeiramente um século perdido.

NOTAS

[2] Ver a respeito, E. Q. Vieira Lins O primeiro meio século de vida bancária brasileira (1808-1858). Em Azevedo e Vieira Lins (1968, cap. II). Pinto de Aguiar comenta o retardamento da constituição de instituições bancárias em Portugal, em relação aos demais países da Europa, onde, em fins do Século XVIII, "... era corriqueiro o uso das operações bancárias quer de depósitos, quer de empréstimos", mas não em Portugal. Pinto de Aguiar (1960, v. 1, p. 75-78).

[3] Em ofício endereçado ao Ministro D. Rodrigo de Sousa Coutinho, datado de 1800, o governador da Bahia, D. Fernando José de Portugal, explica o sistema de crédito mercantil da época: "...cada um dos comerciantes desta praça em particular, era uma caixa de fundo de cada um dos lavradores, por consistir o comércio da Bahia em suprir aos de tabaco e açúcar geralmente todos os gêneros, dinheiros, fazendas e escravos, recebendo em seu pagamento as colheitas e trabalhos dos mesmos lavradores, havendo comerciantes que assistem a 300 e 400 lavradores de tabaco, e a 12, 15, 20 e mais senhores de engenhos". Ademais, "... se os lavradores hipotecavam suas safras aos negociantes portugueses da praça, estes, por sua vez, as hipotecavam aos estrangeiros para pagamento dos gêneros e máquinas que lhes tinham tomado a crédito". Em E. Q. Vieira Lins, Estabelecimentos bancários na Bahia. Em Azevedo e Vieira Lins (1968, p. 50-51).

[4] A caracterização dos traficantes de escravos e seu papel na economia da Bahia é feita por Thales de Azevedo: "Os grandes traficantes de escravos não eram os senhores de engenho nem outros proprietários de fazendas, mas dois ou três negociantes fortes da capital, que empregavam aqueles excedentes em seus negócios comerciais, em empréstimos a juros e sobretudo em empreendimentos industriais". Um desses traficantes foi um dos fundadores do Banco da Bahia, que é descrito por Thales: "Por aquelas alturas [década de 1860], alcança seu fastígio o império comercial do Conde Pereira Marinho, começando com negócios de importação, tráfico de escravos, transações com saques sobre praças europeias, algumas vezes preferidos aos títulos bancários, e ampliando consideravelmente com sua frota marítima que, ainda na década de 80, transportava, entre outras mercadorias, grande parte do charque do Rio Grande do Sul e do Rio da Prata, em seus lugres, brigues e patachos, para diferentes portos da costa brasileira". Thales de Azevedo, "O Banco na segunda metade do Século XIX." Em Azevedo e Vieira Lins (op. cit., p. 163-167). Importante acrescentar que os grandes traficantes, muitas vezes, agiam em sociedade com vários investidores, formando companhias de tráfico.

[5] Segundo Jorge Caldeira, "Os títulos de posse sobre um escravo eram a garantia mais aceita em empréstimos de curto prazo, o que tornava o cativo importante patrimônio financeiro". Caldeira (2017, p. 257). O privilégio da impenhorabilidade, garantido aos senhores de engenho desde o Século XVII e depois estendido aos mineradores, só foi revogado em 1833. O crédito garantido por hipoteca só foi introduzido na legislação em 1864. A lei de execuções civis e comerciais só foi promulgada em 1885.

[6] No tratado de reconhecimento da Independência por Portugal, intermediado pela Inglaterra, além de uma indenização a ser paga à antiga Metrópole, no valor de dois milhões de libras esterlinas, D. Pedro conseguiu que se reconhecesse seu direito ao Trono português. Uma cláusula secreta foi introduzida, pela qual se revelava que o

Brasil se tornava devedor de um total de 5,68 milhões de libras esterlinas. Dessas, "... algo como 3 milhões de libras esterlinas – dois terços das exportações ou quase 10% do PIB brasileiro – foi embolsado pelo monarca para seus projetos pessoais ou pagamento aos ingleses" Projetos pessoais de expedições militares e missões diplomáticas na Europa para lhe assegurar o Trono português. Caldeira (2017, p. 224-225).

[7] Conforme Katia Mattoso, entre 1807 e 1835, quase todos os anos foram marcados por revoltas escravas na Bahia. A revolta dos Malês foi a mais importante pela sua dimensão e pelo real perigo que representou para a cidade de Salvador. Mattoso (1992, cap. 24, p. 451).

[8] Por meio do Poder Moderador, "...cabia ao imperador nomear os senadores, convocar a Assembleia Geral, sancionar os decretos e resoluções desta, aprovar ou suspender as resoluções dos conselhos provinciais (que, a partir do Ato Adicional de 1834, se tornaram assembleias legislativas), prolongar o mandato ou adiar a Assembleia Geral, dissolver a Câmara dos Deputados, nomear e demitir livremente os ministros, suspender magistrados, perdoar e moderar penas e conceder anistia. O Poder Executivo também deveria ser exercido pelo imperador, por intermédio dos ministros de Estado". Mattoso (1992, p. 238).

[9] José Murilo de Carvalho faz uma análise quantitativa da ocupação dos principais postos na estrutura política do Império, chegando à conclusão que 526 posições (235 senadores, 219 ministros e 72 conselheiros) foram preenchidas por apenas 342 pessoas, em 67 anos de Império. Carvalho (2008, p. 127). Sobre a inserção de linhagens familiares, o exemplo do abolicionista Joaquim Nabuco é revelador. Além de neto e filho de políticos do Império, seu tio-avô também havia sido político. Chegou à Câmara dos Deputados e depois se tornou embaixador. Ver o livro que escreveu sobre seu pai Nabuco de Araújo: Nabuco (1899).

[10] Faoro (1997, p. 358). Além do baixo percentual da população que tinha o direito de votar, percentual decrescente ao longo do Império, atingindo apenas 0,8%, em 1886, as eleições para os postos eletivos (Câmara e Senado) eram manipuladas desde a base pelos proprietários rurais. Sobre o processo eleitoral, ver Carvalho (2008, cap. 5).

[11] Carvalho (2008, quadro 3, p. 266). Observe-se que, em 1886, o nível local aumentou sua participação para 5%. Para efeito de comparação, nos Estados Unidos, em 1902, o nível local amealhava 52% do total da receita tributária.

[12] Frente à frequente insubordinação das tropas, o que deixava constantemente o governo em situação de instabilidade, o Regente Feijó decidiu criar a Guarda Nacional, subordinando-a ao Ministro da Justiça e não ao Exército, e, ao mesmo tempo, desmobilizou ou transferiu as guarnições do exército do Rio de Janeiro. A Capital ficou protegida apenas pela Guarda. Nos sertões, ela vai se transformar em instrumento de poder dos grandes proprietários.

[13] Segundo Kátia Matoso: "Como se vê, as mesmas pessoas concentravam em torno de si esses três poderes que Montesquieu queria ver separados. Essa situação pouco se modificou, mesmo depois da queda da Monarquia" (MATTOSO, 1992, cap. 17, p. 291).

[14] Esses números sobre educação são de Leff (1991, v. 1, p. 20). Para efeito de comparação, note-se que, em 1850, 22% da população dos EUA (incluindo escravos) frequentava escolas (Tabela 2.1).

[15] Sobre os problemas enfrentados para que o capitalismo pudesse se impor no país, particularmente a intervenção estatal, vale a pena lembrar o lamento de Mauá, o maior e mais desafortunado empresário da época do Império, ao se justificar pela falência: "Clama-se que no Brazil tudo se espera do governo e que a iniciativa individual não existe! E como não há de ser assim se tudo quanto e refere á ação do capital, desde que este se agglomera para qualquer fim de utilidade publica ou particular, em que a liberdade das convenções, devia ser o principio regulador, esbarra-se logo de frente com péssimas leis preventivas, e quando estas não bastão, a intervenção indébita do governo apparece e na qualidade de tutor? E o que diremos do credito, essa a alavanca magna da civilização, que tem a missão de desempenhar 95% das transações em que se assenta a vida economica das sociedades modernas! O credito ou está entregue ao regimen do privilégio, ou não existe fora dos limites da força individual em que sua acção é necessariamente fraca, em um paiz novo, que não tem tido tempo de converter em capital realizado senão uma parte minima seus recursos naturaes: não póde elle dar um passso entre nós sem encontrar-se com essas leis preventivas que sufocão a liberdadede acção." (p. 99-100). A ironia dessa acusação está no fato de que a maioria dos empreendimentos de Mauá dependeram de concessões públicas. Nesse mesmo trabalho, ele reclama da falta de proteção tarifária e de encomendas do governo para o seu complexo industrial da Ponta de Areia (MAUÁ, 1878).

[16] Para Hermes Lima, a centralização monárquica funcionou como ponto de apoio político necessário à manutenção da escravidão. Segundo ele: "Para subsistir como base da economia nacional por tão longo tempo, a escravidão precisou apoiar-se num regime de centralização, de cujos postos de comando as influências, a riqueza e os interesses baseados no trabalho servil melhor se colocariam, fosse para a defesa, fosse para o ataque". Prefácio à Queda do Império, de Rui Barbosa, citado por Leal (1993, p. 79).

[17] As evidências apresentadas por João Fragoso sobre a acumulação endógena de capital por parte da elite mercantil brasileira, no final do século XVIII e início do XIX, mostram que a participação em empreendimentos e a diversificação das atividades comerciais se constituíram nas principais atividades econômicas dos mercadores, as únicas capazes de proporcionar a acumulação e a manutenção de, pelo menos, parte do capital dentro da colônia. Dentre as atividades que mais contribuíam para isso, estava o comercio de escravos. Ver Fragoso (1992).

[18] Angus Madison, **Monitoring the world economy (1820-1992)**. Paris: OECD Development Centre, 1995, *apud* Caldeira (2017, p. 295-296). Leff (1991, p. 37-38) chega a resultados semelhantes, por caminhos diferentes.

Independência e Império na Bahia

A o olhar a origem provincial da elite política, observa-se que a participação da Bahia na dramaturgia imperial foi significativa. A Guerra da Independência (fevereiro de 1822 a julho de 1823), liderada pelos senhores de engenho do Recôncavo, em confronto com a guarnição portuguesa ocupante da capital, ao passo em que acirrou o sentimento nativista local, hostil aos comerciantes portugueses, qualificou a representação política originária da economia do açúcar no cenário nacional. Para se ter uma ideia do peso da presença baiana no governo central, cerca de 26% dos ministros do Império vieram da velha província, percentual bem superior à da população, em torno de 14%, e à riqueza gerada pela Bahia, 17% da nacional, em média, no período. Dos vinte e seis baianos que serviram como ministros de 1840 a 1889, doze eram conservadores, treze liberais e um sem partido. Dos trinta presidentes do Conselho de Ministros desse mesmo período, onze eram naturais da Bahia. Para José Murilo de Carvalho, "[...] os políticos baianos eram o substrato de quase todos os ministérios do Segundo Reinado, tanto liberais como conservadores". Não importando o partido, a velha agricultura de exportação da Bahia esteve sempre ao lado da monarquia, fornecendo quadros para suas diversas instituições, defendendo ativamente a estabilidade do regime.[19]

A Guerra da Independência foi deflagrada, em grande medida, devido às tensões e conflitos entre os interesses locais e os dos comerciantes portugueses, que vinham se aguçando desde a Revolução do Porto, de 1821. Os mercadores se aproveitaram da presença de uma esquadra portuguesa na Bahia para impor fidelidade às Cortes e à sua Constituição, com o intuito de assegurar, por meio de uma ligação direta da província com Lisboa, os vínculos coloniais. Os plutocratas provinciais, senhores de engenho à frente, preferiam manter obediência ao ramo da casa de Bragança, que permanecera no país, mirando a dissolução dos laços com a antiga Metrópole e, por essa via, com os comerciantes portugueses. Após um ano e meio de escaramuças, finalmente as forças locais, com a ajuda do Rio de Janeiro, conseguiram expulsar as tropas lusas, consolidando, enfim, a independência do país.

Essa vitória não foi acompanhada de estabilidade militar e política. Pelo contrário, os anos do Primeiro Reinado e da Regência (1823-1840) foram assoberbados de agitações militares, sucessivos motins, rebeldias e pequenas revoluções, muitas ecoando os tumultuados acontecimentos na Corte. A estabilidade do regime estava ainda por se fazer. Enquanto isso, bandeiras separatistas e republicanas ganhavam alento. A primeira grande revolta escrava, a dos Malês, em 1835, adicionou um elemento a mais nesses conflitos, assustando e alertando a sociedade escravista para os riscos que o regime corria. Se a ameaça não era nova, dessa vez tomara uma dimensão insuspeitada. A partir desse episódio, a escravidão se inseriu na vida do país como uma permanente questão política e militar.

Na Bahia, esse período de instabilidade atinge o seu ápice na revolta que ficou conhecida como Sabinada, devido ao nome de seu principal líder, o médico Francisco Sabino da Rocha Vieira, deflagrada em novembro de 1837. Inicialmente de inspiração separatista e republicana, a revolta se posicionava radicalmente contra a centralização do poder e dos recursos na Corte, o que, pelas convicções revolucionárias, empobrecia a província e degradava sua sociedade. Apesar do forte conteúdo federalista, as ideias e ideais revolucionários eram confusos e mutantes. Durante o processo, o separatismo e o republicanismo foram substituídos pelo ataque à "aristocracia" dos senhores de engenho do Recôncavo, concebidos como "tiranos déspotas" extravagantes.

Com a adesão dos quarteis, grupos de conspiradores tornados revoltosos rapidamente tomaram e controlaram a capital, instalando um governo provisório. O presidente da província e o comandante das armas conseguiram refúgio em navios, que se afastaram rapidamente do porto para escapar dos ataques rebeldes. O chefe de polícia e o tesoureiro conseguiram se refugiar no Recôncavo, de onde iniciaram a reação.

A estratégia foi a mesma da Guerra da Independência: retirada massiva para a região açucareira, onde se organizaram, com o decidido apoio e liderança dos senhores de engenho, as forças do "exército restaurador", impondo cerco e sítio à capital e aos revoltosos, até a vitória final, em março de 1838, após mais de quatro meses de luta. O saldo foi amargo: 594 legalistas e 1.091 rebeldes mortos, 2.989 prisioneiros e 160 prédios incendiados, grande parte pertencentes a comerciantes portugueses.

A derrota da Sabinada encerra o período de instabilidade política e militar na Bahia. Essa revolta revela uma sociedade em processo de diversificação, emergindo uma camada média formada principalmente por profissionais liberais e artífices, situada entre os proprietários rurais e os escravos. No entanto, a predominância política da aristocracia agrária era inquestionável e foi reforçada pela vitória em outra guerra intestina. A província consolida sua posição de esteio do conservadorismo monárquico e centralizador.[20]

Mesmo que a participação dos naturais da Bahia e de Pernambuco, oriundos de famílias de proprietários rurais, na elite do poder durante o Século XIX tenha sido significativa, ela não impediu que se instalasse uma persistente tendência de declínio econômico do Norte. Esse paradoxo pode ser explicado por uma análise do complexo quadro político nacional. Supor uma relação linear entre a origem do político e as políticas por ele defendidas é insuficiente para a compreensão desse quadro. Sobre o papel dos interesses agrários, Evaldo Cabral de Melo oferece uma outra interpretação:

> [...] a influência da lavoura sobre o mecanismo decisório nem se fazia sentir isoladamente, mas no bojo de complexos agrário-comerciais montados em torno dos principais produtos de exportação, nem se exercia, no interior deles, de maneira determinante sobre os demais segmentos que os compunham, o comissariado, o comércio de exportação, os bancos. Para ser politicamente eficaz, a lavoura devia atuar através deles e até na dependência deles.[21]

O critério mais importante de recrutamento da elite política era o grau de instrução. Dentre os bacharéis, eram selecionados os quadros da magistratura, da administração e da política, funções que, muitas vezes, eram exercidas, em paralelo, pelas mesmas pessoas. Afinal, os instruídos eram muito poucos. Para esses atores se manterem atuantes, importava a defesa dos interesses do poder centralizado e não os de suas constituintes originais. Uma vez chegados ao poder, para lá se manterem, os nortistas se identificavam rapidamente com o que se imaginava ser os interesses do Estado Nacional. Apesar da visível decadência do Norte agrário, ele não é socorrido pelo governo. Pelo contrário, as políticas emanadas da Corte são, em geral, desfavoráveis às províncias da região. Em decorrência, a recuperação do açúcar e a explosão do algodão, iniciada nas últimas décadas do Século XVIII e que adentrara as duas primeiras do XIX, não se sustentaram.

Os problemas da agricultura de exportação baiana começam a ser evidenciados após a Guerra da Independência, quando o comércio e a produção da capitania foram seriamente afetados. Nas palavras de Góes Calmon: "O golpe sofrido foi terrível para a vida econômico-financeira. Essa desconjuntou-se, e, desde então, começa a série infindável das desgraças que nos perseguiram durante todo o século XIX".[22] Além da instabilidade política, militar e social que se seguiu à guerra, a fuga de grandes comerciantes portugueses provocou uma desorganização da economia que perdurou por todos os anos vinte. No final dessa década, ao estabelecerem um novo pacto com os agricultores e comerciantes locais, que desaguava nos novos parceiros ingleses, os capitais portugueses voltaram a ser bem-vindos.[23] Mesmo assim, a depressão se mantém no período de 1830 a 1845, quando apenas as exportações de café, um produto secundário na pauta baiana, demonstram algum dinamismo. A partir de 1845, ensaia-se uma recuperação, quando o açúcar e o fumo ganham terreno, o café continua a se expandir e inicia-se a exploração de diamantes na Chapada Diamantina.[24]

Sem embargo de curtos períodos de recuperação, a tendência à perda de competitividade das culturas de exportação baianas, assim como de todo o Norte, é inquestionável. O Gráfico 1 mostra a evolução da participação do açúcar e do algodão brasileiros no mercado internacional durante os novecentos. Se, no início do século, o açúcar local detinha cerca de 10% do mercado internacional, a seu final, essa participação havia sido reduzida a apenas 0,5%. O declínio a partir do período 1846-50 é constante, só parcialmente revertido de 1871 a 1885. O algodão, que havia sido introduzido no sertão no final do Século XVIII, alcançou a marca recorde de quase 300 mil arrobas exportadas em 1829, decaindo para 45 mil arrobas na década de 1850.²⁵ A Guerra de Secessão americana (1861-65) deu novo alento à cultura. Após o término do conflito, o algodão brasileiro voltou rapidamente a perder participação no mercado internacional.

A decadência do açúcar e do algodão comporta várias explicações. Do ponto de vista externo, a partir dos anos 1840, esses produtos pas-

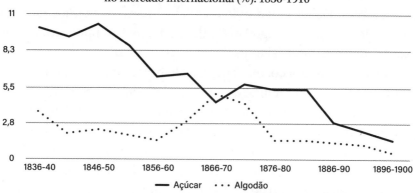

Gráfico 1
Participação do açúcar e do algodão brasileiros no mercado internacional (%): 1836-1910

Fontes: para o açúcar, Eisenberg (1974, tabela 7, p. 20). Para o algodão, Leff (1991, tabela 2.3, p. 13). O valor de 10% para o açúcar no período 1836-40 é uma estimativa baseada em Almeida (2009, p. 83).

saram a enfrentar concorrentes muito bem posicionados. O açúcar de beterraba que, no período 1841-45, detinha 5,1% do mercado internacional, aumentou paulatinamente sua participação ao longo do século, chegando a 61% no lustro final.²⁶ Inglaterra, Espanha, Holanda e França reservavam seus mercados para a produção açucareira de suas colônias nas índias ocidentais e orientais. Os produtores brasileiros procuraram estabelecer acordos com os países do norte europeu, a exemplo da Alemanha, o que contribuiu para a manutenção de alguma fatia daquele mercado. No caso do algodão, os novos competidores vinham do sul dos Estados Unidos e do Egito, produtores mais avançados tecnicamente em regiões propícias à cultura. A consequência dessa competição acirrada foi o declínio dos preços dos dois produtos ao longo do século.²⁷

Alguns obstáculos internos impediam que os produtores locais enfrentassem essa concorrência de forma consistente. O custo de transporte do algodão, que chegava do sertão até os portos, após percorrer longas distâncias em tropas de mulas, certamente afetava a competitividade da fibra brasileira. A lentidão da modernização técnica na atividade açucareira pode ser apontada como causa subjacente do declínio do açúcar nordestino, levando a uma taxa de crescimento da produtividade menor do que a dos concorrentes.[28] Concomitante à exaustão dos recursos naturais – terras exauridas e lenha cada vez mais distante e cara – as propriedades foram sendo fracionadas pelas divisões de heranças, reduzindo as economias de escala das unidades produtoras.[29] O crescimento do mercado interno, para onde parte da produção de açúcar e algodão foi desviada, não compensava as perdas no mercado internacional.[30]

A cultura do tabaco, que era "...o elemento certo, constante e de todos os tempos", nas palavras de Góes Calmon, também sofreu com as mudanças no mercado internacional no Século XIX.[31] Cerca de metade do tabaco baiano, processado para se obter fumo de rolo (ou de corda), era usado nas trocas na costa da África, inclusive por traficantes de escravos de outros países, desde o Século XVII.[32] Com a repressão ao tráfico, esse mercado foi se estreitando, enquanto os produtores de Cuba e da Virgínia passaram a competir no segmento de fumo em folha para cachimbos e charutos. Por volta de 1845, os agricultores baianos começaram a se voltar para o fumo em folhas, reconquistando boa parte dos mercados europeus. A partir daí, a cultura se firmou, mantendo uma participação estável, 15% em média, nas receitas de exportações da província. Ao mesmo tempo, a produção destinada ao mercado interno passou a crescer sustentadamente, ajudando a manter a estabilidade da cultura.

A produção de fumo no sul do Recôncavo, considerada a "lavoura do pobre", era realizada em pequenas propriedades, em comparação com as plantações de cana, requerendo um montante de capital inicial bastante inferior. Num grande número de unidades produtoras, o trabalho escravo convivia com a mão de obra familiar, uma relação de trabalho na qual era pouco nítida a distinção entre o trabalho servil e o campesinato. Uma propriedade típica empregava três cativos, poucas passavam de quinze. Dos escravos se exigiam cuidados intensos durante todo o processo de produção, da delicada semeadura ao processamento das folhas, até o enfardamento, mais habilidade e dedicação do que força física. A plantação do tabaco requeria estrumação e rotação de culturas. Lavradores de fumo produziam mandioca, além de outros alimentos, como o feijão, para consumo próprio e para o mercado, e criavam gado para fornecer estrume.[34] Se, por um lado, contava com uma estrutura de produção relativamente desconcentrada, a cadeia de valor do tabaco era dominada pelo elo comercial, assim como as outras culturas de exportação. As casas exportadoras, na maioria de origem alemã, operavam junto aos produtores por meio de comissários, concentrando o comércio internacional do produto e, na via inversa, financiando toda a cadeia produtiva a partir dos círculos financeiros europeus.

No Recôncavo, a sociedade rural se modificava pela formação de uma categoria de pequenos proprietários, produtores tanto de fumo como de farinha de mandioca e outros gêneros alimentícios, distintos dos senhores de engenho, embora também escravista e interessada na manutenção do regime. O poder político, no entanto, permanecia concentrado nas mãos dos produtores de açúcar. Essa concentração pode ser avaliada pelo fato de que, por volta da segunda década do Século XIX, apenas vinte famílias tradicionais e entrelaçadas eram proprietárias de cerca de um terço dos engenhos da Bahia, aquelas mesmas famílias que forneciam a maioria dos quadros para a política imperial. A diferenciação das classes sociais, tanto no campo como na cidade, não significava a incorporação dos novos segmentos ao pacto de poder dominante, onde só havia lugar para os mercadores e os grandes proprietários, agenciados pela burocracia profissional ocupante dos três poderes, controlada do alto pelo Poder Moderador.[36]

Concomitante ao declínio do açúcar e do algodão no Nordeste, o café se alastra pelo Sudeste. Esse produto desponta, no século XIX, como principal produto da economia brasileira, gozando de vantagens comparativas inigualáveis para outros produtores internacionais, um quase monopólio natural. As condições edafoclimáticas do vale do Paraíba e do oeste paulista eram incomparáveis, abrindo um vasto campo de oportunidades para agricultores brasileiros dispostos a explorar as terras roxas. Seu crescimento foi estupendo, tornando-se rapidamente a atividade mais lucrativa de todo o país. Atraiu capitais e mão de obra de outras áreas, a ponto de o Sudeste abrigar, em 1872, 59% da população escrava do país, enquanto, em 1823, continha 39%. Por sua vez, o Nordeste que, em 1823, detinha 54% do total de escravos, em 1872 possuía 32%. Ao ser abolida a escravidão, em 1888, cerca de 75% da população de cativos encontrava-se nas áreas cafeeiras do Rio de Janeiro, São Paulo e Minas Gerais. A descapitalização do Nordeste se revela pela venda para o Sul de seu principal "bem de produção". Com o fim do tráfico, trazendo a perspectiva de escassez de mão de obra, os cafeicultores paulistas iniciam a promoção da imigração de italianos, a partir de meados da década de 1870, visando a manter o baixo custo do fator trabalho, essencial para assegurar a competitividade e a rentabilidade da cultura.[37]

As diferenças entre as trajetórias econômicas do Nordeste e do Sudeste são claras. O Gráfico 2 mostra a receita com exportações dos principais produtos brasileiros em três períodos distintos. Observa-se que, no período de 1821 a 1823, o açúcar, o algodão e o tabaco eram responsáveis por 52,1% do total dessas receitas, enquanto o café perfazia 18,7%. No período que vai de 1871 a 1873, o café já estava na liderança com 50,2%, em comparação com 32,1% dos produtos nordestinos. No último período (1912-14), já adentrando o Século XX, a falência das velhas culturas coloniais do Norte era mais que evidente.

Gráfico 2
Participação de produtos individuais no total das receitas com exportações do Brasil (%) em períodos selecionados

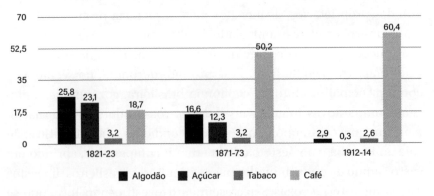

Fonte: Elaborado a partir de dados de Leff (1991, v. 1, Tabela 5.5, p. 97).

Não resta dúvida de que a política cambial única do Império foi decisiva para levar a economia do Norte à decadência. As exportações de café aumentavam o fluxo de divisas a ponto de manter uma taxa de câmbio que, se, para essa produção, era compensatória e sustentava seus preços internacionais, para outros produtos era muito valorizada. Ou seja, para os produtores de açúcar e de algodão, o valor da divisa estrangeira (libra esterlina), que era único em todo o país, na maior parte do tempo, não era suficiente para remunerar adequadamente suas exportações em mil-réis, dados os preços internacionais. Os comerciantes apoiavam a valorização cambial, que premiava as importações em relação às exportações do Nordeste, sem prejuízo para o café, que mantinha altos preços relativos nos mercados internacionais. Advogados do padrão-ouro faziam coro a essa política não intervencionista. A tendência à sobrevalorização cambial, mesmo com flutuações episódicas, permaneceu durante todo o Século XIX. Os resultados são sintetizados por Nathaniel Leff:

> Nessas condições, o mecanismo da taxa cambial agravou profundamente o impacto da vantagem comparativa declinante sobre a economia do Nordeste. A paridade mais baixa mil-réis/esterlino significa que os produtores da região recebiam menos mil-réis por suas exportações de açúcar e algodão. Preços mais baixos em moeda local, naturalmente, significavam renda mais baixa para os fatores de produção de açúcar e algodão no Nordeste [...]. Em consequência, as rendas dos fatores no Nordeste foram empurradas na direção dos níveis oferecidos nas melhores ocupações alternativas, ou seja, a agricultura de subsistência de baixa produtividade da região.[38]

Se a agricultura de exportação enfrentava um período difícil, os pioneiros investimentos industriais na Bahia enfrentaram os mesmos percalços daqueles empreendidos nas demais regiões do país. O estreito mercado interno, a taxa cambial sobrevalorizada, a incerta política comercial e as dificuldades de financiamento são os principais obstáculos apontados para o acanhado desempenho desse setor. Ademais, a entrada do país na era da indústria enfrentava resistências ideológicas daqueles que advogavam o exclusivo aproveitamento das vantagens comparativas de um "país essencialmente agrícola".[39]

O tratado comercial de 1810, que conferia privilégios à Inglaterra (tarifa preferencial de 15%), foi renovado por quinze anos, em 1827 (Tratado de Navegação, Amizade e Comércio), parte do preço pelo apoio à Independência. A tarifa preferencial foi estendida a outros países em 1828, abrindo ainda mais o mercado. Não obstante a pressão da Inglaterra, que exigia a prorrogação do tratado, em 1844 a política comercial mudou. A proposta do ministro Alves Branco estabelecia taxas que variavam de 20 a 60%, a maioria na casa dos 30% (taxa modal), para cerca de três mil produtos importados. Essa mudança atendia principalmente à necessidade de aumentar a arrecadação para cobrir constantes déficits do governo. Durante todo o Império, os impostos incidentes sobre o comércio exterior (direitos sobre importações e exportações) contribuíam com mais de dois terços das receitas tributárias. A elevação da proteção tarifária trouxe como subproduto algum estímulo à industrialização, mas não por muito tempo. Após a reforma Alves Branco, nove outras foram decretadas durante o Império, todas voltadas para a prioridade fiscal e não para o protecionismo industrializante.[40]

A preocupação com o financiamento da indústria esteve presente no ambiente econômico da Bahia desde 1841, quando foi criada, por comerciantes locais, uma "Companhia para a introdução e fundação de fabricas úteis na Província da Bahia". Segundo Góes Calmon, "representava ser um empreendimento muito acima das forças do meio onde se o tentava, faltando, como de fato faltava, o indispensável aparelhamento bancário ao provimento de suas necessidades".[41] De fato, enquanto a produção agrícola era, em boa parte, financiada pelo comércio exterior a partir de crédito vindo de fora, que utilizava as redes de comissários na intermediação, as outras atividades careciam de estímulos financeiros a seu desenvolvimento.

Na Bahia, a primeira pequena manufatura de rapé, que aproveitava o fumo de Recôncavo, foi instalada em 1819. Outras se seguiram. Na década de 1830, três fábricas de charutos se estabeleceram na região produtora. Os investimentos na manufatura de charutos e cigarros, capitaneados pelas casas exportadoras, em sua maioria alemãs, eram parte de estratégias pelas quais os mercadores almejavam combinar a verticalização com a diversificação de atividades para se protegerem das oscilações dos mercados. Essa manufatura, destinada aos mercados externo e interno, encontrava, no Recôncavo, matéria-prima e mão de obra em condições vantajosas. No entanto, a partir dos anos 30 do século XX, não foi capaz de se expandir nem enfrentar a concorrência de produtores reunidos em *trust*.[42]

No que se refere a tecidos de algodão, por volta de 1860, a Bahia era o maior centro têxtil do país, com suas seis fábricas, destacando-se a de Valença, considerada a melhor de todo o Império, a qual, após várias reestruturações, funciona até hoje. Esses investimentos eram predominantemente oriundos de capitais comerciais, traficantes de escravos à frente, que, por esse meio, procuravam expandir suas possibilidades de acumulação frente às incertezas da taxa de câmbio, dos impostos e do próprio tráfico. Os empreendimentos contaram com eventuais subsídios do governo, além da inconstante proteção tarifária. Empréstimos favorecidos foram concedidos em ocasiões de crise. Em 1849, foi criado um imposto provincial de 2% sobre os produtos de exportação embalados com tecidos importados, revogado e depois restabelecido, em um exemplo da inconstância da política tributária.

Apesar das vantagens iniciais advindas, por um lado, da disponibilidade de matéria-prima e, por outro, dos mercados de sacos para produtos exportados (principalmente açúcar) e de roupas grosseiras para escravos e trabalhadores em geral, inclusive de outras províncias, os cotonifícios baianos não prosperaram. Enquanto, em 1866, a região sediava cinco das nove fábricas do país (55%), em 1875, eram onze de trinta (35%) e, em 1885, doze em quarenta e oito (25%). Os tecidos finos continuaram a ser importados. Enquanto isso, o surgimento de concorrentes em outras províncias foi estreitando o mercado das fábricas baianas, contribuindo para o lento processo que levou, adentrando o século XX, à quase extinção desse setor no, já então, estado. A concentração do poder econômico e político no Centro-sul, a mais rápida substituição da energia hidráulica pelo vapor nas fábricas meridionais e a maior disponibilidade de transporte ferroviário naquela região são as principais causas apontadas por Stanley Stein para a relativa decadência dos cotonifícios baianos.[43]

Assim como em todo o país, a partir da segunda metade do século, os empreendimentos industriais na Bahia se diversificaram, abrangendo diversos ramos, com destaque para metalurgia, química (sabão, velas, fósforos), alimentos e bebidas, vestuário, materiais de construção, madeiras. Empresas metalúrgicas fabricavam equipamentos e peças para engenhos e embarcações a vapor. Esse setor sofreu com a decadência da agroindústria açucareira, assim como a têxtil. Esses investimentos eram estimulados, principalmente, pelas oportunidades de encadeamento das demandas da agricultura de exportação por produtos industriais básicos, gerando oportunidades exploradas pelos grandes comerciantes.

Embora, desde o início, se tenha empregado trabalhadores livres, até a década de 1860 predominava o trabalho servil na indústria, enquanto que, em 1872, cerca de 12% da mão de obra ainda era de cativos. Em 1889, foram identificados 59 estabelecimentos industriais na Bahia, representando 6,5% dos 903 recenseados em todo o Brasil. Se, em número de estabelecimentos, a província ocupava o quinto lugar no *ranking* do país, em termos de capital empregado, ocupava a sétima colocação. Já nessa época, as províncias do Sul (pela ordem, Rio de Janeiro, São Paulo, Rio Grande do Sul e Minas) haviam superado o número de estabelecimentos baianos. A indústria ganhou o caminho do Sudeste. Enquanto isso, boa parte da demanda por bens de consumo, a exemplo de confecções e calçados, bem como materiais de construção, como tijolos e telhas, continuava sendo, em grande medida, suprida pela produção artesanal voltada para os pequenos mercados locais, realizada tanto nas povoações como nos próprios engenhos, plantações e fazendas. Novo surto de industrialização na velha província teria de esperar mais um século.[44]

Treze casas bancárias foram fundadas na província a partir dos anos 1840, das quais apenas duas sobreviveram até o Século XX: o Banco Econômico (fundado em 1834) e o Banco da Bahia (fundado em 1858). Esses bancos, assim como vários abertos em outras províncias na mesma época, aproveitavam a oportunidade de, além de realizar as operações bancárias tradicionais, funcionarem como entes emissores de vales e notas conversíveis. Por essa via, ampliavam o meio circulante e o crédito. Mas isso durou pouco. Com o intuito de combater o descontrole das emissões decorrente da proliferação de papéis e especulação generalizada, provocando grande número de falências, a reforma bancária de 1860 limitou drasticamente a faculdade emissora dos bancos provinciais, pela imposição de garantias muito mais restritas a seus títulos (letras da dívida imperial ou ouro), além de criar um imposto do "selo" sobre os papéis. A consequência foi o retorno da escassez de meios de pagamento e de crédito, o que limitava as possibilidades de crescimento da província. A intermediação comercial continuou a suprir o grosso do crédito à produção agrícola, as casas bancárias da província se concentrando em empréstimos de curto prazo, redesconto, hipotecas e no mais que lucrativos títulos e empréstimos ao governo provincial. Sem esquecer que esses bancos foram fundados por iniciativas de grandes negociantes da praça, que passaram a contar com um instrumento financeiro próprio e oficial.[45]

A reforma bancária de 1860 é considerada por observadores da época e contemporâneos como a principal responsável por travar o crescimento econômico da província, que, naquele momento, demonstrava alguns sinais de recuperação.[46] Ela foi combatida, do ponto de vista dos interesses baianos, por ser considerada a principal peça da política de centralização do crédito, direcionando-o para o grande comércio do Rio de Janeiro em suas ligações com os cafeicultores do Vale do Paraíba e com as casas exportadoras. Após a reforma, o terceiro Banco do Brasil, que fora fundado em 1853, passou a funcionar como canalizador dos recursos das províncias para o Rio de Janeiro, pela via das suas emissões, nelas aplicando apenas uma fração do que recolhia. Com isso, capitais acumulados na Bahia, particularmente pelo tráfico negreiro, foram, em grande medida, transferidos para a praça da Corte.[47] A política fiscal arrematava o trabalho, ao engrossar a drenagem do Norte para o Sul, conforme destaca Jorge Caldeira:

> O banco do governo, que recolhia poupança numa região para aplicar em outra, não era o único instrumento de política pública para a drenagem de capitais numa região que precisava deles. A política fiscal atuava na mesma direção – e provocava reações, como a do deputado paraense Costa Aguiar, narrada por Evaldo Cabral de Melo: 'Para resumir as conclusões de Costa Aguiar, enquanto o Norte transferia 21 mil contos para os cofres gerais, o Sul recebia 13 mil contos dos mesmos cofres. [...] A despeito da crise do

açúcar e do algodão, o Norte efetua remessas mais de quatro vezes superiores às realizadas pelo sul.[48]

A drenagem de recursos para a Corte ajudou a bancar a construção da infraestrutura de transporte do Sul. Financiada tanto por investimentos diretos de companhias inglesas como por meio de empréstimos públicos, a malha ferroviária do Sudeste se expandiu rapidamente, reduzindo os fretes tanto do café até os portos como os da produção para abastecimento interno, circunvizinha aos cafezais. Em 1898, dos 14.700 quilômetros de ferrovias implantadas no Brasil, apenas 15,8% (2.332 quilômetros) estavam no Nordeste (Bahia, Pernambuco, Alagoas e Ceará). Desses, 1.080 quilômetros percorriam o território baiano. A redução dos custos de transporte também favorecia as culturas de exportação do Sudeste, em comparação com a produção nordestina, principalmente do sertão. Evaldo Cabral de Melo resume a situação:

> A que se devia o fato de o Norte gerar maiores saldos do que o Sul, quando só concorria com 1/3 da receita imperial? Basicamente, a que as províncias meridionais beneficiavam-se de uma parcela mais elevada das despesas públicas [...]. Quaisquer que sejam as causas que se invoquem para explicar estes fatos, é inegável que, durante todo o Segundo Reinado, verificou-se uma transferência líquida de recursos do norte para o sul, sob a forma de movimento de fundos governamentais; e que o Império assentou-se num processo de espoliação que no norte se aparentou bastante a uma situação colonial do tipo clássico, isto é, de tipo fiscal.[49]

Na Tabela 1, encontram-se dados relativos à evolução populacional brasileira e baiana entre 1823 e 1890. A taxa de crescimento geométrico da população do Brasil, tanto pelo aumento natural como pela importação de escravos e imigração, foi de cerca de 1,94% ao ano em todo o período, sendo de 2,16% entre 1823 e 1854 e de 1,80% entre 1855 a 1890. Em 1823, a população escrava do país correspondia a 29% do total (1.147.515 pessoas), enquanto, em 1872, essa cifra atingia 15% (1.510.806). Como a taxa de crescimento real da renda foi relativamente pequena, isso significa que, em linhas gerais, o aumento da produção agregada não foi suficiente para elevar a renda *per capita* a um patamar significativamente superior ao do início do período, uma vez que ela teria crescido apenas 4% durante todos esses anos, considerando apenas a economia formal, a que pagava impostos.

Tabela 1
Brasil e Bahia: evolução populacional 1823-1890

	1823	1854	1872	1890
Brasil	3.960.866	7.677.800	10.112.061	14.333.915
Bahia	671.922	1.100.000	1.379.616	1.919.802
% Bahia/Brasil	17,0	14,3	13,6	13,4

Fonte: elaborado a partir dos dados apresentados em *Estatísticas Históricas do Brasil*: Séries Econômicas, Demográficas e Sociais de 1550 a 1988. Rio de Janeiro: IBGE, 1990.

Enquanto isso, a população da Bahia cresceu a uma média geométrica anual de 1,58% de 1823 a 1890. De 1823 a 1854, esse crescimento foi de 1,60% e, de 1854 a 1890, 1,56%. Por sua vez, se, em 1823, cerca de 60% da população baiana era cativa, em 1872, essa proporção havia decrescido para 12% (167.824 pessoas), menor do que o percentual da população escrava do país (15%). Consequentemente, a participação baiana no total da população brasileira decresceu paulatinamente ao longo de século XIX, indicando, em certa medida, o esvaziamento econômico da província: em 1823, essa participação alcançava 17%, diminuindo para 13,4% em 1890. Além da venda de escravos para o Sul, a Bahia foi a província que mais cedeu combatentes para as guerras do Prata (1851-1852) e do Paraguai (1864-70). Clemente Mariani fala de uma perda de "quinze mil homens válidos". Ademais, teve sua população ceifada por pestes: febre amarela, em 1850 e 1852, e cólera-morbo, em 1855 e 1856.[50]

Em termos ocupacionais, em 1872, 144.608 pessoas (10,5%) exerciam atividades domésticas e 487.037 (35%) não possuíam profissão definida. Mais da metade (58%) dessa crescente massa populacional possuía nível de renda muito baixo ou nenhum, e continuava sem educação. Nesse mesmo ano de 1872, das 280 mil crianças em idade escolar, apenas 20 mil estavam matriculadas. Os baixos níveis educacionais reduziam drasticamente as possibilidades de qualificação da força de trabalho. Os baixos níveis de renda limitavam o tamanho do mercado. Boa parte da população encontrava sua sobrevivência na economia informal, incluindo a agricultura de subsistência.

A evolução da diferença da renda *per capita* no Nordeste e no Sudeste pode ser observada pela receita tributária. Em 1845-46, o Sudeste era responsável por cerca de 56% da receita total do governo, enquanto o Nordeste arrecadava apenas 31%, período em que essa região abrigava metade da população do país. Como as receitas oriundas das exportações eram, de longe, o principal componente da renda formal e como, desde então, as exportações do Sudeste cresceram muito mais do que as do Nordeste, pode-se inferir que a renda *per capita* dessa região estagnou ou declinou, enquanto a do Sudeste aumentou. De fato, os números relativos à participação baiana nas receitas gerais do Império suportam essa constatação: enquanto, em 1850-51, a Bahia contribuiu com 15,2%, desde então, essa contribuição declinou sustentadamente, chegando a 9,6% do total em 1877-78.

A conclusão é clara. Foi no Século XIX que se iniciou o processo que cavou o enorme fosso das desigualdades regionais do país. Mesmo numerosos nos círculos mais altos do poder, os políticos do Norte, oriundos de famílias de agricultores, foram incapazes de evitar o marasmo econômico da região e seu consequente declínio em relação ao Sul. A força de atração da Corte centralizadora, tracionada pelo café e aliada ao ideal da estabilidade conservadora, se mostrou mais forte do que possíveis interesses regionais. No desenrolar desse drama, a velha e poderosa sociedade colonial assentada no Norte vai se dissolvendo ao longo dos anos imperiais.[51]

No século XIX, a agricultura de exportação dominou o cenário econômico do Império, assim como no período colonial, seus ciclos de preços, ditados desde os mercados internacionais, repercutindo fortemente em todo o país. A intermediação financeira-comercial, onde vicejavam os comissários, mas cujo elo final se encontrava no capital financeiro europeu, sobretudo inglês, dominava as cadeias de suprimento dos produtos exportados, bem como o comércio das importações, amealhando a maior fatia do valor agregado localmente. Na Bahia, a agricultura de exportação declina persistentemente ao longo do século XIX, *pari passu* com a lenta decadência de uma sociedade ainda apegada a instituições coloniais, não obstante a proeminência política de seus filhos nobilitados.[52] Enquanto isso, a economia do mercado interno se expandia ao ritmo da dinâmica demográfica do país. Agricultura de subsistência e produção artesanal, cujos os excedentes eram trocados em mercados locais constrangidos pelo baixo nível de renda e pela reduzida circulação monetária, sustentavam, em grande medida, a vida material da massa populacional de despossuídos. Esse era o quadro geral onde se inseria o alto sertão da Bahia na época em que os diamantes foram encontrados. Antes, porém, vamos aprofundar um pouco os desdobramentos desse quadro no sertão.

NOTAS

[19] Carvalho (2008, p. 217). Os dados sobre a riqueza das províncias, população e origem dos ministérios foram tirados dessa mesma obra: Quadro 21, p. 134; Quadro 23, p. 136; Quadro 36, p. 217; e Quadro 37, p. 218. Sérgio Buarque de Holanda completa o quadro do que chamou de "baianismo", ao observar que: "É também a Bahia a província que dá o maior número de membros do segundo Conselho de Estado, criado pela lei de 23 de novembro de 1841: um quarto do total, entre ordinários e extraordinários. E essa situação não muda até o fim da monarquia". Holanda (1972, v. 5, p. 271).

[20] Sobre as agitações na Bahia após a Independência, incluindo a Sabinada, ver o texto de Pinho (1972), A Bahia (Capítulo II), em **O Brasil Monárquico**, 2º volume, Dispersão e Unidade. A primeira revolta na Bahia aconteceu ainda no período colonial, em 1798, e é relatada por Tavares (2012). Para uma abrangente análise do processo de diferenciação social na Bahia do Século XIX, ver Mattoso (1992), Livro III. A tradicional ideia de uma sociedade dividida apenas entre senhores de terras e escravos é superada, com base em evidências documentais bastante sólidas.

[21] Melo (1984, p. 15). Pernambuco também era bem representado na elite política do Império e possuía estrutura econômica semelhante à da Bahia. Ver Carvalho (2008, cap. 8). Antigamente, o país era dividido, para efeitos analíticos, entre o Norte (da Bahia para cima) e o Sul, sem as outras divisões regionais dos dias de hoje.

[22] Calmon (1925, p. 27).

[23] Ao estudar a comunidade mercantil de Salvador nessa época, Catherine Lugar conclui que, durante a crise que se seguiu à Independência, um grupo de comerciantes luso-brasileiros negociou uma aliança com os grandes agricultores locais, retornando, pelo menos em parte, ao pacto da época colonial. Para a autora, essa aliança lançou os parâmetros da influência política dos mercadores no Império, os quais presumiam uma subordinação dos produtores e comerciantes locais aos interesses do capital mercantil estrangeiro. Lugar (1980).

[24] A respeito da economia baiana no Século XIX, ver Barickman (2003). Ver também o trabalho de Romulo Almeida (2009).

[25] Barickman (2003, p. 59).

[26] Eisenberg (1974, tabela 7, p. 20).

[27] Os dados apresentados por Eisenberg (1974, tabela 4, p. 16) mostram que, no período 1836-40, o preço do açúcar (mascavo) alcançava 40/5 *shellings* por cwt. (unidade de peso que equivale a 112 libras, ou 50,8 kg). Após movimento declinante durante todo o século, ao seu final (1896-1900), ele obtinha apenas 10/4 shellings por cwt. Já o algodão, em 1790, era cotado a 18,5 pence por libra peso, enquanto, em 1850, valia 7,3 (GAYER, ROSTOV E SCHWARTZ, 1953).

[28] Referente à difusão de máquinas a vapor, em 1833, o Marquês de Abrantes contabilizou 603 engenhos matriculados na Bahia, sendo 46 movidos a vapor (7,6%), 62 por água (10,3%) e 495 por animais (82%). Ver Almeida (2002); Salvador: FIEB (2002, P. 176), edição fac-similar da obra original publicada em 1834. Mattoso (1992, cap. 25, p. 462) apontou que, em 1875, havia 839 engenhos, 282 dos quais equipados com máquinas a vapor (33,6%). Essa taxa de difusão do vapor é pequena em relação a outros centros produtores, a exemplo de Cuba. A usina a vapor moderna, que requeria trabalhadores livres, só começa a se difundir no Brasil no final do século XIX, após a Abolição (ver GORENDER, 2010, p. 135-138). Para uma descrição dos avanços técnicos no fabrico e na agricultura, ver Pinho (1882). Ver também Barickman (2003, p. 278-290), especialmente para o atraso nas técnicas de preparação da terra para o plantio. Mesmo chamando atenção para a fragilidade dos números, esse autor apresenta uma estimativa do crescimento da produtividade na indústria do açúcar no Recôncavo: em 1790, um escravo produzia, em média, 44,4 toneladas por ano; em 1832, 82,5; em 1854, 108,4. Mesmo significativo, esse aumento teria sido inferior ao observado nas Antilhas (BARICKMAN, 2003, tabela 18, p. 236). O relativo atraso tecnológico das plantações baianas geralmente é explicado por duas razões não antagônicas, possivelmente complementares. Primeira: não teria sido viável, financeiramente, a adoção mais acelerada das inovações, dadas as características histórico-estruturais dessa cultura no Recôncavo. Segundo: o marasmo teve relação com a mentalidade prevalecente entre os senhores de engenho, apegados ao passado, empenhados na conservação dos costumes e avessos a experimentações e riscos.

[29] Para Katia Mattoso, a fragmentação da propriedade pode ser avaliada pelo fato de que, mesmo com todos os problemas, entre 1800 e 1875, o número de engenhos foi multiplicado por três, sem ter havido um aumento correspondente na área cultivada. Barickman, no entanto, discorda dessa avaliação. Para ele, ao contrário de fragmentação, pode ter havido alguma concentração da propriedade nesse período. Ver Barickman (2003, p. 278-290). Mesmo que não tenha havido uma desconcentração da propriedade, a redução da escala média de produção parece inquestionável, provocada, entre outros fatores, pela mera necessidade de cada vez mais "descansar" terras por mais longos períodos, resultando em menor aproveitamento das áreas cultiváveis. A crescente escassez de lenha também provocava redução de escala.

[30] No caso de Pernambuco, de 1856 a 1890, 83% da produção de açúcar, em média, foi exportada. Somente após esse período, o mercado interno passou a absorver a maior parte da produção. Ver Eisenberg (1974, tabela 6, p. 17). Por sua vez, o len-

to crescimento da indústria têxtil brasileira reduziu os estímulos à cotonicultura (STEIN, 1975).

[31] Calmon (1925, p. 114).

[32] Desde o início de sua produção na Bahia, o tabaco foi alvo de "Estanco Real", monopólio legal do comércio e distribuição do produto. O primeiro contrato de estanco, pelo qual a Coroa delegava a terceiros a arrecadação dos seus direitos de monopólio, é de 1639. Foi instituída uma "Mesa de Inspeção" na cidade da Bahia, encarregada de classificar o produto. Os rolos classificados nas categorias A e B eram mandados para Lisboa. O restante, tido como refugo, se destinava ao tráfico negreiro. Sobre os problemas acarretados pela Mesa de Inspeção, ver Brito (1821, p. 15-17). Com algumas interrupções, o estanco do tabaco perdurou até a Independência. Pela avaliação de Roberto Simonsen, o tabaco sempre foi uma fonte garantida e substancial de receitas para o Tesouro Real. Ver Simonsen (1978, p. 367-369).

[33] Sobre as etapas na produção do tabaco no século XIX, ver Almeida (1835, cap. 2).

[34] Barickman (2003), apresenta bem fundamentada análise da pequena produção agrícola do sul do Recôncavo, do final do século XVIII até a metade do XIX. Sobre o fumo, ver especialmente os capítulos 1 e 6. Pela Tabela 19 (p. 238, Capítulo 5), pode-se comparar a concentração da produção no fumo e na cana de açúcar. Em 1835, o número médio de escravos por produtor de fumo era 6,5, sendo que 10% dos proprietários mais ricos possuíam 39,7% dos cativos (Freguesia de São Gonçalo dos Campos). Nesse mesmo ano, na Freguesia de Santiago do Iguape, o número médio de escravos por plantador de cana era 18,6, os 10% mais ricos detendo 66,4% do total. Observe-se que a comparação é com plantadores em geral, e não com engenhos, onde a concentração de escravos era bem maior.

[35] Sobre a cadeia produtiva do tabaco na Bahia, ver Borba (1975, cap. 6).

[36] Sobre as vinte famílias, ver Gorender (2010, p. 579). Gorender cita dados de Schwartz (1983). Se os senhores de engenho do Recôncavo não faziam valer seus interesses no plano da política imperial, no âmbito provincial, eles foram capazes de obter redução do imposto de exportação, parte do qual era estabelecido e cobrado localmente, em alguns momentos críticos, pela via do controle que exerciam sobre a Assembleia Provincial. Ver, a respeito, FUNDAÇÃO CENTRO DE PESQUISAS E ESTUDOS (1978, v. 3).

[37] Esses dados se encontram em Leff (1993, v. II, tabela 2.4, p. 21). Desde 1807, a Inglaterra vinha pressionando pelo fim do tráfico de escravos e da própria escravidão, interessada em instituir o trabalho livre em toda a sua zona de influência. O Brasil resistiu à pressão – que chegou ao aprisionamento pela marinha inglesa de navios mercantes dentro de portos brasileiros, e recrudesceu após o Aberdeen Act de 1845 – até 1850, quando da lei Eusébio de Queiroz. Uma guerra não declarada, com duração de 40 anos e que resultou na apreensão e destruição de 850 navios de longo curso (CALDEIRA, 1995, p. 213-220). No entanto, apenas em 1860, o tráfico cessou totalmente. Antes disso, de 1840 a 1850, ele havia aumentado, em antecipação à sua extinção. O excesso foi facilmente absorvido pelos cafezais do centro-sul. Ver Carvalho (2008, cap. 2). Os números de Leff sugerem que, após o fim do tráfico, o comércio interno de escravos continuou na direção norte-sul. Thales de Azevedo apresenta alguns números para a Bahia: "De fato, de 1853 a 61, a secretaria de po-

lícia da Bahia registrou a saída de 12.370 escravos para fora da província, especialmente 'para a rica lavoura de café', para o leste de Minas, o Rio de Janeiro e Espírito Santo, numa média anual de 1.374; de 1862 a 70, saíram 4.121, ou 458 por ano; em 1872, despacharam-se 453; a partir dali recrudesce o êxodo com 547 em 1873, 2.479 em 1874 e 1.840 em 1875, sem computar nestas cifras os escravos que saíam por terra, escapando à tributação e ao registro da repartição policial". (AZEVEDO e VIEIRA LINS, 1968, cap. X, p. 175-176). Por sua vez, Eduardo Silva calcula que, em 35 anos, entre 300 mil a 400 mil escravos foram transferidos para os municípios cafeeiros. Silva (1997, p. 64). Sobre a promoção da imigração de europeus e a oferta elástica de trabalho, ver Leff (1991, v. 1, cap. 4).

[38] Leff (1991, v. II, p. 26). Calmon (1925) e Almeida (2009) são exemplos de outros autores que exploram a questão cambial.

[39] Ver, a esse respeito, a citação, de 1844, da lavra de Zacarias de Góis e Vasconcelos, eminente político do Império, feita por Thales de Azevedo. "Eu disse que cada país deve especialmente aplicar-se àquele ramo de trabalho para o qual se conhece com maiores proporções a aptidão, que é do seu interesse, em vez de querer produzir tudo, dar-se de preferência à produção em que pode primar e sobressair. Por força deste princípio, reconhecendo eu que o Brasil é um país eminentemente agrícola, julgo que o Brasil deve ter por alvo em seus esforços aumentar a sua agricultura e melhorá-la, não fazendo com o nobre Deputado votos ao Céu para que o Brasil se emancipe do jugo estrangeiro relativamente à indústria a ponto de não precisar dos produtos das outras nações. Eu, pelo contrário, entendo que é um bem que as nações precisem umas das outras, e que assim como seria loucura aconselhar aos indivíduos que cada um produza aquilo do que necessita, tornando-se inteiramente independente de seus semelhantes, também não é razoável desejar que as nações sacudam o suave e benéfico jugo da recíproca dependência, em que todas vivem quanto aos seus respectivos produtos." (AZEVEDO e VIEIRA LINS, 1968, p. 10-11).

[40] Uma análise da política tarifária no Império pode ser encontrada no trabalho de Vilela (2005).

[41] Calmon (1925, p. 61). Além dos investimentos industriais, a abertura de casas bancárias contou com os capitais acumulados pelos traficantes de escravos, principalmente após as medidas de repressão ao tráfico.

[42] Borba (1975, cap. 5).

[43] Stein (1957, cap. 2). Durante quase todo o século XIX, os produtos têxteis eram responsáveis por quase 50% da pauta de importações da Bahia.

[44] Os dados sobre estabelecimentos e capital empregado encontram-se em FUNDAÇÃO CENTRO DE PESQUISAS E ESTUDOS (1978, v. 2, p. 249-250).

[45] Sobre a história da fundação de bancos na Bahia no século XIX, ver Azevedo e Lins (1968, cap. III), além da nota introdutória de Pinto de Aguiar.

[46] Sobre os efeitos da reforma bancária de 1860, Aguiar (1960, p. 134), mesmo considerando outros fatores importantes para o limitado desenvolvimento baiano, conclui: "E, também, outras múltiplas causas exógenas [...] Nenhuma dúvida há, porém, quanto à relação entre aquela reforma ou a crise bancária que se lhe seguiu, e a redução no ritmo de progresso do grande estado nortista".

[47] O montante de capitais disponíveis ao fim do tráfico é assim calculado por Vieira Lins: "Para avaliar o seu volume, basta observar-se que a média anual de escravos entrados no Brasil, desde 1846, aumentada pelo ressentimento nacional contra o *bill* Aberdeen de 8 de agosto de 1845, era superior a 50.000, chegando mesmo, em 1848, a atingir 60.000, e que o preço de um escravo variava entre 200$000 e 1:000$000, conforme a idade, o sexo e a procedência. Se se considerar que a importação média anual do país no quinquênio de 1845-50, foi de pouco mais de 53 mil contos, na soma não se computando a importação de negros, pode-se ter uma noção do vulto dos capitais que, de uma hora para outra, ficaram sem aplicação, mesmo tendo-se em consideração os capitais de estrangeiros invertidos em tal comércio". Ou seja, o movimento anual do tráfico podia atingir metade das importações do país (Vieira Lins em AZEVEDO e VIEIRA LINS, 1968, p. 37).

[48] Caldeira (2017, p. 294). Os dados para a Bahia confirmam a drenagem de recursos do Norte para o Sul, do ponto de vista tributário. Enquanto a participação média dessa província na receita geral do Império, no período de 1851 a 1862, foi de 12,8%, o total de despesas do governo central na província, nesse mesmo período, foi de 5,5%. Em 1877-78, a participação na receita havia decaído para 9,6%, enquanto as despesas do governo central na província atingiram apenas 3%. Ver FUNDAÇÃO CENTRO DE ESTUDOS E PESQUISAS (1968, v. 3, tabelas 14 e 18, p. 83 e 88).

[49] Melo (1984, p. 256-257). Nesse mesmo livro, em capítulo intitulado "As províncias do Norte e os 'Melhoramentos Materiais'", o autor descreve as marchas e contramarchas da implantação das ferrovias nas províncias nordestinas. Sobre a malha ferroviária no Século XIX, ver o artigo de Silva (1954).

[50] Mariani (2009). Pelos dados apresentados por Eduardo Silva, a febre amarela provocou 3.000 mortes só em 1850. A cólera-morbo teria ceifado 7.900 vidas só em Salvador, e mais 18.000 nas cidades do Recôncavo. Silva (1997, p. 62).

[51] As informações sobre as receitas do Nordeste são de Leff (1991, v. II, p. 7). Os dados sobre participação baiana na renda geral do Império podem ser encontrados em Ver FUNDAÇÃO CENTRO DE ESTUDOS E PESQUISAS (1968, v. 3, tabela 14, p. 83 Sobre a educação na Bahia em em 1872, ver "O banco na segunda metade do século XIX", em Azevedo e Vieira Lins (1968 p. 178-179). Os dados sobre a distribuição das ocupações da população baiana em 1872 são da Sinopse do recenseamento realizado em 1 de setembro de 1920, citados em FUNDAÇÃO CENTRO DE ESTUDOS E PESQUISAS (1968, v. 2, p. 207). Nesse mesmo texto sobe a indústria têxtil na Bahia dos oitocentos, encontram-se referências sobre a qualificação do operariado. Nas fábricas, a mão de obra livre convivia com a escrava até a década de 1870. Com a escassez de cativos, operários começaram a ser recrutados nas camadas mais baixas da população, muitos órfãos, aos quais eram oferecidas habitação e alimentação. Embora essa pequena fatia da população ocupada (calculada em cerca de 3.000 pessoas) fosse livre e assalariada, as relações de trabalho eram ainda bastante influenciadas pelas idiossincrasias de uma sociedade escravocrata.

[52] "Entre as 986 pessoas tornadas nobres pelo Império, 113 nasceram na Bahia (MATTOSO, 1992, p. 178).

O sertão e o Império

A participação do sertão baiano na guerra da Independência foi efetivada pelo suprimento de combatentes, recursos financeiros, víveres e armas para o Exército Pacificador, a serviço do Conselho Interino de Governo, formado pelas vilas do Recôncavo, com sede em Cachoeira. Esse fato denota que os senhores de terras sertanejos não hesitaram em apoiar a independência da província e declarar fidelidade ao ramo da dinastia bragantina residente no país. Também no sertão vicejava o sentimento antilusitano, voltado contra a figura do comerciante português, considerado usurário e explorador dos clientes de suas redes de comércio. O movimento nativista ganhou amplas adesões, em muitos casos simbolicamente representadas pela substituição de sobrenomes portugueses por denominações de animais da terra (Canguçu, por exemplo), ou acidentes geográficos (Paraguaçu), explicitando a ruptura com o passado colonial em favor do projeto de construção de um novo país, com seus próprios valores e signos.

No alto sertão baiano, uma iniciativa se destaca. Em agosto de 1822, em armas, cerca de quinhentos habitantes de Rio de Contas proclamaram a adesão da vila ao Príncipe Regente, expulsando o juiz de fora que havia se manifestado contra a decisão. Os rio-contenses constituíram uma Junta Temporária e enviaram representante ao Rio de Janeiro para comunicar as deliberações diretamente a D. Pedro. Dentre as reivindicações, propunha-se o desmembramento de Rio de Contas pela criação de uma nova província, desvinculada da capital e da comarca de Jacobina. O Senado da Câmara de Caetité também enviou emissário à Corte. Essas iniciativas, que foram empreendidas em outras vilas, não agradaram ao Conselho Interino de Cachoeira, que temia perder o controle do movimento, tendo ele de lutar diretamente contra as forças lusas de Madeira de Melo. A aristocracia açucareira não abria mão da sua hegemonia política na província. Não obstante, o apoio humano e material do sertão à guerra não foi desprezível, embora as demandas do Exército Pacificador nunca fossem satisfeitas, principalmente no tocante a armas.[53]

A Constituição de 1824 e a Lei de Organização Municipal, de outubro de 1828, retiraram das câmaras municipais (cidades e vilas) parte da sua autonomia, em relação ao período colonial. Por essa lei, "as Câmaras são corporações meramente administrativas, e não exercerão jurisdição alguma contenciosa", o que eliminava a função jurídica, que também era exercida pelas câmaras coloniais. A lei estabelecia que todos as vilas deveriam ter sete vereadores, o mais votado assumindo a presidência, um juiz de fora vitalício e dois juízes de paz, esses últimos eleitos juntamente com os vereadores. Eles eram sufragados pelos "homens bons" da terra, os proprietários com rendas próprias acima de limites preestabelecidos, o que restringia consideravelmente o direito ao voto. A lei de 1828 previa também um secretário, um procurador e outros funcionários. O seu Art. 71 resumia as atribuições: "As Câmaras deliberarão em geral sobre os meios de promover e manter a tranquilidade, segurança, saúde, e comodidade dos habitantes; o asseio, segurança, elegância, e regularidade externa dos edifícios, e ruas das povoações, e sobre estes objetos formarão as suas posturas, que serão publicadas por editais, antes, e depois de confirmadas". No que dizia respeito a esses assuntos locais, funções legislativas e executivas eram exercidas pela mesma casa. Elas ficavam submetidas, nas províncias, aos conselhos gerais e, na Corte, à Secretaria de Estado dos Negócios do Império.

Importante é observar que a descentralização, sempre defendida pelos liberais, em parte implementada pelo Ato Adicional 14 (1834), ao submeter as câmaras às assembleias provinciais, visava a fortalecer as províncias, e não o poder local. Com a reação conservadora, que levou a alterações do Ato Adicional em 1840, os presidentes de províncias passaram a tutelar as câmaras, por esse meio exercendo o controle das eleições gerais.[54] A autonomia era ainda limitada pela baixa arrecadação de impostos, que não chegava a 3% da receita tributária

164

total do Império. A centralização monárquica cobrava seu preço ao poder local: "Apertadas por um lado pelo fisco da Nação, as províncias acabavam por espremer os municípios numa estreitíssima faixa tributária que mal lhes permitia definhar na indigência".[55]

Ao longo do período imperial, as garras do poder público se ampliavam lentamente, principalmente no que diz respeito ao fisco, ainda que sem cobrir a maior parte do território do país. Quanto mais afastadas as cidades do litoral, menor a presença estatal no território. Nos sertões, poucas vilas haviam sido criadas para gerir comarcas com imensas dimensões territoriais. A capilaridade do Estado era expandida, entretanto, pela atuação de duas outras instituições: a Igreja e a Guarda Nacional.[56]

A Igreja Católica esteve atrelada ao Estado desde o século XVI, quando a instituição do Padroado fez do rei de Portugal o protetor e controlador da Igreja no país, inclusive em suas colônias, por delegação de Roma. Essa situação foi herdada e se manteve durante todo o Império, que reafirmou o Padroado Real e confirmou o catolicismo como religião de Estado. Nesse arranjo, a paróquia, ou freguesia (circunscrição eclesiástica, em regra menor do que a comarca, circunscrição jurídica), exercia a função de unidade administrativa básica. Além das funções sacerdotais, os párocos exerciam atribuições burocráticas, sendo responsáveis pelo registro civil (nascimentos, casamentos e mortes) e, em algumas circunstâncias, pelo registro de terras. Eram verdadeiros funcionários públicos, que recebiam pagamentos (côngruas) diretamente do governo central. Apesar dos conflitos com o poder imperial, que foram se acirrando ao passar dos anos, a Igreja funcionava como braço estatal nas povoações distantes, em vários locais onde só ela chegava. Pelo exercício de controle sobre a população, a Igreja Católica contribuía para a estabilidade do regime. Não obstante, era comum padres se imiscuírem em atividades políticas, muitas vezes em oposição ao governo.[57]

A Guarda Nacional, criada em 1831, veio substituir as Ordenanças e as Milícias, os corpos paramilitares que haviam servido ao processo de ocupação e colonização. Embora o Estado Imperial tivesse criado uma organização policial e jurídica, funções que se confundiam na figura dos juízes ou dos delegados, nos sertões, da mesma forma que na época colonial, essas funções continuaram a ser controladas pelos senhores de terras, os grandes proprietários rurais.[58] Como o novo Estado não tinha capacidade de se fazer presente em todo o vasto território, a Guarda Nacional se mostrava um arranjo conveniente para a manutenção da ordem monárquica, principalmente nos centros mais afastados. Por ele, o governo contava com o serviço de uma força militar gratuita, comandada pelos senhores de terras, em troca da concessão de privilégios. Com os privilégios, a distinção entre a esfera pública e a privada se esvaia, os potentados locais dos sertões detendo o virtual monopólio da violência e da justiça, manipulando-as a seu critério.

A Guarda Nacional passou a figurar como um elemento de sustentação do Estado em construção, ao ajudar a conservar as estruturas sociais e a garantir a estabilidade do regime imperial, em especial nos rincões distantes. Ela funcionava também como corpo auxiliar do exército, convocada sempre que necessário. Formada apenas por homens livres, seu oficialato era recrutado entre os fazendeiros e comerciantes locais. Nos sertões, ela reproduzia, em sua hierarquia, a hierarquia social.[59] A partir de 1850, as nomeações e promoções, que antes eram sufragadas pelos próprios oficiais, passaram a depender do poder público. A farta distribuição de patentes fez com que, com o passar do tempo, elas se tornassem meramente honoríficas. A Guarda Nacional se transformou no símbolo do poder político dos mandatários rurais, assegurando-lhes o controle da situação local e, ao mesmo tempo, ligando-os aos destinos do Império. Ao formarem a base da estrutura de poder, além de dominar as câmaras, participavam da escolha de deputados dos distritos eleitorais que dominavam, os quais viravam seus intermediários na capital e na Corte. Os exércitos particulares dos coronéis da Guarda Nacional, compostos pela parentela estendida, além de agregados, escravos e jagunços, eventualmente entravam em disputas armadas, que se estenderam até as primeiras décadas do século XX. Esse arranjo demonstra claramente a estreiteza da vida política institucionalizada, à qual apenas uma reduzida elite tinha acesso, além dos limites à cidadania implícitos no regime monárquico, centralizador e escravocrata.[60]

As principais atividades econômicas do sertão voltadas para os mercados interno e externo — a pecuária e o algodão — perderam

Exupério Pinheiro Canguçu, senhor do Brejo do Campo Seco, sertão de Rio de Contas, fardado como Coronel Comandante Superior da Guarda Nacional de Caetité, patente concedida por D. Pedro II.
Fonte: Lycurgo Santos Filho (1956).

competitividade e dinamismo ao longo do século XIX. A baixa produtividade agrícola, as atrasadas técnicas utilizadas para descaroçamento e enfardamento, além dos custos de transporte, são fatores apontados como os principais problemas enfrentados pela cotonicultura baiana da época. Esses custos teriam impedido que as fábricas têxteis de Salvador e do Recôncavo se abastecessem plenamente da matéria-prima produzida no sertão baiano, tendo de recorrer ao algodão proveniente de outras províncias nordestinas, transportado por navegação de cabotagem. Para os produtores do alto sertão da Bahia podia ser mais vantajoso abastecer as fábricas de Minas Gerais, pelos antigos caminhos coloniais, do que as da própria província. Apesar de acusarem os problemas decorrentes das péssimas condições de transporte, os presidentes de província nunca propunham projetos viáveis para resolvê-los.[61]

Assim como o algodão, a atividade pastoril sertaneja também sofreu com a baixa capacidade competitiva. O mercado da mineração, que havia dado um grande impulso à pecuária nordestina durante o Século XVIII, passou a ser crescentemente atendido por criadores do sul de Minas, região com melhores condições naturais pela abundância de rios e ausência de secas, que sempre castigaram o Nordeste. Os criadores mineiros introduziram técnicas de criação mais avançadas, com ganhos de produtividade e qualidade, conquistando o mercado do Centro-sul, em especial o do Rio de Janeiro. A maior ameaça ao gado nordestino, porém, veio do extremo sul do país, dos pampas gaú-

Tropeiros, suas mulas e suas cargas nos caminhos do sertão.
Desenho de Jean-Baptiste Debret.

168

chos, região que reúne excepcionais qualidades para a criação bovina. Se, no início, o gado era ali criado de forma selvagem, do qual se aproveitava apenas o couro, por não haver mercado para o resto, a partir do fim dos setecentos, começa a se desenvolver a indústria do charque, que permite a conservação da carne pelo seu salgamento e secagem ao sol, as charqueadas. Em 1787, a capitania do Rio Grande já exportava 117 mil arrobas de charque, exclusivamente para o Rio de Janeiro. Com a conquista do mercado nordestino, essas exportações deram um salto, alcançando, na década de 1800, uma média anual de 820 mil arrobas, metade destinada às capitanias setentrionais. A partir das duas primeiras décadas do século XIX, a província da Bahia se tornou a maior consumidora do produto.[62]

Os gaúchos conseguiram proteção contra as importações dos pampas argentinos e uruguaios, mantendo um pé firme no mercado interno até a década de 1880. Enquanto isso, para alcançar os principais mercados de carne verde de Salvador e do Recôncavo, o gado do sertão enfrentava os longos caminhos, nos quais sua alimentação era cada vez mais difícil. Concomitantemente, uma paulatina redução do mercado para bois de trabalho se instalava, provocada, por um lado, pelo declínio da atividade açucareira e, por outro, pela difusão, ainda que lenta, de engenhos a vapor. O impacto da concorrência na pecuária pode ser estimado pelas exportações de couros a partir da Bahia. Se, de 1798 a 1807, elas representavam, em média, 9,0% do total das vendas externas da província, de 1851 a 1860, essa média caiu para 4,6%.[63]

Os problemas enfrentados pela pecuária e pela cultura do algodão criaram estímulos ao direcionamento de recursos para a agricultura de consumo interno, de abastecimento, muitas vezes chamada de agricultura de subsistência. Um número cada vez maior de fazendas de criação adotou, complementarmente, a policultura. Além do gado, nos sertões se produziam os principais gêneros alimentares (mandioca, feijão, milho, arroz) e até produtos tradicionalmente de exportação, como o fumo e a cana de açúcar, os excedentes voltados para os mercados locais que lentamente cresciam. Por sua vez, as dificuldades de importação, devido à escassez de divisas, geravam oportunidades para o artesanato das pequenas comunidades. O comércio, que unia as distantes povoações e fazendas, impulsionava a persistente corrente interior, que corria desde o tempo colonial pelos velhos caminhos das tropas de mulas. A escassez de moeda tornava o escambo uma prática comum, enfronhada confortavelmente em uma sociedade com alto nível de informalidade. Enquanto isso, os espaços iam sendo ocupados, a população crescendo pela reprodução natural e pelas migrações. Nesse passo, o alto sertão da Bahia enfrentou as dificuldades do período imperial, fortalecendo as redes internas, na medida em que os laços com o litoral se afrouxavam. Quando as viagens para o Recôncavo não compensavam, os tropeiros se dirigiam para Minas e Goiás, chegando até o Rio de Janeiro e São Paulo.

A regulamentação do processo de ocupação e posse de terras, a expressão maior de poder econômico em todo o país, sofreu mudanças de monta ao longo do século XIX, com intensas repercussões no sertão. Em julho de 1822, por Resolução da Mesa do Desembargo do Paço, assinado por José Bonifácio e sancionado por Pedro I, então Príncipe Regente, o regime de sesmarias, instrumento de distribuição de terras de todo o período colonial, chegava ao fim. De acordo com Cirne Lima, a Resolução "sancionava apenas um fato consumado: a instituição das sesmarias já havia rolado fora da órbita de nossa evolução social", por força do apossamento, por colonos de várias procedências, dos terrenos situados entre os limites das grandes fazendas, ou pela ocupação de áreas mais distantes dos núcleos populacionais, áreas que nem sempre os sesmeiros estavam interessados ou podiam controlar, ou em terras nunca antes concedidas, as terras devolutas. Muitas sesmarias concedidas antes de 1822 tinham entrado em comisso (perdido validade) e todas ocupações até aquela data eram posses não legitimadas.

A posse passou a se difundir livremente, na medida do avanço dos colonos, que se intensificava. O posseiro levava seus domínios até onde não encontrava resistência de outro ocupante mais poderoso, lutando para mantê-los. Em muitas áreas, primitivas posses, antes mesmo do fim das sesmarias, se constituíram em enormes fazendas, as divisas marcadas onde bem aprazia ao posseiro, que tinha como referência o dominante padrão do grande latifúndio, as dimensões necessárias para a criação de gado de forma extensiva. Apesar de ser o recurso primordial da exploração econômica, o valor de troca da terra, dada sua abundante oferta, era muito pequeno e podia não ter valor de uso se seu ocupante não dispusesse de mão de obra, de preferência escrava, o principal "bem de produção". Ruy Cirne Lima comenta a situação:

> Apoderar-se de terras devolutas e cultivá-las tornou-se cousa corrente entre os nossos colonizadores, e tal proporções essa prática atingiu que pôde, com o correr dos anos, vir a ser considerada como modo legítimo de aquisição do domínio, paralelamente a princípio, e, após, em substituição ao nosso tão desvirtuado regime das sesmarias.[64]

O processo de fracionamento das imensas sesmarias coloniais foi também estimulado pela extinção do morgado (ou morgadio), por lei de outubro de 1835. Instituição de origem medieval, visava a proteger a base territorial da nobreza e garantir a perpetuação de suas linhagens. Bens de morgado constituíam um patrimônio vinculado, portanto indivisível e inalienável, transmissível por herança apenas ao primogênito. O morgado estabelecia limitações ao direito de propriedade, com o intuito de proteger os grandes patrimônios, que convinha manter perpetuamente na mesma família, sem partilhas ou alienação. Por ele, os formadores dos vultosos cabedais procuravam criar um escudo contra os reveses da fortuna para os descendentes. Com seu fim, os direitos de herança e alienação se tornaram comuns a todas as propriedades.[65]

Após demorada discussão de projeto requerido, em 1842, por gabinete conservador ao Conselho de Estado, a Lei de Terras foi finalmente aprovada pela Câmara, em setembro de 1850. Essa longa discussão teve como pano de fundo o problema de substituição da mão de obra escrava, no momento em que a pressão inglesa para o fim do tráfico recrudescia. A distribuição de terras devolutas a imigrantes, após alguns anos de trabalho nas grandes plantações, era vista como uma forma de substituir o trabalho servil. A intenção era promover uma "reforma agrária", inspirada nos exemplos dos Estados Unidos e da Austrália, mas, ao mesmo tempo, preservar a grande propriedade. Havia ainda o propósito de, pela legalização das posses, conferir maior valor de troca às terras e ampliar as garantias ao financiador da atividade agrícola, tanto o crédito mercantil como o bancário. Os proprietários rurais se opuseram a alguns itens do projeto original e, quando, por fim, foi aprovada, a lei apresentava algumas alterações em relação à primeira proposta. Os principais dispositivos determinavam: i) o registro paroquial das propriedades; ii) a separação e medição das terras públicas para fins de venda; e iii) a revalidação das sesmarias e a legitimação das posses pela medição e demarcação.

Trinta e seis anos após a aprovação da lei, seus resultados eram diferentes do previsto. De acordo com avaliação ministerial realizada em 1886, grande número de sesmarias e posses permaneciam sem legitimação, e as terras públicas continuavam a ser invadidas. O cadastro paroquial era, em geral, uma aproximação bem imperfeita da situação no campo, por conta do interesse do posseiro em não declarar áreas não cultivadas, ou pela mera falta de agrimensores para realizar as demarcações. O imposto territorial, constante do projeto original, foi eliminado quando passou pelo Senado. A Lei de Terras de 1850 também não afetou a substituição da mão de obra escrava. As iniciativas em atrair imigrantes só frutificaram tempos depois e não foram financiadas com os recursos previstos na lei (impostos e multas). Apesar das mudanças institucionais, a situação fundiária não mudou substancialmente, mormente no sentido de coibir os latifúndios com grandes áreas improdutivas. A ocupação de terras devolutas permaneceu, agora com a possibilidade de ser legitimada como efetiva posse, situação que permanece até os dias de hoje. Em essência, a Lei de Terras de 1850 entrou para o rol daquelas que "não pegaram".[66] A situação foi resumida por Katia Mattoso:

> Alguns, bafejados pela sorte, após alguns anos de ocupação efetiva tornavam-se proprietários de terras devolutas, em regiões em que não existiam escrituras. A figura do 'posseiro' é tão antiga como a do 'morador' e do 'agregado rural'. Apesar de a Lei de Terras de 1850 não reconhecer que o desbravamento ou a simples posse gerassem direitos definitivos, essas – e não a compra, como determinava a lei – foram as formas mais comuns de formação das propriedades rurais no Brasil.[67]

O processo de ocupação do alto sertão da Bahia, um bom exemplo da formação fundiária nordestina, foi documentado por Erivaldo Fagundes Neto. Tudo começou com as sesmarias amealhadas por Antônio Guedes de Brito, Mestre de Campo do São Francisco, algumas delas conquistadas por guerra ao gentio. Antes de morrer, no final do século XVII, o sesmeiro nomeou sua filha, Isabel Maria, herdeira universal e administradora do morgado e de duas capelas por ele instituídos. Suas propriedades compreendiam uma vastidão que ia do centro da Bahia até a região da mineração em Minas Gerais. Isabel Maria, por sua vez, as deixou para a neta do Mestre de Campo, Joana. Como Joana não teve descendentes diretos, as terras foram herdadas por seu segundo marido, Manoel de Saldanha. Esse aristocrata português, extremamente endividado, perdeu para os credores boa parte do enorme patrimônio fundiário, que foi recuperado parcialmente por seu primogênito João de Saldanha da Gama Melo Torres, tornado sexto Conde da Ponte por efeito de confusa sucessão familiar. O Conde governou a capitania da Bahia de 1805 a 1809. As terras nominalmente acumuladas por Guedes de Brito podem ser vistas no Mapa 1. A efetiva exploração desse imenso território, no entanto, nem sempre foi feita pelo sesmeiro ou seus herdeiros.

Desde as primeiras décadas do século XVIII, a mineração nos rios Itapicuru, de Contas e das Velhas gerou conflitos com os procuradores dos Guedes de Brito. Não foi possível impedir que terras fossem ocupadas à revelia, muitas vezes para plantar gêneros alimentares, em alta demanda por conta da mineração. Com a decadência das minas de Rio de Contas e de Jacobina, antigos garimpeiros procuraram se fixar em terras férteis da região, por meio da compra e aluguel de sítios, ou pela simples ocupação de glebas vazias. Muitos que não possuíam recursos para iniciar atividade própria se empregaram como diaristas, agregados ou meeiros.

Conscientes de que, mais cedo ou mais tarde, a mudança no estatuto jurídico era inexorável, os herdeiros da Casa da Ponte, após a prematura morte do sexto Conde, em 1809, começaram a vender suas fazendas, de preferência para os respectivos arrendatários ou administradores. Em 1819, as terras da Casa da Ponte abrigavam 110 rendeiros, em comparação com 64 fazendas sob exploração direta. Esse processo culminou quando, nas primeiras décadas do século XIX, o sétimo Conde da Ponte, Manoel Saldanha da Gama Melo Torres, e demais herdeiros passaram a se desfazer de todas as propriedades,

Mapa 1
Localização aproximada das terras recebidas em sesmarias, herdadas, compradas
e conquistadas de indígenas por Antônio Guedes de Brito. Final do séc. XVII

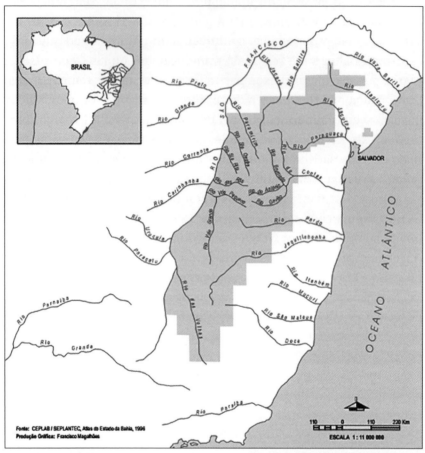

incluindo aquelas do Alto Sertão da Bahia, até a liquidação final do espólio na década de 1830.

Rendeiros e posseiros, agora reconhecidos, continuaram o processo de parcelamento das terras pela venda de glebas menores, o que levaria, no Alto Sertão da Bahia, à convivência do latifúndio com pequenos agricultores, da fazenda de criação extensiva com o sítio dedicado à policultura. As partilhas entre herdeiros completaram o quadro de parcelamento das terras. Não obstante, o latifúndio continuou imperando. O tamanho das posses e ocupações era determinado pelas possibilidades de uso efetivo da terra, o que requeria algum capital prévio, escravos e poder armado transformado em poder político. As disputas por limites eram constantes, muitas vezes resolvidas pelas armas. Por meio do processo de comercialização, os grandes proprietários passaram a acumular várias glebas descontinuas, separadas por vizinhos capazes de manter suas ocupações.

Nesse variado território sertanejo, a diversificação das relações de trabalho predominava. A escravidão, presente na economia pastoril desde o período colonial, continuava convivendo com a mão de obra livre, tanto a familiar como a dos agregados, dos meeiros e dos jornaleiros, geralmente artífices empregados em tarefas especializadas. Essa crescente população de despossuídos vivia sob o domínio de uma pequena camada de senhores de terras, detentores inquestionáveis do poder econômico e político em cada domínio.

A evolução da população baiana, distribuída por suas comarcas, é apresentada na Tabela 2. Apesar de a comarca de Rio de Contas ter sido desmembrada da de Jacobina em 1833, os dados de 1872 e 1890 se referem às duas. Observa-se que a população do alto sertão (representado pela comarca de Jacobina) cresceu mais do que a da província como um todo, particularmente de 1808 a 1872, quando a média geométrica do crescimento anual da província foi de 2,23%, enquanto a da comarca de Jacobina atingiu 3,54%. Essa diferença se explica, pelo menos em parte, pela corrida de forasteiros de toda natureza que, a partir de 1844, a mineração nas Lavras Diamantinas desencadeou. O crescimento demográfico da região pode também ser verificado pelo fato de que o número de paróquias de Jacobina passou de 13, em 1800, para 56, em 1900.

Tabela 2
Bahia: população da província por comarca – 1808-1890

Comarcas	1808	1872	1890
Bahia	249.314	767.426	1.052.020
Jacobina	53.854	498.967	728.979
Ilhéus	23.780	88.894	97.532
Porto Seguro	9.124	24.899	24.911
Total da província	**336.072**	**1.380.186**	**1.903.442**

Fonte: Mattoso (1992, tabela 4, p. 88).

A produção de alimentos crescia no alto sertão, mesmo enfrentando as intempéries climáticas. Entre 1809 e 1889, intermitentemente, foram registrados vinte e cinco anos de secas e onze de pluviosidade excessiva. As vicissitudes do clima interferiam sobremaneira nos preços dos alimentos, tanto no sertão como na capital e seu Recôncavo, pelas perdas de lavouras e gado, afetando e atrasando a economia da província. Não há como se falar dos sertões do Nordeste sem mencionar esse terrível problema que, até hoje, deixa suas marcas. Os habitantes reagiam pelas migrações, mirando áreas com chuvas mais regulares onde pudessem se estabelecer. Levas de flagelados se dirigiam à capital, tudo fazendo para fugir da fome e da morte. Ou iam em busca do sonho das pedras brilhantes nas Lavras Diamantinas.[69] O Mapa 2 ilustra o território de Rio de Contas após sua emancipação de Jacobina. Observe-se que a região das Lavras, ainda desprovida de qualquer povoação, inseria-se nesse vasto território, que se estendia até o litoral.

Mapa 2
O Município de Rio de Contas, 1843

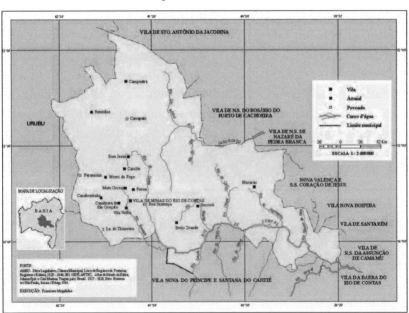

Fonte: AMRC, Série do Legislativo, Câmara Municipal Livro de Registros de Portarias e Registros Eclesiais de 1829-1844. Governo do Estado da Bahia SEI- SEPLANTEC.

Em resumo, esse era o quadro geral do país, da Bahia e do seu alto sertão quando diamantes foram descobertos na região da Chapada, em uma porção de seu território quase, até então, despovoado. Essas descobertas vão alterar profundamente a trajetória histórica da região.

NOTAS

[53] Sobre a participação do sertão no movimento de independência, ver Souza Filho (2011, cap. 4.3). Uma detalhada análise dos distúrbios políticos em Rio de Contas, que colocaram em oposição os partidos dos brasileiros e os dos europeus, ver em Frutuoso (2015).

[54] Segundo o próprio Pedro II, "... os presidentes servem, principalmente, para vencer eleições". Em Leal (1993, p. 78, nota 46).

[55] Victor Nunes Leal (1993, p. 142).

[56] Cada comarca, divisão administrativa de caráter judiciário colocada sob a jurisdição de um ouvidor, substituído depois da Independência por juízes de direito, podia abranger vários termos (municípios) e freguesias (como se dividiam os municípios). Em 1833, existiam, na Bahia, treze comarcas: Salvador, São Francisco das Chagas da Barra do Rio Grande do Sul, Nossa Senhora do Rosário do Porto da Cachoeira do Paraguaçu, São Jorge dos Ilhéus, Espírito Santo do Inhambupe de Cima, Santo Antônio da Jacobina, Nossa Senhora do Nazaré, Porto Seguro, Santíssimo Sacramento das Minas do Rio de Contas, Nossa Senhora da Purificação e Santo Amaro, Sento Sé, Valença e Santo Antônio do Urubu de Cima.

[57] Sobre a Igreja Católica no Brasil imperial, ver Mattoso (1992, cap. 18 e 19). O padre político mais importante foi o Regente Feijó. Frei Caneca esteve implicado na Revolução Pernambucana (1817) e na Confederação do Equador (1824), e o Padre Roma foi um dos chefes da Revolução de 1817, entre outros exemplos.

[58] Victor Nunes Leal comenta a organização policial e judiciária no Império: "Verifica-se desse breve resumo que a organização policial, no Império, foi deplorável e esteve sempre dominada pelo espírito partidário. A organização judiciária, por outro lado, conquanto assinalasse sensível progresso em relação à situação anterior, deixava muito a desejar: corrupção da magistratura, por suas vinculações políticas, era fato notório, acremente condenado por muitos contemporâneos [...]. E é justamente no interior que mais se fazem sentir os efeitos da polícia e da justiça partidárias." (LEAL, 1993, p. 197).

[59] "Todos os habitantes do país se integravam nos diversos escalões da Guarda Nacional; os chefes locais mais prestigiosos automaticamente ocupavam nela os postos mais elevados, eram 'coronéis', ou tenentes-coronéis; seguiam-se nos postos de majores, capitães, etc., outros chefes não tão importantes, tendo sob suas ordens todos aqueles que não tinham meios de ocupar melhores posições." (QUEIROZ, 1976, p. 164). José Murilo de Carvalho, mesmo duvidando da exatidão do número, registra que; "Se todo o funcionalismo público do Império não chegava, em 1877, a 80.000 pessoas, a Guarda Nacional tinha, em 1873, 604.080 homens na ativa e

129.884 na reserva, o que correspondia a 17% da população masculina livre. Mesmo descontando a parte de ficção que certamente existe nesses números, será difícil exagerar a importância da Guarda para a manutenção da ordem local." (CARVALHO, 2008, p. 158).

[60] O poder dos coronéis pode ser avaliado pelo papel que passaram a exercer quando, em 1841, foram criados cargos de delegados. De acordo com Maria Isaura Pereira de Queiroz: "O que vinha destruir qualquer possibilidade dos delegados subtraírem-se ao domínio dos senhores rurais era, além dos poucos recursos materiais de que dispunham, a existência da Guarda Nacional em todos os municípios, que reforçava muito o poder dos chefes locais [...]. E como o delegado, para efetuar uma prisão, geralmente necessitava do auxílio da Guarda Nacional, que se destinava expressamente a ajudar a manutenção da ordem e promover o policiamento, é claro que não teria força nenhuma contra o mandão local e seus amigos." (QUEIROZ, 1976, p. 70-71).

[61] Ver, a respeito, Almeida (2009, p. 90) e FUNDAÇÃO DE PERQUISAS – CPE (1978, V. 2, p. 229-258). Lycurgo Santos Filho apresenta dados sobre o custo do frete da região de Rio de Contas até o porto de São Félix. Cada carga de algodão transportada por uma mula, equivalente a 6 arrobas (88,5 quilos), importava 8$000 de frete. Em 1817, o preço obtido pela arroba naquele porto foi de 7$700. Nesse caso, o frete representou 17,3% do valor do produto. Esse exemplo refere-se a uma alta cotação. No entanto, o valor do frete era fixo, não variando de acordo com o preço do produto. Em períodos de preços baixos, o frete podia alcançar até mais de 30% do valor da carga. Santos Filho (1956, cap. XVI, p. 286).

[62] Lembre-se que o Conde Pereira Marinho, antigo traficante de escravos, usurário e arrematador de bens de viúvas e órfãos, o homem mais rico da Bahia na segunda metade do século XIX, detinha o quase monopólio do comércio do charque gaúcho com as províncias do Norte, operando com frota própria. Sobre o Conde, ver Ximenes (1999).

[63] Os dados das exportações de charque gaúcho são de Osório (2007), citados por Vargas (2014). A participação dos couros nas exportações baianas encontra-se em Barickman (2003, tabela 1, p. 56-57). Exportações de couros é um indicador imperfeito para o nível da atividade pecuária, dado que essa produção era voltada também para os mercados locais. Não obstante, não pode ser considerado inconsistente, quando usado em termos temporalmente comparativos, uma vez que o mercado internacional de peles sempre teve uma forte participação no conjunto da atividade.

[64] Lima (1990, p. 47).

[65] As capelas, instituição de caráter religioso, era outra forma de vincular o patrimônio, dado que o fundador destinava as rendas de certa área territorial para a construção e conservação de obras pias. O Livro I, título LXII, das Ordenações Filipinas distinguia morgado de capela: "E por não vir em dúvida qual é Morgado, ou Capela, declaramos ser Morgado, se na instituição, que dos bens os defuntos fizeram, for contido, que os Administradores e possuidores dos ditos bens cumpram certas Missas ou encarregos, e o que mais renderem hajam para si, ou que os instituidores lhes deixaram os ditos bens com certos encarregos de Missas, ou de outras obras

pias. E se nas instituições for contido, que os Administradores hajam certa coisa, ou certa quota das rendas que os bens renderem, assim como terço, quarto ou quinto, e o que sobejar se gaste em Missas, ou em outras obras pias: em este caso declaramos, não ser Morgado, senão Capela. E nestas tais instituições e semelhantes pode e deve entender o Provedor, posto que nas instituições se diga que faz Morgado, ou que faz Capela; porque às semelhantes palavras não haverão respeito, somente à forma dos encarregos, como acima dito é."

[66] Para um relato das discussões em torno da Lei de Terras e seus resultados, ver Carvalho (2008, cap. 3).

[67] Mattoso (1992, p. 528).

[68] A formação da estrutura fundiária do Alto Sertão da Bahia é descrita por Neves (2008 e 2005).

[69] Segundo Mattoso (1992), foram de seca os anos de 1809, 1810, 1816, 1817, 1824, 1825, 1830, 1831, 1832, 1844,1845, 1857, 1858, 1859, 1860, 1868, 1869, 1870, 1877, 1878, 1882, 1884, 1885, 1888 e 1889. De pluviosidade anormal os anos de 1813, 1833, 1843, 1852, 1861, 1862, 1865,1872, 1873, 1879 e 1880 (nota 26 ao Capítulo 6, p. 660). Os impactos sobre os preços dos alimentos são discutidos no Capítulo 29. Lembrem-se de que a pluviosidade acima do normal atinge principalmente a lavoura da cana de açúcar. Para uma análise social das secas na Bahia, ver Gonçalves (2000).

A descoberta de diamantes na Serra do Sincorá

Não se sabe ao certo quando os primeiros diamantes foram encontrados na Chapada Diamantina. Ao passarem pela região, em 1818, Spix e Martius, relataram que, "ao que consta", pelo que ouviram falar, havia exploração de diamantes na extremidade sul da serra do Sincorá.[70] O geólogo Orville Derby, baseado em um relatório de Virgil von Helmreichen, publicado em Viena em 1846, nunca traduzido, descreve a marcha da exploração de diamantes na Bahia. Segundo esse autor, as primeiras descobertas aconteceram por volta de 1840, em Santo Ignácio, na Serra do Assuruá, extremo noroeste da Chapada, perto da cidade de Xique-Xique, por faiscadores de ouro da região do Gentio. Em seguida, diamantes foram garimpados nas serranias de Morro do Chapéu. Também, na mesma época, foram explorados depósitos na Serra das Aroeiras, ao sudoeste, na área que era chamada de Chapada Grande, depois batizada de Chapada Velha, próxima da atual cidade de Brotas de Macaúbas. Apesar de atrair um número considerável de garimpeiros e comerciantes, a produção desses distritos era limitada em quantidade, tamanho e qualidade das pedras. Não há registro do volume dessa produção, uma vez que ela era feita clandestinamente por garimpeiros avulsos, sem qualquer fiscalização estatal. Diamantes aparecem pela primeira vez na pauta de exportações baianas em 1851, quando parte das pedras passou a fluir pela alfândega.[71]

A história da descoberta de diamantes em Mucugê, que dá início à corrida das Lavras Diamantinas, não obstante a obscuridade de alguns detalhes, é amplamente conhecida. Em junho de 1844, José Pereira (Cazuzinha) do Prado saiu da fazenda Cascavel, situada em terras do Coronel Reginaldo Landulfo da Rocha Medrado, em demanda das matas de Andaraí, onde iria comerciar sua produção agrícola em troca de farinha de mandioca. Ao parar para descansar, às margens da confluência de um córrego com o rio Mucugê, dentro da fazenda Riachão de Mucugê, também domínio do Coronel Reginaldo, situada em uma falha que permitia a passagem através da serra do Sincorá, notou que o cascalho em volta era semelhante àquele que ele já havia garimpado na Chapada Velha, típico de ocorrência de diamantes. Voltou ao local alguns dias depois, com companheiros e parentes, quando confirmou suas suspeitas. Ao explorar o local com mais afinco, contando com uma equipe de quatorze pessoas, o sucesso se confirmou: apenas um dos garimpeiros, Pedro Antônio da Cruz (possivelmente escravo), havia extraído mais de seis oitavas (aproximadamente 105 quilates) no pouco cascalho que lavou e, imediatamente, seguiu para a Chapada Velha com o intuito de vendê-las. A oferta levantou suspeitas, e Pedro Antônio foi preso sob a acusação de ter assassinado e roubado um comprador de pedras, e acabou revelando o local da descoberta. Em menos de seis meses, vinte e cinco mil pessoas estavam garimpando, comerciando, morando naquelas paragens, erguendo-se um grande povoado que ficou inicialmente conhecido por Paraguaçu Diamantino, hoje Mucugê.[72] No Mapa 3, encontra-se a localização aproximada dos sítios de mineração de diamantes e o roteiro de Cazuzinha do Prado.

O descobridor dos diamantes, Cazuzinha do Prado, possivelmente era um meeiro de uma das fazendas pertencentes ao Coronel Reginaldo, herdeiro do Sargento-mor Francisco José da Rocha Medrado, que, por sua vez, era herdeiro do Capitão-mor José da Rocha Medrado, senhor de vastos domínios, antigo morador de Bom Jesus do Rio de Contas, atual Piatã. Além de dominar a região entre o alto rio de Contas e o Paraguaçu, a família Medrado se espalhou por todo o vale do Paraguaçu, amealhando terras em profusão, acumulando imensos latifúndios. No caso do Coronel Reginaldo, na época morador da fazenda São João, parte de suas terras se espalhavam pelos gerais, altiplano encaixado entre a serra do Gágao e do Sincorá e que havia sido descrito por Miguel Pereira da Costa, que por lá passara em 1721, da seguinte forma:

Da passagem do Rio Paraguaçu, meia légua do Tombadouro, onde se arrancham os que saem daquela trabalhosa marcha, principiam os Gerais, e daqui se vai ao fim deles. Chamam-lhe Gerais por ser tudo um campo plano, que tem de largo as 7 léguas que se passam, e de comprido muitas mais, correndo pelo sertão dentro; mas neste campo não há morador pela inutilidade do terreno, que é areento, e nem lenha, nem pasto dá: no fim destes Gerais há outro despenhadeiro de meia légua que descer, também chamado o Tombadouro dos Gerais, e não sei distinguir qual dos dois seja pior.[73]

Mapa 3
Locais de mineração de Diamantes na Chapada Diamantina

Não obstante a avaliação do desbravador Miguel Pereira da Costa, cem anos depois de sua passagem, o Coronel Reginaldo criava gado em profusão nessa área, solto pelo campo, nas largas, aproveitando os córregos e veredas para o abastecimento de água e onde, nas suas margens, crescia o pasto de capim verde. Nos dias de hoje, nesse mesmo Gerais, encontra-se um polo agrícola altamente capitalizado, com produtividade elevada. Por sua vez, as matas de Andaraí, para onde Cazuzinha do Prado se dirigia para comerciar farinha, situadas na fronteira das terras do Coronel, eram, na época, possivelmente ocupadas por um quilombo, o que significa uma área com rarefeita exploração por parte de latifundiários.[74]

Há dúvidas sobre a propriedade das serras e vales onde se deu a exploração de diamantes. Pelo Mapa 1, verifica-se que toda a região das Lavras estaria contida, pelo menos nominalmente, na sesmaria continental dos Guedes de Brito. Na época das descobertas, no entanto, as terras, quando ocupadas, já não eram exploradas pela Casa da Ponte, mas sim por fazendas formadas por antigos arrendatários, posseiros, invasores ou compradores. Nas serras por onde corriam os rios diamantíferos, para além do planalto e das matas onde se localizavam as fazendas do Coronel Reginaldo, a criação de gado era descartada devido à forte inclinação dos terrenos. A disputa por essas serras e seus cursos d'água ensejará sérios conflitos durante a exploração de diamantes.[75]

Em 1730, em consonância com as *Ordenações Filipinas*, que estabeleciam o regime realengo sobre os recursos minerais, a Coroa portuguesa instituiu o monopólio real sobre a exploração de diamantes em toda a Colônia. Desde 1731, por ordem régia, era proibida essa mineração fora do Distrito Diamantino, comarca do Serro Frio, em Minas. Mesmo havendo garimpos fora do Distrito, não há registro dessa produção, a que houve contrabandeada em violação à proibição régia. O monopólio só foi revogado em 1823, quando uma lei imperial instituiu o regime dominial. Por ele, os recursos do subsolo passavam a fazer parte do patrimônio da Nação e não mais do Rei. Posteriormente, um decreto de 1846 permitia a lavra a quem se interessasse, desde que pagasse direitos de arrendamento, proporcionais ao tamanho do terreno concedido. Segundo Pandiá Calógeras, o decreto regulamentou uma situação de fato já existente, principalmente após a produção no Distrito Diamantino entrar em franca decadência.[76]

O garimpo se expandiu rapidamente pela serra do Sincorá, impulsionado pela prodigalidade daquelas jazidas. Conta-se que, no poço do Padre, nas cercanias do rio Mucugê, um único garimpeiro, de mergulho, apanhou, em um só dia, dezenove oitavas (332 quilates). No mesmo local, o capitão Rodrigo Antônio Pereira de Castro, em quatorze dias de trabalho, conseguiu extrair noventa e três oitavas (cerca de 1.627 quilates). Essas quantidades indicavam que as jazidas eram abundantes, que as pedras preciosas poderiam ser achadas facilmente naqueles inúmeros rios e córregos[77]. Se não havia minas de prata ou cidades perdidas, elementos que alimentaram o imaginário de vários exploradores, a serra do Sincorá revelava agora as suas concretas riquezas.

Ao longo da história, desde a antiguidade, pedras de diamantes sempre geraram fascínio e cobiça, embora não haja razões objetivas para que elas sejam tão desejadas e valorizadas. Os diamantes, na Chapada Diamantina, se inserem na trajetória histórica dessa indústria, que, nesse ponto, vale a pena resumidamente traçar.

A cidade perdida do Cônego Benigno

Desde os primeiros tempos coloniais, a Chapada Diamantina esteve presente no roteiro e no imaginário de desbravadores em busca de riquezas minerais. O primeiro registro de incursão no sertão baiano foi a empreendida por Gabriel Soares de Sousa, por volta de 1591. Tragicamente, o sertanista encontrou a morte por doença e privações nas cabeceiras do Paraguaçu, mesmo local onde antes morrera seu irmão, autor do roteiro original do caminho que levaria a minas de ouro e prata, segundo relato do Frei Vicente do Salvador. Também são famosas as andanças de Belchior Dias Moreia, o Mameluco, neto de Caramuru, que teria encontrado fabulosas minas de prata em algum ponto do sertão baiano. Entre outras possibilidades aventadas, essas minas estariam na Chapada, por onde Belchior andara seguindo o rastro de Gabriel Soares de Sousa. A lenda do Mameluco motivou várias outras expedições para localizar a prata, nunca encontrada, algumas delas em direção à serra do Sincorá. A mais curiosa das expedições à

Chapada foi aquela empreendida por um certo Cônego Benigno José de Carvalho e Cunha. Já ia pela metade o século XIX quando ele e comitiva saíram de Salvador em busca de uma antiga e esplendorosa cidade abandonada, cuja localização seria na serra da Chapada, um segmento da serra do Sincorá onde nascem e correm os rios Mucugê e Cumbucas, fontes iniciais dos diamantes. O Cônego se orientava por um documento de 1753, de autor desconhecido, que relatava o encontro dessa cidade durante a viagem de um grupo de aventureiros em busca das míticas minas de prata do Moribeca, nome que tomara o morgado dos herdeiros do Mameluco. O religioso conseguiu o apoio do Instituto Geográfico e Histórico Brasileiro, há pouco fundado, uma subvenção do governo imperial para sua expedição, além de ajuda do presidente da província.

Essa excursão se insere em um momento da vida intelectual da jovem nação quando ressalta a "perspectiva romântica da ciência". Por ela, assim como na literatura, cabia aos estudiosos construírem uma visão da nacionalidade brasileira com base no seu passado, que deveria ser necessariamente glorioso. No caso de pesquisas arqueológicas, cumpria descobrir evidências de antigas civilizações encravadas em nosso território, de preferência de origem externa. Acreditava-se, entre outras coisas do gênero, que navegadores fenícios ou vikings tivessem plantado portentosas cidades ao aportarem, antes dos portugueses, nas terras brasileiras. É possível relacionar esse afã de busca por cidades perdidas, a Atlântida tropical, aos mitos construídos a respeito dos tesouros, belezas e civilizações que existiriam em algum lugar do Brasil central, explorados por Sérgio Buarque de Holanda em *Visão do Paraíso*.

A excursão do Cônego Benigno não encontrou cidade alguma. Após cinco anos, de 1841 a 1846, data de sua última carta para a capital, ele parece ter desistido da busca. Percorreu vários locais da Chapada, desde o rio Utinga e as matas do Orobó, ao norte, até a região das Lavras. Sua comitiva enfrentou muitas doenças, febres e percalços. Por coincidência, ele assistiu à corrida para o Paraguaçu Diamantino, atual Mucugê, nos momentos iniciais da mineração de diamantes. Cansado, doente e envergonhado, o Cônego pediu autorização para permanecer na região, onde viveu até 1852 exercendo funções sacerdotais no meio daquela horda enfeitiçada pelas pedras brilhantes. Legou um maior conhecimento da geografia da Chapada Diamantina, no momento em que as autoridades lançavam seus olhos para aquela região onde abundavam diamantes. As andanças do Cônego Benigno podem ser visualizadas no mapa a seguir.

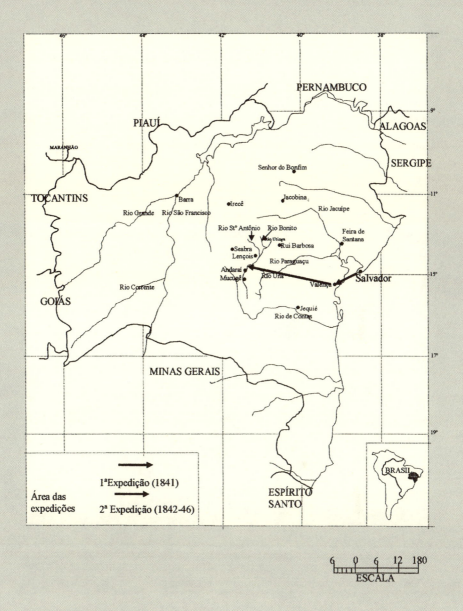

Fontes: Sobre Gabriel Soares de Sousa ver Salvador (1918, p. 351-352). Sobre Belchior Dias, ver Calmon (1983). A aventura do Cônego Benigno é detalhadamente estudada por Almeida (2003). Ver ainda Holanda (2000).

NOTAS

[70] Spix e Martius (1981, v. 2, livro 6, cap. 2, p. 130). Vários autores, a exemplo de Teodoro Sampaio, afirmam que Spix e Martius deram ciência ao sargento-mor Francisco José da Rocha Medrado do caráter diamantino das serras por onde passaram. Embora afirmem que as terras são diamantíferas, nesse livro não há menção ao sargento-mor. Em 1985, Américo Jacobina Lacombe escreveu um artigo (12 de março) no Jornal do Commércio (página 4), do Rio de Janeiro, intitulado "Papéis Velhos: Martius – I", comentando uma carta que Martius enviou, tempos depois de sua viagem ao Brasil (14 de março de 1863), ao Conselheiro Pedro Barbosa, Mordomo da Casa Imperial, dizendo que escrevera ao "intendente dos diamantes da Câmara" comunicando sua percepção de que naquela área haveria diamantes. Não

fica claro quem era esse intendente, mas, ao que tudo indica, tratava-se do intendente dos diamantes, no Tejuco, ainda existente naquela época (SAMPAIO, 1998, p. 139). O artigo de Lacombe pode ser encontrado na Hemeroteca da Biblioteca Nacional <http://memoria.bn.br/DocReader/DocReader.aspx?bib=364568_17&PagFis=72615&Pesq=Am%C3%A9rico%20Jacobina%20Lacombe>.

[71] Derby (1905-06). As informações relatadas por Helmreichen foram colhidas junto a garimpeiros vindos da Bahia, quando de sua viagem ao Grão Mongol, província de Minas, por volta de 1845. É considerada a fonte mais fidedigna dessas primeiras descobertas. Os dados sobre exportações de diamantes podem ser encontrados em Barickman (*op. cit.*, tabela 1, p. 56-57).

[72] A história da descoberta em Mucugê é baseada no livro de Sales (1994). Ver também o relatório de viagem de Benedicto Marques da Silva Acauã, Memórias sobres os terrenos diamantinos da província da Bahia, escrito em 15 de abril de 1847 e publicado por Ferreira (1885, p. 209-217).

[73] Costa (1885), em Relatório apresentado ao Vice-rei Vasco Fernandes Cezar quando voltou da comissão em que fora ao distrito das minas do Rio das Contas. Sobre a genealogia da família Medrado, ver o livro de Medrado (2002).

[74] Interessante observar que a família Medrado esteve envolvida no célebre conflito que opôs os Canguçu, Castro e Moura. Ver Santos Filho (1956) e Souza (2014).

[75] Medrado (2002, p. 17), com base em documentação do arquivo de Cachoeira, registra a compra, pelo sargento-mor Francisco José da Rocha Medrado, em 1809, das terras da antiga sesmaria de João Amaro Maciel Parente – uma vastíssima gleba no médio Paraguaçu –, e a vendeu, após litígio, a Manoel Araújo de Aragão. Não há registros sobre a compra de terras da Casa da Ponte pelos Rocha Medrado. Sobre quilombos na região, ver Pedreira (1962). Carlos de Almeida Toledo também deduz a existência de roças de quilombolas nas matas do Andaraí, onde Cazuzinha do Prado foi negociar. Toledo (2008). A Comunidade Tradicional da Fazenda Velha, situada às margens do Rio Santo Antônio, principal afluente do Paraguaçu, próxima da antiga fazenda de Domingos Gomes de Azevedo (meados do século XIX), em área do Parque Nacional da Chapada Diamantina (1985), município de Andaraí, é um remanescente de quilombola reconhecido pela Fundação Palmares. Possui fortes ligações de origem com o Quilombo do Remanso, em Lençóis, também reconhecido.

[76] Calógeras (1938, tomo I, cap. 2, p. 325).

[77] Acauã (1885, p. 211).

Até que ponto diamantes são eternos?

Mesmo nos dias de hoje, é comum noivas receberem anéis de brilhantes quando são pedidas em casamento. Os romanos já ofereciam anéis às suas prometidas, de ferro, a princípio, mais tarde de ouro. Esse costume, porém, não sobreviveu ao Império, até que, no século XII, o Papa Inocêncio III estabeleceu novas regras para a celebração do matrimônio, dentre elas que a cerimônia teria lugar em uma igreja, quando a nubente receberia um anel. Em 1477, o Arquiduque Maximiliano, da Áustria, ofereceu um anel com uma pedra de diamante à sua noiva, Maria da Borgonha, no primeiro registro histórico desse costume. Por serem, então, muito escassos e encontrados apenas na Índia, no Ocidente diamantes eram usados apenas nas suntuosas joias de aristocratas das cortes que se expandiam, acompanhando a formação dos estados-nação absolutistas.

A difusão em larga escala do anel de brilhante como signo da união entre casais, transformando-o em um bem de consumo de massa, decorre de uma campanha publicitária de muito sucesso, iniciada no final dos anos 1930, voltada inicialmente para o mercado norte-americano. Uma das peças publicitárias dessa campanha pode ser admirada na página seguinte. Para se ter uma dimensão da novidade, até o fim do Século XIX, as americanas, quando pedidas em casamento, costumavam receber um dedal, que era, após o enlace, cortado em forma de anel.

A história do diamante é longa e cheia de episódios marcantes. A pedra exerce um forte fascínio nos humanos desde, pelo menos, o século IV a. C., quando já era comercializada na Índia, onde lhe atribuíam poderes de natureza mística. Seu nome vem do grego *adamas*, que quer dizer "indestrutível", embora, como sugere Godehard Lenzen,[78] essa seria uma interpretação mitológica, oriunda dos romanos, quanto à dureza da pedra.

Desde os primórdios, na Índia, produtores de pedras brutas e lapidadas servem a um mercado global, via intricadas redes de comércio que se ramificam por inúmeras praças. Por volta da segunda década do Século XVIII, pela primeira vez fora da Índia, diamantes foram encontrados no interior do Brasil, mais precisamente na Bacia do Rio Jequitinhonha, estado de Minas Gerais. Os diamantes brasileiros modificaram totalmente o mercado mundial dessas pedras preciosas.

Peça publicitária da Ayer para a De Beers.

O aumento da oferta permitiu que seu consumo acompanhasse a ascensão da burguesia dos países europeus, cada vez mais endinheirada. Sua produção em Minas declinava, ao tempo em que seu valor de mercado aumentava, até que, em meados do Século XIX, iniciou-se sua extração na Chapada Diamantina, o que modificou novamente o jogo do mercado, devido à forte expansão da oferta.

O mundo do diamante sofreria novo e poderoso abalo quando, por volta de 1867, foram descobertas as jazidas do sul da África, na então Colônia Britânica do Cabo (*British Cape Colony*), em território reivindicado pelos antigos colonos *boers*. Nessa região, em 1870, foi encontrada pela primeira vez a chamada "rocha primária" do diamante, perto da cidade de Kimberley e, por isso, batizada de Kimberlito. Essa inovação mudou completamente a atividade de extração. Enquanto, nas outras regiões, o diamante era encontrado rarefeito e misturado com outros minerais nos leitos, margens e grutas dos cursos d'água, os chamados depósitos aluviais, ensejando riscos exploratórios imprevisíveis e pouco controle sobre as quantidades extraídas, as rochas africanas permitiam que as gemas fossem extraídas em larga escala, sem depender de descobertas individuais aleatórias. A grande corrida pelos depósitos do sul da África levou a uma superprodução que inundou o mercado. Essa região produziu, em quinze anos, a mesma quantidade de diamantes que a Índia havia produzido em dois mil anos, e o Brasil em dois séculos. De uma gema rara e preciosa, o diamante se tornou uma *commodity* mineral como várias outras, pelo menos do ponto de vista do volume de produção.[79]

Esse quadro começou a mudar quando vários produtores africanos iniciaram um processo de fusões e aquisições que alterou radicalmente a estrutura da indústria. Logo, em 1880, formava-se a *De Beers Mining Company*[80], cuja origem remonta a empreendimentos de Cecil Rhodes[81], famoso explorador e colonizador daquela região[81]. O processo de fusões e aquisições levou à formação, em 1887, da *De Beers Consolidated Mines*, que passou a controlar toda a produção naquela área. Esse processo continuou ao longo dos anos, chegando à formação de um inexpugnável cartel de grandes produtores, liderado pela De Beers, que, desde 1929 até recentemente, esteve sob controle da família Oppenheimer, constituída de judeus de origem alemã que haviam se estabelecido no sul da África.

O cartel, cujo braço comercial era a *Diamond Trading Company* (DTC), também conhecida como Central Selling Organization (CSO), controlava o mercado mundial mediante a centralização da distribuição das pedras brutas originárias das minas da África e dos principais produtores de outros lugares do mundo, com os quais mantinha acordos de cooperação. Por essa via e utilizando técnicas de vendas bastante heterodoxas, a DTC manteve o controle dos preços, evitando as grandes oscilações típicas das *commodities* minerais. Táticas de *dumping* ou retenção de estoques foram usadas para conter movimentos especulativos ou produtores independentes rebeldes. O cartel comandado pela De Beers chegou a dominar 90% do comércio de pedras brutas. Para se ter uma noção de seu poder de mercado, enquanto, nos turbulentos anos que vão de 1980 a 1998, o preço do ouro oscilou e caiu perto de 40%, o do diamante se manteve relativamente estável, sem notáveis flutuações, valorizando cerca de 20% no curso desse período. O mesmo tipo de comparação, com resultados semelhantes, pode ser feito com outras *commodities*, a exemplo de petróleo, platina, cobre e alumínio.[82]

Se, do ponto de vista da oferta, a situação estava dominada, alguma coisa deveria ser feita para estimular a demanda, tendo em vista os sempre crescentes volumes de produção. Mesmo dominando as rédeas da quantidade de diamantes brutos que chegava ao mercado, o cartel não conseguiu impedir que a demanda e os preços começassem a oscilar, a partir de 1919. Anéis de casamento podiam ser feitos de outros materiais mais em conta para os noivos, preocupados com os tempos difíceis que se avizinhavam. O advento da grande depressão dos anos 1930 só fez agravar o quadro. Assim como todas as *commodities*, o preço do diamante despencou. Frente a essa situação, em 1938, a De Beers formou uma parceria com a agência de publicidade americana N.W. Ayer. A saída seria deslanchar uma campanha para convencer os americanos que eles só poderiam se casar após comprar um anel de brilhantes.

A campanha da Ayer foi muito bem orquestrada, inovadora e com grande dose de criatividade. As peças publicitárias eram veiculadas em magazines de grande circulação, destacando as joias portadas por atrizes, celebridades e mesmo pela Família Real Britânica. As grandes estrelas de Hollywood passaram a usar diamantes, ditando uma moda que persiste até hoje. Em paralelo à campanha publicitária, o trabalho de relações públicas era intenso e persuasivo.[83]

Os planos estavam dando certo: as vendas de diamantes aumentaram mais de 50% nos três primeiros anos da campanha. Esses resultados poderiam melhorar ainda mais, acreditavam os publicitários. Em 1947, a Ayer criou a brilhante asserção *"A diamond is forever"* (Um diamante é eterno), que inspirou nome de filme de grande sucesso (James Bond). Após quase 70 anos, ela ainda era usada pela De Beers, sendo considerada pela indústria de publicidade o melhor *slogan* do século XX. Mais importante, o diamante se fixou no imaginário da crescente classe média do mundo como um símbolo de amor interminável, sólido e inquebrável como a própria gema. Esse fascínio, ou fetiche, foi cultivado e explorado para sustentar a estabilidade em um mercado que só crescia. Após vinte anos da campanha, 80% das noivas americanas desfilavam seus preciosos anéis de brilhantes. Desde a década de 1960, outros países, como Japão, Alemanha e Brasil, foram alvos da mesma publicidade, sempre com muito sucesso.[84]

Com o controle da oferta e dos preços nas mãos do cartel e da DTC, comandados pela De Beers, e o crescimento da demanda promovido pelas ações de *marketing*, ao final do século XX, as perspectivas da indústria eram auspiciosas. De um bem luxuoso de consumo, antes privativo da aristocracia e, mais tarde, da alta burguesia, o diamante se tornou um bem de consumo de massa, embora os segmentos das joias suntuosas de grande valor tenham sido não só preservados como expandidos, em compasso com o aumento no número de pessoas ricas no mundo. A demanda crescia sustentadamente, e os cenários indicavam a Índia e a China como os grandes mercados emergentes. Em 2012, os americanos gastaram quase US$ 7 bilhões somente em anéis de brilhantes. Em 2010, um importante vendedor de joias (*Blue Nile*) lançou um aplicativo *on line* e, por esse meio, fechou a venda de um anel de US$ 250 mil com um usuário de iPad. Anéis de US$ 5 mil são considerados de pouco valor. Um verdadeiro noivo americano deve gastar, no mínimo, dois meses de salário com o artefato símbolo do noivado. Assim manda a "tradição" criada pela De Beers e sua parceira N. W. Ayer.[85] Mais impressionante é que, apesar do forte crescimento da oferta, manteve-se a "ilusão de escassez" do produto, fantasia cultivada pelo cartel e pela publicidade. Fantasia capaz de sustentar, em qualquer conjuntura, a brilhante ilusão, indispensável para a preservação dos preços das gemas.

A prosperidade e a estabilidade do cartel de diamantes liderado pela De Beers começaram a ser ameaçadas com a chegada do Século XXI. Na verdade, os problemas enfrentados pela organização se iniciaram na metade do século passado, quando foram encontrados vastos depósitos de diamantes na Sibéria, em território da então União Soviética. Surpreendentemente, os soviéticos entraram em acordo com a DTC, que, mesmo assim, não conseguiu exercer total domínio sobre essa produção. Além da Rússia, as grandes descobertas na Austrália e no Canadá, nos anos 1990, reforçadas pela crescente produção de Angola e de outros países da África, minaram o poder da De Beers que, desde então, passou a enfrentar um constante declínio em sua fatia de mercado. Hoje, ela detém cerca de 33% das vendas, o que ainda lhe assegura a liderança no segmento de diamantes brutos. Porém não existe mais um canal único de distribuição nas mãos da De Beers. Além das vendas diretas pelos principais produtores, atualmente o comércio conta com trinta e duas bolsas espalhadas pelo mundo, que transacionam tanto pedras brutas como lapidadas. O aumento e a diversificação geográfica da oferta despontavam como condicionantes-chave das mudanças estruturais na indústria, além de questões geopolíticas.

A De Beers enfrentou longas disputas em tribunais dos Estados Unidos e da União Europeia. Nos Estados Unidos, as práticas da De Beers, tida como líder de um cartel de produtores atado a um único canal de vendas, eram claramente ilegais. Desde a época da Segunda Guerra, a empresa sempre conseguia se livrar dos tribunais, utilizando táticas pouco convencionais, como simplesmente não apresentar defesa, mesmo que isso significasse a proibição de fazer negócios diretamente no seu maior mercado. Essa situação iria mudar quando a De Beers foi obrigada redirecionar sua estratégia, em resposta à crescente descentralização do mercado. Em 2004, finalmente, a empresa se declarou culpada de violar a lei antitruste (*Sherman Act*) e pagou uma multa de US$ 10 milhões, em troca do direito de operar no país. Esse acordo contou com o apoio do governo americano, interessado em envolver a De Beers nos seus problemas de segurança na África. Em 2005, foi celebrado outro acordo, referente à uma ação coletiva, pelo qual a De Beers concordou em pagar US\$ 295 milhões a joalheiros, comerciantes e consumidores que compraram diamantes ou suas joias a partir de 1994. Esse acordo proibia a empresa de continuar com as práticas ilegais. Em 2012, todos os problemas na justiça americana estavam resolvidos, e a De Beers poderia operar livremente nos EUA. Na Europa, entre 2002 e 2006, a empresa negociou três acordos com as autoridades regulatórias, que restringiram seus procedimentos monopolistas, evitando que os casos chegassem aos tribunais.

As infindáveis guerras em países africanos produtores de diamantes se tornaram uma grande ameaça ao crescimento da demanda e à estabilidade do cartel. Nos primeiros anos do Século XXI, ONGs internacionais começaram a denunciar que, em Angola, Serra Leoa, República Democrática do Congo (antigo Zaire) e Libéria, "Senhores da Guerra" (*War Lords*) estavam utilizando os "Diamantes de Conflito" (*Conflict Diamonds*) para financiar suas lutas e atrocidades. Para isso, contavam com uma rede clandestina formada por traficantes liberianos e compradores libaneses e israelenses. As ONGs denunciantes (*Partnership Africa Canada* e *Global Witness*) iniciaram uma campanha com o objetivo de promover um boicote ao consumo de todo tipo de joia com diamante. Essas denúncias foram encampadas pelo governo do EUA como parte da sua declarada guerra ao terrorismo. Foi divulgado que al-Qaeda financiava suas atividades com o tráfico de diamantes ilícitos, embora as evidências fossem, no mínimo, questionáveis.[86]

Estabelecida essa ameaçadora confusão, a saída proposta pelo cartel de produtores foi a criação de um sistema de certificação, com o fito de garantir a procedência de cada gema em todas as minas e em todas as etapas da cadeia de suprimento, de forma que o comprador de uma joia tivesse certeza de que a sua origem não estava, de alguma forma, ligada com as sangrentas guerras africanas. Esse sistema de certificação de origem é denominado *Kimberley Process Certification Scheme* (KPCS), sendo mantido e apoiado por um diversificado conjunto de agentes: países produtores, países importadores, organizações não governamentais, comerciantes de diamantes e de joias, até a ONU. Para dar suporte à iniciativa, foi criado, no ano 2000, o *World Diamond Council*, reunindo representantes dos diversos segmentos da indústria. Para os grandes produtores, De Beers à frente, nada mais conveniente para restabelecer a confiança no produto, que reduzir a oferta pela via da certificação e continuar administrando a demanda.[87] Apesar dessa iniciativa, o mercado paralelo dos "Diamantes de Sangue" continua vivo, agora com a ativa participação de ditadores africanos, fornecedores de armas, contrabandistas e financistas de paraísos fiscais, a exemplo de Dubai.[88]

Os negócios estavam prosperando com a explosão dos emergentes mercados asiáticos (China e Índia) quando, em novembro de 2011, a indústria do diamante foi sacudida por uma inacreditável notícia. A família Oppenheimer estava vendendo sua participação na De Beers para a Anglo American, sua sócia desde sempre. A nova sociedade teria o governo de Botsuana com 15% das ações, podendo chegar a 25%, o restante nas mãos da Anglo, fundada pelo primeiro Oppenheimer. Após quase um século, esse nome não estaria mais associado a diamantes. O cartel, nos moldes em que fora montado por Rhodes e Oppenheimer, estava definitivamente desfeito, embora o controle exercido pelos principais produtores permaneça, ainda que em outras bases. O papel de guardião do mercado, antes a cargo da De Beers/DTC, hoje é exercido pela aliança das maiores mineradoras e os bancos que financiam as operações ao longo da cadeia de valor.

O Brasil, durante cento e cinquenta anos o maior produtor de diamantes do mundo, hoje ocupa uma posição marginal nessa atividade. O país possui, no entanto, as maiores reservas não exploradas do planeta. Além de grandes depósitos aluviais em terras indígenas, já foram mapeadas 1.320 ocorrências de kimberlitos, as rochas primárias do diamante, das quais apenas uma se encontra em produção. As previsões apontam para um cenário de escassez do produto, uma vez que a demanda tende a crescer entre 3 a 4% ao ano, e a oferta a se estabilizar, ou mesmo declinar, devido à paulatina exaustão das minas atualmente exploradas e à inexistência de novas descobertas. Nesse cenário, são reais as possibilidades de o Brasil vir a se tornar novamente um grande produtor.

A economia do diamante é pequena quando comparada com a de outros minerais. Em 2014, as vendas das pedras brutas atingiram a casa dos US$ 20 bilhões, enquanto, nesse mesmo ano, as vendas de joias de diamantes ficaram acima dos US$ 80 bilhões pela primeira vez na história, segundo dados da De Beers.[89] Em comparação, somente a produção de ouro primário girou em torno de U$S 145 bilhões, naquele mesmo ano. O grande interesse despertado pela indústria do diamante não vem de sua importância econômica global, e sim de algumas de suas características. Primeiro, ela é de crucial importância para países pobres, a exemplo de Botsuana, no qual é responsável por cerca de 33% do PIB, Namíbia, onde responde por 25% das exportações, e África do Sul, 8% das exportações. Segundo, pelo exemplo único na história da economia capitalista, supostamente de livre concorrência, de formação de um cartel tão fechado, idiossincrático e duradouro. Terceiro, pelas questões geopolíticas historicamente envolvidas, que têm a sua face mais visível nos "*Conflict Diamonds*". Quarto, pelos ciclos de prosperidade e pobreza que a extração de diamantes leva às regiões produtoras, a exemplo do Distrito Diamantino, em Minas Gerais, e das Lavras Diamantinas, na Bahia. Por último, pela vasta produção cultural que tem por inspiração e substrato a crua realidade combinada com a aura de brilhante subjetividade envolvidas na extração e no consumo de diamantes.

O historiador Fernand Braudel, em sua monumental obra *Civilização Material e Capitalismo*, onde analisa a evolução dos meios de sobrevivência que o homem utilizou desde o Século XV até o XVIII, ao falar sobre o supérfluo e o vulgar, de pronto nos alerta:

> Assim o luxo apresenta múltiplas facetas, segundo as épocas, os países ou as civilizações em causa. O que quase não muda, em compensação, é a comédia social, sem começo nem fim, da qual o luxo é ao mesmo tempo o nó da intriga e o tema, espetáculo de qualidade para os sociólogos, psicanalistas, economistas, historiadores. É preciso, decerto, que os privilegiados e os expectadores, isto é a massa que os contempla, concordem numa certa conivência. O luxo não é só raridade, vaidade, é êxito e fascinação sociais, o sonho que um dia os pobres alcançam, fazendo-lhe perder imediatamente todo o seu antigo brilho [...]. Os ricos são assim condenados a preparar a vida futura dos pobres. É a sua justificação, no fim

de contas: experimentam os prazeres de que a massa se apropriará mais cedo ou mais tarde.[90]

O luxo que o diamante encerra percorreu essa trajetória delineada por Braudel. Com uma importante diferença: sua conquista, se não pelos pobres, certamente pelos remediados, não lhe tirou "imediatamente todo seu antigo brilho". Os ricos passaram a cultivar o resplendor de pedras cada vez maiores e raras, deixando aos remediados os anéis de brilhantes com pedras comuns, para eles caras, mas de possível aquisição. Para eles, tudo aconteceu como se "a conquista do supérfluo desse uma excitação espiritual maior do que a conquista do necessário". E um grande mercado foi criado, tendo por signos o eterno e o escasso, signos brilhantemente cultivados pela publicidade pioneiramente auxiliada pela psicologia das massas. Uma criação genial: mantinha o mercado dos poucos e ricos para os diamantes mais raros, ao mesmo tempo em que despejava uma crescente quantidade no consumo de massa. Pedras de diamantes brutos, de alta qualidade, podem ser vistas na fotografia abaixo.

Antes de passar à história dos diamantes na Chapada, vale a pena examinar rapidamente a experiência do Distrito Diamantino, enclave produtivo inserido nos distritos auríferos da colônia portuguesa na América no século XVIII.

NOTAS

[78] Lenzen (1970, cap. 3).

[79] Hart (2001, p. 37).

[80] A denominação De Beers vem do nome dos irmãos, de origem Boer, proprietários de uma fazenda chamada Vooruitzigt, onde, pela primeira vez, os diamantes encontrados foram reconhecidos como de um depósito primário. Ver Lenzen (1970, cap. 7).

[81] Hanna Arendt considera Cecil Rhodes um típico e agressivo representante da burguesia imperialista que promoveu a invasão da África na segunda metade do Século XIX e cujas consequências desaguaram nas grandes guerras do século seguinte. Ver Arendt (2012). O atual Zimbábue, até a sua independência, em 1980, chamava-se Rodésia, em homenagem ao "conquistador" Rhodes.

[82] Essa comparação pode ser encontrada em Spar (2006).

[83] Apenas um exemplo: em um filme de 1953 chamado "Gentlemen Prefer Blondes", Marilyn Monroe canta 'Diamonds are a girl's best friend', canção que obteve grande sucesso. Apesar da campanha da De Beers/Ayer ter sido voltada para nubentes, no prefácio do seu marcante livro, Even-Zohar sugere que o melhor consumidor de diamantes são os homens que resolvem presentear suas amantes com joias. Segundo ele, esse tipo de consumidor é aquele mais disposto a pagar caro e sem discussão devido à natureza secreta de sua compra. Ver Even-Zoar (2007).

[84] Para uma análise aprofundada da campanha da Ayer, que contratou a J. Walter Thompson para repercuti-la em outros países onde não possuía filiais, ver Edward Jay Epstein, Have You Ever Tried to Sell a Diamond? <http://www.theatlantic.com/magazine/archive/1982/02/have-you-ever-tried-to-sell-a diamond/304575/> Acesso: novembro de 2016.

[85] Essas informações podem ser obtidas em < http://mentalfloss.com/article/26619/why-engagement-rings-are-made-diamonds>, acesso em 30/08/2016, 17 h e <http://www.nytimes.com/2013/05/05/fashion/weddings/how-americans-learned-to-love-diamonds.html?_r=0>, acesso em 30/08/2016, 17:30 h. Hart (2001) reporta que a "tradição" de dois meses de salários foi adaptada para cada região. No Japão, foram três meses e, na Europa, apenas um.

[86] O economista, historiador e criminologista R. T. Naylor escreveu um breve relato histórico sobre os diamantes de conflitos, onde chega a afirmar que boa parte dos Blood Diamonds contrabandeados eram comercializados pela De Bears. Ver seu artigo "The political economy of diamonds" em <http://www.counterpunch.org/2007/03/16/the-political-economy-of-diamonds/> acesso em 05/09/2016, às 16 h. Um artigo acadêmico aborda o mesmo tema: Reddy, Henry e Oppong (2005).

[87] A organização criada para cuidar do KPCS pode ser acessada em https://www.kimberleyprocess.com/. O World Diamond Council em < http://www.worlddiamondcouncil.com/>

[88] Ver < http://www.revistaforum.com.br/digital/134/o-mercado-de-diamantes-de-sangue-ainda-existe-e-prospera/>

[89] Os dados sobre a indústria são, muitas vezes, divergentes e incompletos, por razões estratégicas dos países e das empresas produtoras e, mais importante, por conta do volumoso contrabando. Os dados citados constam do relatório anual da De Beers, que pode ser obtido em < https://www.awdc.be/sites/awdc2016/files/documents/DeBeers_Insight_Report_2015.pdf>, acesso em 06/09/16. Os dados do *Kimberley Process Certification Scheme (KPCS)* indicam um valor de US$ 14,5 bilhões para as vendas de diamantes brutos, em 2014. A diferença pode ser explicada pelo fato de a KPCS só computar os diamantes certificados.

[90] Braudel (1970, p. 146).

Além de ouro, diamantes

Notícias sobre a existência de diamantes no Brasil remontam à segunda metade do século XVI. No seu *Tratado Descritivo do Brasil*, de 1587, Gabriel Soares de Souza, o pioneiro explorador do sertão, já anotava: "Em muitas outras partes da Bahia, nos cavoucos que fazem as invernadas na terra, se acham pedaços de finíssimo cristal, e de mistura algumas pontas oitavadas como diamante, lavradas pela natureza que têm muita formosura e resplandor". Após expedição pelo nordeste de Minas Gerais, em 1596, Marcos de Azeredo depositou uma amostra de pedras preciosas aos pés de Felipe II, em Madri, dentre as quais havia diamantes. Por sua vez, o autor dos *Diálogos das Grandezas do Brasil*, escrito em 1618, menciona os diamantes como parte das riquezas da Colônia.[91] Sua exploração econômica, entretanto, somente começou quando as pedras preciosas foram encontradas na comarca do Serro Frio, em córregos próximos ao arraial do Tejuco, tributários do rio Jequitinhonha, onde se minerava ouro no primeiro quartel do século XVIII. Não se sabe muito bem quando e como se deram essas descobertas. Conta a lenda que, antes de serem identificadas como preciosas, as pedras eram usadas em jogos de tabuleiros, como se fossem simples peças sem qualquer outro valor.

Pelo que parece, ao menos desde 1721, a mineração clandestina já existia naquela região, particularmente nas lavras de propriedade de Bernardo da Fonseca Lobo, no rio Morrinhos, que dera ciência do fato ao governador, dom Lourenço de Almeida. Porém, ao invés de comunicar à Metrópole, o governante preferiu se beneficiar da extração ilegal, em associação com o ouvidor da comarca do Serro Frio, um frei que estivera na Índia e conhecia diamantes, e um vendedor ambulante. Finalmente, em 1729, o governador enviou comunicado oficial a Lisboa. À essa altura, Bernardo Lobo já havia cruzado o oceano portando um lote de pedras, recebendo as honras de descobridor e, em recompensa, várias mercês reais.

Em fevereiro de 1730, foi decretado o monopólio régio do diamante. Não obstante, de 1730 a 1734, a mineração foi aberta a todos que possuíssem escravos e capital para investir nas lavras. Cobrava-se uma taxa de capitação sobre cada escravo. Essa taxa, que inicialmente era de cinco mil-réis *per capita*, foi várias vezes aumentada, chegando a quarenta mil-réis. Os sucessivos aumentos, além de elevarem a arrecadação, procuravam controlar a quantidade produzida, pela limitação do número de mineradores. O transporte das pedras só poderia ser feito pela frota portuguesa, cobrando-se 1% do valor de cada uma, a título de frete.

Apesar de vir dos confins do interior da América, as grandes quantidades de diamantes que passaram repentinamente a fluir para a Europa abalaram profundamente o mercado, os preços declinando rapidamente. Após analisar os números das importações desde a Índia, no século XVII, e compará-los com os da produção brasileira a partir de 1730, Godehard Lenzen chegou à conclusão de que a oferta média anual aumentou quatro vezes, considerando as vendas legais, ou oito vezes, caso o contrabando seja computado. Esse estupendo aumento derrubou os preços em 70%, considerando os vigentes antes das novas descobertas: de 100 francos ouro por quilate médio para apenas 30. O impacto da oferta mineira foi tal, que as cotações só voltaram ao nível de 1700 em 1830, quando a produção dessas jazidas já ia bem avançada em seu declínio e ainda não haviam sido descobertas as reservas da serra do Sincorá.[92]

Sinalizando mudança na política de extração, em 1734 foi demarcado o Distrito Diamantino. Tratava-se de uma área em torno do arraial do Tejuco, epicentro da mineração, e que incluía outros arraiais e povoados como Gouveia, Milho Verde, São Gonçalo, Chapada, Rio Manso, Picada e Pé do Morro. Joaquim Felício dos Santos assim a descreve:

> Abrangia esta uma área de forma elíptica, cujo maior diâmetro de norte a sul era de doze léguas e o menor de leste a oeste de sete léguas, contendo setenta e cinco léguas quadradas mais ou menos, não fazendo conta do leito, margens, e tabuleiros do Jequitinho-

nha até sua entrada na Província da Bahia, que também ficaram compreendidas na demarcação. Estes limites foram posteriormente estendidos; porque quando se descobriram diamantes fora da demarcação, eram estes impedidos e compreendidos nela.[93]

De fato, os limites foram constantemente alterados para incluir novas descobertas ao norte da província, a exemplo das do rio Abaeté, onde, por volta de 1786, foi encontrada uma enorme pedra pesando centro e trinta e oito quilates e meio. O Mapa 4 ilustra a demarcação, com base no roteiro de viagem de Auguste de Saint-Hilaire, evidenciando a sua localização no território do atual estado de Minas Gerais.

A Coroa portuguesa resolveu, em 1735, encerrar o regime de exploração aberta. Frente a preços que continuavam a cair, uma pausa na extração seria aconselhável. Apesar da demarcação e da subsequente nomeação do primeiro intendente dos diamantes, toda a mineração na área foi proibida até que as cotações internacionais reagissem. As

Mapa 4
O Distrito Diamantino

Fonte: Coordenadoria das Promotorias de Justiça de Defesa do Patrimônio Cultural e Turístico; Ministério Público do Estado de Minas Gerais < http://patrimoniocultural.blog.br/2016/10/24/saint-hilaire-os-200-anos-da-chegada-ao-pais-do-mais-brasileiro-dos-naturalistas-europeus/>

concessões anteriores de datas foram revogadas, e novas licenças passaram a ser expedidas apenas para a mineração de ouro. Os diamantes já extraídos seriam recolhidos e guardados em cofre da intendência, contra recibos que passaram a ser usados nas transações correntes. Com isso, grande parte do contingente populacional que havia para lá se deslocado restou desocupado e sem perspectivas, a não ser aqueles que garimpavam ilegalmente.

A exploração foi reaberta em 1740, agora submetida ao regime de contratos. Na percepção da Coroa, com os contratos, seria mais fácil controlar a produção, conter o declínio dos preços e reprimir a extração ilegal e o contrabando. Para tanto, delimitava-se uma área a ser explorada pelo contratador, visando a limitar a extração e a preservar reservas para futuros contratos. Ademais, o número de escravos a serem empregados nas lavras era restrito a 600, indicando uma capacidade nominal para o volume de produção. Os contratadores pagariam uma quantia fixa de 230$000 por escravo. Para arrematar um contrato, era necessário ter crédito nas praças de Lisboa e do Rio de Janeiro que bancasse as vultosas despesas antecipadas, os contratantes dividindo os riscos com os financiadores. Em alguns casos, o capital de giro dos contratadores foi adiantado pela Provedoria da Fazenda Real em Vila Rica. Foram celebrados seis contratos pelo período de quatro anos, alguns deles renovados. O Quadro 1 relaciona os contratadores e os períodos de cada contrato.[94]

Quadro 1
Contratadores e períodos de contrato

Contratadores	Períodos
1. João Fernandes de Oliveira e Francisco Ferreira da Silva	1740-1743
2. João Fernandes de Oliveira e Francisco Ferreira da Silva	1744-1747
3. Felisberto Caldeira Brant, Alberto Luís Pereira e Conrado Caldeira Brant	1748-1753
4. João Fernandes de Oliveira, Antônio dos Santos Pinto e Domingos de Basto Viana	1753-1758
5. João Fernandes de Oliveira, Antônio dos Santos Pinto e Domingos de Basto Viana	1760-1762
6. João Fernandes de Oliveira e João Fernandes de Oliveira, filho[95]	1762-1771

Fonte: Eschwege (1979, p. 115).

As limitações impostas pelos contratos, quanto ao número máximo de escravos empregados e área a ser lavrada, não eram obedecidas. Trabalharam nas minas até mais de quatro mil cativos, e os contratadores utilizavam variados pretextos e desculpas para tantos aumentos. Na verdade, a taxa de capitação, de 230$000, era reconhecidamente excessiva, frente ao rendimento previsto para as minas e os preços vigentes no mercado internacional. Os grandes negociantes de Londres e Amsterdam especulavam com os diamantes provenientes da Índia para derrubar as cotações dos brasileiros. Frente a uma situação potencialmente deficitária, os contratadores tratavam de burlar as cláusulas contratuais, além de participar das redes de contrabando. As alianças entre os senhores da extração e as autoridades garantiam a permanência da ilegalidade e do descaminho, mesmo que as disputas e os conflitos entre grupos locais pelas rendas do contrabando fossem uma constante. Os contratadores gozavam de grande poder e riqueza, o que atraía competidores, tornando o Distrito um palco de lutas políticas desenfreadas. Não obstante, os três primeiros contratos geraram problemas e dívidas para seus titulares que, mesmo com todo o contrabando, não conseguiam honrar as suas letras nas praças de Lisboa e do Rio de Janeiro.[96]

A saga dos Caldeira Brant

Com a descoberta dos diamantes, a Coroa portuguesa se viu frente ao intricado problema de como melhor usufruir desses recursos coloniais. Inicialmente, ela optou por um regime de exploração livre, pelo qual quem quisesse minerar pagaria um imposto de capitação, incidente sobre cada escravo empregado nas lavras. Esse regime de exploração não satisfez ao pantagruélico apetite da Coroa. Mesmo com a instituição de um enclave territorial dentro da Colônia, o Distrito Diamantino, onde a entrada e saída de pessoas e cargas eram, presumivelmente, estritamente controladas, ainda assim, o contrabando grassava.

Em 1740, a Coroa, após suspender a extração por quatro anos, visando a impedir o colapso dos preços, resolveu implantar um novo regime de exploração, os famosos contratos. Eles se assemelhavam a contratos de concessão, tão presentes na gestão pública dos dias de hoje. Concediam o monopólio da extração aos contratadores, em troca de um valor fixo e outra parte variável. Em 1749, Felisberto Caldeira Brant e seus sócios arrebataram o terceiro contrato de extração de diamantes na região do Distrito, válido por quatro anos. Felisberto era um homem de origem fidalga, nascido em São João Del Rei, mas que, na verdade, havia amealhado fortuna desbravando novas minas de ouro em Goiás e Paracatu. Quando obteve o contrato dos diamantes, ele já havia se revelado um empreendedor de boa cepa naqueles bravios sertões de antigamente, colecionando brigas e inimigos. Durante o período de seu contrato, o Distrito cuja "capital" era o arraial do Tejuco, atual Diamantina, viveu tempos áureos. Vários feitos foram empreendidos, a região passou por um período de vívida agitação econômica. Felisberto liderou essa arrancada e, no processo, só fez aumentar sua fortuna e a de seus sócios. Era, então, o homem mais rico da Colônia, quiçá de todo o Reino. Até entrar em conflito com as autoridades da Coroa.

Sempre houvera uma sociedade entre os contratadores e as diversas autoridades destacadas para servir na Colônia – vice-reis, governadores, ouvidores, provedores, intendentes etc. –, algumas com a atribuição de vigiá-los. Para a Coroa, importava maximizar a renda da extração. Para as autoridades, importava maximizar suas rendas pessoais, e os reinóis vinham tão somente "fazer o Brasil". Nesse mister, era imprescindível estabelecer uma sólida parceria com os contratadores, girando em torno da renda extra do contrabando, que amontava em, pelo menos, metade da produção. Uma gorda parte do negócio que a Coroa nunca poderia meter sua gulosa mão. As autoridades nem sempre se entendiam. Pelo contrário: cada uma tinha seus interesses e seus parceiros, formando redes de rendas extraordinárias sustentadas pelo poder legal e armado. Felisberto, orgulhoso e vaidoso, não calculou direito a correlação de forças, falou demais, bravateou e acabou defenestrado. Entrou na alça de mira do todo poderoso Marquês de Pombal, o "déspota esclarecido" que Portugal revelou, temeroso de sua influência e proeminência no Distrito Diamantino. Caiu em desgraça. Preso, processado, condenado e acorrentado foi transferido para o Rio de Janeiro, depois para Lisboa, onde purgou um bom período nas masmorras do famoso presídio do Limoeiro. Todos os seus bens e de sua família foram sequestrados, com a justificativa de honrar dívidas do contrato, que se tornaram críticas devido a um misterioso sumiço do cofre de diamantes da Intendência, episódio nunca esclarecido.

O mesmo Pombal o libertou em 1755, quando do terremoto de Lisboa, em vista de que, após o desabamento do presídio, enquanto os outros presos fugiram, ele se apresentou às autoridades perguntando onde deveria ficar. Liberto, veio a falecer pouco depois, em Portugal, aos 51 anos. Felisberto Caldeira Brant Pontes Oliveira e Horta, neto do primeiro Felisberto, foi o 1º Visconde e depois Marquês de Barbacena. Nascido em Mariana, em 1772, era filho de Gregório Caldeira, que viera ao Brasil para tratar da liquidação dos bens da família. O Marquês de Barbacena desempenhou um papel político importante durante o Primeiro Reinado: marechal, senador, ministro, conselheiro de estado, mordomo da rainha, articulador da Independência. Tornou-se desafeto e opositor de Pedro I, sendo considerado um dos artífices da "abdicação compulsória" do primeiro Imperador, em 1831. Alinhava-se entre os nativistas de José Bonifácio. Sua influência aumentou com a Regência e o Segundo Reinado. Seu filho, o Visconde de Barbacena (Felisberto Caldeira Brant Pontes), durante o Segundo Reinado, foi deputado, diplomata, presidente da província do Rio de Janeiro, dono de engenho na Bahia, destacado empreendedor (construtor de estradas de ferro). Destarte, mesmo com toda a tragédia, o primeiro Felisberto deixou uma descendência que honrou sua trajetória patriarcal e patrimonialista. A família Caldeira Brant move, desde a década de 1960, uma ação judicial de indenização, no Tribunal Internacional de Haia, contra Portugal. O valor estimado do confisco foi de trinta toneladas de ouro, além da casa onde ainda hoje funciona o palácio do Arcebispado de Diamantina. O valor atualizado amonta quatrocentos e noventa milhões de dólares.

Fonte: Santos (1976, cap. 9).

A política de extração de diamantes mudou novamente. Insatisfeito com os resultados e problemas causados pelos contratos e inspirado na doutrina mercantilista, o Marquês de Pombal, todo poderoso ministro de D. José, instituiu, em fins de 1771, o regime de exploração direta. Foi criada a Real Extração dos Diamantes, um empreendimento estatal a ser dirigido pelo Intendente, desde o Tejuco, auxiliado por um fiscal e três caixas, que passaram a ser responsáveis não só pela administração do Distrito, como também pela gestão da produção realizada por escravos, a maior parte deles alugada. O curioso é que o conhecimento técnico desses oficias reinóis sobre a mineração e o comércio de diamantes era praticamente nulo.[97]

O Quadro 2 reúne dados comparativos entre o período dos contratos e o da Real Extração. A produção média anual, durante os trinta e um anos de contratos (de 1740 a 1771), 53.760 quilates, foi superior à média de 41.698 quilates da Real Extração, considerando o período de 1772 a 1785. O que mais chama atenção, porém, é a grande quantia despendida com os custos da extração (3.985.427$910), em relação às receitas (4.732.652$250). Essa diferença (747.224$340) produziu uma margem bruta na casa dos 15%, se considerada a venda dos estoques, conforme é destacado por Eschwege. Enquanto isso, a renda média auferida pela Coroa, durante a vigência dos contratos, correspondeu a 30% do valor das vendas.

Essa pequena margem relativa da Real Extração é explicada pelas altas despesas incorridas com a burocracia e as forças armadas instaladas no Distrito e, não menos importante, o aluguel de escravos, um excelente negócio para seus proprietários, dentre os quais funcionários da Intendência. Além do Intendente, caixas, fiscais e tropas, a estrutura contava com um número significativo de administradores e feitores, encarregados de supervisionar os trabalhos nas lavras, o que requeria severa vigilância sobre os escravos. Comparando-se a receita média anual líquida desse período da Real Extração (57.478$795) com aquela auferida durante a vigência dos contratos (149.747$793), verifica-se que o empreendimento estatal, em termos de rendas, não foi muito proveitoso para a Coroa.

As pedras brutas eram enviadas anualmente para Lisboa em pequenas caixas lacradas, depositadas na Casa da Moeda, aquelas acima de vinte quilates de propriedade régia. Até o fim do terceiro contrato, os

Quadro 2
Dados comparativos dos Contratos e da Real Extração
(valores monetários em Real)

Indicadores	Contratos	Real Extração
Períodos	1740-1771	1772-1785
Média anual de quilates extraídos	53.760	41.698
Preço médio do quilate	9$698	8$479
Valor total arrecadado pela Coroa	4.642.181$586	4.732.652$250
Valor médio anual das vendas no período	500.496$892	364.050$173
Despesas da Coroa	0	3.985.427$910
Valor líquido arrecadado pela Coroa	4.642.181$586	747.224$340
Valor médio anual arrecadado pela Coroa	149.747$793	57.478$795

Fonte: Eschwege (1979, tabelas II e III, p. 116).[98]

arrematantes tinham o monopólio da produção e a liberdade de co-mercialização. Os problemas decorrentes dos três primeiros contra-tos, porém, haviam gerado terríveis consequências sobre o comércio de Lisboa, com muitos comerciantes credores de letras lastreadas em diamantes que nunca poderiam ser honradas pelos contratadores. A Coroa foi instada a intervir, por meio do Tesouro Real, para evitar uma onda de falência generalizada nas praças de Lisboa e do Rio de Janeiro.

Por tudo isso, a partir do quarto contrato de extração, toda a distri-buição, na Europa, passou a ser feita por comerciantes internacionais contratados com exclusividade pela Coroa. Esses contratos estipula-vam uma quantidade mínima de retirada anual de diamantes, bem como um preço fixo por quilate. Com isso, procurava-se sustentar os preços e garantir uma renda mínima para o Tesouro Real. Foram ce-lebrados contratos com cinco diferentes firmas, formadas por conhe-cidos negociantes de diamantes: Bristows Warde & Co. (1753 a 1756), John Gore & Josué Van Neck (1757 a 1760), Daniel Gildemeester (1761 a 1787), João Ferreira & Paulo Jorge (1787) e Benjamim e Abrahão Cohen (1783 a 1790).[99]

Apesar de deter o virtual monopólio da produção, o governo português foi incapaz de exercer o controle sobre o mercado. O comércio continuava a ser inundado pelas pedras contrabandeadas, o que impedia a efetiva gestão da oferta. O papel de canal único de vendas, parecido com o da DTC/De Beers no século XX, era, de fato, desempenhado pelos grandes comerciantes, que mantinham relações especiais com a Coroa, os detentores dos contratos que asseguravam o monopólio da distribuição. Os termos desses contratos nunca foram cumpridos à risca. As quantidades efetivamente retiradas variavam de acordo com as idas e vindas do mercado, e os aumentos dos preços estipulados raramente eram honrados. Os contratantes se protegiam das oscilações na demanda pela redução das retiradas, deixando a diferença entre as suas compras e a produção, que formava os tais estoques, com a Coroa. Com isso, os preços pagos em Lisboa não flutuavam de acordo com o volume de produção, nem com o comportamento da demanda, ditados que eram pelos grandes negociantes. O preço médio por quilate recebido pelo Tesouro Real, no período que vai de 1753 (quando os contratos de distribuição começaram) até 1790, 8$479, correspondeu a 70% do preço de 1740 (11$981), quando começaram os contratos. Ao concentrarem a oferta das pedras brutas, os contratantes obtinham preços bem maiores no mercado, sem repassar nenhuma parcela ao governo português.[100]

O Gráfico 3 ilustra a trajetória da produção e dos preços pagos em Portugal durante os contratos e a Real Extração (de 1740 a 1790). A tendência de declínio dos preços é bem clara e independe de flutuações no volume produzido. Mesmo com o crescimento da demanda decorrente da expansão da burguesia e da ostentação da nobreza nas cortes absolutistas, o aumento do volume de produção brasileira foi de tal monta, que impediu a valorização da mercadoria. A recuperação dos preços vai esperar até o século XIX, quando a produção de Minas já estava em franco declínio. Essa situação certamente reduziu as rendas geradas por essa riqueza para Portugal. Premido para cobrir seus constantes déficits, o Tesouro Real acabou aceitando, a partir de 1753, que diamantes fossem usados como garantia de empréstimos no mercado financeiro europeu, inaugurando uma prática que, nos dias de hoje, envolve bancos e os agentes da cadeia de valor da indústria.[101]

Ao tempo da criação da Real Extração, instituiu-se uma legislação específica para o Distrito Diamantino, que, quando impressa, ficou conhecida como o *Livro da Capa Verde*. Essa publicação era, na verdade, a consolidação de uma série de normas que já vigoravam, mas que, agora, teriam de ser obedecidas. Tomado ao pé da letra, o *Livro da Capa Verde* criava uma situação institucional atípica: um enclave dentro da Colônia, dotado de leis e administração próprias, diretamente vinculado a Lisboa. A Metrópole não queria intermediários naquele negócio, cheio de nuances e segredos. O *Livro da Capa Verde* é mais conhecido por seu caráter despótico, denunciado por diversos autores, dentre os quais se destaca Joaquim Felício dos Santos. Uma peça exótica, tentando, mas não conseguindo inteiramente, instituir um estado de exceção dentro de outro estado de exceção.[102]

A extensa e por vezes contraditória regulamentação do Distrito Diamantino procurava, sobretudo, reprimir a exploração ilegal e o contrabando, tendo sempre em vista o aumento das receitas reais. Foi proibida a residência, nos limites do Distrito, de indivíduos sem ocupação definida; estimulavam-se as denúncias anônimas de contrabando e crimes, com recompensa para os denunciantes; a pena de despejo era imposta a simples suspeitos; instituíam-se severas punições para escravos fugidos e extraviadores; e se controlavam, rigidamente, a entrada e a saída de indivíduos. Para gerir o fluxo de pessoas, de mercadorias e, principalmente, de diamantes, foram criados seis

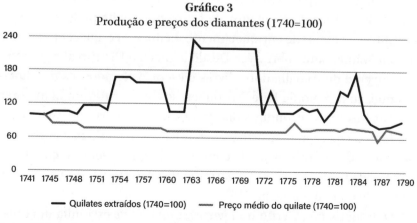

Gráfico 3
Produção e preços dos diamantes (1740=100)

Fonte: Elaborado com base nos dados de Eschwege (1979, tabelas II e III, p. 116).

registros (Caeté-Mirim, Rabello, Palheiro, Pé-do-Morro, Inhacica e Paraúna), que funcionavam também como postos fiscais. Para cada Registro era designado um fiscal, que contava com um destacamento de guardas a seu dispor. Os dois principais impostos eram as "entradas", incidentes sobre toda a mercadoria a ser comercializada no Distrito, incluindo escravos e gado, e os "dízimos", cobrados sobre a produção local, exclusive diamantes.

Lastreada em pesquisas recentes, Júnia Ferreira Furtado constrói uma inédita interpretação da dinâmica social no Distrito Diamantino no período da Real Extração. Assim como Joaquim Felício dos Santos, ela destaca, em primeiro lugar, os conflitos entre intendentes e governadores da Capitania de Minas Gerais, cada qual com uma guarda armada sob suas ordens, e entre esses e os burocratas metropolitanos, sem falar do Vice-Rei, instalado no Rio de Janeiro, por onde as pedras embarcavam. Discutiam-se a interpretação e a aplicação do Regimento, mas, na verdade, esses conflitos geralmente revelavam a disputa pelo poder no Distrito, onde grupos da elite local, associados a oficiais do governo, brigavam pelo controle das redes de contrabando, que principiavam nas lavras e iam até Lisboa, envolvendo autoridades maiores e menores, todas interessadas em maximizar suas rendas e não as da Coroa. A disputa pelos cargos era uma batalha especial nessa guerra, não só pelos rendimentos e vantagens, mas também pela possibilidade de participar das teias da contravenção em posição privilegiada.

As normas legais eram constantemente burladas, adaptadas à realidade política do momento, de forma que a elite pudesse sempre encontrar os meios de enriquecimento ilícito, sem esquecer as tramas da raia miúda para sobreviver. Desde o início, o Distrito abrigava um contingente de trabalhadores livres e escravos fugidos, os garimpeiros que, ao arrepio da lei e dos poderosos, perscrutavam diamantes nos lugares mais recônditos das serras, nas brenhas dos vales, sempre fugindo da repressão armada e dos fiscais, quando não partícipes das redes de contravenção. O contrabando quase sempre começava na extração, nas lavras ou no garimpo ilegal, terminando na Europa, passando ou não por Lisboa.[103]

O despotismo inscrito no *Livro da Capa Verde* escondia uma realidade cotidiana diferente, fruto de uma estrutura social em ebulição.

Os dados populacionais da Comarca do Serro Frio disponíveis, resumidos na Tabela 3, indicam o grande crescimento demográfico no período – a população aumentando quase cinco vezes – e nos ajudam a vislumbrar a realidade social do Distrito, cuja estrutura é sinteticamente caracterizada por Júnia Ferreira Furtado:

> A sociedade diamantina seguia os mesmos contornos da Capitania: era composta de uma grande camada de escravos, seguida de homens livres e pobres, geralmente pardos, e finalmente uma pequena classe dominante branca, em sua maioria portugueses, que ocupavam os principais postos administrativos. Esta sociedade, plural, heterogênea e múltipla era dificilmente dominada pelas autoridades, apesar de terem em mãos um regimento autoritário e excludente, e de afastarem a população da mineração do diamante. O espaço da diversidade e do conflito esteve sempre presente e esse último não se dava prioritariamente entre a população local como um todo contra a Administração colonial, mas muito mais entre classes dominantes entre si, buscando privilégios e cargos, ou entre estas e as classes dominadas: os escravos, os homens livres e pobres, e os desclassificados sociais.[104]

Tabela 3

População da Comarca do Serro Frio

	Brancos		Pardos		Negros		Total
	Quantidade	%	Quantidade	%	Quantidade	%	
1738	1.744	14	2.420	20	7.937	66	12.101
1775	13.655	23	15.289	26	29.840	51	58.784

Fonte: elaborado com base em Júnia Ferreira Furtado (2008), p. 41, Quadro 1.

Essa análise leva à conclusão de que a grande beneficiada com a Real Extração foi a elite local, tanto pela obtenção de cargos como pelo aluguel de mão de obra, as duas coisas quase sempre caminhado juntas com o contrabando. As despesas da Real Extração eram feitas no Distrito, internalizando-se uma parte do valor que, no regime dos contratos, era transferida para Lisboa. O aluguel de escravos rendia juros de 16% ao ano sobre o "capital" empregado, medido pelo preço corrente do escravo. As despesas eram pagas com os famosos bilhetes da Extração, que tinham curso como moeda. Se, no início, o esque-

Lavagem de diamantes em uma lavra do Distrito Diamantino.
Fonte: Gravura em cobre de origem desconhecida.

ma funcionou bem, posteriores atrasos no envio de numerário desde a Metrópole fizeram com que os bilhetes entrassem em descrédito e perdessem valor, devido à incapacidade de resgaste pela Intendência, provocando forte turbulência na economia local. Lembre-se que a produção ilegal correspondia à metade do total extraído, de acordo com estimativa aceita por diversos autores, e que ela também dependia, em alguma medida, da circulação monetária local.

Pelo visto, o arranjo pombalino não conseguiu aumentar as receitas da Coroa, tampouco sustentar os preços. Seus efeitos mais visíveis foram a extinção do ameaçador poder dos contratadores, o fortalecimento econômico e político da elite do Tejuco, vinculada a interesses da Corte, e, por essa via, a obtenção de apoio ao absolutismo do autor. Essa elite foi aquela notada por seu fausto e luxo quando Saint-Hilaire por lá passou:

> As lojas dessa aldeia são providas de toda sorte de panos; nelas se encontram também chapéus, comestíveis, quinquilharia, louças,

vidros e mesmo grande quantidade de artigos de luxo, que causam admiração sejam procurados a uma tão grande distância do litoral [...]. Aí reina um ar de abastança que não havia observado em nenhuma outra parte da Província. As casas são conservadas com cuidado; os homens brancos são geralmente bem trajados e as mulheres brancas que tive ocasião de ver não o eram menos.[105]

Portugal nunca contou com uma forte indústria de lapidação de diamantes, concentrando-se no comércio das pedras, desde os tempos da Índia, quando os judeus foram expulsos do país. Instalar essa operação na Colônia nunca esteve nos planos da Coroa. Pelo contrário. Seguindo a lógica mercantilista, importava reduzir ao máximo o valor agregado na fonte. Com a vinda forçada da Corte para o Brasil, estabeleceu-se uma pequena oficina de lapidação, em 1812, anexa à Casa da Moeda. Essa iniciativa, entretanto, não prosperou, sendo extinta em 1830. A lapidação voltou a ser instalada, em pequena escala, em Diamantina, por volta de 1873, e em Lençóis, na Bahia, a partir de 1880, também sem muito sucesso. Apesar de ter sido um grande produtor de diamantes por mais de cento e cinquenta anos, o país nunca desenvolveu, de forma significativa, a indústria de beneficiamento do produto.[106]

A história do Distrito Diamantino mineiro reproduz a de províncias minerais que, quando os depósitos começam a se exaurir, entram em período de irremediável decadência. Irremediável porquanto toda a sociedade e sua economia estiveram por muito tempo voltadas quase exclusivamente para a mineração. As atividades complementares – agricultura, pecuária, comércio – são dependentes do mercado criado pela extração mineral. Todas decaem juntas, lentamente, ao ritmo do declínio da produção da principal mercadoria. A parte da elite que não vai embora passa a viver do passado e dos privilégios que conseguem manter, aprofundando o estado de parasitismo. Os capitais acumulados na época de abastança desaparecem rapidamente, uma vez que não foram aplicados em atividades capazes de engendrar outra dinâmica econômica. A população diminui paulatinamente, pois ali não há mais o que se fazer. Apenas as instituições adquirem alguma resiliência, driblando a decadência para manter privilégios. A Real Extração seria extinta, por decreto, em 1846, criando-se, no entanto, uma nova administração, uma outra burocracia para administrar a concessão de datas. Como a aplicação desse decreto gerou problemas, a Real Extração só foi definitivamente extinta em 1853.

Quando diamantes foram descobertos na Chapada Diamantina, a produção em Minas já estava, há algum tempo, em franca decadência. Em meados do século XIX, o país já era independente, estava em pleno segundo reinado e gozava de relativa estabilidade política e institucional. Por isso, o contraste com a experiência colonial pôde enriquecer a apreciação da experiência baiana.

NOTAS

[91] Souza (1851). Brandão (1977, Diálogo Primeiro).

[92] Lenzen (1970, p. 121 e 123).

[93] Santos (1976, p. 57).

[94] Os diversos contratos sofreram algumas alterações, porém sem se modificar a lógica do pagamento por capitação e limitação de área a ser lavrada. Para uma análise detalhada dos contratos, ver Calógeras (1938, p. 293-312). É interessante observar que Lenzen (1970) cita como contratante a sociedade entre Gebr. Bretschneider, de Amsterdam, e a casa bancária de Hope & Co, famosa por grandes empréstimos a governos, que não são mencionados na historiografia brasileira. O autor chega a registrar que um dos irmãos Bretschneider ficava no Brasil supervisionando a produção e, ao mesmo tempo, atuava como embaixador dos Países Baixos na Corte portuguesa. É possível que tais agentes fossem os financiadores dos primeiros contratantes portugueses e, por esse meio, tivessem acesso exclusivo às pedras brutas para posterior comercialização na Europa, principalmente em Amsterdam. Como não foram encontradas outras evidências, não podemos afirmar tal situação. Porém, ela indica o grau de dependência de Portugal em relação aos comerciantes e banqueiros do Norte.

[95] João Fernandes de Oliveira Filho, o filho, foi o famoso amante de Chica da Silva.

[96] A principal fonte original sobre os contratos e a Real Extração de diamantes é o documento publicado nos Anais da Biblioteca Nacional (1960, v. 80), possivelmente um dos Códices de Caetano Costa Matoso, intitulado **Do descobrimento dos diamantes, e diferentes métodos, que se tem praticado na sua extração**. Os dados que compõem as tabelas 3 e 4 são oriundos desse documento.

[97] O primeiro engenheiro de minas e geólogo contratado pelo governo Português, em 1803, foi o célebre Wilhem Ludvig von Eschwege que, apesar de todos os seus estudos e esforços, não conseguiu influenciar a política mineral do país, retornando à Europa, em 1921, desgostoso e cansado. Deixou o Pluto Brasiliensis, obra considerada o marco inicial na mineralogia do país.

[98] Conforme é observado por Calógeras, há alguma discrepância nos dados de produção entre as fontes mais conhecidas (Eschwege, Spix e Martius e Antonio Olhynto). Resolveu-se trabalhar com os números de Eschwege por serem mais completos e pelo reconhecido trabalho de pesquisa realizado, no início do século XIX, por este experiente geólogo. Ver Calógeras (1936, p. 322-323).

[99] Calógeras (1936, p. 308).

[100] Lenzen (1970, p. 127) descreve uma situação em que os contratantes pagavam 45 francos ouro por quilate e vendiam a 159 no mercado de Amsterdam.

[101] Para os contratos internacionais, ver Pinto (1979, p. 212-223). Sobre o início do uso de diamantes como garantia de empréstimos, ver Even-Zohar (2007, p. 272-273).

[102] Santos (1976).

[103] Além de denunciar o caráter despótico da gestão do Distrito Diamantino, Santos (1976), no Capítulo XXXII, pinta o garimpeiro com cores românticas a até heroicas. Destaca o afã de liberdade e o caráter aventureiro desse explorador, que enfrentava as dificuldades do terreno e a repressão oficial, algumas vezes em conflitos armados. Dedica um capítulo ao mais famoso de todos, Isidoro, narrando "sua vida, prisão, martírio e morte". É importante ainda destacar a figura do *capangueiro* nas redes de contrabando. Santos (1976, p. 157-158) o define: "[...] era dos que faziam o comércio da capanga, isto é, os que, com pequenos capitais, compravam aos garimpeiros pedras isoladas ou pequenas partidas para vendê-las aos exportadores. Os exportadores neste gênero faziam as vezes de comerciante de grosso trato: levavam-nos ou mandavam-nos para fora". Esse termo, com a mesma conotação, será empregado nas Lavras Diamantinas.

[104] Furtado (2008, p. 43).

[105] Saint-Hilaire (1974, p. 29 e 33).

[106] Calógeras (1936, p. 344-347).

A corrida nas Lavras Diamantinas

Após a descoberta de fartos diamantes no rio Mucugê em 1844, a expansão da mineração na Chapada se deu de forma muito rápida. Partindo do Paraguaçu Diamantino, o garimpo avançou na direção norte, alcançando, na sequência, Andaraí (incluindo o distrito de Xique-Xique de Igatu), Lençóis e, finalmente, Palmeiras, fechando o círculo em Ventura, distrito de Morro do Chapéu. As descobertas seguiam os cursos dos rios e córregos, atraindo ávidos desbravadores. Em um período de dois anos, essas povoações já abrigavam levas de garimpeiros livres, bem como poderosos com seus escravos, sem contar os aventureiros de toda estirpe, engrossando um fluxo populacional que só tivera precedente na corrida do ouro em Minas Gerais no século XVIII. Esse processo de povoamento é descrito por Gonçalo de Athayde Pereira:

> O que nos parece possível, depois de apurarmos o que diziam uns e outros, é que reconhecida a importância dos terrenos diamantinos, aberta a estrada de Mucugê para as Matas do Paraguaçu, onde havia moradores ocupados na lavoura de mandioca, desceram os garimpeiros a serra pelo riacho dos Pombos, perto de Chique-Chique e foram instalando aqui e acolá, faiscando e minerando, formando aglomerações ou influências, na gíria conhecida dos mineiros, e de tais influências nascia um povoado, que afinal tomava proporções de adiantamento, e onde poucos roceiros já se ocupavam da plantação de mandioca e de alguma pescaria no rio Paraguaçu.[107]

O povoado do Paraguaçu Diamantino foi elevado à categoria de vila em 1847, com a denominação de Santa Isabel do Paraguaçu.[108] Em 1856, foi a vez de Lençóis, desmembrada de Santa Isabel, sendo elevada à categoria de cidade em 1864[109]. Importante ressaltar que boa parte das terras de Lençóis também pertencia à família Medrado, que havia vendido, no início do século XIX, antes dos diamantes, alguns tratos para criadores de gado se instalarem na região. Andaraí foi elevada à condição de vila em 1884, com seu distrito de paz de Xique-Xique (Igatu).[110] Por último, Palmeiras tornou-se vila em 1890, em terras que foram primeiramente colonizadas, na segunda década do século XIX, por um criador de gado que havia comprado um pedaço de terra que também pertencera aos Medrados.[111]

A condição de vila implicava a presença do Estado por meio da designação de um juiz de direito e da criação de distritos policiais, sob comando de um delegado ou subdelegado. As vilas das Lavras permaneceram, por muito tempo, na condição de termos, subordinados à comarca de Rio de Contas. Em pouco tempo, a comercial Vila de Lençóis passou a ser considerada a "capital" das Lavras, devido à abundância de diamantes nos rios São José e seus afluentes, passando a abrigar a maior população e o mais forte comércio, além de ser uma parada no caminho em demanda do São Francisco.

Ressalta, nessa cronologia, a velocidade com que foram surgindo os arraiais, depois vilas, por último, cidades, evidenciando o grande contingente populacional que afluiu à região, atraído pelos diamantes. Em 1848, segundo Gustavo Adolpho de Menezes, aquele território já reunia cinquenta mil almas. Sua descrição desse povoamento é notável:

> Estas serras outrora inóspitas e desabitadas, esconderijos dos répteis e das feras, conhecidas apenas pelos caçadores, e de um ou outro esquisito, que nelas habitava na maior rusticidade entre suas florestas virgens e gigantescas, rivalizando com o elevado aspecto desses colossos de rocha e de granito são presentemente habitadas, e onde a civilização, a moral, e grandes sacrifícios dos novos habitantes criaram as vilas de Santa Izabel, de Lençóis, notáveis arraiais, quais o do Andaraí, Chique-Chique, Barro Branco, Cravado e outros de segunda e terceira ordem.[112]

A ocupação das terras se deu de maneira caótica e conflituosa. Além de garimpeiros livres, oriundos de outros distritos minerais da Bahia e de Minas, chegavam homens poderosos, trazendo seus escravos e comitivas, vindos dos quatro cantos desses dois estados.[113] No passo dos mineradores, surgiam comerciantes, tropeiros, prestadores de serviços, especuladores que tratavam de aproveitar as oportunidades que as aglomerações pudessem oferecer. Os garimpeiros simplesmente ocuparam as margens dos rios e córregos, procurando explorá-los o mais rápido possível, fugindo da concorrência dos poderosos, perscrutando locais recônditos nas serras onde pudessem trabalhar sem ser importunados. A luta era difícil, os conflitos incontroláveis. Mineiros e baianos se dividiam, em uma reprodução mais amena da Guerra dos Emboabas, dessa vez os do Norte se considerando os "donos" das descobertas. Em menos de dois anos de mineração, foram cometidos mais de cem assassinatos, a grande maioria sem punição. Só em Lençóis, de 1850 a 1870, registraram-se, em dados parciais, setenta e sete processos por homicídio, quarenta e oito por tentativa de homicídio e oitenta e um por lesões corporais.[114]

Em tentativa de pôr cobro à situação de completo descontrole, o governo imperial baixou um decreto, em agosto de 1846, criando a Administração Diamantina da Província da Bahia, no bojo da mesma peça que criava a de Minas. O decreto regulamentava o arrendamento de terrenos para exploração, fixando limites quanto ao tamanho das datas, que seriam oferecidas em hasta pública. O proprietário ou ocupante do terreno teria preferência na licitação. Incentivava o estabelecimento de companhias de mineração nas lavras caudalosas que requeressem "maior força". Regulava a atividade dos faiscadores, os garimpeiros livres, que, mediante licença, poderiam trabalhar em terrenos previamente delimitados. Benedicto Marques da Silva Acauã foi nomeando primeiro inspetor da Administração Diamantina da Bahia, cargo ocupado por nomeação do presidente da província, inicialmente instalada em Mucugê, em 1847, sendo transferida para Lençóis dez anos depois. Acauã é autor de importante relatório com informações diretas, colhidas no próprio local.[115]

Esse aparato institucional não foi suficiente para atenuar os conflitos, cuja maior fonte era a posse e o uso da terra. Os latifundiários, sucessores dos sesmeiros do período colonial, se consideravam donos dos terrenos diamantíferos, muitas vezes cobrando arrendamentos que eram devidos ao governo. Pelas leis imperiais, o subsolo pertencia à Nação, e quem quisesse explorá-lo teria de ser licenciado, pagar taxas e impostos, se submeter à regulamentação. Por sua vez, os garimpeiros, tal como no Distrito Diamantino no século XVIII, nem sempre se submetiam às normas, buscando áreas de difícil acesso para livremente estabelecerem suas catas. A autoridade pública não tinha força para impor a lei, como reconhece o próprio Benedicto Acauã, primeiro inspetor da Administração local. A justiça estava distante, em Rio de Contas, sede da Comarca. A polícia, em pequeno número, inicialmente tinha de se deslocar da sede da Comarca para os locais de conflitos. Como pontua Cid Teixeira, "A autoridade formal distante e, em casos que não eram raros, medrosa, se constituía em escassez quando não em simples ausência".[116]

O relato de Gonçalo Athayde Pereira sobre Xique-Xique (Igatu), além de exemplificar o processo de povoamento das Lavras, informa sobre a relação conflituosa entre os poderosos e os garimpeiros, em disputa pelos terrenos diamantinos:

> Há tempos o Snr. Coronel Augusto Landulpho, quando senador do estado, em palestra assegurou-nos que o Chique-Chique fora descoberto por um sapateiro de nome Camargo, que começou a minerar um serviço de canal, de sociedade com o Capitão Antônio José de Lima, proprietário da fazenda Mocambo, nos anos de 1846-1847, de onde ambos tiraram muitas oitavas de diamantes bons. Logo depois, o mesmo Capitão Lima associou-se a Bernardo de tal, e nessa ocasião, foi o serviço invadido por grande número de garimpeiros, o que fez o dito Capitão recorrer aos bons ofícios do Coronel Reginaldo Landulpho Medrado, homem de prestígio em Santa Izabel, para fazer tirar dali os invasores.[117]

Pelo visto, o prestígio do Coronel Reginaldo estava lastreado em seu poder de polícia a serviço de seus amigos da elite local. O Capitão, por ser proprietário do terreno, se arvorava a dono do subsolo, em flagrante desrespeito às leis imperiais. Nesse cenário, as condições eram favoráveis para que os poderosos impusessem seus interesses e vantagens, nem que fosse à base da força e da violência sustentadas por capangas armados. A partir de Mucugê, os Medrado controlavam propriedades em quase toda a região, tecendo alianças com outros poderosos coronéis, a exemplo dos Spínola, Athayde, Sá e Novaes, alguns dos quais foram se estabelecer em Andaraí ou Lençóis. Disputas entre os coronéis também aconteciam, os vencedores abocanhando o poder econômico e político nos territórios conquistados. Os coronéis, ao tempo em que investiam na mineração e no comércio, exerciam cargos políticos e administrativos – presidentes de câmaras, intendentes, delegados, inspetores da administração diamantina – não importando se havia conflito de interesses ou mesmo corrupção. Alguns eram destacados para ocupar cargos políticos, deputados e senadores, na capital da Província ou na Corte. Dominavam as câmaras das vilas e os cargos correspondentes. O poder político era concentrado, refletindo perfeitamente o poder econômico e armado, as disputas ocorrendo no topo da elite.[118]

Oficialmente, a exploração de diamantes na Chapada era empreendida por particulares que arrendavam lotes, por companhias de, no mínimo, seis sócios com demonstrada capacidade de investimento e por garimpeiros livres. Os lotes previamente demarcados pela Administração não poderiam exceder a cem mil braças quadradas (12,1 hectares) e seriam arrendados a partir de trinta-réis anuais por braça quadrada. Os lotes das companhias, a princípio somente em rios caudalosos, poderiam medir até uma légua quadrada, ou seja, nove milhões de braças quadradas, correspondendo a cerca de mil hectares. As companhias pagariam uma taxa de capitação anual de três mil-réis por cada trabalhador empregado na mineração, com um limite mínimo de cem trabalhadores, ou cinco por cento da venda das pedras. As concessões teriam um prazo de quinze anos. Os garimpeiros livres, chamados de faiscadores, pagariam uma licença anual no valor de dois-réis.

Além das taxas de arrendamento e licença, o regime fiscal do diamante previa um imposto geral (cobrado pelo governo central), que variou entre 0,5 a 1% sobre o valor de exportação, além de um imposto provincial, que oscilou entre 1,5 a 2%, à razão de 300 réis por oitava. Essa era a estrutura tributária formal, a que deveria prevalecer. Os tributos efetivamente arrecadados, no entanto, não correspondiam ao esperado, e o sistema não funcionava como previsto. Não só por burlas nas concessões dos lotes, mas, sobretudo, devido ao intenso contrabando. Segundo Gustavo Adolpho de Menezes, a produção total das Lavras deveria chegar ao dobro da parte tributada, o mesmo número estipulado para o Distrito mineiro. O contrabando criava um sistema a parte, voltado para o escoamento das pedras com sonegação de todo e qualquer imposto ou taxa.[119]

O Quadro 3, baseado em informações de Gustavo Adolpho de Menezes, delineia a estrutura produtiva das Lavras naquela época. É bastante evidente a concentração das áreas mais produtivas nas mãos das companhias, assim como a grande quantidade de faiscadores, que constituíam uma força de trabalho móvel, sempre disposta a perscrutar novos caminhos em busca dos cobiçados diamantes de "primeira água". O tamanho médio do plantel de escravos por lote, 25,5, revela que, fora os faiscadores, a mineração era empreendida por uma elite com capital previamente acumulado em outras atividades e disposta a arriscar investindo na mineração. Os melhores terrenos tendiam a ficar nas mãos dos mais abastados, com mais escravos para empregar nos serviços, os coronéis e demais oficiais da Guarda Nacional prevalecendo entre eles.[120]

Quadro 3
Estrutura de produção nas Lavras, em 1862

	Número de unidades	Áreas ocupadas em hectares	Número de trabalhadores
Companhias	6	6.534	920
Lotes	113	2.319	1.130
Faiscadores	-	indefinida	5.000 a 10.000

Fonte: Menezes (1885, p. 240).

As companhias eram, até certo ponto, uma novidade, trazendo um toque de capitalismo moderno em uma atividade que, em outros aspectos, não era muito diferente da exploração de ouro e diamantes da era colonial. O decreto de 1846 rezava que: "Nenhuma Companhia será de menos de seis membros, que sejam pelo menos em metade Cidadãos Brasileiros, e todos reconhecidos pelo Inspetor como suficientemente abonados, ou por fiadores, ou por deposito de Apólices de dívida pública, ou metais preciosos, para cada um, por si, independente dos outros, poder pagar sempre adiantado o valor de um ano de arrendamento." (Artigo 27, parágrafo 3). Ou seja, ao tempo em que destinava os terrenos mais promissores às companhias, a norma estabelecia barreiras que só poderiam ser transpostas por quem já dispusesse do capital necessário para integralizá-las. Com isso, criavam-se as condições para o aumento da escala de produção, dado que cada companhia deveria empregar, no mínimo, cem trabalhadores. A grande maioria de seus acionistas era oriunda da fina flor da elite diamantina, coronéis e pedristas (comerciantes de pedras) de renome.

O Quadro 4 reúne as informações básicas de 1871, sobre as dez companhias até então formadas. Não há números disponíveis sobre o volume de produção de cada uma delas. O total de braças concedidas (56.958.768) corresponde a 6.792 hectares. Mesmo tendo as concessões exclusivas de todos esses terrenos, garimpeiros livres também lavravam nessas áreas, tanto clandestinamente como autorizados pelas companhias, em troca de pagamento de renda ou exclusividade na comercialização das pedras encontradas. Responsáveis pela grande maioria das descobertas, os garimpeiros não se contentavam com um papel marginal na produção, de meros faiscadores, nem que tivessem de sustentar atritos com os poderosos.

Quadro 4

Informações sobre as companhias de extração de diamantes nas Lavras (1871)

Número da Companhia	Extensão da área em braças quadradas	Número de trabalhadores (praças)	Valor da captação anual (em Real)	Período de concessão	Localização
1	9.000.000	300	3.000$000	15 anos	Lençóis
2	9.000.000	200	1.000$000	15 anos	Lençóis
3	9.000.000	100	500$000	15 anos	Lençóis
4	8.800.000	100	500$000	15 anos	Mucugê
5	450.000				Andaraí
6	1.590.000	120	900$000	10 anos	Lençóis
7	1.930.000	400	2.000$000	15 anos	Andaraí
8	8.831.300	100	500$000	15 anos	Lençóis
9	1.357.468	100	500$000	15 anos	Igatu
10	7.000.000	150	750$000	15 anos	Igatu
Total	56.958.768	1.570	9.650$000	-	-

Fonte: Martins (2013, p. 74).

O trabalho escravizado, a capital força motriz, foi amplamente utilizado nas Lavras Diamantinas, tanto pelas companhias como por arrendatários de lotes. Já existiam escravos na região, trabalhando em fazendas, parte deles deslocados para a mineração. Havia aqueles que se transferiram para as Lavras acompanhando seus senhores, vindos de outros locais da Bahia e de outras províncias, principalmente Minas Gerais. Também chegaram à região por meio do tráfego interprovincial e transatlântico. Os negros procedentes da costa da Mina eram os preferidos, por trazerem experiência em mineração aluvial. Os preços eram elevados e, como é evidenciado por Maria Cristina Dantas Pina, crescentes, considerando-se o período de 1844 a 1876. Até a abolição, o capital empregado em escravos compunha a quase totalidade dos custos de investimentos na mineração, assim como em Minas, no século XVIII. O aluguel de escravos podia ser um bom negócio para proprietários que não tinham acesso direto a terrenos diamantíferos. As condições de trabalho eram as mesmas da época colonial, os senhores sempre interessados em explorar intensamente o "ativo", mirando a recuperação do investimento no menor prazo possível. Para isso, empregavam feitores, administradores, capitães no mato, os responsáveis pela supervisão do trabalho e pela repressão a furtos e fugas.[121]

Não obstante, as Lavras abriam algumas possibilidades de ascensão para essa massa de cativos. Eles estavam presentes não só na mineração como em todas as outras atividades, incluindo as urbanas. Cerca de um terço eram mulheres, encontradas também em toda parte. Escravos fugidos foram atraídos pelas pedras brilhantes, esperança de uma nova vida de liberdade em terras desconhecidas. As estratégias de sobrevivência dessa população escravizada, fugidos e forros, abrangiam o estabelecimento de redes de relações pessoais e familiares, laços de solidariedade entre os ainda cativos e os libertos, compra de alforrias, muitas vezes com o uso de pequenas acumulações propiciadas pela mineração autônoma, com pagamento de jornais aos senhores, ou participação em redes de contrabando. A condição escrava ganhou uma dinâmica própria, fruto da luta pela sobrevivência e pela liberdade, mesmo com altos custos pessoais e sociais. Negociação e conflito estavam sempre presentes nas relações dos cativos com a sociedade branca. A liberdade, ainda que limitada, custava muito caro.[122]

O preço do escravo estava em alta, e as perspectivas eram desfavoráveis quanto à continuidade do tráfico transatlântico. Nesse contexto, em 1858, uma das companhias (Assuruá) resolveu inovar na arregimentação de mão de obra pela contratação de setenta alemães para trabalharem nas suas lavras. Essa importação de trabalhadores livres foi feita mediante contratos celebrados no consulado do Brasil em Hamburgo. Os alemães foram inicialmente alocados nas minas de ouro do Gentio. A baixa produção naquela área inviabilizou a permanência dos europeus. Seriam, então, transferidos para Lençóis, onde passaram a trabalhar nas lavras do rio Santo Antônio do Licurioba. A chegada dos contratados em Lençóis, em 1858, coincidiu com o início de uma das mais inclementes secas. Os alemães não suportaram os rigores da estafante jornada de trabalho, intensificados pelos problemas gerados pela seca. Frente à insistência da gerência da companhia, acostumada a lidar com escravos, no sentido de que os alemães continuassem as jornadas sob as mesmas condições, eles simplesmente fugiram sem deixar rastros, legando uma vultosa perda financeira para os empresários que os haviam contratado. A experiência resultou em retumbante fracasso e nunca mais foi tentada.[123]

O trabalho escravo convivia com o trabalho livre, desempenhado pelos faiscadores, os garimpeiros na sua acepção original, conforme Joaquim Felício dos Santos. Geralmente, eles se reuniam em equipes, sendo poucos os que garimpavam individualmente, a própria natureza do trabalho requerendo a cooperação simples, sem marcante divisão do trabalho. Esses trabalhadores livres, no entanto, empenhados em achar novas descobertas em terras devolutas ou de difícil acesso, muitas vezes dependiam de um sócio capitalista, o "fornecedor", para lhes adiantar os alimentos, reunidos nos chamados "sacos", necessários para a sobrevivência nas catas. O fornecedor adiantava o saco em troca da exclusividade na compra dos achados, sendo eles "capangueiros" ou "pedristas", os comerciantes locais de diamantes. A equipe de garimpeiros tinha direito à metade do preço da pedra, subtraídos os gastos com o saco e, quando pertinente, do pagamento do "quinto" ao dono da serra. Quem trabalhava nesse sistema era denominado de "meia-praça", por conta da divisão dos resultados ao meio. As equipes de garimpeiros podiam ainda contar com "alugados", diaristas mantidos pelo fornecedor, sem direito à participação nas vendas, dentre eles, escravos. Os fornecedores ou donos de garimpos não prestavam qualquer assistência a seu "sócio". Em caso de doença, acidente ou morte, o garimpeiro só contava com a eventual ajuda de seus companheiros. Se morresse, sua família ficava desamparada. Essa idiossincrática relação de trabalho vai se expandir após o fim da escravidão, comportando algumas variantes em torno dessa concepção básica. O garimpeiro meia-praça é bem caracterizado por Luís Saboia Ribeiro:

A figura do garimpeiro no Brasil

No Brasil, o garimpeiro, nome dado aos mineradores manuais de diamante e de ouro, historicamente se transformou em tipo regional com características próprias. Em seu livro clássico sobre o Distrito Diamantino, Joaquim Felício dos Santos pinta o garimpeiro com cores românticas e até míticas. Destaca o afã de liberdade e o caráter aventureiro desse explorador, que enfrentava as dificuldades do terreno e a repressão oficial, algumas vezes em conflitos armados. Dedica um capítulo ao mais famoso de todos, Isidoro, narrando "sua vida, prisão, martírio e morte".

Em visões romanceadas, o ímpeto pioneiro, desbravador, amante da liberdade do mato e da serra, onde muitas vezes morava, elevou esse trabalhador a um quase-herói nacional. A natureza da sua atividade, que comporta riscos físicos e financeiros, em condições insalubres, sem a segurança de uma relação de trabalho assalariada, também contribuiu para essa imagem. Entretanto, a realidade de vida desses homens não comporta muito romantismo. Nas palavras de Walfrido Moraes:

"É a gente garimpeira, ignorante e inculta – conquanto mais honesta, mais ousada e mais heroica do que qualquer outra espécie de trabalhador – que se embrenha pelas grupiaras, que desbrava as serras alcantiladas, que penetra nas noites eternas das grunas profundas e

Pelo nome meia-praça entende-se aquele que de outrem semanalmente recebe o saco de mantimento: arroz, feijão, banha, farinha, carne, condimentos, café, açúcar, querosene e o que mais for preciso para o sustento. Aos que garantem a subsistência dão-se os nomes contraditórios de sócio ou patrão[...]. O meia-praça está obrigado a entregar – dar às vistas – ao patrão qualquer diamante ou carbonado pegado na bateia, longe da sua presença. Somente o patrão poderá autorizá-lo vender o apurado, e mesmo lhe cabe a primazia exclusiva nas operações de venda. Esta primazia é tradicional, vinda dos primórdios da garimpagem[...][125]

perigosas, que mergulha nos poços dos rios traiçoeiros e violentos do planalto, arriscando, a todo instante, a vida, em holocausto à sorte e que, se bamburra*, desce loucamente à cidade para a vendagem das gemas e, de posse da dinheirama que, talvez, nunca vira antes, se entrega imediatamente a todos os tipos de ostentação e de prazeres, nas casas de jogo, nos botequins, nos cabarés; adquirem nas lojas toda espécie de mercadorias que se lhe apresentem – necessárias ou supérfluas – e, nesse diapasão, depois do esbanjamento, dentro de poucos dias retorna ao garimpo reduzido à mesma condição de pária, entre resignado e esperançoso de uma nova topada com a fortuna".

Nos dias de hoje a imagem do garimpeiro é bem diferente. Muitas vezes se associa a sua profissão e atividade, tanto de mineração de diamante como de ouro, à destruição do meio ambiente, principalmente na Amazônia. São, muitas vezes, vistos como trabalhadores de tempos antigos, que não possuem mais espaço no "mundo moderno". No entanto, segundo a *Diamond Development Iniciative*, ainda existem cerca de 1,5 milhões garimpeiros artesanais na América do Sul e na África, distribuídos em 18 diferentes países.

O Gráfico 4 ilustra a trajetória das exportações de diamantes pela Bahia entre 1850 e 1878. Esses dados não podem ser tomados como a quantidade oficialmente produzida no estado (a tributada), uma vez que parte da produção da Bahia seguia, por vias terrestres e marítimas, para o Rio de Janeiro, por onde também fluíam as pedras oriundas de Minas, Goiás e Mato Grosso. As exportações baianas, nesse período, representavam, aproximadamente, cerca de 40% do total das exportações de diamantes do Império. O Gráfico permite, porém, analisar a trajetória da produção por quase três décadas que, certamente, acompanhou a das exportações, dado que as pedras brutas eram quase totalmente remetidas para o exterior. Pode-se verificar que, a partir de 1856, quando foram vendidas 7.714 oitavas (134.995 quilates), as exportações passaram a declinar. Por outro lado, os preços quase não flutuaram, mantendo-se em torno de trezentos réis a oitava (dezessete-réis o quilate) durante o período.

Godehard Lenzen calcula que a produção total brasileira, desde as descobertas na serra do Sincorá até 1870, atingiu cerca de 266.000 quilates anuais, incluindo o contrabando. Considerando que 35% das pedras baianas saiam pelo Rio e que a produção oficial era metade do total, pode-se estimar a produção média anual das Lavras, no período

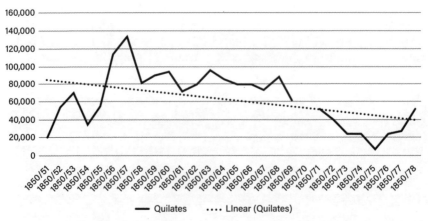

Gráfico 4
Exportações de diamantes da Bahia em quilates (1850 a 1878)

Fonte: elaborado com os dados da Tabela 7 de FUNDAÇÃO CENTRO DE PESQUISAS E ESTUDOS - CPE (1978, v.2, p. 108).

de 1850 a 1869, o período áureo, na casa dos 180.000 quilates, 68% do total brasileiro nesse mesmo período. Observe-se que o volume médio estimado para as Lavras corresponde a quase duas vezes o produzido em Minas durante o século XVIII, tomando as médias anuais dos contratos e da Real Extração, embora, no cálculo dessas médias, o tempo de produção no Distrito Diamantino tenha sido bem maior: cinquenta anos contra apenas dezenove nas Lavras.

Apesar desse substancial aumento da oferta, os preços internacionais se mantiveram estáveis até as descobertas no sul da África. A demanda crescia ao compasso da expansão do "capitalismo moderno", o que propiciou um forte alargamento da classe média. Começava a era da "democratização do luxo".[126]

As primeiras descobertas na atual África do Sul aconteceram em 1867, sendo que o grande aumento da produção ocorreu com o início da extração em rochas primárias (kimberlitos), em 1870. Como mostra o Gráfico 5, em apenas dois anos (1870-72) a produção aumentou dez vezes e não parou mais de subir. No entanto, a formação do cartel de produtores permitiu que a queda de preços fosse rapidamente controlada. A partir de 1877, as cotações pararam de cair, retornando ao nível de 1870, início do boom, em 1882, adquirindo viés de alta a partir do final do século.

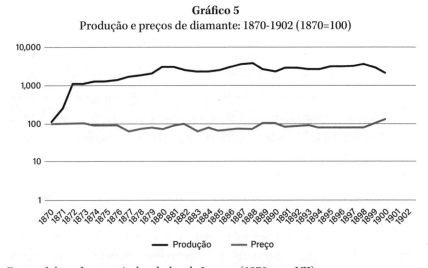

Gráfico 5
Produção e preços de diamante: 1870-1902 (1870=100)

Fonte: elaborado a partir dos dados de Lenzen (1970, cap. VII).

Sem dúvida, o início da década de 1870, quando a guerra Franco-Prussiana também contribuiu para abalar o mercado, foi penosa para as Lavras. Não existem dados de exportações para o período 1879/80, indicando os desarranjos na mineração e no comércio locais. A crise se instalou fortemente em toda a região, muitos coronéis e comerciantes foram à falência. O fundo do poço, conforme o Gráfico 5, teria sido o período 1874-75, a partir de quando a produção volta a subir, porém sem recuperar o nível dos melhores anos.[127]

O declínio na produção nas Lavras Diamantinas, porém, não pode ser atribuído à concorrência das minas africanas. As pedras baianas eram de melhor qualidade, como, em geral, são as de origem aluvial, possuindo demanda qualificada garantida. Os diamantes das Lavras eram afamados por suas cores – esverdeados, róseos, azuis –, os de "primeira água" translúcidos, com brilho inigualável. O principal motivo para o declínio da produção parece estar relacionado com as técnicas de extração empregadas – tão antigas como na Índia, dependentes, quase exclusivamente da mão de obra cativa para eventuais pequenos melhoramentos –, e não da concorrência sul-africana. Os depósitos da Chapada provavelmente ainda hoje não estão exauridos. É o que sugere Godehard Lenzen:

> A razão para essa tendência de declínio na produção não deve ser buscada na exaustão natural dos depósitos, mas no método extensivo de mineração. Após a exaustão dos depósitos superficiais, subsequentemente um método intensivo poderia elevar os custos de produção a níveis que o pequeno garimpeiro (digger) individual típico das condições brasileiras não poderia sustentar.[128]

O autor se esquece, porém, que havia companhias e arrendatários de lotes empregando muitos escravos, unidade de capital básica, e não só garimpeiros livres. Não obstante, as tentativas de utilizar outros métodos de extração foram poucas e fugazes. O uso de meios mecânicos poderia recuperar o nível de produção. Um dos principais obstáculos para tanto era o transporte dos equipamentos até as Lavras e suas serras, sem contar a mentalidade tradicionalista dos poderosos, sempre evitando riscos de qualquer natureza. A mecanização, com o uso de dragas e bombas de sucção, foi tentada na década de

1980, gerando funestas consequências para o meio ambiente, até ser banida, em 1996.[129]

A produção de diamantes da Bahia foi acrescida com duas outras descobertas. A primeira na bacia do rio Jacuípe, em local que ficou conhecido como Ventura, próximo a Morro do Chapéu, em terras de uma fazenda de gado. Não se sabe exatamente quando as pedras foram descobertas nesse local, possivelmente na década de 1860, decaindo rapidamente, voltando a florescer com o achado de carbonados, já no século XX. Muitos garimpeiros livres se dirigiram para a região, atraídos pela ausência de autoridade estatal. Os diamantes de Ventura eram afamados por sua qualidade. A maior parte seguia para Lençóis, distante 150 quilômetros, onde grandes comerciantes os compravam e enviavam para a capital.[130]

A segunda descoberta aconteceu em 1881 no rio Salobro, município de Canavieiras, no sul do estado, na confluência das bacias dos rios Pardo e Jequitinhonha, a apenas 70 quilômetros da costa. As catas do Salobro atraíram muitos garimpeiros da Chapada, naquela época desiludidos quanto às perspectivas da área. Consta que até uma empresa francesa se instalou no local, embora usasse os mesmos métodos manuais de extração. Na época, as pedras do Salobro eram consideradas as melhores do mundo. Essa corrida, porém, durou pouco tempo. Além das reservas superficiais serem limitadas, as matas do local eram inóspitas, disseminando moléstias que dizimaram uma boa parte da força de trabalho. Em 1886 começou o declínio da extração no Salobro. Não existem dados específicos sobre a produção nessa área. Especula-se que, em um território sem qualquer fiscalização, o contrabando fosse ainda maior, aproveitando a proximidade do litoral.[131]

Por essa mesma época, 1880, descobriu-se que os carbonados (ou carbonato), que vinham misturados no cascalho e eram jogados fora como pedras imprestáveis, podiam ser tão valiosos como os diamantes. O carbonado é uma espécie de diamante ainda mais duro, de cor preta, encontrado apenas na Chapada Diamantina e que só tem uso industrial. Seu nome provém da semelhança visual com o carvão vegetal. Devido à sua extraordinária dureza, os carbonados da Bahia eram utilizados em brocas de perfuração e corte de rochas, mercado que, até os anos 1930, eles dominavam. Foram usados em grandes obras civis do final do século XIX e início do XX, a exemplo do metrô de Londres, o canal do Panamá, o túnel de São Gotardo. As primeiras linhas de montagem da Ford também empregavam esse material. Desenvolvimentos tecnológicos levaram à dominação desse segmento pelos diamantes industriais, com absoluta vantagem em termos de preço. Os carbonados da Bahia são os maiores agregados de diamantes jamais encontrados. O maior deles, de nome Sérgio, extraído em 1895, pesava 3.167 quilates (633,4 gramas).[132]

O carbonado abriu um novo mercado para a produção mineral das Lavras, contribuindo para reavivar essa atividade a partir do final do século XIX. Gonçalo Athayde Pereira chegou a afirmar que, logo após sua descoberta, ele passou a se constituir no principal produto, "fazendo a fortuna de alguns comerciantes e desenvolvendo o comércio

O carbonado e a mineração espacial

Alguns pesquisadores trabalham com a possibilidade de os carbonados terem vindo do espaço, trazidos por meteoritos, uma vez que não possuem associação com kimberlitos ou lamproitos, rochas primárias dos diamantes. De fato, asteroides podem conter diamantes. Ao entrarem na atmosfera da terra, os asteroides viram meteoritos. Em 2008, o meteorito Almahata Sitta caiu no deserto do Sudão. Verificou-se que os seus fragmentos continham diamantes que não eram os conhecidos nanodiamantes espaciais, e sim fragmentos muito maiores do que os até então encontrados em tais circunstâncias. Os diamantes vieram do espaço?

Essa pergunta é ainda mais pertinente no caso da Chapada, uma vez que um enorme meteorito teria se chocado com a face oriental da serra do Sincorá, exatamente na área das Lavras, interferindo na sua formação geológica. Curiosamente, pesquisando aspectos culturais do garimpo em Lençóis, Maria Salete Petroni de Castro Gonçalves identificou, no contexto de uma religião local, o Jarê, o culto dos meteoritos:

Dentro desse quadro pode-se compreender o culto dos meteoritos, os machados de pedra, também chamados *pedras de corisco,* vistos como possuidores de forças especiais e poderosas, de quase todas povoações que cuidam da mineração". Ele estimou a produção na casa dos 30.000 quilates por ano, ao final do século, com mercado garantido em várias praças estrangeiras. Para se ter uma ideia, esse volume corresponde a cerca de metade da média anual das exportações de diamantes pela Bahia entre 1850 e 1878, ou um pouco menos que a média dos três últimos períodos da série, quando o volume exportado de diamantes, embora ainda deprimido, estava saindo do fundo do poço. Henrique Praguer reporta que, por volta de 1899, o carbonado valia tanto quanto o diamante[133].

O comércio de diamantes na Chapada merece considerações à parte. Participar dessa atividade, na qual o segredo das transações é parte do negócio, exige conhecimento e muita capacidade de nego-

associados a Xangô. As machadinhas são conhecidas e respeitadas. Se o garimpeiro, *na frente do serviço*, a qualquer momento encontra uma, para de imediato e volta para casa: *ela fecha* e ele nada vai encontrar. Em compensação, guardada em casa, a machadinha também *fecha*, protegendo contra o raio, nas chuvas e tempestades.

Já ocorrem investimentos experimentais em mineração espacial. A *Planetary Resources* (http://www.planetaryresources.com), a pioneira nessa área, tem entre seus sócios políticos influentes, o diretor de cinema James Cameron, além de Larry Page e Eric Schmidt, a dupla de bilionários do Google. As primeiras leis regulamentando a atividade foram assinadas por Barack Obama, em 2015. Reconhecem o direito de os cidadãos americanos terem a propriedade de qualquer recurso de asteroides que eles venham a obter e encoraja a sua exploração comercial.

Fontes: Sales (1955); Gonçalves (1984, p. 133); http://www.meteoritestudies.com/protected_CARBONAD.HTM; http://www.geologo.com.br/MAINLINK.ASP?VAIPARA=os%20diamantes%20que%20= vieram%20do%20espa%C3%A7o e http://www.conhecimentocientifico.com/astronomia/comecou-a-mineracao-espacial/.

ciação, além de lastro financeiro. Na fonte da produção, o comércio era exercido por "pedristas", os mais capitalizados, e por "capangueiros", os menores. Geralmente operavam também como fornecedores de meias-praças, fonte segura de aquisição das pedras por preços que eles mesmos estipulavam. Apesar de ser uma região de conflitos, violência e arbitrariedades, as relações de confiança imperavam, embora, no caso da relação do garimpeiro com seus fornecedores, essa confiança fosse assegurada pela enorme assimetria de poder. Ao fim das negociações, o garimpeiro recebia uma pequena fração do valor do diamante, fração decrescente na medida em que ele ganhava valor ao longo da cadeia, até chegar a seu destino final. Nesse comércio, ressalta-se a figura do "positivo", pela honestidade e eficácia no desempenho da tarefa essencial de transporte dessas riquezas por territórios inóspitos e perigosos. As operações mercantis nas Lavras são descritas por Durval Vieira de Aguiar:

> Em todos os comércios das lavras existem *capangueiros* que compram os diamantes aos garimpeiros, às vezes pedra por pedra, que ajuntam num pequeno canudo de taboca, com rolha de madeira, chamado *piquiá*, com o que sempre andam munidos a mostrarem aos outros *capangueiros*, que os despejam na mão esquerda e com o dedo índex da direita catam os que mais lhes agradam e sobre eles fazem preço ou permutam-nos com outras pedras. Neste giro de transações vivem eternamente; havendo pedras que passam por muitos deles em diversas alternativas de preços até que chegue o dia das grandes remessas, feitas pelos principais negociantes, que arrecadam pelo preço de suas encomendas, todos os diamantes dos capangueiros; formando volume de pesarem quilos, como outrora presenciamos. Essa grande riqueza, bem acondicionada, era metida num alforje de um simples positivo de confiança, uma espécie de capanga caminhador, que em três dias vinha a Cachoeira, quase sem descanso, nem mesmo para comer, pois essa gente come andando.[134]

Os sócios de companhias e arrendatários de grandes lotes mandavam suas pedras pelo mesmo sistema, alguns operando ainda como pedristas ou capangueiros, os mais graduados mantendo relações especiais com as casas exportadoras de Salvador ou do Rio de Janeiro. Os capangueiros e pedristas podiam ser ainda comerciantes de produtos de consumo para os habitantes das vilas e importadores de bens consumidos pela elite. Muitos combinavam o comércio com investimentos na mineração, criação de gado e agricultura, concentrando riqueza e poder em um estrato muito pequeno da população.

Tradicionais casas exportadoras baianas passaram a diversificar seus negócios pela venda de diamantes para a Europa. Com a proximidade do fim do tráfego negreiro, costumeiros traficantes também passaram a comercializar as pedras preciosas, comprando a produção que vinha das Lavras pelos positivos, a mando dos pedristas locais, e de Salvador, expedindo-as para a Europa. A firma *Marinho & Companhia*, do célebre Conde Pereira Marinho, é um exemplo. Em novembro de 1877, ela exportou 496 oitavas de diamantes, embarcadas no vapor inglês Neva. O Banco Mercantil da Bahia exportou 739 oitavas, coincidentemente no mesmo dia e na mesma embarcação, que ainda levou 178 oitavas da firma Brandão & Irmão. Agentes de comerciantes europeus, sobretudo judeus, atuaram diretamente no comércio de Salvador e do Rio, com vistas a obter acesso direto às pedras brasileiras. O destino dos embarques eram, majoritariamente, portos ingleses, pequenas quantidades seguindo para Le Havre e Marselha, na França. Nessa época, a comercialização de pedras brutas já era centralizada em Londres, que as distribuía para comerciantes e lapidários no continente europeu, principalmente de Amsterdam e da Antuérpia. A intermediação comercial absorvia grande parte do valor da mercadoria, encadeada que era à indústria de lapidação e à distribuição das gemas lapidadas até fabricantes e comerciantes de joias.[135]

A atividade de lapidação não prosperou na Bahia, assim como em todo o país. Gonçalo de Athayde Pereira reporta a existência de duas fábricas, antes de 1880, em Salvador. A primeira, situada no Lucaia, foi inundada durante uma tempestade. Tinha como lapidário mestre o judeu Benjamin Moisés Prinss. A outra, nas margens do Dique do Tororó, era liderada por Francisco José Lopes que, após aquele ano, a transferiu para Lençóis. Motivados pela iniciativa de outro empreendedor, Ulderico de Magalhães Macedo, que estivera em Paris e voltara entusiasmado com a ideia da lapidação, várias pequenas oficinas se instalaram nas Lavras, dentre elas a da família Senna, destacada pela qualidade de sua produção. Essas iniciativas não frutificaram; pelo contrário, foram aos poucos sendo descontinuadas. A última oficina, pertencente à viúva do estimado lapidário Júlio Guedes, foi fechada em 1943.[136] O país como um todo, em nenhum momento, processou mais do que 10% de sua produção. A lógica da indústria global de diamantes sempre associou a lapidação ao comércio de pedras brutas e à distribuição das gemas lapidadas, uma vez que o privilegiado acesso aos mercados, que, naquele momento, se concentravam na Europa, sempre foi de capital importância nas transações.

A mineração nas Lavras gerou um mercado local significativo para diversos tipos de produtos, desde os da alimentação básica até as mercadorias luxuosas consumidas pela pequena elite. Nesse contexto, foram abertas oportunidades não só para comerciantes. Pecuaristas e agricultores também se beneficiaram com a corrida nas Lavras, gerando um certo dinamismo nessas atividades, que enfrentavam dias difíceis devido, entre outros fatores, aos problemas enfrentados para escoar a produção até os mercados do litoral. O dinheiro circulante mais farto ajudou a lubrificar as engrenagens da antiga corrente interior. Essa situação é enfatizada, acrescida com certo tom de exagero, pelo presidente da Província, Desembargador João Lins Vieira Cansanção de Sinimbú, em 1857:

> [...] a descoberta dos diamantes da Chapada fez um grande, um imenso benefício à Província da Bahia, porque mudou a condição de grande parte de sua população do interior. Homens, que viviam na pobreza, alguns empregados no então pouco lucrativo ramo da criação do gado, outros fazendo a vida de tropeiros e ocupados em transportar para o litoral os produtos da grosseira indústria do sertão, outros finalmente ociosos, que vagueavam pelas margens do S. Francisco de districto em districto, sem emprego, nem ocupação certa, todos esses braços inúteis, e até nocivos, tornaram-se de repente produtores, desde que as lavras diamantinas lhes offereceram emprego e ocupação lucrativa.

> [...] Esses, achando na extração dos diamantes um lucro vantajoso, serviram logo de consumidores aos gêneros de produção do paiz, que antes por falta de mercado não eram nem creados nem aproveitados; e mudando os hábitos de vida, augmentando o seu bem-

-estar, tornaram-se também consumidores dos gêneros de proveniência estrangeira.

O valor de seis mil contos, em que se estima a producção anual d'essas lavras, dando lucro vantajoso àqueles, que n'ellas trabalham, distribuem-se também pelas outras industrias, tanto pelas do paiz que fornecem o alimento desses trabalhadores, como pelas indústrias estrangeiras que fornecem o vestuário e os objetos de luxo.

O modo, porque esses produtos se cambeiam, e esses valores se distribuem, faz o movimento da Chapada, que na verdade actualmente é o centro de mais commercio do interior da Província [...].[137]

De fato, as Lavras e suas riquezas abriram mercados e oportunidades.[138] Os produtos do entorno consumidos pela raia miúda, os artigos importados pela elite endinheirada. As dificuldades de transporte, no entanto, continuavam a conspirar contra a inserção da região em circuitos mais amplos de comércio, o isolamento do sertão ainda se sobrepondo. O depoimento de um antigo morador ilustra a situação do comércio e do transporte:

As mercadorias para a Renascença (uma mercearia) eram compradas em Salvador. O açúcar, o queijo, a champanha, o conhaque e as fazendas também, comprávamos em Salvador. A carne, o toucinho, a farinha e as fazendas também. Ou comprava aqui mesmo porque nesse tempo tinha aqueles cacheiros-viajantes, viajava aquelas casas comerciais de Salvador como Tude e Irmãos, Rodrigues Fernandes, J. Sales, Moraes e Cia, tinham esses cacheiros que vinha, ao sertão, cavalhada, tudo montado, e vendia aqui.[139]

A Estrada de Ferro Central da Bahia foi projetada para, de São Félix, atingir a Chapada Diamantina, percorrendo o vale do Paraguaçu por 316 quilômetros, pelo mesmo caminho dos primeiros exploradores do final do século XVII e início do XVIII. Em 1887, alcançou a localidade de Machado Portela, com ramal para Bandeira de Melo, cerca de 90 quilômetros distante de Andaraí, a primeira cidade das Lavras naquela direção. Essa via, ao se bater com a serra, a contorna pela esquerda, em direção ao sul, evitando as montanhas escarpadas no seu caminho, até o centro de Minas. Na época, essa estrada de ferro foi um grande avanço para os transportes da região.

Em 1861, foram comissionados estudos para estabelecer uma via navegável no rio Paraguaçu, desde Cachoeira até Lençóis, por meio do rio Santo Antônio. Essa iniciativa nunca foi adiante, pois esse longo trecho do rio era considerado impróprio para a navegação a vapor. Os meios de comunicação entre as povoações das Lavras tiveram de esperar até a segunda metade do século XX para ganhar rodovias. As tropas de mula sobreviveram à ferrovia por um bom tempo. Assim como todo o sertão baiano, o isolamento geográfico da Chapada permaneceu condicionando sua trajetória histórica.

NOTAS

[107] Pereira (1937, p. 40).

[108] A cidade de Mucugê recebeu diversas denominações ao longo de sua história. O inicial povoado do Paraguaçu Diamantino, quando elevado a vila, em 1847, foi batizado como Santa Isabel do Paraguaçu, embora a freguesia tivesse a invocação de São João do Paraguaçu. Em 1890, quando foi elevada à categoria de cidade, foi denominada São João do Paraguaçu. Finalmente, em 1917, uma lei estadual fixou o nome Mucugê, uma árvore (*Couma rígida*, da família das apocináceas) que produz um fruto típico das serras do município. Para evitar confusões, vamos nos referir à cidade pelo seu nome atual, pelo qual é conhecida.

[109] Há duas versões para a origem do nome da cidade de Lençóis. Para uns, as águas do rio que atravessa a cidade descem entre pedras, em rampas e patamares, e, quando vistas de longe, pareciam lençóis brancos estendidos. A outra versão diz que os primeiros garimpeiros construíam barracas com panos claros que, de longe, pareceriam lençóis. Ver, a respeito, Gonçalves (1984, p. 22). No Império, as sedes municipais eram denominadas de vilas. O título de cidade se concedia às vilas que se projetavam econômica e politicamente.

[110] O nome da cidade vem da língua dos índios que habitavam a região, do tronco Gê, primeiro Andiray Andira (morcego) e y (rio) = rio de morcegos, depois transformado no topônimo Andaraí. Presume-se que a designação do nome da cidade tenha sido inspirada pela presença de grandes grutas. < https://cidades.ibge.gov.br/brasil/ba/andarai/historico>. A grafia mais comum na época era Chique-Chique, mas encontra-se também Xique-Xique, tal qual a cidade são-franciscana no nordeste do estado. O nome, segundo esse autor, veio do "trabalhador Xique-Xique" que ali existia, sem explicar o que isso significa, ou do cacto comum na região. Hoje em dia, o distrito de Andaraí é mais conhecido como Igatu.

[111] O nome Palmeiras vem da fazenda de mesmo nome, cuja sede era localizada na principal praça da cidade atual. Maria Cristina Dantas Pina apresenta alguns dados que demonstram a liderança da família Rocha Medrado na apropriação de terras nas Lavras. Segundo a autora, o inventário de Maria Magdalena de Novaes Rocha, esposa do coronel Reginaldo Landulpho da Rocha Medrado, de 1857, demonstra essa apropriação: "São declaradas, além das fazendas São João, Santo Antônio, Sumidouro,

Licuri, Rio Una e Tapera, as serras das quatro primeiras e 'as serras da villa de Santa Isabel, Andarahy, Chique-Chique, com a Chapada Diamantina conforme as divisas da escriptura da Fazenda do Rio Uma pelo lado direito do Paraguassú, e a da Fazenda das Araras pelo lado esquerdo do dito rio. A declaração da posse das serras e gerais é uma evidência da apropriação por esta família das chamadas terras devolutas, terras que nunca foram compradas ou demarcadas por instrumentos legais." Maria Cristina Dantas Pina (2000, p. 51).

[112] Além do relatório citado na nota 72, de Benedicto Acauã, foi também publicado no **Dicionário Geográfico das Minas do Brasil**, de Francisco Ignácio Ferreira, outro relatório, intitulado "Memórias sobres os terrenos diamantinos da província da Bahia" de Gustavo Adolpho de Menezes, escrito em 31 de outubro de 1863, que contém outras informações originais sobre os primeiros tempos da exploração de diamantes na Bahia. Bahia (FERREIRA, 1885, p. 218-242). A citação encontra-se na página 223.

[113] Talvez o mais afamado potentado chegado a Lençóis tenha sido o Comendador Antonio Botelho de Andrade, vindo do Grão Mongol, norte de Minas, antiga área de mineração. Deitará raízes na terra, casando suas filhas com chefes locais, a exemplo do coronel Felisberto Augusto de Sá, cuja família exercerá grande influência na Chapada. Ver Martins (2013, p. 45).

[114] Sobre os cem assassinatos, Acauã (1885). Os números de Lençóis encontram-se em Martins (2013, p. 57). Gonçalo de Athayde Pereira evidencia a violência nas Lavras por meio de um episódio do "Poço Rico", no rio Lençóis, nos primórdios da exploração na área; "O serviço, contam, era feito de mergulho com pratos de folhas, havendo uma espécie de leilão para adquirir o cascalho tirado nos taes pratos. Tão rico era que eles se animavam a grandes lances, e isso ocasionou, como era natural, sérios conflitos em um dia, resultando seis mortes e muitos ferimentos em poucos minutos. De *Poço Rico* passou a denominar-se *Poço das Mortes*. Esse facto impressionou tanto à população, que ainda hoje, passados tantos anos, ele é referido com todas as peripécias ocorridas então." (PEREIRA, 1910, p. 44).

[115] Ver nota 72.

[116] Teixeira (1998, p. 84).

[117] Pereira (1937, p. 81-82).

[118] Conflitos entre coronéis sempre existiram e perduraram. Eduardo Silva, por exemplo, menciona a disputa entre o coronel Antonio Gomes Calmon e a família do coronel Felisberto Augusto de Sá pela liderança em Lençóis. As facções se dividiam entre os "Mandiocas", baianos, a exemplo do coronel Sá, que era de Cachoeira, e "Pinguelas", a facção do coronel Calmon, oriundo do Grão Mogol. A família Sá será uma das protagonistas da guerra dos coronéis no século XX. Ver Martins (2013, p. 74-75).

[119] Essas informações constam do relatório de Gustavo Adolpho de Menezes (1885).

[120] A situação é bem descrita por Romulo de Oliveira Martins: "A repartição era a responsável pela gestão dos terrenos diamantinos, e o cargo mais importante na hierarquia era o de inspetor geral dos terrenos diamantinos. Geralmente ocupado por importantes senhores que, não raro, também eram acionistas de empresas de

mineração. Francisco José da Rocha Medrado, da rica e influente família de Mucugê, era ligado à mineração; Major Deraldo de Britto Gondin ocupou por vezes o cargo e era também gerente da Companhia de nº 2; Cel. Antônio de Souza Spinola, também foi inspetor e ocupou o cargo de gerente da Companhia Capivaras, entre outros exemplos. Desta forma, não é difícil entender porque as companhias arrematavam os melhores terrenos, e os seus conflitos com os faiscadores eram sempre resolvidos com a força policial a favor dos grandes".

[121] Os preços dos escravos em Lençóis foram reportados por Martins (2013, p. 85): na faixa etária entre 16 e 30 anos, "87,4% dos escravos foram negociados por preços entre 700$000 e 1:500$000, ou 286 ocorrências na amostragem com 327 casos. Sendo que, em 50% [143 casos] das 286 ocorrências, os escravos foram negociados por preços entre 1:200$000 e 1:500$000; 12,2% [35 casos] por preços acima de 1:500$000."

[122] A dinâmica da escravidão em Mucugê e Lençóis é explorada nos trabalhos de Pina (2000) e Martins (2013). Sobre as estratégias de sobrevivência dos escravos, ver Silva e Reis (1989).

[123] Sobre a importação dos trabalhadores alemães, ver Martins (2013, cap. II). O autor estimou a perda da Companhia em 22:231$668 (vinte dois contos duzentos e trinta e um mil, e seiscentos e sessenta e oito reis), uma fortuna para a época.

[124] Para a definição de garimpeiro, ver Santos (1976, nota 108). José Martins Catharino discute esse tipo de relação de trabalho do ponto de vista jurídico. Pontua que esse regime só se compara ao dos seringueiros da Amazônia. Para ele, "Em verdade, os meia-praças não são sócios do fornecedor. Não participam eles dos lucros, e sim do preço de venda das pedras extraídas com o seu trabalho, o que os faz aparentados com os vendedores comissionados". (CATHARINO, 1986, cap. 7, p. 246).

[125] Ribeiro (1945, p. 89).

[126] Lenzen (1970, p. 131-132).

[127] Sobre a crise, ver Martins (2013, p. 141-142), que cita relatório de Trajano da Silva Rego, o então Inspetor da Administração dos Diamantes.

[128] Lenzen (1970, p. 135). No original: "The reason for this downward trend in production must not be sought in the natural exhaustion of the deposits, but in the extensive method of mining. After exhaustion of the surface deposits a subsequent intensive method would raise production costs to levels which the samall individual digger typical os Brazilian conditions cannot sustain."

[129] Pereira menciona a introdução de "machinismos especiais" por engenheiros estrangeiros, provavelmente bombas a gasolina para o trabalho com água (PEREIRA, 1905-06, p. 134-135). Herberto Sales alude às tentativas de mecanização que, depois de algum tempo, foram abandonadas por não alcançarem os efeitos desejados (SALES, 1955, p. 25).

[130] Sobre Ventura, ver Sampaio (2004) e Ferreira (2014).

[131] As informações sobre o Salobro constam de Praguer (1899).

[132] Pereira (1905-6, p. 131-133), Praguer (1889) e Gonçalves (1984, p. 26).

[133] Especula-se que um exportador baiano, Joaquim Barreto de Araújo, em viagem à França, foi quem introduziu os carbonados no mercado de diamantes industriais. Essa informação consta do trabalho de Sampaio (2004), p. 90. Por outra, Gonçalo de Athayde Pereira atribui a difusão dos carbonados a um comerciante francês, de nome Chabaribere, que passou a comprá-los por preços crescentes, envolvendo, nesse negócio, outro comerciante do Xique-Xique, de nome Francisco Ferreira das Neves, vulgo Tinhô. Ver Pereira (1910, p. 23-24).

[134] Aguiar (1979, p. 142).

[135] As informações sobre as exportações se encontram em Martins (2013, p. 61). Observe-se, no entanto, que ele menciona quilos exportados e não oitavas. Não seria possível, porém, uma exportação tão volumosa de uma única vez. Sobre os portos de destino, ver FUNDAÇÃO DE PESQUISAS - CPE (1978, V. 2, tabela 9, p. 112).

[136] Essas informações são de Pereira (1943).

[137] Fala recitada pelo Presidente da Província, o Desembargador João Lins Vieira Cansanção de Sinimbú, em 1 de setembro de 1857, citada por Maria Cristina Dantas Pina (2000, p. 69-70).

[138] Gonçalo de Atahyde Pereira menciona os efeitos da economia do diamante sobre as atividades do entorno. Falando sobre Lençóis, ele diz: "É ali o escoadouro de todos os produtos que vêm do alto sertão desde o rio S. Francisco, que faz grande commercio de peixe secco e em salmoura, a carne do sol, outros gêneros, até os municípios próximos como Bom Jesus, Campestre, Brotas de Macahubas, Palmeiras etc. [...]. A cidade de Lençóis consome muita fazenda, miudeza, ferragem, calçados e molhados. Sua exportação está limitada aos diamantes brutos, brilhantes carbonatos e pouco café, visto os centros produtores do café pertencerem actualmente aos municípios de Palmeiras e Campestre, duas grandes artérias commerciaes de cereais, café, assucar, aguardente e algum fumo, que lhe foram tiradas." Campestre é a atual Seabra. Ver Pereira (1910, p. 20-21).

[139] Esse depoimento se encontra em FUNDAÇÃO DE PESQUISAS – CPE (1978, v. 2, p. 122). Interessante observar o eloquente discurso do governador Sinimbú, argumentando contra a construção de vias férreas em direção da Chapada, reproduzido nessa mesma página dessa publicação.

Aspectos sociais das Lavras

A Tabela 4 reúne os dados populacionais das localidades que compunham as Lavras Diamantinas. Lembrem-se de que, em 1872, Andaraí ainda era parte de Mucugê e Palmeiras, e só foi desmembrada de Lençóis em 1890.

Tabela 4
População das Lavras Diamantinas: 1872 e 1890

	1872			1890
	Livres	Escravos	Total	Total
Mucugê	23.183	3.476	26.659	22.814
Lençóis	22.055	1.858	23.913	22.230
Andaraí				1.805
Total	45.238	5.334	50.572	46.849

Fonte: IBGE, recenseamentos de 1892 e 1890
(Os dados de 1872 encontram-se na síntese histórica do censo de 1892).

Em 1872, a população escrava correspondia a cerca de 12% do total, a mesma proporção para a província, sendo que, em Mucugê, chegava a 15%. Naquele ano, a população das Lavras correspondia a 3,6% do total da Bahia e a 39% da de Salvador. Considerando que, antes de 1844, a população dessa área era próxima de zero, verifica-se o grande crescimento demográfico que a mineração de diamantes, em um período muito curto, proporcionou. Esse crescimento, porém, foi afetado por fatores adversos. A crise de produção e de preços, iniciada em 1870, seguida de falências, provocou a migração de uma parte da população, principalmente garimpeiros. O número de habitantes também foi afetado pela grande seca de 1857-71 que, se a princípio atraiu flagelados de outros locais, com o tempo expulsou moradores das Lavras, em razão das dificuldades no abastecimento de alimentos básicos. Epidemias aumentavam a taxa de mortalidade, como, por exemplo, a de bexiga, em 1886. Deve-se levar em conta ainda a contribuição da região para os batalhões de Voluntários da Pátria da Guerra do Paraguai. Por tudo isso, em 1890 a população das Lavras era 7% menor do que em 1872, correspondendo a 2,5% da baiana e 27% da de Salvador.[140]

Por um lado, esses dados demográficos não revelam que as Lavras Diamantinas eram ocupadas por uma população multiétnica composta de brancos, mulatos, crioulos, pardos, africanos e europeus, a grande maioria vinda de fora. Eram indivíduos que exerciam uma variedade de ocupações, que iam desde a pequena *faiscagem* individual, até o grande comércio de pedras, passando por pecuária, agricultura e serviços de diversas naturezas. As informações de Teodoro Sampaio permitem que essa população seja, por aproximação, mais detalhada, desvendando um pouco mais sua composição. Segundo o autor, em Mucugê, onde ele esteve por alguns dias, em 1880, aproximadamente 59,5% dos habitantes eram "pessoas de cor", 25% pretos, 15% brancos e 0,5 de "sangue indígena".[141]

Por outro lado, esses números ajudam a perceber uma estrutura social parecida com aquela do Distrito Diamantino, conforme é descrita por Júnia Ferreira Furtado. Uma minoria branca no topo da hierarquia social, formada por grandes comerciantes e donos dos maiores garimpos, concentrava a riqueza, embora nem todos os brancos fizessem parte da elite dominante. Abaixo dessa elite vinham os capangueiros e pequenos comerciantes, que, caso trabalhassem muito e dessem sorte, poderiam um dia alcançar o topo da pirâmide. Uma grande camada de trabalhadores livres, pobres e mestiços, os "homens de cor", os de pequena esfera, dos quais uma boa parcela dedicada ao garimpo, formava o baixo segmento. Abaixo de tudo vinham os escravos que, mesmo com a Abolição se aproximando, compunham 12% da população. Os conflitos eram inerentes a essa estratificação. A aventurosa atividade de mineração de diamantes, que ensejava uma corrida permanente por novos achados, alimentava naturalmente os conflitos. A dinâmica social das Lavras é sintetizada por Romulo de Oliveira Martins:

Diferente dos anos iniciais dos achados diamantíferos, a incipiente economia local foi cedendo espaço para a emergência de uma elite local que se tornou forte e faustosa, personificada nos donos de companhias de mineração, garimpeiros com grandes escravarias, compradores de diamantes (pedristas/capangueiros) e grandes comerciantes. Suas riquezas foram produzidas e multiplicadas com o trabalho de prospecção dos diamantes mediante exploração do braço escravo e através do comércio dessas pedras preciosas.[142]

A educação não era o forte das Lavras. Em 1872, cerca de 72% da população de Lençóis era analfabeta. E não poderia ser diferente. Em Mucugê, apenas em 1855, oito anos depois de ser elevada a vila, foram criadas cadeiras de primeiras letras para meninos e meninas. Em Lençóis, apenas em 1858 foi criada a primeira cadeira primaria do sexo feminino, tempos depois outra para o masculino. Esse padrão de escolarização mantinha o grosso da população vinculada a trabalhos braçais, sendo a de maior qualificação adquirida na prática diária, a de garimpeiro. A saúde passou a contar com uma Santa Casa criada em Lençóis (1862), por inciativa e donativos dos poderosos locais. A de Mucugê, criada por ato do presidente da Província (1861), que lhe destinou a uma boa quantia para suas primeiras despesas, nunca chegou a funcionar. Os curadores (ou curandeiros), com suas garrafadas de raiz, desempenhavam o papel de principais agentes de saúde comunitária.[143]

Nas Lavras Diamantinas, floresceu uma sociedade com algumas características diferenciadas em relação à de outras regiões do sertão, onde a economia estava assentada na criação de gado e na agricultura. As relações sociais eram efêmeras, conflituosas, em constante ebulição devido aos fluxos migratórios que levaram aventureiros em busca de riqueza fácil, comerciantes nômades e todos os tipos de marginalizados. Mesmo com essa diversidade, a sociedade refletia sua extrema desigualdade nos costumes e nos hábitos de consumo. A riqueza e o fausto das Lavras foram cantados em prosa e verso. Os ufanistas não perdiam oportunidade para destacá-las dos outros sertões, onde só se via pobreza e sofrimento. A precariedade e a transitoriedade da riqueza, cuja boa parte era transferida para Salvador e para o exterior, mesmo que percebidas, não entravam em cogitação. A visão crítica de Cid Teixeira resume com propriedade a situação:

Vista aérea de Lençóis. Ao centro, a Igreja do Senhor dos Passos à esquerda casarão do coronel Horácio de Matos.

As lavras nesse período não interessavam somente a rudes garimpeiros ou a latifundiários taxadores do "quinto" sobre a pedra encontrada. Eram comissários e procuradores de grandes lapidários e joalheiros que lá estavam fazendo seus bons negócios e, naturalmente, levando para os hábitos locais as novidades de conforto que traziam da Europa. As bebidas fermentadas, as conservas, as roupas de tecidos de superior qualidade, os relógios Patek Phillipe, os sapatos Bostock, os fósforos John Kopins, tudo isso passou a fazer parte do comum dia a dia de homens que alternavam estas europeíces com as necessidades de ter a bateia, o fifó e o picuá como elementos indispensáveis da vida e do 'status'. Tão europeu e tão fugaz o fastígio diamantino, que não faltaram ogivas de inspiração francesa recriadas nos sobrados de Lençóis. Modos e modas díspares e, não raro, conflitantes, conviviam naquela sociedade adventícia, móvel, com inteira consciência da sua precariedade temporal.[144]

A opulência das Lavras se expressava pela suntuosidade da sua "capital", Lençóis, considerada a "corte do Sertão". A acumulação de riqueza provocava arroubos de nobreza, sustentados pela compra de títulos e brasões. Os filhos das famílias da elite saiam para estudar em Salvador, Rio de Janeiro ou Paris. Os coronéis locais gabavam-se de ter mais ligações com a Europa do que com a capital da província. Importava-se a última moda de Paris, de joias a pianos Pleyel, dispostos nos salões das casas mais ricas. Cronistas reportam a existência de um "Consulado Francês" na cidade, fato nunca comprovado, provavelmente uma representação comercial de alguma casa importadora francesa. Não importava muito a verdade se a versão servisse para abrilhantar a ostentação e a pompa, enquanto a riqueza fosse pródiga.[145]

Como propõem Ronaldo Senna e Itamar Aguiar, as especificidades da extração de diamantes, em particular do seu processo de trabalho imprevisível, onde o jogo da sorte desempenha um papel de relevo, diferentemente da pecuária, por exemplo, onde a previsibilidade está vinculada a regras de produção bem mais definidas, por certo contribuiu para moldar uma cultura que, ao tempo em que bebe nas tradições sertanejas, delas se distingue em alguns aspectos. Os mesmos autores propõem perceber essa cultura como uma amálgama de di-

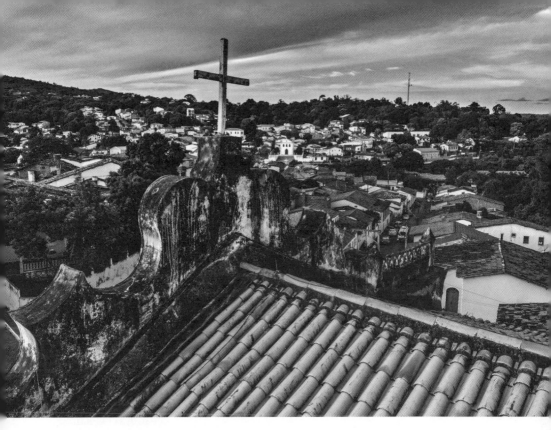

Lençóis vista sobre o telhado da Igreja do Senhor dos Passos.

versas influências proporcionadas "pelo encontro de pessoas e grupos de terras e culturas distantes", os adventícios que povoaram as Lavras desde seus primórdios. A era dos diamantes deixou suas marcas na cultura do sertão da Bahia, onde encontrou suas bases, que foram transformadas e adicionadas ao quadro geral desse vasto território, desse "outro país" do qual falava Euclides da Cunha.[146]

Analisar esse processo de criação, recriação, transformação e transbordamento cultural das Lavras está bem além das limitações deste ensaio. Não obstante, é possível destacar dois exemplos ilustrativos da riqueza dos processos que fizeram surgir bens culturais próprios e únicos.

O primeiro exemplo refere-se ao conjunto arquitetônico erguido nas Lavras.[147] Se, nos primórdios, os barracos de madeira cobertos de palha, abrigo dos garimpeiros, dominavam a paisagem, com o tempo, ela foi sendo moldada por outros tipos de construções. Os garimpeiros, os trabalhadores de campo, desenvolveram uma técnica para erguer suas moradas geralmente bem próximas dos locais onde labutavam. Às vezes, usavam vãos formados pelas rochas como telhados, as "tocas", complementados com paredes de pedras, como se fossem cavernas adaptadas. Outras vezes, usavam pedras empilhadas em paredes como recurso básico, sem recorrer a qualquer tipo de argamassa, cobrindo-as com palhas de "pindoba", palmeira encontrada com facilidade na região. Erguer paredes confiando no equilíbrio das pedras exigia engenho e arte, uma qualificação desenvolvida por poucos, a partir da base material disponível em abundância. Na foto abaixo, as ruínas do bairro Luís Santos, em Igatu, onde as paredes das casas foram construídas com pedras empilhadas. Embora hoje em ruínas, essas casas serviram como moradia até a década de 1950. Foram tombadas pelo Instituto do Patrimônio Histórico e Artístico Nacional (IPHAN) no ano 2000, junto com o resto do conjunto arquitetônico, urbanístico e paisagístico de Xique-Xique de Igatu. Um

Ruínas de habitações
de pedra em Igatu.

patrimônio histórico-arquitetônico único em todo o país, criado pelo talento de homens simples e rudes que interagiam com os elementos naturais circundantes.

Os barracos cobertos de palha também deram lugar às casas térreas e sobrados das cidades. Os sobrados eram não apenas residências, geralmente com lojas comerciais, depósitos ou alojamento de escravos no térreo, mas também símbolos do poder dos coronéis locais. As palavras de Fernando Sales sobre Mucugê expressam essa dimensão simbólica: "Não tardaria, entretanto, que o Coronel Reginaldo Landulpho da Rocha Medrado, dono das terras e homem de larga influência da Província, erguesse o seu sobrado, de onde veio a dominar aquele novo e florescente núcleo de civilização".[148] Sobrados e casas que acompanham uma urbanização espontânea e irregular, na qual a adaptação ao relevo do terreno era o critério mais importante para o traçado de ruas e praças.

Toca de garimpeiro encravada no vão da rocha.

Na construção dessas edificações, que apresentam cores vivas nas alvenarias e esquadrias, recorreu-se a diferentes técnicas, com predominância do uso do adobe ou pedra, bem como a velha taipa e suas estruturas de madeira vedadas com barro. Esses conjuntos são bem caracterizados no trabalho do Instituto do Patrimônio Artístico e Cultural da Bahia (IPAC):

> Na faixa de mineração de diamantes [...] o padrão arquitetônico prevalecente é o mineiro: construções mais leves e coloridas, onde os vazios prevalecem sobre os cheios. A estrutura é geralmente em madeira, independente da vedação, que pode ser de pau-a-pique ou adobe. As construções mais antigas são térreas, semelhantes às das zonas auríferas. Os sobrados surgem logo a seguir e seus vãos já denotam influências ora do Neoclássico ora do Neogótico, que ali se difundiu muito cedo. Em muitos edifícios, uma fachada apresenta portas e janelas com arcos plenos e a outra em arcos abatidos e apontados. Muito frequentes na região são também os vãos em forma de mitra, uma simplificação do arco ogival, que são encontrados também em Minas Gerais, especialmente em Ouro Preto e Diamantina.[149]

Na foto abaixo, pode-se ver a Praça dos Nagôs, em Lençóis, talvez o conjunto mais representativo da arquitetura da mineração na Chapada. Sua famosa ponte de pedras, à direita, foi construída em 1860, por flagelados da seca. É uma ponte do tipo romano, com três arcos em que foram usados como argamassa óleo de baleia e gema de ovos. O Mercado, à esquerda, segue estilo parecido, vazado por arcos plenos, tendo as fachadas texturas rugosas das suas alvenarias de pedras não cobertas e abóbadas de tijolos. Os sobrados e casas térreas completam o quadro exemplar dessa arquitetura que, ao beber em tantas fontes, se torna única.

O outro exemplar do patrimônio histórico das Lavras que merece destaque é o cemitério de Mucugê. O Cemitério Santa Isabel (mais conhecido como Cemitério Bizantino) foi construído por volta de 1855, após uma epidemia de cólera que atingiu a vila, afastado do centro urbano e longe das fontes de água, para que não houvesse contaminação. Localizado na encosta de uma elevação da serra do Sincorá, cra-

Praça dos Nagôs, com seu mercado e ponte sobre o rio Lençóis.

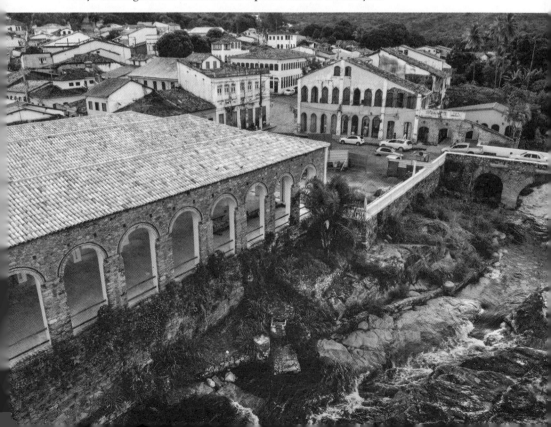

vado na rocha, seus mausoléus caiados possuem perfis fragmentados. Ostentam arcos ornamentados com terminações em pináculos ou miniaturas de igrejas. É considerado um dos dois únicos cemitérios em estilo gótico-bizantino do mundo, junto com o de Parma, na Itália.

O Instituto do Patrimônio Histórico Nacional (IPHAN) tombou o conjunto arquitetônico e paisagístico de Lençóis em 1973, o de Mucugê em 1980, e o de Igatu, no ano 2000. O IPAC começou o processo de tombamento do centro histórico de Palmeiras, em 2014. Essas iniciativas são essenciais para preservar esse patrimônio histórico, contribuindo enormemente para a sua relativa conservação atual, apesar de pontuais descaracterizações e dos reclamos de moradores que se sentem prejudicados por não poder reformar livremente suas propriedades. São muito poucos os conjuntos histórico-arquitetônicos preservados em todo o sertão da Bahia, o que torna a manutenção das cidades das Lavras ainda mais importante, pela causa da nossa memória histórica e por adicionar um atrativo particular à atual vocação turística da região.[150]

Cemitério Bizantino
de Mucugê.

Detalhe do Cemitério Bizantino de Mucugê.

O segundo exemplo de bem cultural criado na Chapada aqui abordado é o Jarê. Trata-se de um candomblé de caboclo que se instalou na Chapada Diamantina, se alimentando de diversas fontes e influências, transformadas pelas circunstâncias locais. Ronaldo Senna defende que a origem é de corte banto, ou Angola, sofrendo, no entanto, uma forte presença nagô, além das crenças dos caboclos indígenas e de elementos da umbanda. Essa diversidade de influências se explica pelo fato de a população das Lavras ter sido formada por pessoas oriundas de várias regiões, que vinham com suas religiões, geralmente já sincretizadas. Os que vieram do Recôncavo traziam o candomblé de orixás, naquela época já com a incorporação de caboclos. Além dos orixás, os de Minas trouxeram elementos da umbanda. Os do São Francisco o catolicismo popular rural. O espiritismo kardecista também se fez presente. O Jarê, ao longo de seu processo de formação, amalgamou tudo isso, criando uma religião distinta, com cosmogonia e rituais próprios. Ele ainda está fortemente presente na Chapada, principalmente em Lençóis e Andaraí, os centros difusores.

Para o garimpeiro, o Jarê era instrumental em dois aspectos. Primeiro, por oferecer esperança no trabalho, especialmente quando ele estava "infusado", por muito tempo sem achar pedra de valor. Recorria-se ao Jarê para se obter o tão sonhado "bamburrio", quando a sorte levaria a grandes descobertas, ilusória porta de entrada na riqueza. Os aspectos místicos envolvidos na busca por diamantes reforçavam toda essa crença. A pedra poderia se esconder daquele que não fosse o dono escolhido: afinal, ela tem vida e procura, guiada pelos astros, o seu eleito. O segundo aspecto instrumental se refere às habilidades curadoras dos sacerdotes, que conheciam remédios "de raiz" para diversos males do corpo. Em uma região onde médicos eram muito raros, os curadores gozavam de prestígio e respeito. Acima dos aspectos instrumentais, no entanto, o Jarê atende às necessidades existenciais de homens em busca de apoio para acalmar os seus anseios por segurança espiritual, enfrentando um meio social hostil, lidando com a natureza cheia de mistérios. Nesse processo, cria-se uma comunidade que se organiza à parte da sociedade "dos brancos". Comunidade de escravos livres e libertos, que passam a defender a sobrevivência e a integridade da confraria pela via do lúdico, do místico, dos ritos, mesmo sofrendo perseguições.[151]

O Jarê está vivo e forte na Chapada. Apesar do número de casas ter diminuído, a sua quantidade ainda é significativa. São dezenove terreiros ativos em Lençóis, dez em Andaraí, onze em Morro do Chapéu, cinco em Utinga e quatro em Itaetê. O santuário do Terreiro Palácio de Ogum, em Lençóis, encontra-se em processo de tombamento pelo IPHAN.[152]

NOTAS

[140] Sobre a seca de 1857-61, vale a pena reproduzir o ofício do delegado substituto de Lençóis, Aristides Farias Moreira ao vice-presidente da província, Manuel Messias de Leão, em 22 de agosto de 1859. "A seca, que flagella este termo e seo sertão há mais de nove meses, tem produsido tamanha escassez de viveres, que a classe menos favorecida da fortuna, que é aqui muito numerosa, está redusida a deplorável miséria. Faltas de trabalho, pela mingoa d'água pela Serra, onde elles mineravão, os meseraveis garimpeiros, que não emigrar para o Rio de S. Francisco, mendigão o pão de porta em porta, esfarrapados, e cahindo a fome!" Citado por Gonçalves (2000, p. 38). A mesma autora reporta o precedente aberto por D. Pedro II que, pela primeira vez, doou recursos financeiros a serem distribuídos entre os desvalidos da Comarca do Rio de Contas, à qual, na época, as Lavras estavam vinculadas (p. 40-41). Sobre os voluntários da guerra, apenas de Lençóis, 230 jovens seguiram para as frentes de batalhas. Ver Silva (1997, p. 41-44).

[141] Teodoro Sampaio informa que, pelo censo de 1872, a população de Mucugê perfazia 15.100 habitantes, quando, na verdade, o número oficial é 26.659. Os percentuais foram calculados com base no número do autor, que é o único a desdobrar essa população de acordo com suas etnias, representando uma aproximação para a situação das Lavras. Ver Sampaio (1998, p. 128). Sobre a análise de Júnia Ferreira Furtado, ver p. 72 e nota 123.

[142] Martins (2013, p. 77).

[143] Informações sobre Santas Casas e escolas em em Pereira (1910, p. 102-103). Sobre o percentual analfabetos, Alves, Neves e Senna (2002, p. 137). Nesse livro, foi reproduzido o trabalho de Gonçalo de Athayde Pereira, Memória História e Descriptiva do Município de Lençóis.

[144] Teixeira (1998, p. 108).

[145] Ver Silva (1997, p. 35) e Martins (2013, p. 178). A estrutura social das Lavras é bem caracterizada por Senna (2011).

[146] Senna e Aguiar (1980).

[147] Em notável trabalho, o Instituto do Patrimônio Artístico e Cultural da Bahia (IPAC) promoveu, em 1980, a realização do inventário do acervo cultural do estado da Bahia, referente aos monumentos e sítios. O volume IV é dedicado à Serra Geral e Diamantina, englobando a Chapada. IPAC-BA (1980).

[148] Fernando Sales, Op. cit., p. 33.

[149] IPAC-BA (1980, p. 20).

[150] A relação de bens tombados pelo IPHANN pode ser acessada em <http://portal.iphan.gov.br/uploads/ckfinder/arquivos/Lista_Bens_Tombados_marco_2016.pdf>

[151] Abalizados estudos sobre o Jarê encontram-se em Senna (2011) e Senna e Aguiar (1980). O catolicismo oficial era a única religião tolerada no sertão baiano sob a égide do padroado. Ver Moraes (1991, cap. IV).

[152] Informações detalhadas sobre o Jarê e seus terreiros podem ser encontradas no site <jare.redelivre.org.br>.

Sobre o eterno e o etéreo

A economia do diamante, em uma dada região produtora, não obedece ao ciclo vital que passa pelas fases de nascimento, crescimento, apogeu, decadência e morte. Ela nasce e logo tem o seu apogeu, para depois decair. A morte é lenta, porquanto a atividade extrativa permanece por longo tempo, mesmo sem render o suficiente para sustentar uma significativa geração de valor. No caso das Lavras Diamantinas, o ciclo foi breve: entre nascimento e decadência, um pouco mais de duas décadas. No sertão baiano, as pedras brilhantes se transformaram em etérea riqueza, que se foi junto com o declínio de toda a economia da província.

O Gráfico 6 mostra a evolução do índice do total das exportações da Bahia na segunda metade do século XIX. É bastante clara a tendência de declínio, em consonância com a decadência da economia agrária ex-

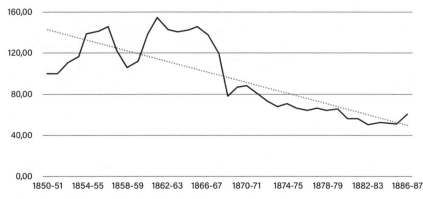

Gráfico 6
Bahia - Índice do valor das exportações - 1850-1887 (1850-51=100)

Fonte: FUNDAÇÃO DE PESQUISAS - CPE (1978, v. 1, tabela 2, p. 54).

portadora da província. Esse índice fornece uma boa aproximação da atividade econômica formal, tendo em vista que cerca de dois terços dos impostos arrecadados provinham do comércio exterior. Durante o período em análise, o ápice das vendas externas foi em 1861-62, quando atingiu o índice 154,83. Em 1868-69, esse índice decresceu para 120,95; em 1877-78 chegou a apenas 65,16 e continuou ladeira abaixo até o final do século: em 1886-87, a Bahia exportou cerca da metade do que havia exportado em 1868-69 e pouco mais de um terço do período 1861-62.

O Gráfico 7 delineia a participação dos quatro principais produtos de exportação da província da Bahia de 1850 a 1878. Esses produtos (açúcar, fumo, café e diamantes) foram responsáveis por cerca de 80% do total das exportações durante esses anos. Nesse mesmo período, ocorreu o ápice da produção de diamantes. Sua participação na pauta foi, em média, 7,7% no período, apresentando um acentuado declínio após 1868-69, coincidindo com o início da redução mais acentuada das vendas externas da província. Considerando que as exportações das pedras pela Bahia refletem menos da metade do total produzido, verifica-se que o impacto dessa atividade na economia da província não foi pequeno, porém muito rápido.

O Gráfico 7 permite ainda que alguns aspectos da dinâmica da economia baiana sejam identificados. O declínio do açúcar, em relação a outros produtos da província, é evidente. A ascensão do fumo ocupa,

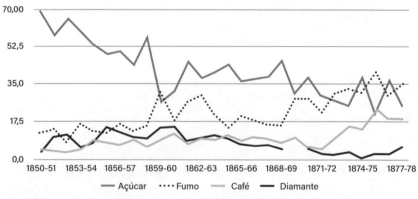

Gráfico 7
Bahia - Participação dos principais produtos na pauta de exportação (%): 1850-78

Fonte: FUNDAÇÃO DE PESQUISAS - CPE (1978, tabela 8).

em certa medida, o lugar do açúcar, chegando a superá-lo, no final do período, em termos proporcionais. A ascensão do café também é clara, principalmente a partir de 1871-72. A febre cafeeira chegou à Bahia, nas áreas mais úmidas que as da caatinga, inclusive em manchas de terras altas da Chapada. A ausência do algodão e dos couros e peles no gráfico demonstra o declínio acentuado dessas exportações: nesses anos, a participação média do algodão foi de 5,9% e a dos couros e peles 4,4%. No sertão da segunda metade do século, apenas o diamante emanava alguma dinâmica positiva, com a antiga pecuária e o algodão em estado vegetativo. O café e o cacau começam a despontar, indicando um caminho pós-mineração para alguns territórios.

Durante o curto período de euforia, os diamantes das Lavras proporcionaram alguma riqueza para uma pequena nata representada pelos poderosos coronéis. Essa época é sempre lembrada com fantasia e lamento pelo presente tão pobre. Em fausto e pompa, com o consumo ostensivo de luxuosos bens importados, educação de filhos como bacharéis e construção de memoráveis peças arquitetônicas se dissipou o capital. Para essa elite, detentora dos maiores traços de terras, foi possível enfrentar a crise pela diversificação, aumentando os investimentos na pecuária ou na agricultura, mesmo havendo perda no padrão de vida. Para os demais estratos sociais, a decadência trouxe problemas bem mais difíceis.

O comércio de diamantes pela via dos capangueiros foi bastante reduzido. O comércio de gêneros importados ou da terra já não contava com tanto mercado. A circulação de dinheiro ficou apertada, afetando todo o giro da economia local. A população começa a diminuir no final do século, processo que vai se aguçar no século XX, indicando o progressivo esvaziamento das Lavras. Para a massa dos "homens de pequena esfera", garimpeiros e trabalhadores em geral, agora engrossada pelos escravos finalmente libertos, havia poucas chances para sobreviver naquele local. Acesso a terras para muito poucos, o resto se encostando do jeito possível, procurando proteção e abrigo do coronel, engrossando suas tropas, ou quem sabe indo atrás de algum profeta messiânico que aparecesse.[153]

O episódio de Canudos, cuja guerra ocorreu entre 1896 a 1897, reflete exemplarmente a situação social de um sertão cuja população cresceu, em larga medida marginalizada dos circuitos econômicos formais. Onde a sobrevivência dependia da sorte, da inconstância do clima, dos humores dos poderosos manipuladores do poder, da esperança alimentada por misticismo que conforta, mormente quando nada mais resta. Tudo isso no contexto de uma economia cujas bases remontam à Colônia, que entra em profunda crise, o gado e o algodão perdendo a luta contra competidores mais poderosos. Os circuitos informais, a pequena agricultura e o artesanato local eram incapazes de remediar a situação de

A literatura dos primórdios das Lavras

Dois romances do século XIX têm como substrato as conflituosas relações sociais do período da mineração de diamante na serra do Sincorá. O primeiro, escrito em 1870, de autoria de Marcelino José das Neves[154], só foi publicado em 1967, graças aos esforços de sua neta. Oriundo de Caetité, aos quatro anos de idade foi morar nas Lavras, em 1845, onde permaneceu por cinco anos, em Mucugê. Esse período pioneiro, de plena efervescência, calou fundo na memória do autor a ponto de vinte e cinco anos depois registrar em ficção o que testemunhou na infância.

O livro expõe com clareza, em estilo moderno, realista, avançado para a época, as disputas que permeavam as Lavras. De um lado, um capitão minerador com seus escravos, controlados por um feitor violento e, ao mesmo tempo, covarde. Do outro, um grupo de garimpeiros livres liderados por Jorge, um cabra inteligente e valente, disposto a defender seus achados da cobiça do poderoso capitão. Esse conflito torna-se mais acirrado quando o capitão resolve dar em cima de Joaninha, a virgem irmã do líder garimpeiro, protestando paixão de ocasião. A disputa ganha um ingrediente moral, pois a família da pretendida, liderada pela mãe viúva que sustenta pequeno comércio de refeições, não concorda com a "perda da honra" da menina, pois todos sabem que, uma vez satisfeitos seus desejos, o capitão não manteria as promessas.

Esse roteiro é usado para denunciar as desigualdades sociais e a violência daquela rústica sociedade. Os escravos maltratados trabalhando até a exaustão. Não lhes restava senão a tentativa de fuga; os garimpeiros livres enfrentando o poder do capitão, que se se utiliza da justiça na comarca de Rio de Contas para ameaçar e prender, sem falar da violência de seus homens armados. Tudo isso envolto um crescente contingente de pessoas que procuravam desesperadamente cumprir seu ciclo vital. Esse drama sobrevive até os dias de hoje. Ele está inculcado no fundo da formação desse "outro país".

A literatura nos ajuda a entender melhor as vicissitudes da exploração de diamantes nas Lavras Diamantinas. Dois romances da época adicionam movimento e drama ao conflituoso panorama desse momento único do sertão baiano.

em códigos ético e moral rígidos, advindos do meio rural, mas que são constantemente postos à prova pelas precárias relações sociais de uma sociedade em transição, um local de aventureiros cobiçosos e dispostos a tudo pela riqueza das pedras. Marcelino das Neves aproveita o enredo para tecer suas críticas àquele mundo estranho, onde os homens não são os mesmos de antes, onde a honestidade e a confiança, valores pétreos do velho sertão, valem pouca coisa, onde a cobiça fala mais alto do que qualquer virtude. A tragédia se anuncia, em uma narrativa tensa e dramática desde o começo. A catarse final é fúnebre, embora Joaninha, a heroína desejada por vários, consiga sobreviver para que possa manter sua honra intacta.

O segundo romance, Maria Dusá,[155] de Lindolfo Rocha, publicado em 1910, é mais conhecido e já foi adaptado para novela de televisão. A ação se passa por volta de 1860, auge de grande seca em todo o sertão. O livro conta uma história de amor entre um tropeiro vindo de Minas, dono de uma boa tropa de mulas carregada de mercadorias, e Maria Dusá. Na verdade, são duas marias, sósias, uma delas prostituta, embora essa palavra nunca seja usada. A outra é filha de um sertanejo arruinado pela seca, que sai de casa corrida pela fome, em busca de vida melhor. Essa situação enseja um acidental triangulo amoroso e uma troca de personagens que só se resolve no final da trama. Todos os personagens daquela sociedade em ebulição estão presentes: aventureiros de diversos tipos, comerciantes de diamantes, mascates, estrangeiros, garimpeiros,

mulheres dispostas à vida de "cortesã", escravos e seus senhores, o caldo humano que transforma, de uma hora para outra, uma região, antes desabitada, em um Eldorado. Naquela seca, todos se dirigem para Mucugê, na esperança de que os diamantes pudessem salvá-los das agruras ou da morte, sem saber que, naquele destino, a fome também campeava. Boa parte da trama se passa no povoado de Xique-Xique, na época de exploração mais febril no local. Os costumes são fluidos, as relações tumultuadas pelo afã de riqueza, pela quimera atiçada pelas pedras que brilham. A sorte e o revés da fortuna transformando os homens em violentos caçadores de ilusões. O estilo, um modernismo regionalista precoce, também se destaca. As palavras de Adonias Filho exprimem com exatidão toda a força do romance: "Maria Dusá, pela penetração e a linguagem, é legitimamente o primeiro romance baiano a impor a realidade em toda

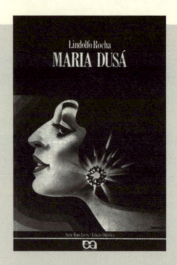

uma firme violência dramática. A seca não pesa como um flagelo, mas se ergue como uma maldição bíblica. Não sendo um romance de costumes, como denominou o romancista, Maria Dusá é a reprodução, em sua parte posterior, da vida social ainda primitiva nas Lavras. Os garimpeiros são aí expostos no trabalho, em suas paixões, as grunas descobertas, detalhe a detalhe, na aspereza do seu mecanismo".[156] Por tudo isso, Maria Dusá pode ser visto como uma síntese poética de uma construção social única.

NOTAS

[153] A relação de dependência entre os senhores de terras e agregados, meeiros, libertos e escravos é explorada por Jackson André Da Silva Ferreira para o caso de Morro do Chapéu na segunda metade do século XIX, com base no conceito de paternalismo. Ver Ferreira (2014, p. 15-42).

[154] Neves (1967).

[155] Rocha (1980).

[156] Adonias Filho, O Regionalismo na Ficção. Grupo Baiano. Em Afrânio Coutinho (org) *A Literatura no Brasil*. Volume III. Rio de Janeiro: Editorial Sul Americana, 1969.

• TERCEIRA PARTE •

A República Federativa e a República do Sertão

Coronéis, guerras
e decadência

> Nada se mudaria; o regime, sim, era possível, mas
> também se muda de roupa sem trocar de pele.[1]
> (Machado de Assis)

No final do século XIX, o Brasil finalmente se tornou uma República, encerrando o longo período monárquico. A base econômica e a estrutura social, entretanto, pouco mudaram. O país continuou agrário-exportador, sem embargo do crescimento de sua indústria, voltada para o mercado interno, tendo no latifúndio sua unidade produtiva mais importante. A sociedade permanece engessada na sua rígida hierarquia, limitando a participação política à cúpula concentradora da renda. O crescimento populacional aumenta o contingente de despossuídos e marginalizados, gerando sérios conflitos sociais, que, porém, pouco abalam o regime excludente e elitista.

A economia cafeeira se expande, a ponto de gerar mais de dois terços do valor das exportações. Da elite de cafeicultores saem os principais dirigentes da República Velha, sempre dispostos a implementar políticas de proteção de sua lavoura. A hegemonia dos coronéis do café é quase absoluta, principalmente a de São Paulo, motor do dinamismo econômico do país. A Revolução de 1930 encerra esse período, inaugurando uma época de centralização do poder e de intervencionismo estatal. Paulatinamente, o país entra em uma nova fase, que vai levar à sua industrialização acelerada.

O regime republicano não foi proveitoso para a Bahia. Suas elites se posicionaram no lado perdedor, tanto na proclamação da República, como em 1930. O processo de decadência de sua economia se acentuou, sobrando o cacau e o fumo como produtos a apresentar algum dinamismo. O peso econômico e político do estado, no contexto do país, diminuiu. Parte de sua população evadiu-se para o Centro-sul em busca de meios de sobrevivência. O sertão se esvaziou, as Lavras se exauriram, a extrema pobreza se alastrou.

As guerras dos coronéis se destacam nesse cenário. As lutas do Coronel Horácio de Queirós Matos, o senhor da Chapada, refletem conflitos desde a base coronelista, passando pelas oligarquias do estado, chegando até à dimensão federal. O que era, de início, uma briga entre famílias, em torno de terras e poder, torna-se uma generalizada disputa pelo território da Chapada Diamantina, que envolveu governadores, em apoio aos coronéis enfrentados por Horácio, e o poder Federal, que interferiu visando a conter a crise. O fim das guerras, paradoxalmente, representa o fundo do poço da economia do diamante. O processo de recuperação em curso se lastreia no turismo e na agricultura irrigada, em meio a problemas sociais e ambientais não resolvidos. O futuro, entretanto, depende de como eles serão encaminhados.

NOTA

[1] Conselheiro Aires, personagem de *Esaú e Jacó*, romance de Assis (2016, cap. LXIV, p. 147).

A República oligárquica e coronelista

Os primeiros sintomas de decadência da monarquia brasileira podem ser encontrados nos efeitos da Guerra do Paraguai. O conflito, encerrado em 1870, custara muito ao país, tanto em termos de recursos humanos como financeiros. O esforço recaíra principalmente sobre agricultores, incapazes de resistir aos avanços do governo imperial, gerando insatisfação e revolta. Ademais, ao fim da guerra, o Império contava com um ator até então ausente da vida social e política: as forças armadas profissionalizadas, uma novidade na vida da nação. Seus componentes não pertenciam às elites dominantes, desconfiavam da política e eram críticos quanto aos rumos da nação. Saíram da guerra indignados com a escravidão, pois pertenciam ao único exército, dos quatro em conflito, que combatia com soldados escravos. Uma anomalia que causara vergonha.

A chamada "questão militar" se aprofundou na medida em que a tropa e seus oficiais passaram a perceber que os esforços na guerra não tinham sido devidamente reconhecidos. Os combatentes não encontravam espaço na rígida estrutura social da monarquia. A origem dos oficiais dessa nova força era bem diferente da do exército de aristocratas do início do Império e da tradicional Guarda Nacional. Nessas corporações, a hierarquia refletia a própria hierarquia social, na qual os indivíduos eram classificados de acordo com seu nascimento, sua origem, sua casta. Os novos militares eram oriundos das classes subalternas, da incipiente classe média ou mesmo de famílias de agricultores arruinados, para quem a carreira militar era uma oportunidade de vida. Passaram a lutar por um lugar na arena social e política, inspirados em ideias positivistas e republicanas, atraídos pelo poder. Questões de orçamento, soldos e promoções serviam como pretextos para reivindicações mais amplas, que, no fundo, apelavam pelo reconhecimento da corporação como ator político importante. O rompimento com a monarquia ficou bem claro quando os militares se recusaram a perseguir os escravos fugidos durante as revoltas que precederam a Abolição.[2]

A Monarquia também enfrentou sério conflito com a Igreja em torno da questão do Padroado. A situação de uma Igreja totalmente submissa ao Estado começou a ser contestada, no bojo de reformas que tentavam renovar o catolicismo, reforçar sua doutrina e elevar o poder espiritual do Papa. Essas tendências, temperadas no caso brasileiro pela ideologia positivista, não eram assimiladas pela monarquia que, ao contrário, procurava cada vez mais submeter a religião a seus propósitos e políticas. O conflito tornou-se inevitável, houve prisão de bispos por atacarem a Maçonaria, tudo levando a cúpula da Igreja a militar contra o regime e suas anomalias.[3]

O abolicionismo se constituiu em adicional ingrediente a fomentar a crise monárquica. Desde o efetivo término do tráfego negreiro, na década de 1860, estava evidente que, mais cedo ou mais tarde, o país não poderia contar com a força de trabalho servil. A questão era quando e como se daria esse fim. Na percepção das elites conservadoras, a continuidade da monarquia ensejava, se não a garantia da perpetuação da servidão, pelo menos uma transição favorável aos senhores de escravos. Nesse contexto, o movimento abolicionista passou a se confundir, cada vez mais, com o republicano, mesmo que sem uma perfeita identidade. Republicanos senhores de escravos não abraçaram o simples fim da escravidão. Caso ela houvesse, reivindicavam compensações financeiras pela perda de tão valoroso "ativo fixo".[4] A Abolição decretada pela filha do Imperador (maio de 1888), sem previsão de indenização aos proprietários, precipitou a ruptura, perpetrada por um simples golpe militar, sem resistência, como se uma fruta já madura esperasse apenas alguém sacolejar o galho para ela cair.

O golpe da República (novembro de 1889) contou com um forte lastro nas tendências federalistas que ressurgem, em grande medida, pelo fortalecimento econômico das oligarquias provinciais, mormente aquelas vinculadas ao café, estabelecidas no Oeste Paulista e no Sul de Minas. Com a Abolição, rompeu-se o vínculo dos grandes fazendeiros dessas zonas mais modernas com a Monarquia. Na célebre Convenção de Itu (1873), fora fundado o Partido Republicano Paulista (PRP) com a missão de representar politicamente os interesses da base econômica que dominava o maior e mais dinâmico setor do país. Por meio desse instrumento de militância política, os fazendeiros de café de São Paulo e Minas se aliaram aos militares descontentes, mirando a derrubada o regime. Contaram com o apoio das oligarquias de outros estados, a exemplo do Rio Grande do Sul, onde o positivismo ganhara espaço entre as elites dominantes na província. As novas oligarquias estaduais brigavam principalmente por mais autonomia, o que implicava a descentralização do comando pela adoção do federalismo, velho ideal dos liberais históricos.[5]

Em síntese, a República resultou da junção de militares descontentes e influenciados pela ideologia positivista com o proselitismo de ideais abolicionistas e republicanos que agitavam as ruas, aliados aos proeminentes agricultores de café, encadeados com o comércio e o crédito mercantil, que compunham as novas oligarquias inconformadas com a centralização do poder e o marasmo econômico. A expansão e a diversificação da economia no Centro-sul do país não comportavam mais o domínio pelo velho estamento aristocrático decadente girando em torno do Trono.

Perpetrado o golpe, impunha-se a urgente tarefa de organizar o novo governo. Inicialmente, a liderança coube aos militares por meio do marechal Deodoro da Fonseca, uma surpresa, por não se imaginar que ele seria capaz de rebeldia ou traição à Monarquia. A Deodoro, na chefia do Governo Provisório, coube a formação do primeiro ministério e a promulgação das medidas iniciais do regime. O ministério refletia as forças políticas que participaram do movimento: militares, o PRP e figuras republicanas históricas. O primeiro decreto promulgou a República Federativa, ao afirmar os estados, no exercício de sua plena soberania, em linha com os antigos ideais descentralizadores dos federalistas. Os estados tornaram-se livres para elaborar suas próprias constituições, ter judiciário próprio, contrair empréstimos externos, instituir impostos de exportação, constituir força militar. No âmbito institucional, outros decretos avançam na direção de um regime republicano: casamento civil obrigatório, separação da Igreja do Estado, organização da Justiça Federal, dentre outros. Nesse âmbito, não havia muito dissenso, embora os embates ministeriais em torno da política econômica e da condução do governo fossem constantes.

Apesar da outorgada autonomia, tanto Deodoro como Floriano, seu sucessor, nomeiam governadores estaduais que, em geral, não conseguem se firmar frente às disputas entre as oligarquias locais, gerando rápidas mudanças dos titulares, uma intricada dança de vários nomes. Importante é frisar que as eleições para o Congresso eram controladas por quem ocupasse o poder nos estados. As disputas dos oligarcas provocavam cisões e defecções que dificultavam a formação de maiorias parlamentares. A reação dos presidentes militares conduzia a mais intervenções. Naquele momento, a democracia não fazia parte dos planos dos republicanos no poder. As altas patentes procuravam ocupar cada vez mais os espaços decisórios, iniciando uma prática que vai perdurar durante todo o século XX: a intervenção dos quarteis na vida política da nação. A ditadura era uma possibilidade real, principalmente na visão da ala jacobina, militante da anarquia fardada.

Mesmo assim, foi convocada uma Assembleia Constituinte que, em fevereiro de 1891, terminou seus trabalhos com a promulgação da Carta Magna que vai perdurar por quarenta anos, sem mudanças de monta. A Constituição de 1891, por muitos considerada de inspiração norte-americana, ressalta o aspecto federativo e a divisão entre os poderes. Ela tem, no entanto, uma natureza fortemente nominal, em detrimento da normativa. Com isso, a Constituição deu margem para que eventuais dissídios fossem resolvidos pelas correlações de forças políticas e militares predominantes em cada momento, uma vez que os limites entre os poderes não eram bem definidos, e as interpretações variavam, a exemplo do papel das Forças Armadas no quadro nacional. Nas palavras de Raimundo Faoro:

> Ressalvada a valorização federal, em pouco fixada no mecanismo político, a Constituição tem caráter puramente nominal, como se ela estivesse despida de energia normativa, incapaz de limitar o poder ou conter os titulares dentro de papéis prévia e rigidamente fixados. [...] Continuaria a operar a mesma prática imperial, em que as ficções constitucionais assumem o caráter de um disfarce, para que, à sombra da legitimidade artificialmente montada, se in-

terponham as forças sociais e políticas sem obediência às formulas impressas. Era a hipocrisia constitucional tão duramente denunciada pelos críticos do antigo regime, José de Alencar, Tavares Bastos, Ferreira Viana, Rui Barbosa.[6]

A natureza nominal da Constituição torna-se clara durante os governos Deodoro e Floriano. Seguindo a Constituição, Deodoro foi eleito indiretamente pelo Congresso, derrotando Prudente de Morais. Posteriormente fechou o mesmo Congresso em resposta às pressões que vinha recebendo, inclusive da Armada (Marinha). Esse golpe não sobreviveu, ocasionando sua renúncia. O Vice-Presidente Floriano deveria, pela Constituição, convocar novas eleições, mas preferiu se manter à frente do governo, promovendo um contragolpe. Líder da ala jacobina, o Marechal governou sob estado de sítio, acossado pela guerra civil iniciada pela Revolução Federalista no Rio Grade do Sul (1893 a 1895) e pela revolta da Armada.

O conflito no Sul tomou proporções nacionais no momento em que o governo federal interveio em favor da oligarquia comandada por Júlio de Castilhos. A luta se expandiu para Santa Catarina e Paraná, envolvendo forças federais, estaduais e exércitos de jagunços comandados por coronéis. Por sua vez, a revolta da Armada opôs importantes comandantes da marinha, à frente dos mais equipados vasos de guerra, ao governo federal. Eles se sentiam alijados do recém-instituído poder republicano e reivindicavam maior participação nas decisões e no governo. Essa danosa revolta havia começado ainda no governo Deodoro (1891) e se desdobrou em uma segunda etapa com Floriano, sendo debelada apenas em 1894, após muito esforço e perdas dos melhores navios.

Ao tempo em que restabeleceu o funcionamento do Congresso, Floriano promoveu intervenções nos estados, sempre para proteger alguma oligarquia aliada que se via ameaçada. As intenções ditatoriais do "Marechal de Ferro" eram evidentes, devido à sua liderança dos jacobinos, que contava com forte presença no exército, partidários de soluções de força para os problemas políticos do país. Essas intenções, no entanto, não conseguiram se impor frente ao poder civil, representado principalmente pelo Partido Republicano Paulista. Naquele momento, os militares ainda não tinham a organização e a coesão necessárias para impor um regime militar. Eleições foram convocadas, e o primeiro presidente civil, Prudente de Moraes, grande fazendeiro de café do Oeste Paulista, militante do republicanismo desde a Convenção de Itu, foi eleito. Prudente de Moraes foi sucedido por dois paulistas oriundos da mesma base econômica e política, Campos Sales e Rodrigues Alves, e por um mineiro, Afonso Pena, também sustentado pela força econômica do café.

Esse quadro revela as mais fortes características do regime republicano posto em marcha. O federalismo impunha a autonomia dos estados, que passaram a ter uma fatia da receita tributária total (cerca de 30%) bem maior do que no Império. Nesse contexto, a escolha do presidente dependia de acordos entre as oligarquias dominantes nos estados. Na prática, durante todo o período da Primeira República (1889 a 1930), com duas exceções (Hermes da Fonseca e Epitácio Pessoa), os presidentes eram ungidos por acordo entre paulistas e mineiros, os estados mais ricos, populosos e influentes, a famosa política do "café com leite", que procurava aliados nas unidades menores. As exceções resultaram de desacordos oligárquicos nos dois grandes estados, permitindo que, com o concurso de unidades menores, políticos dissidentes fossem eleitos. Fora essas duas exceções, a Primeira República contou com mais dois presidentes mineiros (Wenceslau Braz e Artur Bernardes) e São Paulo o último, Washington Luiz, que viria a ser deposto. Nessa cronologia, mais do que a origem dos mandatários, importa salientar a predominância política dos interesses vinculados à cultura cafeeira e seus financiadores.

A estrutura e a dinâmica política da Primeira República continham alguns aspectos paradoxais. Se, por um lado, a alternância na presidência foi mantida durante trinta e seis anos, por outro, a realidade política estava longe de se enquadrar em um modelo de democracia representativa de cunho liberal. A estrutura de poder era totalmente hierarquizada. Na base dessa hierarquia estavam os chefes distritais, que se uniam em torno de coronéis regionais, detentores dos poderes de estado em seus territórios. Os coronéis, por sua vez, participavam das oligarquias estaduais, de onde saía o governador. A oligarquia dominante elegia os representantes nos parlamentos estaduais e no federal. O presidente ungido exercia o papel de líder das oligarquias que o apoiavam, procurando não abrir espaços para dissidências. Tudo isso com o respaldo de eleições manipuladas, a "bico de pena", orientadas por uma legislação excludente, nas quais apenas as facções dominantes tinham chances reais de sagrar seus escolhidos. O voto não era secreto, mulheres e analfabetos não votavam, reduzindo o colégio eleitoral a 3% da população.

Os resultados eram frutos da colaboração entre os coronéis, que controlavam os municípios, e os governadores, e desses com o presidente, contando com três fraudes: na eleição, na apuração e no reconhecimento. Para eleger um governador era preciso ter o apoio de coronéis que garantissem os votos de "cabresto" nos municípios e distritos, em troca de favores e autonomia nos seus territórios. Para eleger um presidente, bastava contar com a maioria das oligarquias estaduais, que, em troca, adquiriam relativa soberania e ganhavam o suporte do governo federal. Esse arranjo garantia ainda que o governador iria ter maioria no legislativo estadual e o presidente no federal. O federalismo se constituía em uma via de mão dupla; afinal, não obstante a descentralização, os estados não possuíam plena independência financeira, nem política e militar, e o presidente precisava ter maioria no Parlamento. Nesse contexto, as relações de clientelismo, nepotismo e favorecimento recíproco eram práticas cotidianas dos políticos da Primeira República.[7]

A importância dos conchavos entre os poderes dominantes nos estados era ressaltada pelo fato de não existirem partidos nacionais, pois as tentativas de criação eram frustradas pela própria dinâmica do sistema. Os estados hegemônicos – São Paulo, Minas e Rio Grande do Sul – possuíam partidos republicanos estaduais coesos e atuantes, o que facilitava a representação de seus interesses regionais no concerto nacional. Esses três estados, que além da relativa coesão interna eram fortes economicamente, além de populosos, dominaram o poder durante a Primeira República, articulando ativamente as mais difíceis decisões nacionais. Os partidos serviam de intermediários entre os coronéis e os governos estaduais, evitando que, na maior parte do período, as disputas internas se transformassem em dissidências fraticidas. Por outra, os estados do Norte não contavam com partidos estruturados e perenes, pois as agremiações eram feitas e desfeitas no ritmo das ascensões e quedas dos grupos oligárquicos. Essa fragmentação resultava em frágil representação dos interesses regionais e limitada participação no poder central.

Apesar de rígida, essa estrutura comportava disputas internas. Muitas vezes, a origem desses conflitos eram as lutas entre chefes e coronéis decorrentes de brigas entre famílias, unidas em clãs, presentes no cenário desde a época colonial. Essas disputas, quase sempre armadas, foram uma constante durante toda a Primeira República. Apesar da "política dos governadores", formulada por Campos Sales, pela qual o governo central reconhecia a hegemonia de cada oligarquia dominante em troca de apoio, principalmente no Congresso, intervenções federais nas disputas estaduais eram constantes, inclusive com o uso do exército para fazer prevalecer os interesses presidenciais. A história dessas grandes e pequenas guerras locais é longa e cheia de sobressaltos. Os estados passaram a organizar suas forças públicas, armadas para participar das lutas ao lado do mandatário de plantão. O exército, cheio de oficiais em busca de poder e prestígio, também participou de vários conflitos ao lado de oligarquias dissidentes, às vezes sem respaldo do poder central. A interferência do exército nos estados foi particularmente aguda durante os governos de dois militares: Floriano Peixoto e Hermes da Fonseca. Levantes, revoltas e revoluções que deixaram o rastro de sangue de seus incontáveis mortos e feridos. Tudo isso conformando o estranho paradoxo da instabilidade permanente na base com a relativa estabilidade na cúpula.[8]

A partir do início da década de 1920, outro componente militar começou a fazer parte do jogo político. A baixa oficialidade, denominada genericamente de tenentes, passou a externar inconformismo com a situação do país, ensejando revoltas em 1922 e 1924. Apesar de contidos, o sentido desses levantes vai perdurar mesmo após as derrotas, com o movimento tenentista fincando seu baluarte no quadro político da nação. O caráter desse movimento era diferente das confusões militares anteriores, voltadas quase exclusivamente para a obtenção do poder dentro do quadro vigente. Os tenentes defendiam ideais de mudança radical do regime, inconformados com a lassidão dos políticos e a permanência no poder das mesmas oligarquias de sempre, o que, para eles, constituía as razões do atraso, fonte de injustiças e da extrema pobreza da maior parte da população. Derrotados em 1924, a liderança tenentista organizou uma longa marcha pelo interior do país, que ficou conhecida como Coluna Prestes (1925 a 1927). Abaixo, a famosa fotografia que registrou a caminhada de dezessete militares e um civil pela orla de Copacabana, para serem fuzilados pelas forças do governo.

Enquanto isso, a hegemonia do "café com leite" começou a ser corroída por oligarquias dissidentes em fortes estados, como Minas Gerais e Rio Grande do Sul. A impossibilidade de se obter consenso em torno de um candidato levou, em 1930, a uma ferrenha disputa eleitoral, cujo resultado, favorável ao candidato paulista da situação, foi fortemente contestado por acusações de manipulações e fraudes. A Revolução de 1930, liderada pelo candidato derrotado da Aliança Liberal, governador do Rio Grande do Sul, expoente da velha oligarquia de Júlio de Castilhos e Borges de Medeiros, significou uma ruptura com a República Velha, pois resultou no fim da hegemonia cafeeira com suas ramificações financeiras, comerciais e industriais.

O movimento contou com a participação de boa parte do exército e a adesão entusiasta da maioria dos tenentes. A ameaça militar que persistiu durante todo o regime havia, finalmente, se efetivado

Os dezoito do Forte marchando na Praia de Copacabana.

em apoio a oligarquias dissidentes que, dessa vez, conseguiram chegar ao poder. A mudança, no entanto, não é completa. Um novo pacto dominante aos poucos se impõe, fruto de uma composição pelo alto, conforme a análise de Boris Fausto:

> Vitoriosa a revolução, abre-se uma espécie de vazio de poder, por força do colapso político da burguesia do café e da incapacidade das demais frações de classe para assumi-lo, em caráter exclusivo. O estado de compromisso é a resposta para essa situação. Embora os limites da ação do Estado sejam ampliados para além da consciência e intenções dos seus agentes, sob o impacto da crise econômica, o novo governo representa mais uma transação no interior das classes dominantes, tão bem expressa na intocabilidade sagrada das relações sociais no campo.[9]

Nesse estado compromisso, não havia espaço para as massas populares. Elas vão ser gradativamente incorporadas subalternamente às instituições do país, por meio da repressão da sua vanguarda política mais aguerrida e da criação de uma estrutura sindical com forte viés corporativista, somadas a uma legislação trabalhista que atendia à maior parte das demandas dos trabalhadores urbanos. Assim domada, a base da pirâmide social vai se tornar massa de manobra do populismo que viceja na política da segunda metade do século.

O advento da República encontrou o país com a mesma estrutura econômica do Império. Embora algum dinamismo industrial já houvesse se instalado, a economia ainda era amplamente agrária exportadora, liderada pelo café. A impressionante expansão cafeeira, que vinha desde o Império, atingiu o seu ápice na Primeira República. Enquanto a cultura declinava no Vale do Paraíba, principalmente na parte fluminense, ela encontrava, nas terras virgens do Oeste Paulista, um "*terroir*" inigualável para o rápido aumento de sua produção. Entre 1890 e 1900, as plantações de São Paulo mais que duplicaram, saindo de 220 para 520 milhões de pés da rubiácea. A princípio, essa expressiva expansão foi plenamente absorvida por um ávido mercado mundial, cuja demanda crescia sustentadamente. Em 1896, o consumo mundial de café foi de 11 milhões de sacas, em 1902, 16 milhões, chegando a 22 milhões, em 1914.[10] No começo do século XX, o café era o produto primário de maior movimentação no comércio internacional. O Brasil, líder inconteste, abocanhava 70% desse mercado. Essa expansão se deu com parcas mudanças nas técnicas produtivas, o que, mais tarde, vai ocasionar problemas quando outros países produtores começam a ameaçar a liderança brasileira.

Por sua vez, no começo do século XX, a borracha despontou como valioso produto de exportação. Os seringais (*Hevea brasiliensis*), endêmicos da Amazônia, forneciam um produto com forte demanda no mercado mundial, puxado pela indústria automobilística. A princípio monopolista, as exportações brasileiras de borracha alcançaram o seu máximo na década de 1901-1910, quando foram responsáveis por cerca de 28% do valor das exportações médias anuais do país. Em 1910, a borracha emparelhou com o café, cada qual com aproximadamente 40% do total das vendas externas. A partir daí, o declínio foi abrupto. O cultivo da árvore em terras do Oriente (Indonésia, Malásia), para onde haviam sido levadas mudas da planta cultivadas no Kew Garden de Londres, desbancou quase totalmente a extração na Amazônia que, realizada em condições bastante precárias, não conseguiu enfrentar a competição: em 1919, a produção brasileira representava apenas 8% da mundial.

Outro produto que, no início do século XX, começou a despontar na pauta das exportações foi o cacau. Originário da Amazônia, ele vai encontrar, na Mata Atlântica do sul da Bahia, as condições ideais para seu cultivo. O crescimento da produção foi vertiginoso: saiu de cerca de 1.600 toneladas, em 1880, para atingir 100 mil, em 1935. Não obstante, produtores de outros países conseguiram avançar mais rápido. Nesse mesmo ano de 1935, a produção africana da Costa do Ouro alcançou 260 mil toneladas. Naquele momento, o cacau não era mais uma cultura expressiva em termos nacionais. Para a Bahia, porém, constituiu um esteio durante boa parte do século XX. No princípio do século, o cacau já contribuía com 20% das receitas estaduais, no momento em que o açúcar e o algodão definhavam, atingindo 27% na década de 1920. Sua importância para a economia baiana se manteve até a segunda metade dos novecentos.

Enquanto isso, o açúcar continuava sua trajetória de irreversível declínio. A implantação de usinas centrais, tanto na Bahia como em Pernambuco, não conseguiu impedir que a produção brasileira mantivesse sua trajetória de cadente competitividade internacional. Apesar de incorporarem as principais inovações tecnológicas da época, as usinas enfrentaram problemas de suprimento da matéria-prima pelos antigos proprietários de engenhos, afetando a produção e a produtividade. Restava o crescente mercado interno, ocupado principalmente pela produção pernambucana. No entanto, mesmo nesse estado, a indústria açucareira mantinha sua persistente decadência. Na década 1920-29, as exportações de açúcar alcançaram apenas 1,9% do total do país.[11]

As ilhas agrárias exportadoras, espalhadas pelo vasto território, passaram a conviver com um crescente setor industrial. Um dos primeiros decretos do Governo Provisório facultava a qualquer cidadão formar empresas, sem autorização prévia, como acontecia desde o período colonial, uma mudança fundamental na regulação da atividade econômica do país. As atividades manufatureiras estavam crescendo desde antes do fim do Império, impulsionadas pelo, embora ainda limitado, crescente mercado interno, tarifas de importação quase sempre elevadas, e oportunidades que advinham de desvalorizações cambiais e expansões monetárias. A política econômica adotada pelos governos da República, não obstante suas oscilações expansionistas e contracionistas, favorecia o crescimento da indústria, desencadeando um primeiro movimento de substituição de importações, principalmente nos setores de bens de consumo não duráveis: têxteis e alimentos.

A princípio concentrada no Rio de Janeiro, com a prosperidade cafeeira, a indústria ganha o rumo de São Paulo, que, a partir de 1910, passa a liderar a expansão do setor. Já em 1919, quando respondeu por 31,9% do valor bruto da produção industrial, esse estado era o centro industrial mais dinâmico. Para isso contribuíram não só a política econômica, como também a disponibilidade de capitais advindos dos lucros do comércio exterior, além da mão de obra dos imigrantes, muitos deles artífices com alguma experiência prévia em atividades manufatureiras. A indústria paulista se beneficiou ainda com a disponibilidade de energia hidráulica. A primeira usina elétrica do país foi inaugurada em 1901, no município de Parnaíba, no rio Tietê.

O crescimento industrial do país foi a tal ponto, que, tão cedo como 1908-14, o valor adicionado pela produção industrial participava com

19,4% do Produto Real Bruto do país, atingindo 37,5% em 1945-47. A Grande Guerra (1914-18) provocou um forte estímulo à substituição de importações, por conta da severa contração do comércio exterior. Tal expansão era lastreada no crescimento do mercado interno, tendo em vista que a indústria brasileira dessa época não exportava. No entanto, além do baixo nível médio de renda da população, esse mercado era limitado pela falta de integração nacional, tendo em vista que as conexões interestaduais da malha ferroviária eram incipientes.[12]

Tendo Rui Barbosa como ministro da fazenda, a política econômica dos primeiros momentos da Republica foi direcionada no sentido de soltar as amarras da velha economia, que se debatia com a falta moeda e de crédito. Medidas expansionistas já haviam sido tomadas pelos dois últimos gabinetes imperiais (João Alfredo e Ouro Preto), premidos pelo aumento da demanda por meios de pagamentos, decorrente, em grande medida, da Abolição, que levou ao crescimento das despesas correntes dos fazendeiros para fazer frente à folha de pagamentos de trabalhadores livres. O primeiro ministério da República ampliou essa política ao conceder poder emissor a bancos, desde que calçados em lastro-ouro e títulos da dívida pública, agindo conscientemente para aumentar o meio circulante e o crédito, alimentados também pelas emissões do Tesouro para honrar suas crescentes despesas, principalmente militares. Em apenas nove meses (janeiro a setembro de 1890) o papel-moeda em circulação cresceu 35% e continuou a aumentar consistentemente. Entre 1889 e 1892, a massa de papel inconversível havia subido de 206 mil contos para 561 mil. Nesse rastro, o capital das sociedades por ações aumentou de 800.000 contos de réis, em 1899, para 3.000.000, em 1891.

A expansão especulativa levou a uma situação insustentável. A inflação passou a se mover em curva ascendente, alimentada pela depreciação cambial, gerando descontentamentos pela carestia e instabilidade. O estouro da bolha ocorreu em fins de 1891, levando de roldão títulos e ações que inundavam o mercado financeiro. Em 1900, dezessete entidades financeiras foram à bancarrota. Empresas de papel passaram a falir, derretendo a poupança de investidores incautos. Esse período de especulação e incertezas ficou conhecido como "Encilhamento", episódio marcante na história econômica do país. Ele é narrado, com a habitual maestria literária, por Machado de Assis, que viveu aqueles momentos:

> A capital oferecia ainda aos recém-chegados um espetáculo magnifico. Vivia-se dos restos daquele deslumbramento e agitação, epopeia do ouro da cidade e do mundo, porque a impressão total é que o mundo inteiro era assim mesmo. Certo, não lhe esqueceste o nome. Encilhamento, a grande quadra das empresas e companhias de toda espécie. Quem não viu aquilo não viu nada. Cascatas de ideias, de invenções, de concessões rolavam todos os dias, sonoras e vistosas para se fazerem contos de réis, centenas de contos, milhares, milhares de milhares, milhares de milhares de milhares de contos de réis. Todos os papéis, aliás ações, saíam frescos e eternos do prelo. Eram estradas de ferro, bancos, fábricas, minas, estaleiros, navegação, edificação, exportação, importações, ensaques, empréstimos, todas as uniões, todas as regiões, tudo o que esses nomes comportam e mais o que esquecem. Tudo andava nas ruas e praças, com estatutos, organizadores e listas. Letras grandes enchiam as folhas públicas, os títulos sucediam-se, sem que se repetissem, raro morreria, e só morria o que era frouxo, mas a princípio nada era frouxo. Cada ação trazia a vida intensa e liberal, alguma vez imortal, que se multiplicava daquela outra vida com que a alma acolhe as religiões novas. Nasciam as ações a preço alto, mais numerosas que as antigas crias da escravidão, e com dividendos infinitos.[13]

Após o estouro da bolha, a política econômica é voltada prioritariamente para a estabilização, dificultada pelos déficits do governo e pela balança de pagamentos, que, apesar de contar com superávits comerciais, sofre com a retração do mercado financeiro internacional, apressado em liquidar valores e estancar remessas, assustado com a aparente fragilidade do novo regime. Os governos de Prudente de Moraes, Campos Sales e Rodrigues Alves adotaram uma mesma direção ortodoxa. A sustentação do valor da moeda, reivindicação maior dos importadores, passou a ser "questão de honra". Para tanto, cumpria reduzir fortemente o meio circulante, por meio até da incineração de papel-moeda. Campos Sales, antes de tomar posse, foi a Londres negociar com a casa bancária Rothschild um substancial empréstimo usado para estabilizar a dívida externa, que ficou conhecido como "*funding loan*", cujos termos ainda hoje são criticados por danosos ao país. O pagamento de juros foi suspenso por três anos e as amortizações por dez. A taxa de câmbio se elevou, reduzindo, mas não freando, o impulso industrializante dos anos anteriores.[14]

Outra medida de política econômica importante e inédita foi aquela que visou à valorização do café. No final do século XIX, os preços da mercadoria começaram a dar sinais de debilidade. A vertiginosa expansão da produção no Oeste Paulista, com terras a perder de vista, levou a uma superprodução em relação à demanda mundial. Os estoques só faziam aumentar ano a ano, provocando quedas sucessivas de preços. No início, a desvalorização da moeda permitiu aos cafeicultores manterem o nível de renda em moeda não conversível. Em 1905, a desvalorização do produto chegou a 50% em relação a 1898. Naquele mesmo ano, os estoques alcançaram 11 milhões de sacas, correspondente a 70% do consumo mundial em um ano. As políticas de saneamento financeiro e de valorização cambial dos presidentes paulistas expuseram a questão em toda a sua criticidade. Uma ameaça pairava sobre a principal atividade econômica do país.

O programa de valorização partia da observação de que as oscilações de preços ao produtor não se refletiam no mercado consumidor final, que apresentava preços estáveis e crescimento constante. A especulação com as flutuações de preços gerava renda extra para os intermediários, os grandes atacadistas da Europa e dos Estados Unidos, que tinham por trás poderosos grupos financeiros. A solução seria controlar a oferta pela gestão dos estoques e, ao mesmo tempo, impedir novas plantações. Para tanto, seria necessário um lastro financeiro para bancar os estoques, permitindo a contenção das quantidades ofertadas no mercado.

Inicialmente, o esquema não contou com o apoio do Governo Federal, às voltas com a estabilização monetária, preso à ortodoxia do padrão-ouro. Os governadores dos estados produtores – São Paulo (Jorge Tibiriçá), Minas Gerais (Francisco Sales) e Rio de Janeiro (Nilo Peçanha) – resolvem encampar o plano, formalizado pelo famoso Convênio de Taubaté (25 de fevereiro de 1906). Por esse Convênio, os três estados se comprometiam a comprar café por um preço previamente fixado, cobrar um imposto por saca para bancar as despesas do programa, criar uma campanha publicitária do café brasileiro no exterior, além de desencorajar a expansão das lavouras. Para isso, autorizaram o governo paulista a contrair empréstimos no exterior até o limite de 15 milhões de libras, que seriam usados nas compras, dando como garantia a arrecadação de impostos dos três estados. Os agentes financeiros internacionais que aceitaram financiar o esquema se tornaram sócios do plano de valorização brasileiro, passando a auferir a maior parte das rendas extraordinárias que antes iam para as mãos dos antigos atacadistas intermediários.

O plano de valorização foi finalmente apoiado pelo Governo Federal na gestão Afonso Pena (1906 a 1909), que passou a endossar os empréstimos. Para reforçar a política de valorização, em 1906 foi criada a "Caixa de Conversão", entidade autorizada a emitir bilhetes "conversíveis", garantidos por lastro em moedas de ouro nacionais e estrangeiras, como a libra e o dólar, trocados por um valor previamente fixado em réis, atraente para os produtores de café. O objetivo era estabilizar o câmbio e, com isso, garantir o valor das receitas dos cafeicultores em moeda local. Todo esse esquema demonstra, com nitidez, a capacidade de a economia do café impor políticas voltadas exclusivamente para seus interesses, sem levar em consideração os diferentes segmentos da nação. A coligação política local, comandada desde os centros financeiros internacionais, chegava até à fazenda, que, mesmo assim, se via como autônoma e soberana. A política de sustentação do café foi replicada em 1917 e 1921. Em 1922, foi criado o Instituto de Defesa Permanente do Café, que, em 1924, foi transferido para o governo paulista. A política de valorização se tornou permanente. A avaliação de Caio Prado Junior não é muito positiva:

> Enquanto os agentes financeiros da valorização usufruíram assim largamente a operação, os produtores, embora obtivessem durante alguns anos melhores e mais estáveis preços, arcarão depois com todo o ônus dela. São eles que assumem a responsabilidade das grandes dívidas contraídas para executá-la. Para isso se estabelecerá um novo imposto de 5 francos-ouro sobre cada saca de café exportada. Com esse imposto pagar-se-ão os juros e as amortizações da dívida que até hoje, mais de cinquenta anos depois, e quando a valorização de 1906-1910 já passou inteiramente para o domí-

nio da história, ainda não foi de todo resgatada. Os momentâneos proveitos da valorização custariam muito caro aos produtores e à economia brasileira em geral.[15]

Durante a Primeira República, a infraestrutura econômica do país se expande, especialmente aquela voltada para o comércio exterior: ferrovias e portos. Tanto o governo federal como os estaduais investem no aumento e na melhoria das redes de transportes, por meio de empréstimos ou de esquemas de garantia de juros a empresas interessadas em investir, o que hoje seria chamado de parcerias público-privadas. Todavia, a expansão da rede ferroviária é lenta, conforme demonstra o Gráfico 1. Em 55 anos de República (1890-1945), foram construídos, em média, 466 quilômetros por ano, sendo que o período 1911-1915 foi aquele com a maior média: 1.036 km. Dois terços dessa malha serviam ao Leste e ao Sul. A partir de 1916, o ritmo de expansão decresce vigorosamente. Em seguida, o presidente Washington Luiz (1926-1930) declara explicitamente a opção prioritária pelo modal rodoviário, considerado então mais moderno e mais barato do que o ferroviário, opção, de resto, abraçada pelos governos subsequentes. A principal consequência dessa política de transportes será a falta de integração dos mercados regionais em um mercado nacional, o que só vai acontecer com as rodovias a partir da década de 1970. A cabotagem continuava sendo a única alternativa para o comércio interestadual, além das persistentes tropas de mula. A ligação do litoral com o sertão continuou precária, com a exceção de São Paulo, onde se deu a maior parte da expansão das ferrovias, em direção à produção cafeeira. O crescimento do mercado nacional sofria com esse obstáculo, limitando, em especial, as oportunidades para a indústria local.[16]

A participação do capital externo na economia brasileira avança durante a Primeira República. Primeiro pelo controle do comércio internacional, mediante seu financiamento. As casas bancárias estrangeiras operavam diretamente do país, na velha modalidade do crédito mercantil: adiantamento de recursos em troca da safra. Só que agora elas se aproximam do fazendeiro, principalmente de café, dispensando os serviços do antigo comissário. Finanças e comércio, associados desde as fontes externas de capital, comandavam o mercado a ponto de abocanhar a fatia maior e menos incerta do valor agregado pela mercadoria. O capital externo se expande também mediante investimentos diretos na indústria, a exemplo da siderurgia, com a Belgo-Mineira (1922), e em concessões públicas, a exemplo de empresas de eletricidade, como a Light – que iniciou suas operações no começo do século e, em 1929, já possuía uma rede de 45 empresas espalhadas por todo o país. Por último, as finanças internacionais proviam empréstimos externos para cobrir déficits públicos, tanto o federal como os estaduais. Embora convivendo com capitais originários de outras nacionalidades e enfrentando a expansão americana, o capital inglês continuou predominando, mesmo depois da Primeira Guerra. A casa Rothschild tornou-se um ícone e um símbolo do período. Mesmo assim, seria temeroso afirmar que a política econômica do país era subordinada aos interesses estrangeiros. É possível perceber, no entanto, que a dependência financeira limitava o alcance e a direção dessa política, impedindo que a economia pudesse acumular uma parcela maior da riqueza produzida localmente.

Apesar de ter enfrentado sérias turbulências sociais e políticas, a economia brasileira cresceu vigorosamente durante a primeira metade do século XX, diferentemente da época do Império. Pelos dados computados por Nathaniel Leff, entre 1900 e 1947, o Produto Real Bruto subiu a uma taxa histórica de 4,4% ao ano. De 1908 a 1947, o Produto Real *per capita* aumentou a uma taxa cumulativa de 2,2% ao ano, saindo da base 100 para chegar ao índice de 233 ao final desse período. Para tanto, em muito contribuíram as excepcionais expansões do comércio internacional e da indústria. Vista desse ângulo, a República teria destravado as amarras que prendiam as forças produtivas do país em um regime obsoleto e anacrônico. O ideal burguês da busca por riqueza individual se estabelece no imaginário nacional, levando de roldão os antigos costumes da velha aristocracia monárquica. Essa conversão, entretanto, foi cheia de percalços, crises, idas e vindas, em uma dinâmica condicionada pela frágil institucionalidade política, pelas disputas regionais, pelas intervenções militares e pela marginalização de uma ampla camada da população, condenada à mera sobrevivência vegetativa. As medidas econômicas adotadas nos diferentes governos da República refletem bem os embates políticos no campo da cúpula dominante, e, em última instância, impediam a formulação e a execução de um projeto estratégico para o país. Ademais, todo esse crescimento não foi capaz de tracionar o processo de desenvolvimento a ponto de alcançar um nível médio de renda próximo ao do mundo rico.[18]

Não obstante o significativo crescimento econômico, a estrutura social do país, mesmo sofrendo mudanças, não avançou muito no sentido de uma maior desconcentração política. A hierarquia social continuava rígida, comandada desde o topo por oligarquias fechadas, que deixavam pouco espaço para a emergência de outros atores políticos relevantes. As principais mudanças referem-se, primeiramente, à predominância da oligarquia cafeeira, que, mesmo hegemônica, para se manter no poder, se aliava internamente a outras oligarquias estaduais e, externamente, ao capital financeiro-comercial. Nesse sentido, a classe dirigente não se modificou muito em relação à do Império, embora tenha incorporado elementos novos a seu arco de interesses e objetivos. Dentre eles, destacam-se os da burguesia, que ascende com a diversificação financeira provocada pelo Encilhamento, a especulação fazendo parte dos negócios, criando e destruindo riquezas do dia para a noite.

A burguesia industrial acelera sua trajetória de fortalecimento durante a República. Não era uma burguesia clássica, moldada no padrão europeu da Revolução Industrial, que transformou o artesão em fabricante. Tratava-se de uma indústria transportada pela via da importação de máquinas e equipamentos, reproduzindo internamente os sistemas produtivos necessários à substituição de importações. São antigos importadores que se transformam em industriais para aproveitar as oportunidades geradas pelo câmbio desvalorizado, as altas tarifas de importação e, durante as fases expansionistas, a disponibilidade de crédito. A eles se aliam cafeicultores beneficiados pela política de valorização, suas rendas aumentadas pela prosperidade da cultura, além de operadores das finanças centradas na bolsa, no câmbio, nos bancos. Contam ainda com trabalhadores imigrantes qualificados, capazes de operar e manter as máquinas, alguns instalados em oficinas que se transformam em fábricas, estimulados pelo crescente mercado interno. A capacitação técnica dessa indústria é precária, pois o aumento da produtividade dependia quase exclusivamente do "aprender fazendo", com a proteção tarifária e o câmbio mascarando as desvantagens competitivas.[19]

Essa emergente burguesia industrial se defende de ataques dos velhos conservadores que advogam o exclusivismo agrícola, admitindo, no máximo, as "indústrias naturais", aquelas que processam exclusivamente as matérias-primas produzidas no país. Recorre a uma ideologia nacionalista para atacar os comerciantes e velhos oligarcas opositores da industrialização, defensores da monocultura agrícola como destino manifesto, e reivindicar a proteção do mercado interno. Apesar de a força da burguesia industrial ter crescido durante a Primeira República, seu lugar no pacto de poder permaneceu subordinado à aliança da fazenda com o comércio exterior e suas finanças. A economia agrária exportadora ainda prevalece, mesmo considerando as mudanças na direção de um capitalismo mais dinâmico, embora preso a um processo de acumulação moroso e débil na sua própria origem, que só vai se intensificar a partir de 1930. Como é pontuado por Edgard Carone: "Até 1930, a burguesia se atrela às classes latifundiárias, e suas dissidências não significam senão uma luta de irmãos siameses".[20]

Outro ator político que cresceu na Primeira República foi a classe média urbana. Esse crescimento acompanha o processo de urbanização. Mesmo sendo lento, ele vai reunindo uma população cada vez maior nas grandes cidades. Em 1872, o percentual de habitantes nas aglomerações urbanas era de 5,6%, em 1890, 6,8%, em 1900, 9,4% e, em 1920, 10,7%. Em 1940, ele atinge 31,2%. Essa camada urbana média era segmentada em diversas categorias, com origens diversas, desde descendentes de ricos latifundiários, passando por profissionais liberais, pequenos comerciantes, oficiais das forças armadas, chegando até a seu extrato mais baixo, formado por funcionários públicos não graduados, artesãos e demais prestadores de serviços. Nos movimentos abolicionista e republicano, esses segmentos participaram de manifestações políticas, em geral ao lado das mudanças, reivindicando maiores direitos e a substituição do velho regime, contrariados com as prerrogativas do antigo estamento, com a eterna inércia conservadora. Na República, unem-se aos militares em diversas revoltas, expressando inconformismo pequeno-burguês moralista, geralmente antiagrário, abraçando difusos ideais positivistas. A classe média urbana, todavia, não evolui a ponto de se constituir em uma possibilidade de polo de poder autônomo. Ela é tutelada a partir de cima, massa de manobra de interesses elitistas, disposta a ir para as ruas sempre que convocada e agitada por uma imprensa partidária. Sua luta é por maior espaço dentro das estruturas republicanas, tentando construir um contraponto ao predomínio do campo com suas oligarquias coronelistas, sem que a ordem vigente fosse fundamentalmente questionada. Só com o surgimento do tenentismo, na década de 1920, a classe média urbana encontra um outro conteúdo de contestação política, agora voltado para a mudança das estruturas da, já então, República Velha.

Com o avanço da indústria, cresce também uma classe social diferenciada: o operariado urbano. Para entender a formação desse operariado, torna-se necessário situá-lo no contexto geral da questão da mão de obra que emerge da Abolição. A transição do trabalho escravo para o livre se deu por caminhos tortuosos, a sociedade e a economia se adaptando lentamente, ao sabor de arranjos específicos de cada região, de relações pouco ortodoxas, com o trabalho assalariado clássico se difundindo vagarosamente.

Antes mesmo do 13 de maio, incentivados pelo movimento abolicionista, escravos começam a abandonar as fazendas, a formar quilombos, em um movimento antecipatório de grande envergadura. Em 1884, a escravidão foi extinta oficialmente no Ceará, após a famosa revolta dos jangadeiros comandados pelo "Dragão do Mar", e no Amazonas. O exército se recusou a reprimir as fugas e os novos quilombos que se formaram. Em 1885 veio a conservadora lei Saraiva-Cotegipe (Sexagenários), cujos efeitos foram insignificantes. O fato é que a população escrava havia diminuído expressivamente: em 1877, restavam 723 mil cativos matriculados, enquanto que, em 1872, a população escravizada estivera na casa de 1.510 mil. A situação é resumida pelo Barão de Cotegipe, que se manteve escravocrata até o fim, para quem: "a extinção da escravidão não é mais do que o reconhecimento de um fato já existente".[22]

A adaptação da massa liberta à nova realidade não foi fácil. A discriminação racial passou a imperar, permanecendo a população negra no andar mais baixo da escala social, sem condições de ombrear com outros trabalhadores livres, particularmente os imigrantes. Em termos gerais, a primeira reação dos escravos foi a de abandonar as fazendas em busca de outros locais onde houvesse empregos, quem sabe melhores salários, longe dos antigos locais de cativeiro. As fazendas mais prósperas do Oeste Paulista rapidamente se adaptaram à nova realidade, assalariando imigrantes, brasileiros desocupados e antigos escravos. Nas regiões decadentes, a exemplo do Vale do Paraíba fluminense e do Recôncavo baiano, houve uma pronunciada substituição das antigas lavouras pelo gado e o aumento dos arranjos de meação, inclusive com a participação de antigos cativos libertados. Essa transição turbulenta, precária e incompleta está na origem de um mercado de trabalho que tem sido, historicamente, bastante desfavorável para a mão de obra, mantida desqualificada e com poucas oportunidades de ascensão.

Prenunciado o fim do trabalho servil, os cafeicultores paulistas trataram de buscar alternativas para o suprimento de mão de obra. Desde 1876, agentes do governo estadual são despachados para a Europa com o intuito de contratar trabalhadores a serem empregados nas fazendas de café. O esforço paulista é considerável. De 1889 a 1928, mais de 90% dos recursos comprometidos com a subvenção da imigração vieram do governo desse estado. Os expressivos números de imigrantes que entraram no país podem ser observados no Gráfico 2. Pelos dados compilados, de 1891 a 1930, entraram, em média, cerca de 85 mil imigrantes anualmente, totalizando 3.310 mil ao fim do período. Eles são, principalmente, italianos – cerca de 70% do total – complementados por portugueses, espanhóis, alemães, russos, sírios e japoneses. Os italianos foram empregados preponderantemente no campo, uma menor parcela encontrando ocupação no setor industrial. Cerca de 72% dessa mão de obra se fixou em São Paulo, e o restante foi distribuído por outros estados – Espírito Santo, Rio de Janeiro, Paraná, Rio Grande do Sul – formando colônias de pequenas propriedades, com um padrão de trabalho bastante diferente do que prevalecia nos cafezais.

A utilização da mão de obra imigrante não foi destituída de sérios problemas, principalmente nas lavouras de café. Os fazendeiros, acostumados ao trabalho escravo, custaram a aprender a lidar com o trabalho livre. As jornadas eram escorchantes, não muito diferentes das dos escravos. Para combater a instabilidade da mão de obra, visto que, por contrato, ela seria livre para se desligar de um empregador e

Gráfico 2
Brasil e São Paulo: quantidade de imigrantes (1891-1930)

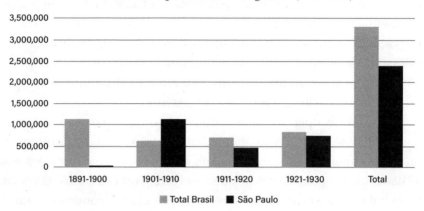

Fonte: Carone (1975, p. 13).

procurar outro, os proprietários procuravam retê-la pela formação de dívidas contraídas com os seus próprios armazéns, fornecedores de alimentos e de todos os gêneros necessários à sobrevivência no campo. Para os trabalhadores, os armazéns eram a única fonte de suprimentos. Esse vínculo era reforçado pelos baixos salários, a tal ponto que evitasse a acumulação de qualquer poupança. Os imigrantes reagiram pelo abandono das lavouras em busca das cidades, o retorno para os seus países e até mesmo greves agrícolas.

O sistema de armazéns, que visa a reter o trabalhador nominalmente livre no seu local de trabalho, criava um vínculo de natureza quase servil, não compatível com relações de trabalho capitalistas. Ele se difunde na economia brasileira. Foi o sistema usado para explorar o nordestino transplantado para a extração da borracha na Amazônia, assim como para as plantações de cacau no sul da Bahia, na lavoura do mate no Paraná. Tal arranjo, de resto, ainda hoje está presente no interior do país. O truncado capitalismo brasileiro convivia perfeitamente com formas pré-capitalistas de exploração do trabalho, cuidando de assegurar que o custo da mão de obra fosse sempre o mais baixo possível.[23]

Nesse diversificado contexto, cresce o operariado urbano, na esteira da expansão industrial. Seu número aumenta sustentadamente ao longo da Primeira República: 54.164, em 1889; 159.600, em 1910;

275.512, em 1920; e 450.000 em 1930. A princípio, a grande maioria era formada por imigrantes, principalmente italianos. Com o tempo, os brasileiros foram se adaptando ao trabalho fabril. A partir de 1920, as migrações internas levam contingentes cada vez maiores de nordestinos para o Sudeste, parte dos quais encontram empregos nas fábricas, ainda que os mais desqualificados. Nos anos 1930, o número de operários brasileiros ultrapassa o de estrangeiros.

Movimentos operários existiram desde o início do século. Até os anos 1920, esses movimentos foram de inspiração eminentemente anarquista, em linha com a origem dos imigrantes. Para se ter uma ideia, em 1912, 60% dos operários têxteis de São Paulo eram italianos. Diversas formas de organização são desenvolvidas, emulando congêneres europeias, dentre elas caixas beneficentes e sociedades de resistência, além de sindicatos, cuja primeira regulamentação oficial é de 1907. As reivindicações diziam respeito, fundamentalmente, a salários e condições de trabalho. A ideia de negociar com trabalhadores, no entanto, não se coadunava com a exótica burguesia brasileira, com um pé na fazenda e o outro na fábrica. Inúmeras greves são deflagradas, sempre reprimidas pela violência. A maior delas, em 1917, é considerada a primeira greve geral do país, ao se espalhar por diversas capitais e por cidades do interior de São Paulo. Pela primeira vez, os empresários se dispuseram a negociar, após a intermediação de jornalistas. No decorrer dos movimentos operários, surgiram partidos socialistas, combatidos pelos anarquistas, até que, em 1922, foi fundado um partido comunista de linha soviética. Esses partidos procuravam controlar o movimento operário pela via dos sindicatos, a princípio sem se aliar a outras classes no poder, ou mesmo à classe média. A cooptação do operariado urbano será obra para mais tarde, quando floresce o populismo da era Vargas.[24]

Entre 1900 e 1940, a população brasileira cresceu a uma taxa anual de 2,67%, bem maior do que a do Império, que fora de 1,9%, entre 1823 e 1890. Em 1900, o país contava com 17.334 mil habitantes, alcançando 41.236 mil em 1940. Esse crescimento não foi uniforme. No Sudeste e no Sul, ele foi mais vigoroso do que no Norte e no Nordeste, refletindo as diferentes dinâmicas econômicas das regiões. Não obstante a expansão das cidades, o país mantinha-se fundamentalmente agrário, fincado em suas bases coloniais.

O forte crescimento demográfico foi acompanhado por expansão da educação, porém em ritmo lento. Em 1889, apenas 2% dos habitantes estavam matriculados em escolas primárias, o que corresponde a 14% da população total entre 7 e 11 anos de idade. Em 1950, essas proporções eram, respectivamente, 7% e 55%. A taxa de analfabetismo reflete essa baixa escolarização. Em 1890, considerando a população com cinco anos ou mais, a taxa atingiu 82,6%, decrescendo para 57,2%, em 1950. Por outro lado, a expectativa de vida dos brasileiros ao nascer, que, em 1900, era de apenas 19,4 anos, aumentou para 32 anos, em 1920, 36,7, em 1940 e 43 anos, em 1943. Um aumento lento e pequeno: em meio século, meros 46%. Esses dados revelam uma população pouco qualificada e com saúde precária. Tudo isso misturado com o baixo nível de renda do trabalho, limitando a potência do mercado interno e restringindo o desenvolvimento da indústria e dos serviços.[25]

A República soltou as amarras que prendiam a economia brasileira a seu passado colonial, mantidas durante o Império, apesar da Independência. A cultura do café se configurou como poderosa locomotiva a mover outros vagões atrelados, especialmente a especulação financeira e a emergente indústria. Amplia-se a burguesia citadina que nascera no Império, uma burguesia incapaz de realizar uma verdadeira revolução, presa à sua origem agrícola, aos valores do passado, a costumes e mentalidade conservadores. A economia avança dentro de um quadro político e social arcaico, concentrador de riqueza e poder, impermeável à ascensão de novas classes, avesso a mudanças que levassem o país a um processo de desenvolvimento mais amplo e inclusivo. A burguesia subordina-se ao campo e ao crédito a ele associado, em drenos que correm para praças estrangeiras. A classe média faz barulho, mas quer apenas um lugar ao sol na praia do regime elitista. O operariado faz greves e se orienta pela ruptura, porém sem forças para obter sequer direitos mais amplos. A mudança surge das próprias entranhas do regime, que não mais consegue atender a todas as oligarquias com suas constelações de coronéis. Em apenas quarenta anos, a Primeira República torna-se uma República Velha. Em 1930, a descentralização federalista foi substituída pela centralização autoritária, até que novos ventos soprassem em outra direção.

NOTAS

[2] Sobre a "questão militar" e a origem social dos militares, ver Faoro (1997, p. 470 ss). Sobre rebeliões escravas antes da Abolição, ver Schwarcz e Starling (2015, p. 307-311). No Ceará, assim como no Amazonas, a abolição ocorreu quatro anos antes.

[3] Sobre a "questão religiosa", Mattoso (1992, livro V).

[4] Roberto Simonsen calculou que, nas fazendas de café, em 1873, os escravos correspondiam de 40 a 50% do valor da propriedade (SIMONSEN, 1973, p. 207).

[5] Embora extensamente usada na literatura, não existe uma definição exata do que seja oligarquia. Eul-Soo Pang se baseia na origem familiar do poder no Brasil para incluir a oligarquia como uma forma de governo "tradicional" ou "patrimonial", conforme a concepção de Max Weber. No contexto da Primeira República, pode-se dizer que se refere à "[...] natureza dominadora, elitista e fechada de um grupo no poder". (PANG, 1979, p. 39-40). Ibarê Dantas realizou uma revisão do conceito, desde sua origem na antiguidade clássica. "O termo oligarquia é formado de duas raízes gregas: oligos (alguns) + arkia (poder). Indica, então, o governo, o regime ou qualquer outro tipo de instituição em que as relações de poder são controladas por um pequeno grupo." Mais adiante, o autor contextua o conceito na atualidade: "Realmente o uso do termo tem carecido de certa especificidade, inclusive no Brasil onde a expressão é usada genericamente entre políticos e jornalistas e sobretudo entre profissionais da Ciências Sociais. Entretanto, nem por isso o conceito tem encontrado sua especificidade como mostra a tendência, inclusive entre os cientistas sociais de inspiração marxista, de caracterizar a organização política da Primeira República no Brasil de Estado Oligárquico. Tal expressão, hoje clássica, atribui ao conceito oligarquia sentido próprio de um momento histórico, quando determinados grupos políticos se associaram e, através de um tipo de articulação engenhoso, conseguiram controlar a sociedade política e montar uma estrutura de dominação que perdurou três décadas. É certo que, enquanto o Estado Oligárquico implica uma estrutura de poder piramidal, articulando oligarquias e coronelismo, associando interesses econômicos e políticos, envolvendo sociedade política e sociedade civil, o conceito adquire uma certa amplitude, semelhante ao sentido empregado por Aristóteles na Grécia Antiga" (DANTAS, 1996, p. 41 e 48).

[6] Faoro (1997, p. 468).

[7] Uma análise da legislação eleitoral da Primeira República encontra-se em Leal (1993, cap. 6). Ver também Carone (1975, p. 295-298). Sobre a participação popular nas eleições da Primeira República, após analisar os números, Raimundo Faoro conclui; "A República Velha continua, sem quebra, o movimento restritivo da participação popular, paradoxalmente consanguíneo do liberalismo federal irrompido no fim do Império (FAORO, 1997, p. 621). A situação eleitoral da República foi objetivamente resumida por Assis Brasil; "No regime que botamos abaixo com a Revolução, ninguém tinha certeza de se fazer qualificar, como a de votar [...]. Votando, ninguém tinha certeza de que lhe fosse contado o voto [...]. Uma vez contado o voto, ninguém tinha segurança de que seu eleito havia de ser reconhecido através de uma apuração feita dentro desta Casa e por ordem, muitas vezes superior". Citado por Leal (1993, p. 230).

[8] As lutas armadas federais e estaduais são relatadas por Carone (1977). Contam-se dezoito revoltas militares na Primeira República.

[9] Boris Fausto (1979, p. 113).

[10] Simonsen (1973, p. 217).

[11] As informações sobre produção e exportações brasileiras de produtos primários são de Prado Júnior (2012, p. 225 ss).

[12] Embora consistentes, esses dados sobre o crescimento e a participação da produção industrial devem ser vistos com cautela, uma vez que se referem à sua participação no valor adicionado pela agricultura, indústria, transportes e comunicações, um índice denominado de Produto Real Bruto. Para que se possa comparar, em 1939, a renda originada do setor industrial correspondia a cerca de 22% do PIB. Essas informações são de Leff (1991, tabela 8.4, p. 190-191 e p. 244).

[13] Assis (2016, p. 164-165).

[14] Simonsen (1973, p. 215-216).

[15] Simonsen (1973, p. 233). Jorge Caldeira parece discordar de Caio Prado quanto aos benefícios da política de valorização. Para ele: "O marco da mudança do padrão é claro: o Plano de Valorização do Café. Não é um marco da exportação, mas do desenvolvimento interno do país. Mesmo continuando a ser um produtor cafeeiro, o Plano de Valorização colocou o Brasil em outra posição no mundo, a começar pela autoria." (CALDEIRA, 2017, p. 514). A dívida repassada pelos estados ao governo central, no entanto, foi finalmente paga por toda a nação, contribuindo para dar sequência ao processo de drenagem de recursos do Norte para o Sul, como no Império. Além disso, a política de valorização foi exclusiva para o café. Quando, em 1911, os produtores de cacau reivindicaram a mesma política, o Governo Federal negou apoio. Ver Pang (1979, p. 99 e 101). Sobre a política permanente de valorização, Roberto Simonsen também não é otimista: "Essa providência de valorização dos excessos, perfeitamente compreensível para um curto período, nunca deveria se ter transformado em política permanente, pois que no caso brasileiro redundou em verdadeiro atentado contra nossa economia social." (SIMONSEN, 1973, p. 231).

[16] O problema da desintegração do mercado nacional pode ser avaliado pelos números apresentados por Roberto Simonsen. Em 1938, São Paulo importava de outros Estados cerca de 10% das matérias-primas que consumia e vendia, no próprio estado, mais de 80% de suas manufaturas (SIMONSEN, 1973, p. 33). Ver também, nesse livro, a análise da expansão das ferrovias paulistas nas páginas 197 a 201. Para o autor, a expansão cafeeira paulista está intimamente ligada ao crescimento da sua rede ferroviária.

[17] Carletto (1979, p. 43). O dado sobre o acumulado no Império encontra-se em Silva (1954).

[18] Nathaniel Leff sugere que, em 1947, enquanto o PIB *per capita* brasileiro era de 196 dólares, o dos EUA atingia 1.622, 8,3 vezes maior. Essa comparação, todavia, deve ser vista com ressalvas devido às questões cambiais. A comparação teria de ser feita com base na Paridade do Poder de Compra, o que não é possível com os dados disponíveis. De qualquer forma, é clara a enorme defasagem da riqueza econômica entre esses dois países na metade do século XX.

[19] Nathaniel Leff apresenta dados que mostram que, até 1919, a expansão da indústria têxtil, principal ramo na época, se deu pelo aumento de mão de obra e capital, com nula contribuição da produtividade parcial ou total dos fatores. Ver Leff (1991, tabela 8.5, p. 191, e p. 200).

[20] Carone (1975, p. 171).

[21] Esses dados se encontram em Oliven (2010, tabela 1, p. 67).

[22] Monteiro (1913, p. 195), apud Faoro (1997, p. 483). O livro de Silva (2003) trata dos novos quilombos abolicionistas a partir do caso do quilombo do Leblon.

[23] Sobre a imigração ver: Carone (1975, p. 11-14). Ver também Prado Júnior (2012, cap. 19). Os efeitos da imigração para a manutenção do baixo custo da mão de obra são analisados por por Leff (1991, p. 67-76). Roberto Simonsen traz cifras que mostram o movimento de retirada de imigrantes, segundo ele, por conta da crise de superprodução. Em 1903, 1904 e 1907, houve déficit imigratório em São Paulo. São Paulo (SIMONSEN, 1973, p. 213). O arranjo trabalhista dos imigrantes das lavouras paulistas pode ser comparado àquele que Jacob Gorender chama de "escravidão incompleta" ou *indentured servants*, servidão por dívidas (GORENDER, 2010, p. 606-607).

[24] Sobre o crescimento do operariado urbano e seus movimentos ver: ver: Carone (1975, p. 191-247). Pelo seu caráter emblemático, é importante lembrar a Revolta da Chibata, quando marinheiros dos principais navios de guerra, liderados por João Cândido, o Almirante Negro, ameaçaram seriamente a capital do país, exigindo o fim dos castigos corporais na corporação. Foi negociado um acordo que, após a prisão dos marujos, foi traiçoeiramente rasgado pela nossa pretensamente aristocrática Armada. Ver, a respeito, João Cândido e a Revolta da Chibata (CALDEIRA, 2015, p. 148-166).

[25] Os dados populacionais são do IBGE (https://brasil500anos.ibge.gov.br/estatisticas-do-povoamento/evolucao-da-populacao-brasileira.html). Os de escolaridade e expectativa de vida são de Leff (1991, p. 24 e 243). As taxas de analfabetismo foram encontradas no trabalho de Ferraro (2002).

A República na Bahia

A República chegou tarde na Bahia. A Província, cujas elites tradicionalmente eram vinculadas à Monarquia, demorou a perceber que o Imperador havia sido deposto, que a mudança era para valer e que não haveria volta. O movimento republicano local era pequeno, não reunia mais de duas centenas de pessoas de classe média: professores, estudantes, funcionários públicos e empregados do comércio. Quando o telegrama com a notícia do golpe chegou, na noite do dia 15, nomeando governador o professor de medicina, abolicionista e liberal-federalista Manoel Victorino, então correligionário do ministro Rui Barbosa, esse último foi se entender com o Presidente da Província, Almeida Couto, que, por sua vez, foi consultar o Comandante das Armas, Marechal Hermes Ernesto da Fonseca, irmão do Marechal Deodoro, líder do movimento na Corte. Após demoradas reuniões, o Presidente, o Comandante e a Câmara Municipal resolveram manter o regime monárquico e a lealdade à Monarquia.

A República só foi proclamada pela intervenção do comandante de infantaria, Coronel Frederico Buys, republicano e amigo pessoal de Benjamin Constant, que indicou o mais destacado republicano baiano, o professor de medicina Virgílio Damásio, para governador. Essa decisão, porém, teve de ser revogada quando novo telegrama chegou do Rio, ratificando a nomeação de Manoel Victorino. Não foi tão simples. Victorino se recusou a tomar posse devido às confusões nas ruas, sem que houvesse uma liderança ou propósito claros, com ameaças de invasão à sua casa. Mesmo assim, o coronel Buys proclamou a República, no Forte de São Pedro, na tarde do dia 16. Como a situação não se resolvesse, novas reuniões aconteceram no dia 17 e nova proclamação foi feita nesse mesmo dia, agora com o apoio do Marechal Hermes. Na manhã seguinte, Virgílio Damásio foi empossado governador para um mandato de apenas cinco dias. Em 23 de novembro Manoel Victorino tornou-se Governador do Estado, e a República finalmente se firmou.

Esse início confuso denota as dificuldades que as forças políticas da velha província enfrentaram para se adaptar ao novo regime. As elites baianas, sempre fiéis à Monarquia, mesmo com os evidentes sintomas de seu próximo fim, agiam como se ela fosse se prolongar, assim como suas decadentes bases econômicas, capitaneadas pelo complexo agrocomercial do Recôncavo açucareiro. Como não existiam lideranças republicanas expressivas, antigos conservadores e liberais da ordem imperial, uma vez convencidos de que não haveria retorno, continuaram a atuar na cena política, repentinamente convertidos ao republicanismo. Mesmo decadente, a oligarquia dos antigos senhores de engenho ainda se manteria no topo do comando estadual. Para tanto, cuidaram de moldar as instituições e a política aos tradicionais padrões que prevaleceram desde sempre, assegurando que o poder não lhes fugisse das mãos. As mesmas correntes liberais e conservadoras do Império corriam na arena política, agora com novos rótulos.

Do ponto de vista político, na Bahia, a Primeira República pode ser sinteticamente dividida em três fases. A primeira, que vai de 1890 a 1911, é caracterizada pela criação e, após vida curta, desaparecimento de dez diferentes partidos, que serviram apenas para abrigar as oligarquias lideradas por antigos políticos conservadores em disputa pelo poder estadual, destacando-se Luiz Viana, José Gonçalves, Severino Vieira e José Marcelino. A segunda fase vai de 1912 a 1923, quando a liderança de J. J. Seabra, que funda um partido próprio, o Partido Republicano Democrático (PRD), se sobrepõe a todas as outras facções, mesmo enfrentando diversos opositores, dentre os quais Rui Barbosa. Na terceira e última fase, que vai de 1924 a 1930, a oligarquia dos Calmon, reunida em outro partido denominado Concentração Democrática, depois renomeado Partido Republicano, prevaleceu, colegiada com as correntes "mangabeirista" e convertidos "seabristas", finalmente obtendo alguma coesão política no estado.

Os partidos políticos fundados, extintos e refundados (a exemplo do Partido Republicano) serviam como meros instrumentos das disputas pessoais entre os oligarcas de plantão. De acordo com, Consuelo Novaes Soares de Quadros:

> São as eleições, portanto, principalmente aquelas destinadas ao preenchimento dos cargos federais, que motivavam o surgimento dos partidos e justificavam suas existências. Todos os interesses convergem, nessa ocasião, para a confecção das chapas governistas, porque nivelando-se as lideranças políticas em grau de influência e força preponderante, o poder de decisão e de dominação estará sempre com o Executivo [...]. Ante a impossibilidade da chapa situacionista abrigar todas as "influências" que a ela se julgam com direito, surgem as disputas, as divergências, as cisões. Jamais serão em torno de ideias ou princípios, mas de interesses personalísticos.[26]

Quase todos os programas partidários que, quando existiam, funcionavam como adereços para enfeitar o carro da corrida pelo poder, faziam questão de ressaltar o compromisso com os valores "conservadores". Isso significava a preservação do *status quo*, a manutenção da estrutura social extremamente hierarquizada, aquela estrutura moldada na colônia e no Império. A concentrada cúpula dirigente tinha perfeita consciência dos interesses e valores de sua classe. As disputas personalistas se davam no alto da hierarquia, onde não havia lugar para demandas estranhas aos da elite agrária, em associação com o comércio e as finanças. Essa situação chegou a tal ponto, que, durante toda a primeira fase (1890-1911), o complexo agrocomercial açucareiro dominou a política e o poder, tentando impedir a emergência de novas forças com intenções renovadoras. Apesar da República, tudo permaneceu quase no mesmo.

Não obstante, as disputas na cúpula eram intensas e dispersivas. A principal consequência de um quadro político instável e fracionado foi a relativa marginalização da Bahia no jogo de poder federal. Esse fato pode ser observado pela baixa incidência de baianos em cargos de relevância no plano federal. Após Manoel Vitorino ocupar a vice-presidência no primeiro governo eleito de Prudente de Moraes (1894-98), baianos ocuparam apenas escassos cargos ministeriais. Em seguida ao breve mandato de Rui Barbosa como ministro da fazenda do governo provisório de Deodoro (1891-92), são ministros: Severino Vieira, no governo Campos Sales (1898-1902), Seabra, nos governos Rodrigues Alves (1902-06) e Hermes da Fonseca (1910-14), Miguel Calmon, nos governos Afonso Pena (1906-09) e Artur Bernardes (1922-26) e Otávio Mangabeira, no governo Washington Luiz (1926-30). Em 1930, Vital Soares pontificava como vice-presidente na chapa de Júlio Prestes, mas não chegou a tomar posse devido à Revolução de 1930.[27]

A ocupação de cargos é um importante indicador do peso político do estado, porquanto os representantes das oligarquias estaduais tomaram o lugar do antigo estamento político-burocrático que conduzia os negócios de Estado durante a Monarquia. Os filhos da Bahia que, no Império, eram presença constante na cúpula dirigente, se viam agora afastados da mais alta esfera de poder. A decadência política da Bahia pode ainda ser vista pela evolução de seu peso eleitoral. Em 1898, o estado possuía 103.000 eleitores, em um total nacional de 462.000. Em 1910, o contingente baiano decaiu para 61.000, ao mesmo tempo em que o total nacional subiu para 628.000. Enquanto isso, consoante com a sua evolução econômica e social, em 1930, o Rio Grande do Sul possuía o dobro dos eleitores da Bahia, graças a uma maior taxa de alfabetização de seus habitantes.[28]

As oligarquias baianas tinham as mesmas características das dos outros estados nortistas, onde a ausência de uma corrente hegemônica impedia que os interesses locais fossem organicamente representados no âmbito federal. Em contraste, as oligarquias dos estados dominantes – São Paulo, Minas Gerais e Rio Grande do Sul – salvo em poucos momentos especiais, sempre se uniam visando a alcançar o poder maior, as disputas internas sendo resolvidas pela intermediação das bem estruturadas agremiações estaduais, os respectivos Partidos Republicanos. Os embates entre os coronéis paulistas, por exemplo, eram negociados localmente, tornando possível a unidade necessária para, em articulação com outras oligarquias estaduais, empunhar a Presidência e, por esse meio, exercer o poder máximo da República. No caso baiano, a situação era ainda mais complicada pelo fato de Rui Barbosa, considerado seu maior representante no Rio de

Janeiro, estar sempre mais envolvido em seus interesses pessoais, pelos quais enfrentou várias disputas, invariavelmente do lado perdedor.

Ocupar um posto ministerial significou, em dois momentos, condição imprescindível para que oposições pudessem galgar o poder estadual. Assim foi, primeiramente, na ascensão de Seabra, em 1912. Ministro de Hermes da Fonseca, condutor da política de "salvação nacional", aproveitou o apoio do Presidente para impor sua liderança e derrubar a antiga oligarquia, naquele momento representada pelo governador Araújo Pinho, da ala de José Marcelino, que havia entrado em confronto com Severino Vieira. Frente à perspectiva de ser apeada do governo, a oligarquia incumbente tentou manobrar para evitar a posse do oposicionista, com a transferência da Assembleia verificadora dos poderes para Jequié. Seabra conseguiu que o Presidente ordenasse o bombardeio de Salvador pelas forças federais, em mais uma intervenção "salvadora", após o que, candidato único, foi eleito e empossado.

Com Seabra, uma nova oligarquia, comandada pelo carismático e cosmopolita advogado, que havia percorrido uma longa trajetória em direção ao poder da sua terra natal, finalmente se impôs aos velhos políticos ainda remanescentes do Império. Mudança no comando, mas não nas bases de governo. Apesar de que, segundo Silvia Noronha Sarmento, "O discurso da baianidade e do político realizador, tocador de obras, tão acionado na Bahia ao longo do século XX, teve sua gênese com Seabra".[29]

A intervenção federal voltou a ser usada doze anos depois para apear Seabra do governo. Chegando ao fim o seu segundo mandato (1920-24), as oposições, fortalecidas pela presença de Miguel Calmon no ministério de Artur Bernardes, se unem para enfrentar as forças do governador, naquele momento já combalidas pelas defecções no seu grupo, quando das eleições municipais. Além do ministro, o clã dos Calmon contava com outro habilidoso político, Antônio. Eles se uniram à ala dos Mangabeiras (Otávio e João), uma nova força em ascensão, combinando bases na região do cacau com um fácil trânsito nas camadas urbanas e na política federal.

Seabra sentiu o golpe e partiu para a adesão, arriscando uma jogada que evitaria sua completa derrocada política: supreendentemente, lançou um terceiro irmão Calmon, Francisco, que não era político e sim advogado e banqueiro, como candidato de união a governador. A jogada surtiu efeito imediato, uma vez que a candidatura não poderia ser rejeitada pelas outras correntes. No entanto, Seabra havia participado da chapa de oposição de Nilo Peçanha a Artur Bernardes, na condição de Vice-presidente, o que lhe foi fatal. Bernardes não aceitou o arranjo, forçando Seabra a lançar, de última hora, a candidatura de Arlindo Leoni, velho e fiel correligionário. Para garantir a vitória de Francisco de Góes Calmon, o Presidente ordenou a intervenção do exército e enviou força naval de apoio, além de decretar estado de sítio em todo território baiano por trinta dias. O velho oligarca havia sido, após longa luta, finalmente apeado, só lhe restando se autoexilar na Argentina.

A queda de Seabra permitiu que as principais forças políticas do estado afinal se unissem, visando a uma maior projeção no cenário federal. Com efeito, a Bahia marchou com São Paulo e Minas na sucessão de Bernardes, o que levou Otávio Mangabeira a se tornar Ministro das Relações Exteriores de Washington Luiz. O posto tão cobiçado de Vice-presidente foi finalmente conquistado por um baiano, o então governador Vital Soares, na chapa situacionista de Júlio Prestes. A Revolução de 30, porém, frustrou as oligarquias baianas que, mais uma vez, se viram na condição de oposição a um movimento vitorioso, o que traria consequências para o estado e para seus políticos.

NOTAS

[26] Quadros (1973, p. 4). Esse trabalho é importante fonte sobre a política baiana nesse período.

[27] Essa relação não inclui ministros militares nem interinos.

[28] Os dados dos eleitores encontram-se em Faoro (1997, p. 590).

[29] Sarmento (2009, p. 105). O episódio do bombardeio de Salvador, em janeiro de 1912, é considerado por Eul-Soo Pang um dos mais escandalosos da história política da Bahia. A luta durou três dias e resultou em mortos, feridos e edifícios públicos destruídos, dentre os quais o Palácio da Aclamação, sede do governo estadual. Ver Eul-Soo Pang (1979, p. 109-111).

A Bahia agrário-exportadora

Os desarranjos da política baiana, que se refletiam na baixa participação de seus quadros nos altos postos da política nacional, por certo reduziram a influência do estado na condução da política econômica. O fosso que se abrira entre o Sul e o Norte, durante o Império, foi aprofundado, principalmente no tocante à renda da população. Sem embargo, no período da Primeira República, a economia agrário-exportadora da Bahia cresceu mais que a nacional, como mostra o Gráfico 3. Embora, de 1889 até 1899, as exportações baianas não ultrapassassem a casa dos 6% do total das exportações do país (4%, em média), a partir de 1900, essa participação é crescente, atingindo quase 10% em 1919 (7,6%, em média). No total do período, a média alcançou 6,7%. Em termos nominais, durante todos esses anos, as exportações

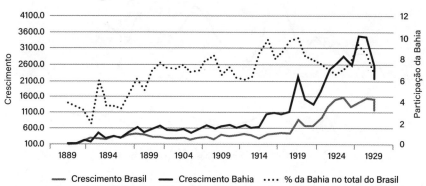

Gráfico 3
Crescimento (1889=100) e participação (%) do valor das exportações baianas no total do Brasil 1899-1930

Fonte: FUNDAÇÃO CENTRO DE PESQUISAS E ESTUDOS - CPE (1980, tabela 17, p. 121).

da Bahia cresceram 21 vezes, enquanto as do país aumentaram 11,4 vezes. Apesar da importância das rendas geradas pelas exportações de *commodities* agrícolas para indicar o peso da economia estadual, elas abrangem uma parte da atividade econômica e não o seu total. Nessas rendas não estão computadas aquelas advindas da atividade industrial. Ademais, a maior parte da "corrente interior" – a produção e o comércio sertanejos – não está presente nessas cifras.

O bom desempenho exportador da Bahia foi devido, fundamentalmente, ao cacau e ao fumo. Como pode ser visto no Gráfico 4, esses dois produtos se destacam, em um quadro de aprofundamento da decadência da atividade açucareira do Recôncavo. A participação média do açúcar nas exportações foi de apenas 5,8%, com tendência declinante no fim do período. Enquanto isso, o cacau que, em 1897, atingia 16,5%, em 1930 era responsável por 38% do total, perfazendo uma média anual de 34,4%, tornando-se o esteio da economia agrário-exportadora baiana. Já o fumo respondeu por 28% em média, com picos impressionantes em 1901 (50,3%) e 1930 (43%). Por último, a participação do café também é significativa, alcançando uma média (18,4%), bem maior do que a do açúcar, com tendência de forte alta a

Gráfico 4
Bahia - Participação dos principais produtos na pauta de exportações (%): 1897-1930

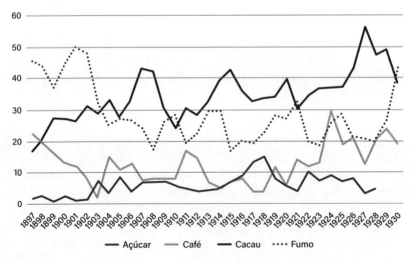

Fonte: FUNDAÇÃO CENTRO DE PESQUISAS E ESTUDOS - CPE (1980, tabela 3, p. 110).

partir de 1923. Além de açúcar, café, cacau e fumo, a pauta de exportações da Bahia incluía couros e peles (5,8%, em média, no período), borracha (2,9%), charutos e cigarros (2,4%) e piaçava (1,1%). Esses números mostram uma estrutura produtiva relativamente diversificada. No entanto, em conjunto, a produção agrícola baiana, em 1920, correspondia a apenas 25% da paulista com o seu café.

Durante a República Velha, os problemas do Recôncavo açucareiro, que já se mostravam nítidos desde a segunda metade do século XIX, se aguçaram. A acirrada concorrência internacional solapou continuamente os mercados do produto brasileiro. Enquanto, no decênio de 1890 a 1899, as exportações de açúcar responderam por 6,2% das vendas externas do país, de 1920 a 1930, essa participação havia caído para apenas 1,9%. Entre 1906 e 1910, a participação do açúcar brasileiro no mercado mundial havia decaído a apenas 0,4% do total. Dentre as regiões produtoras, o Recôncavo foi aquela que mais sofreu. Além de problemas técnicos na produção, a extinção do trabalho escravo atingiu duramente essa indústria, que enfrentou sérias dificuldades para substituí-lo. Ao contrário de Pernambuco, a transição para o trabalho livre no Recôncavo açucareiro não foi paulatina. No momento da abolição, a mão de obra escrava ainda abrangia a quase totalidade dessa força de trabalho. As exportações baianas de açúcar nunca se recuperariam do colapso que sofreram em 1889.[30]

A tentativa de soerguer a competitividade do produto pela implantação de engenhos centrais e usinas não alcançou muito êxito. Essas unidades produtivas incorporavam mudanças técnicas significativas: turbinas e aparelhos de cozinhar a vácuo, embalagem em sacos de aniagem no lugar de caixas de madeira, redes ferroviárias próprias, combinadas com a substituição do escravo pelo trabalhador livre. O primeiro engenho central da Bahia, o de Bom Jardim, começou a funcionar em 1880, fruto de uma iniciativa privada, que obteve do governo Imperial a garantia de juros de 7% ao ano sobre o capital investido. Quando do fim do Império, 87 autorizações haviam sido concedidas, sendo quinze na Bahia, das quais apenas quatro engenhos centrais foram efetivamente instalados. Além da mecanização e do uso intensivo de vapor, os engenhos centrais estabeleciam a divisão do trabalho entre a plantação da cana e a fabricação do açúcar. A difícil relação entre plantadores e fabricantes é apontada como uma das principais causas dos problemas enfrentados por esse arranjo.

Paralelamente aos engenhos centrais, iniciou-se o processo de instalação de usinas. A principal diferença entre eles não é técnica e sim institucional: as usinas não possuíam a obrigação de comprar cana de fornecedores: podiam ter lavouras próprias, sem limites.[31] Em outras regiões, a exemplo de Pernambuco e Rio de Janeiro, onde houve firme apoio dos governos estaduais, os engenhos centrais e as usinas foram mais bem-sucedidos do que na Bahia, o que permitiu que esses centros produtores se assenhoreassem do crescente mercado interno: no período de 1906 a 1910, cerca de 75% da produção pernambucana foi vendida no próprio país; em 1930, apenas 7,4% da produção brasileira foi exportada. Em 1920, a Bahia possuía dezoito usinas, correspondente a 7,8% do total do Brasil, enquanto Pernambuco abrigava cinquenta e quatro (23,5%) e o Rio de Janeiro trinta e seis (15,7%). Disso resultou que o velho Recôncavo açucareiro tornou-se uma região de produção marginal no conjunto do país. A situação é resumida por Clemente Mariani:

> Na transformação da indústria açucareira, pela instalação das usinas centrais turbinadoras, a Bahia acompanhou o movimento geral do país, embora o surgimento simultâneo da nova riqueza agrícola representada pelo cacau desinteressasse os governos estaduais de amparar aquela, como procederam os de Pernambuco, quando a crise se acentuou, evitando a sua decadência.[32]

O cacau se estabeleceu, ainda no século XIX, no sul do Estado, entre os rios de Contas e Jequitinhonha, na zona da mata próxima do litoral, região ideal para o seu cultivo, e ganhou força nas primeiras décadas da República. A cultura do café para exportação foi implantada, inicialmente, no sertão mais próximo, em torno dos municípios de Amargosa e Santo Antônio de Jesus, nos vales dos rios Jaguaribe e Jequiriçá, pouco antes da fronteira entre a zona da mata e a caatinga. Assim como o açúcar, a produção de cacau e de café na Bahia da República Velha permaneceu fundada na mesma lógica da época imperial. Os produtos, após plantados e colhidos, sofriam um primeiro beneficiamento que permitisse a exportação para os mercados internacionais, por meio de casas comerciais, associadas a bancos estrangeiros, que forneciam o crédito mercantil. Além de juros sobre financiamentos, as finanças internacionais, mediante seus representantes locais, se beneficiavam com as oscilações de preços, aproveitando as oportunidades para especular, disputando com o produtor uma fatia sempre maior do excedente. Nesse cenário, a atividade mercantil permanece sendo o elo central de toda economia agrário-exportadora, principal fonte de acumulação, às vezes se desdobrando em empreendimentos bancários e industriais. Sem dúvida, o comércio de exportação era a atividade mais importante da vida econômica do Estado. A relação entre os produtores agrícolas e as casas exportadoras fornecedoras de crédito são bem caracterizadas por Edgar Carone, a partir do exemplo do cacau:

> A falta de sistema de crédito faz com que os pequenos e médios proprietários vendam sua produção aos intermediários ou exportadores, ainda quando o cacaueiro está em floração [...]. Entretanto, são as casas exportadoras, preferencialmente estrangeiras, que melhor aproveitam a prosperidade do cacau: seus empréstimos aos fazendeiros são garantidos pela safra, mas como estas, às vezes, não são suficientes para o pagamento da dívida e dos juros, obrigam-nos a renovar anualmente os empréstimos, que os prendem a esta engrenagem. Por sua vez, mesmo que salde seu compromisso, o produtor volta a pedir novo empréstimo ao seu exportador, porque os únicos recursos financeiros disponíveis são estes.[33]

Em certa medida, a cultura fumageira escapava dessa lógica, ao desenvolver, além do beneficiamento, a industrialização do produto. A manufatura, no entanto, absorvia apenas uma fração do total da matéria-prima produzida. A Bahia, do início do século até 1930, era responsável por cerca de 90%, em média, das exportações de fumo do Brasil, enquanto as exportações de charutos e cigarros participavam com 2,4% da pauta baiana. As empresas industriais eram controladas pelos mesmos comerciantes, em sua grande maioria alemães, intermediários de casas importadoras de Bremen e Hamburgo.

O número de estabelecimentos dedicados à manufatura de charutos e cigarros é controverso. Em relatório de governo, Góes Calmon informa que, em 1925, existiam 222 "pequenas industrias" no estado, produzindo 102 milhões de charutos e 16,2 milhões de cigarros. Nesses números estão computados os estabelecimentos caseiros, que trabalhavam para as grandes empresas em regime de terceirização, utilizando mão de obra familiar. Essa atividade se espalhava por cidades do Recôncavo, próximas das fontes de matéria prima: Cachoeira, São Félix, Maragogipe, Muritiba. Ela não resistiu à competição movida pelo *trust* anglo-americano, que, a partir dos anos 30, passou a dominar a indústria mundial de fumo. Das quinze grandes fábricas fundadas na década de 1870, apenas quatro foram além de 1930, todas elas de charutos. Assim como a açucareira, a região fumageira do Recôncavo estava fadada à decadência.[34]

Tendo sido, no século XIX, a região pioneira da industrialização no país, a Bahia retarda, na Primeira República, sua dinâmica industrial em relação ao Centro-sul. Não obstante o vigor da transformação fumageira, a indústria baiana como um todo perde espaço no contexto nacional, em uma época em que esse setor avançava celeremente. Essa constatação encontra respaldo nos números da Tabela 1. De fato, enquanto, em 1907, em relação ao país, a Bahia contava com 6,7% dos trabalhadores na indústria, 4,2% do capital investido no setor e 3,4% do valor da produção, em 1920 essa participação decresce para 5,4%, 2,7% e 2,4%, respectivamente. O único indicador que teve crescimento foi o do número de estabelecimentos: saiu de 2,5% para 3,7%. Por esses números, pode-se concluir que houve uma redução do tamanho médio das empresas baianas entre os dois anos considerados, levando à pulverização do valor da produção. Em comparação com o Brasil, houve ainda uma redução do valor da produção por operário. Enquanto, em 1907, o Brasil apresentava uma relação duas vezes maior do que a da Bahia (4.907 contra 2.517 réis), em 1920, subiu para 2,2 vezes (10.849 contra 4.864). Esses números evidenciam uma indústria de baixa e decrescente produtividade relativa.

Os setores de vestuário e de alimentos dominavam quantitativamente o parque industrial baiano, perfazendo, em 1930, 63% do total de estabelecimentos. A metalurgia, nesse mesmo ano, respondia por apenas 14% do número de fábricas. Tratava-se, portanto, de uma produção pouco qualificada, realizada por pequenas empresas, que, em grande parte, procuravam transformar matérias-primas locais em bens de consumo não duráveis, visando ao mercado estadual. Essa breve análise leva à conclusão de que, durante a Primeira República, apesar do bom desempenho da economia agrário-exportadora, liderada pelo cacau, o setor industrial não contribuiu para alçar a Bahia a um estágio de desenvolvimento econômico semelhante ao de outros estados do país, principalmente os do Centro-sul.[35]

Tabela 1
Brasil e Bahia: indicadores do setor industrial – 1907 e 1920

Indicadores	1907			1920		
	Brasil	Bahia	% Bahia	Brasil	Bahia	% Bahia
Número de estabelecimentos	3120	78	2,5	13.336	491	3,7
Número de operários	149.018	9.964	6,7	275.514	14.784	5,4
Capital (contos de réis)	653.556	27.643	4,2	1.815.156	48.821	2,7
Valor da Produção (contos de réis)	731.232	25.078	3,4	2.989.176	71.923	2,4

Fonte: elaborado com base em em Carone (1975, p. 77).

A economia agrário-exportadora tinha como corolário uma forte atividade comercial, responsável por exportações e importações – atividades de onde provinham as grandes fortunas – e a distribuição das mercadorias importadas por meio do varejo e dos caixeiros-viajantes. O peso do comércio na economia baiana pode ser avaliado pelo fato de que, de 1890 a 1930, 54% dos capitais registrados na Junta Comercial e mais de três quartos da quantidade de firmas eram vinculados ao setor comercial. As empresas do setor financeiro, industrial, de infraestrutura de apoio e agricultura dividem a outra metade. A atividade primária não consta dessas cifras, uma vez que empresas agrícolas eram praticamente inexistentes até 1930.

A economia formal era extremamente concentrada em Salvador, sede de mais da metade das firmas registradas (664), com algum desdobramento para as cidades do Recôncavo e da região cacaueira. Deve-se lembrar que as casas comerciais geralmente agregavam a atividade de intermediação financeira por meio do crédito mercantil, quando não estavam diretamente vinculadas a estabelecimentos bancários. Uma parte dos capitais acumulados no comércio foi investida na indústria, a exemplo da fumageira, e outros empreendimentos diversificados. A disponibilidade de capitais dispostos a realizar investimentos mais ousados, no entanto, era limitada, não só pela estreiteza da economia como também pela transferência de recursos para o exterior, pela via financeira.

As finanças públicas se constituíram em um obstáculo a uma maior qualificação da economia baiana. O pacto federativo republicano transferiu impostos e responsabilidades para a esfera estadual, conferindo larga autonomia aos governos locais. Assim como no Império, o grosso da arrecadação vinha de impostos sobre o comércio exterior. Como foi visto, as exportações são crescentes, mas as importações não cresceram na mesma proporção, gerando saldos comerciais durante todo o período. Enquanto, de 1890 a 1930, as exportações foram multiplicadas por 4,7, as importações cresceram apenas 1,6 vezes, gerando um saldo comercial acumulado no período de mais de 88 milhões de libras. Por sua vez, as despesas públicas do estado cresceram 4,1 vezes, enquanto as receitas foram multiplicadas por 3,2, provocando um déficit acumulado de 962 mil libras. Ou seja, as despesas públicas foram superiores à arrecadação de impostos, mesmo com o crescimento do comércio exterior, sua maior base. Os constantes déficits anuais, além de provocar desarranjos na economia local, com salários e fornecedores em crônicos atrasos, levavam ao endividamento do estado, tanto no país como exterior, implicando pesados pagamentos de juros e amortizações, e impedindo que fossem realizados investimentos substanciais para melhorar a infraestrutura social e econômica.[37]

Em decorrência, a infraestrutura da Bahia não se expande no mesmo ritmo da dos estados do Centro-sul. De fato, enquanto, em 1890, corriam, no território baiano, 10,6% do total das ferrovias do país (1.057 quilômetros), em 1930, esse percentual havia decaído para 8,2% (2.669 quilômetros). Enquanto isso, a região do café concentrava mais de 60%, São Paulo e Minas Gerais com 40% do total do país. Em 1936, a Bahia possuía 4,1 metros de ferrovia por quilometro quadrado de território, enquanto São Paulo tinha 29,5 e Minas 13,5. No tocante a rodovias, a situação não era diferente. Em 1924, contavam-se apenas

765 quilômetros de estradas transitáveis, alcançando 1.361, em 1936. As ferrovias e rodovias baianas eram insuficientes para integrar todo o território do estado, e boa parte do sertão ainda usava tropas de mulas como meio de transporte. O isolamento da maior parte do território permaneceu e, com ele, um imperfeito mercado, ainda dependente da "corrente interior", percorrida por homens a pé e animais de carga. No caso da Chapada Diamantina, o recorrente pleito de estender a estrada de ferro até Lençóis nunca foi atendido. A ferrovia seguiu para o sul, contornado as serras. Estradas de rodagem teriam de esperar até a segunda metade do século XX.

Além das vias terrestres, o governo da Bahia investiu em uma companhia de navegação costeira, a Companhia de Navegação Baiana, que mantinha linhas no interior da Baía de Todos os Santos e para cidades da região do cacau (Ilhéus, Canavieiras, Belmonte), além da viação fluvial do São Francisco. Deve-se mencionar ainda a modernização do Porto de Salvador e a construção de outro em Ilhéus, o que permitiu exportações diretas do cacau. Tais investimentos não eram suficientes para dar conta das necessidades de um vasto território. Ao contrário do Sudeste, onde, como é ressaltado por Nathaniel Leff, as vias foram importantes não apenas para levar o café até os portos, mas também para distribuir as mercadorias dirigidas ao abastecimento das fazendas e povoações, estimulando o mercado interno dos estados produtores de café, na Bahia, esse impulso econômico foi bem menor.[38]

A Tabela 2 apresenta dados da evolução populacional do Brasil, da Bahia e de Salvador entre 1890 e 1940, tendo por fontes os recenseamentos realizados nesses anos. Observa-se que a taxa de crescimento do estado no período (1,43%) alcançou apenas 67,1% da do país (2,13%), levando a um decréscimo da participação da população baiana no total da nação: de 13,4% para 9,5%. Apesar de se manter como o grande centro comercial, a capital perde participação na população do estado, de 9,1%, em 1890, para 7,4%, em 1940, indicando um crescimento maior no interior, principalmente na região do cacau.

O menor crescimento da população baiana parece estar principalmente vinculado a movimentos migratórios. Por um lado, enquanto o Centro-sul recebeu 3,3 milhões de imigrantes europeus de 1891 a 1930, a Bahia teria recebido apenas cerca de 3.500. Por outro, já nessa época se inicia o grande movimento de transposição de nordestinos para o Centro-sul, em decorrência das secas e da falta de perspectivas na região. Essa evolução demográfica pode ser vista como um indicador da perda do peso econômico da Bahia no contexto nacional, aprofundando o que se verificara a partir da segunda metade do século XIX.[40]

Tabela 2
Brasil, Bahia Salvador: evolução das populações. 1890-1940

Anos	Brasil	Bahia	% Bahia, Brasil	Salvador	% Salvador, Bahia
1890	14.333.915	1.919.902	13,4	174.412	9,1
1900	17.438.434	2.117.956	12,1	205.813	9,7
1920	30.635.605	3.334.465	10,9	283.422	8,5
1940	41.236.315	3.918.112	9,5	290.443	7,4
Taxas de crescimento anuais	2,13	1,43	67,1	1,02	71,3

Fonte: Recenseamentos.[41]

Com a República, a principal mudança na estrutura social do país em relação ao Império foi o fim da escravidão. A Abolição foi combatida pela aristocracia agrária e comercial da Bahia, constituída de conservadores vinculados à velha economia agrário-exportadora, que, mesmo percebendo a inevitabilidade da mudança, reivindicavam um processo gradual e com indenização. O peso da mão de obra servil na Bahia, no entanto, já era, na ocasião, bem reduzido em relação ao passado. Em 1888, a Província que, durante três séculos, havia liderado o escravismo no país, contava com apenas 76.838 escravos, número menor que o de Minas Gerais, do Rio de Janeiro e de São Paulo. Mesmo assim, as exportações foram seriamente afetadas, decorrendo seis anos até se recuperarem, a julgar pela avaliação de uma grande casa comercial estrangeira. O fato é que, a partir de maio de 1888, a velha província escravocrata teria de conviver com a força de trabalho livre e, ao contrário do Centro-sul, sem imigrantes para substituir os escravos. A elite agrária baiana acreditava que os estrangeiros não iriam se adaptar ao clima e às condições de trabalho na lavoura, além de não estar disposta a ceder pedaços de suas terras para promover a colonização.[42]

A Abolição aumentou o contingente de trabalhadores nas grandes cidades, especialmente Salvador: operários da construção civil, alfaiates, padeiros, estivadores, costureiras, motorneiros de bonde, funcionários públicos, sapateiros, vendedores ambulantes, caixeiros, operários de fábricas de tecidos, de cigarros, de chapéus, das fabriquetas de alimentos e bebidas, de velas, de sabão, trabalhadores domésticos, além de uma infinidade de biscateiros, dispostos a enfrentar qualquer trabalho na luta pela sobrevivência diária. Essa camada formava a base da pirâmide social, a maior parte enfrentando condições de trabalho aviltantes, pois a renda se concentrava no alto escalão da hierarquia, onde se achavam os latifundiários, que mantinham o prestígio político, mas que se subordinavam, cada vez mais, aos ditames dos grandes comerciantes, camada onde se encontravam as grandes fortunas. Manteve-se uma hierarquia rígida, com escassas oportunidades de ascensão social. A agricultura escravista colocou os homens livres e pobres à margem e não à disposição de um mercado de trabalho regido por relações capitalistas. Sobre os ex-escravos, as palavras de Sílvio Humberto dos Passos Cunha resumem a situação: "... a *condição* de escravo foi formalmente extinta com o fim da escravidão, contudo, não se extinguiu o fulcro da escravidão: o ser negro."[43]

A distribuição ocupacional da população de Salvador em 1920 é discriminada na Tabela 3. Percebe-se que mais da metade não tinha profissão definida, o que denota um mercado de trabalho bastante excludente. A luta pela sobrevivência dessa parte da população, formada essencialmente por mestiços e pretos, dependia de biscates eventuais em serviços pouco qualificados. Os profissionais liberais, parcela mais qualificada, eram pouco mais de 2% da população, juntamente com os sacerdotes. Em Salvador, moravam 7.763 estrangeiros, 10.600 em todo o estado, dos quais apenas 830 pertenciam à classe trabalhadora. Esse quadro permite inferir que a extrema concentração da renda disponível limitava o tamanho do mercado interno, tanto nas cidades como no meio rural, freando o crescimento da indústria e cerceando um giro comercial de maior monta.[44]

Tabela 3

Salvador: distribuição ocupacional da população em 1920

	Quantidade	Percentual
Agricultura	11.719	4,1
Criação	224	0,1
Caça e pesca	1.178	0,4
Indústria, inclusive extrativa	45.653	16,1
Transportes	8.982	3,2
Comércio e finanças	15.780	5,6
Força Pública	2.857	1,0
Administração Pública	3.406	1,2
Administração particular	1.185	0,4
Sacerdócio e profissões liberais	5.932	2,1
Pessoas que vivem de rendas	645	0,2
Serviço doméstico	11.247	4,0
Profissões mal definidas	11.204	4,0
Profissão não declarada e sem profissão	163.410	57,7
Total	**283.422**	**100**

Fonte: Castellucci (2001, p. 18).

A desqualificação da força de trabalho torna-se mais evidente ao se verificar a evolução das taxas de analfabetismo do estado e de sua capital, em comparação com a do Brasil, conforme se expõe no Gráfico 5. Verifica-se que, partindo de uma base igual à do Brasil em 1872, base já extremamente elevada (na casa dos 81%), as taxas baianas de analfabetismo foram maiores nos anos seguintes, apesar de Salvador apresentar números bem inferiores à média estadual.

Não poderia ser diferente. Para se ter uma ideia, em 1920, apenas 12,3% da população escolar da Bahia estava matriculada em escolas primárias. Considerando a população escolar naquele ano e as 1.695 escolas primárias existentes no estado, deveria haver 329 alunos matriculados por escola, quando, na verdade, a média de matriculas por estabelecimento era de apenas 41 alunos. Ademais, em 1920, a Bahia aplicava 4,6% das suas receitas em educação, enquanto a média brasileira era de 9,6%. Apenas em 1925, no governo Góes Calmon, tendo Anísio Teixeira à frente da educação, o estado passou a contar com um sistema único de ensino primário, liderado por uma Diretoria da Instrução Pública, de caráter técnico, que unificava os serviços educacionais do estado e dos municípios. O estado elevou sua dotação orçamentária para a educação, atingindo 17,4%, em 1926. Estabeleceu-se ainda que os municípios teriam de aplicar a sexta parte das suas receitas na educação primária, além de eventuais contribuições especiais. Os resultados, porém, demoraram a aparecer. Um imenso contingente de analfabetos continuou excluído da vida política. Nas eleições manipuladas, nem votar podiam.[45]

Gráfico 5
Brasil, Bahia e Salvador: Taxas de analfabetismo em %: 1872-1940

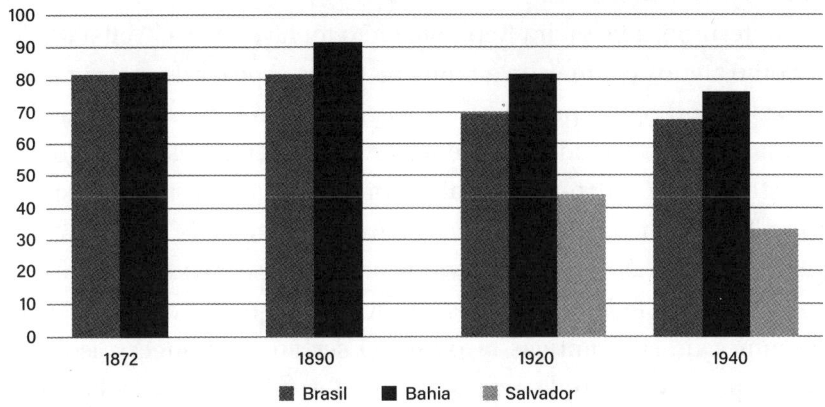

Fonte: Elaborado a partir dos dados dos recenseamentos.[46]

Mesmo desqualificados e sem educação formal, os trabalhadores baianos foram capazes de organizar, em 1919, a primeira greve geral de Salvador. Iniciada entre pedreiros, o movimento foi paulatinamente se espalhando por outras categorias profissionais. Em poucos dias, a maior parte das fábricas e oficinas estava fechada. Os funcionários públicos aderiram, deixando a cidade sem energia e sem transportes. Dessa vez, não era um outro protesto contra a carestia, comum na cidade. A greve reivindicava melhores condições de trabalho: salários, duração da jornada, trabalho infantil e das mulheres. Sua vitória contou com a providencial ajuda do advogado Agripino Nazaré, veterano de outros movimentos Brasil afora, refugiado na Bahia, fugindo da perseguição policial no Rio de Janeiro. Ao estudar essa greve, Aldrin Castellucci concluiu que ela foi impulsionada por três fatores. Primeiro, as flutuações econômicas decorrentes da Primeira Guerra Mundial. Naquele ano, a indústria baiana estava se recuperando rapidamente dos problemas ocasionados pelo conflito, conformando um momento favorável para reivindicações trabalhistas. Em segundo lugar, o movimento foi beneficiado pela cisão entre as oligarquias do estado, Ruy Barbosa e Seabra duelando pelo poder, cada um tentando atrair os trabalhadores e seus sindicatos para sua esfera de influência. Por último, a organização do operariado atingira um estágio de maturidade tal, que levou à vitória da greve, pela conquista de quase todos os direitos reivindicados.[47]

Em resumo, a Primeira República não foi favorável à "Velha Mulata", como alguns chamavam a Bahia na época. Apesar do crescimento de suas exportações, puxadas pelo cacau e pelo fumo, as atividades voltadas para o mercado interno não evoluíram no mesmo ritmo das dos estados do Centro-sul do país, mormente as industriais. A situação política, com as eternas brigas entre os principais oligarcas, impediu que o estado pudesse reivindicar, com assertividade, políticas e investimentos federais capazes de reverter o quadro de decadência econômica de suas antigas lavouras. O sertão permaneceu isolado, em boa parte vivendo da economia de mercados locais. Isolamento territorial, pela falta de infraestrutura, associado ao isolamento econômico pela inconstância e precariedade de suas culturas. Em consequência, o fosso regional de renda que se abrira no Império continuou a se aprofundar. Em 1920, São Paulo respondia por 29% da produção agrícola e industrial, Minas Gerais 14% e Rio Grande do Sul 11%. As populações desses estados, somadas, correspondiam a 41% da população brasileira naquele mesmo ano.[48]

NOTAS

[30] A informação sobre a participação do açúcar nas exportações brasileiras é da FUNDAÇÃO CENTRO DE PESQUISAS E ESTUDOS - CPE (1980, tabela 1, p. 17). A informação sobre a participação no mercado mundial é de Eisenberg (1974, tabela 7, p. 20). Sobre a transição para o trabalho livre no Recôncavo e a sua comparação com a Zona da Mata pernambucana, onde a transição foi consideravelmente mais fácil, ver ver Barickman (1998-1999). Para o autor, os senhores de engenho da Bahia não "[...] tiveram o poder necessário para garantir que, nos dias e meses que imediatamente se seguiram à abolição, todos os seus ex-escravos voltassem fielmente para trabalhar nos canaviais, a troco de salários baixos, em vez de tentarem definir por si mesmos e em seus próprios termos os significados da liberdade."(BARICKMAN, *op. cit.*, p. 234).

[31] Edgard Carone estabelece a diferença entre engenho central e usina, tendo por referência a situação pernambucana: "Os primeiros consistem em modernas fábricas de moagem, de propriedade particular, mas de caráter semioficial, e obrigados a moer cana de terceiros; a usina, por sua vez, apresenta as mesmas características técnicas, mas é totalmente particular, possui sua própria lavoura e mói cana de fornecedores se quiser. Esta distinção é fundamental, pois a partir deste último processo é que se dará o renascimento da decadente classe agrícola açucareira." (CARONE, 1975, p. 55).

[32] Mariani (2009, p. 115). A história do Engenho Central de Bom Jardim e o movimento em prol das usinas centrais são relatados por Pang (1979a). Os dados sobre a quantidade de usinas são de Carone (1975, p. 391). A informação sobre as vendas do açúcar de Pernambuco no mercado interno é de Eisenberg (1974, tabela 6, p. 17). Sobre as vendas externas em 1930, ver Carone (1975, p. 53).

[33] Carone (1975, p. 71).

[34] A indústria fumageira do Recôncavo baiano é analisada por Borba (1975).

[35] Os números de estabelecimentos em 1930 são encontrados em FUNDAÇÃO CENTRO DE ESTUDOS E PESQUISAS - CPE (*Op. cit.*, tabela 12, p. 116).

[36] Idem, p. 62.

[37] Sobre a dívida estadual, ver a análise feita por Spinola (2009, p. 94-148). baseada nas falas dos governadores.

[38] Leff (1991).

[39] "Entre 1892 e 1920, a população do eixo Ilhéus–Itabuna passou de 7.620 habitantes para 105.892, correspondendo a um crescimento médio anual da ordem de 6,98%. Esses dados são de Wildberger (1979) e citados Wildberger (s/d, p. 11).

[40] Segundo Wilson Fusco e Ricardo Ojima: "Às vezes, expulsos de sua terra natal por causa das secas, fenômeno climático que atinge grande parte do Nordeste de forma crônica, outras vezes (ou simultaneamente) atraídos pelas oportunidades resultantes de atividades econômicas em expansão, os migrantes do Nordeste se moveram em grande número, somando aproximadamente 300 mil pessoas durante os primeiros anos do século 20 [...]. Durante a década de 1930, o Nordeste perdeu algo em torno de 650 mil pessoas para outras áreas do país e, no decorrer da década

seguinte, o número de emigrantes chegou a mais de 900 mil." Ver Fusco e Ojima (2015, p. 13).

[41] São as seguintes as referências relativas aos recenseamentos: 1890 - Ministério da Indústria, Viação e Obras Públicas (1898). 1900 -Ministério da Indústria, Viação e Obras Públicas (1905). 1920 - Ministério da Indústria, Viação e Obras Públicas (1920). 1940 - INSTITUTO BRASILEIRO DE GEOGRAFIA E ESTATÍSTICA (1950). Em virtude da Revolução, em 1930 não foi realizado o recenseamento decenal previsto.

[42] A avalição da casa comercial Westphalen, Bach & Krohn é citada por FUNDAÇÃO CENTRO DE PESQUISAS E ESTUDOS (1980, p. 100). Sobre a Abolição na Bahia e as frustradas tentativas de promover a imigração, ver Brito (1996).

[43] Cunha (2004, p. 15).

[44] Robert Levine (apud Jorge Caldeira) analisa os efeitos da Abolição sobre o mercado de trabalho na indústria açucareira pernambucana: "Quando, depois da Abolição, os preços do açúcar continuaram a cair, a vida do trabalhador tornou-se ainda mais precária. Para os diaristas, cujas fileiras haviam engrossado desmedidamente com a entrada de ex-escravos recentemente libertados, o salário real caiu quase à metade, se comparado com a média de meados do século." (LEVINE, 1980, p. 59-60).

[45] Ver nota 41 para a fonte dos dados. Sobre o plano Góes Calmon/Anízio Teixeira, ver Spinola (2009, p. 134-140). A informação da dotação para educação em 1926 é de Quadros (1973, p. 160).

[46] Os dados sobre educação são do Recenseamento de 1920. As taxas de analfabetismo para 1872, 1980 e 1920 também são do censo de 1920. Os dados de 1940 são do censo desse ano. As taxas de analfabetismo consideram a população com mais de cinco anos. Os dados de 1900 foram excluídos devido à sua precariedade, tendo em vista as condições nas quais o recenseamento foi realizado. Em 1930, não houve recenseamento.

[47] Castellucci (2001).

[48] As informações sobre produção e população são de Macaulay (1977, p. 19).

O sertão, as Lavras e a República

A Primeira República foi um período difícil para a economia sertaneja da Bahia. Essas dificuldades podem ser analisadas a partir do Gráfico 6, que mostra a evolução de suas culturas de exportação. Primeiramente, cumpre observar que as exportações de couros e peles, borracha e diamantes corresponderam, em média, a apenas a 11% do total das exportações baianas no período. O algodão que, desde o fim da Guerra de Secessão americana, havia perdido o mercado internacional, não aparece mais na pauta, com a produção remanescente sendo direcionada para o mercado interno.[49] Os couros e as peles que, durante a segunda metade do século XIX, participaram com uma média em torno de 4,4%, aumentam sua participação para 5,8%, in-

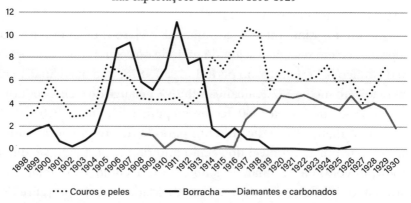

Gráfico 6
Participação (%) das principais exportações sertanejas nas exportações da Bahia: 1898-1929

Fonte: Fundação Centro de Pesquisas e Estudos – CPE (1980), Gonçalo de Athayde Pereira (1937).[51]

dicando uma pequena retomada da pecuária sertaneja. Não obstante, a criação de gado continuou a ser feita com os mesmos métodos de sempre, de forma extensiva, requerendo vastas extensões de terra e enfrentando os reveses das periódicas secas, com produção infrequente e resultados incertos. Nesse quadro, a borracha aparece como um novo produto na pauta.[50]

A borracha produzida no sertão nordestino não era de seringueira, como na Amazônia. O látex era extraído de duas plantas nativas do cerrado e da catinga: a mangabeira (*Hancornia speciosa Gomes*) e a maniçoba (espécies laticíferas do gênero *Manihot*, o mesmo gênero da mandioca). Essas plantas se espalhavam por vastas áreas do território brasileiro, incluindo o sertão da Bahia. No apogeu da mangabeira, floresceram cidades como Formosa do Rio Preto, Santa Rita de Cássia, Barreiras e São Desiderio, todas no cerrado baiano, no além São Francisco, onde hoje floresce a soja, o algodão e o milho. De 1910 a 1912, a borracha da mangabeira e da maniçoba representaram, em média, cerca de 10% do total das exportações brasileiras do produto. A Bahia participou com 48% dessas exportações. Da mesma forma que a borracha amazônica, seus sucedâneos não sobreviveram à crise provocada pela produção do Oriente, provocando a desocupação de uma quantidade significativa de trabalhadores extrativistas em todo o sertão. No período da Segunda Guerra, porém, devido à dominação japonesa dos países produtores do sudeste asiático, houve um ressurgimento da maniçoba e da mangabeira, em curto ciclo que durou de 1941 a 1947 para não mais voltar.[52]

Quanto aos diamantes e carbonados, é claro o declínio do valor da produção em relação à segunda metade do século XIX, como mostra o Gráfico 6. Enquanto, no período 1850-1878, sua participação na pauta foi, em média, 7,7%, alcançando 13% no auge do ciclo produtivo (1855 a 1860), de 1908 a 1930 decresceu para 2,5%. Entre 1920 a 1926, a média atingiu 4,3%, indicando um período de crescimento, porém sem atingir o mesmo nível do século anterior. A partir desse ano, a produção voltou a declinar. Mesmo com o declínio, os diamantes e carbonados ainda se constituíam na atividade mais importante das Lavras. De fato, em 1923, foram arrolados 175 comerciantes de diamantes, dos quais 57 (32,6%) em Lençóis, 50 (33,7%) em Palmeiras,

36 (20,6%) em Andaraí, 13 (7,4%) em Morro do Chapéu e 10 (5,7%) em Mucugê. Apesar do pequeno número de comerciantes, Mucugê teria sido responsável pela maior fatia do volume da produção naquele ano (34,3%), seguido de Lençóis (31,4%), Morro do Chapéu (12,3%), Andaraí (11,5%) e Palmeiras (10,6%).[53]

A Constituição de 1891, em consonância com o espírito federalista da República, pelo seu artigo 64, transferiu para os estados "as minas e as terras devolutas situadas nos seus respectivos territórios", assim como determinou a passagem "ao domínio do Estado, em cujo território estiverem situados, os próprios nacionais, que não forem necessários para o serviço da União". Além disso, a Constituição Republicana, artigo 72, item 17, promoveu uma mudança radical na regulamentação do setor, ao transferir as minas "aos proprietários do solo, salvas as limitações que forem estabelecidas por lei a bem da exploração deste ramo de indústria". Ou seja, diferentemente dos períodos colonial e imperial, o proprietário do solo passou a ser também do subsolo. Apesar dos entes federativos terem legislado em profusão no intuito de extrair rendas da mineração, somente em 1921, com a Lei 4.265, chamada de "Lei Simões Lopes", considerada o nosso primeiro Código de Minas, é que a atividade foi efetivamente regulamentada no país.

Na Bahia, o governo estadual promulgou, em linha com a "Lei Simões Lopes", a Lei 1.937, de 1926, e, ao mesmo tempo, um regulamento para a exploração de diamantes. O intuito era arrecadar tributos, o que ficaria a cargo de uma Delegacia Especial dos Terrenos Diamantinos, sediada em Lençóis. Essa legislação consolidava uma situação de fato. Os poderosos das Lavras, pela simples posição de força, já desde muito trabalhavam como se proprietários do subsolo fossem, o solo conquistado por meios legais ou pelo uso da violência. Os coronéis já eram donos das serras, dos vales, dos rios ou qualquer lugar onde pudesse haver diamantes. Quem quisesse garimpar, além de prévia autorização, deviam pagar o "quinto" do valor da produção ao dono da terra.[54]

Em 1926, a empresa Blander e Cia, de origem norte-americana, obteve uma concessão do governo do estado para explorar diamantes em um trecho de mais de dez quilômetros nas margens do rio Paraguaçu, no distrito de Piranhas (hoje sede do município de Nova Redenção), então pertencente a Andaraí. A concessão, encravada nas fazendas Mocambo e Pontal, propriedades da concessionária, compreendia o subsolo e a extração de madeira. O empreendimento, avaliado em cerca de 700 mil dólares, contou com equipamentos de grande porte para a época, incluindo: usina turbogeradora, duas caldeiras, instalações para transporte aéreo de cascalho, moinho elétrico para lavagem de cascalho, distribuição por separação por meio de cilindro giratório e telas vibratórias, equipamento hidráulico para desmonte, duas locomotivas para transporte, com dez quilômetros de trilhos. Segundo os relatos, a empresa dispensou especial atenção à saúde e à habitação dos trabalhadores, construindo hospital e moradias, contando com um médico residente, coisas inéditas para a época.

A Companhia Brasileira de Exploração Diamantina funcionou de 1928 a 1931, porém os resultados não foram os esperados. A falta de prospecção acurada e o elevado montante dos investimentos, dimensionados para ocorrências semelhantes às do sul da África, são apontados como principais motivos para a descontinuidade das operações, após a morte de Arthur Blander, fundador e grande entusiasta do negócio. Mesmo tendo requisitado um Memorial e um Laudo de Avaliação, assinados por experientes profissionais, o governo da Bahia resolveu não dar continuidade à exploração, encerrada em 1937 com o desmonte e a venda dos equipamentos pelo irmão do fundador. Ainda hoje, é possível ver as instalações remanescentes no local, na beira do rio, ao lado de montes de cascalhos outrora trabalhados. A experiência com a mineração mecânica em grande escala não se repetiria nas Lavras, embora dragas operassem nas décadas de 1980 e 90.[55]

Afora o efêmero ciclo da borracha de mangabeira e maniçoba, a estrutura produtiva do sertão baiano não mudou substancialmente após o advento da República. Pecuária extensiva, agricultura de abastecimento e de subsistência dominavam o uso das vastas terras do estado, dando continuidade ao padrão colonial e imperial. A extração de diamantes e carbonados nas Lavras permanecia em sua cadente trajetória. No vasto sertão baiano, onde a pecuária extensiva convivia com as secas periódicas, o imperativo econômico da grande propriedade permanecia muito forte. O isolamento, pela falta de infraestrutura, porém, impulsionava a produção de alimentos para os mercados locais, em reduzidas glebas, onde se estabeleciam pequenos agricultores, na maioria em regime de meação com o latifundiário, pagando a renda da terra com a própria produção. Ao mesmo tempo, por meio de agregados, os grandes latifúndios continuavam produzindo para autoconsumo.

Com a República, a legalização de terras, principalmente em áreas de expansão valorizadas, adquire um novo significado, dada a possibilidade de o poder estadual passar a fiscalizar a sua ocupação. Pela Constituição de 1891, as terras devolutas assim como a legalização de posses passaram para a alçada dos estados, que passaram a ter autonomia para legislar sobre o assunto. Conforme pontuado por Ruy Cirne Lima, as legislações estaduais não modificaram substancialmente as diretivas da Lei de Terras de 1850. No caso da Bahia, a Lei 198, de 1897, definia que as terras devolutas pertencentes ao poder estadual seriam: i) as que não estivessem sob domínio particular por título legítimo; ii) as que não se achavam ocupadas por uso público; iii) aquelas cujas posses não se apoiavam em títulos capazes de legitimação ou revalidação; iv) aquelas cujos títulos não fossem legalizados em tempo hábil nos termos da lei; v) as das aldeias de índios extintas pelo abandono de seus habitantes ou por lei; vi) as sesmarias ou outras concessões antigas que não tinham cultura efetiva ou morada habitual, medidas e demarcadas ou não, salvo se devidamente revalidadas; vii) as que não faziam parte de concessão do Governo Federal, depois de 15 de novembro de 1889, ou declaradas caducas pela falta de cumprimento das condições em que foram concedidas.[56]

Essas novas disposições legais provocaram uma corrida pela ocupação de terras devolutas e legalização de posses, especialmente em zonas de expansão agrícola, como no sul do cacau. Um dos primeiros decretos do Governo Provisório (Deodoro) permitia que o proprietário de terra garantisse uma dívida com o penhor da propriedade. A legalização deslanchou a comercialização de glebas, movimentando um mercado até então travado pela anterior condição institucional e pela abundância de terras devolutas. Conforme levantamento realizado pela Fundação Centro de Pesquisas e Estudos – CPE, de 1898 a 1930, na Bahia, foram abertos 892 processos de legalização de posses e 9.463 de vendas de terras devolutas. Dos processos de legalização de posses, cerca de 36% eram na região Sul e Extremo Sul e 40% na Chapada Diamantina e Além São Francisco. Por sua vez, 72% das vendas de terras devolutas ocorreram no Sul e Extremo Sul e 4% na Chapada e Além São Francisco, indicando a corrida pelas férteis terras da região do cacau. Nesse levantamento, dos municípios das Lavras, apenas Lençóis aparece com dois processos de vendas de terras. Pelo que parece, a corrida pelas terras diamantinas havia ocorrido antes, na época áurea do diamante, no século XIX. No início do século XX, essas glebas já tinham donos, embora não se discutisse como essa a legalização fora obtida.[57]

Apesar de a mesma legislação limitar as terras devolutas a serem compradas em 100 hectares para agricultura e 500 para pecuária, o processo de ocupação continuou a ser dominado pelos grandes proprietários, capazes, pela influência política ou pela força, de fazer valer seus interesses, que não se enquadravam nesses limites. Em decorrência, o latifúndio continuou a imperar, as disputas por terras muitas vezes alimentando as guerras entre coronéis. O Recenseamento de 1920 indica que, no país, apenas 9,9% das propriedades tinham menos de 100 hectares. Na Bahia, onde esse percentual atingia 17,2%, em 1923, existiam 65.181 estabelecimentos rurais, com uma área média de 8,7 quilômetros quadrados por estabelecimento (870 hectares). Nos quatro municípios das Lavras, essa média alcançava 9 quilômetros quadrados (899 hectares). A situação fundiária é resumida por Edgard Carone:

> Esse predomínio latifundiário é total. As várias soluções críticas apresentadas, bem como as tentativas de ataque à sua estrutura, mostraram-se ineficazes. A solução da pequena propriedade, em face do sistema de produção, mostrou-se utópica. A economia brasileira sendo preponderantemente agrícola, e dirigindo-se preferencialmente ao mercado externo, não permitia o desenvolvimento da pequena produção, que visava ao consumo interno.[58]

As reduzidas dimensões relativas das economias sertaneja e das Lavras Diamantinas são evidenciadas pelo valor do giro comercial do interior, conforme demonstra a Tabela 4. Embora esses números devam ser vistos com cautela – eles não incluem, por exemplo, o comércio de alimentos, que, em boa parte, corria na informalidade dos mercados locais – algumas conclusões são possíveis. O valor total para o interior (212.593.286 mil réis) correspondia, aproximadamente, a 27% do total do giro comercial do estado, o que denota a forte concentração do comércio em Salvador, onde estavam centralizadas as exportações e importações. A força do cacau se revela pela participação dos dois principais municípios da região, Ilhéus e Itabuna, no total do interior: 12,5%.

Tabela 4
Giro comercial no interior baiano e nas Lavras Diamantinas - 1923

Tipos	Valor do giro (mil réis)	%	Lavras	% das Lavras
Tecidos	56.091.250	15,0	1.540.000	2,7
Aguardentes	2.164.930	10,0	52.000	2,4
Padarias	3.309.452	1,0	26.000	0,8
Gados	20.555.850	16,0	387.000	1,9
Diversos	124.177.754	54,0	934.385	0,8
Diamantes e carbonados*	2.043.000	1,0	2.043.000	100
Destilarias	4.251.050	3,0	-	
Total	**212.593.286**	**100**	**4.982.385**	**2,3**

* Além de Mucugê, Andaraí e Lençóis, inclui Morro do Chapéu
Fonte: Anuário Estatístico da Bahia, 1923.

O comércio dos quatro municípios das Lavras (Andaraí, Lençóis, Mucugê e Palmeiras) abarcava 2,3% do giro do interior. Considerando que a população desses municípios correspondia, na época, a 1,3% da baiana, verifica-se que a produção de diamantes e carbonados, mesmo que inferior à da segunda metade do século XIX, ainda ajudava a gerar uma renda superior à média do interior do estado. Ainda que não fosse expressivo nas Lavras, onde, em 1920, havia apenas quatro cabeças por quilômetro quadrado, o gado continuava a ser o esteio da economia do sertão, mesmo que com baixa produtividade em relação à extensão do território estadual: em 1923, a Bahia possuía o quinto maior rebanho bovino do Brasil, atrás de estados com menor área, a exemplo do Rio Grande do Sul. A criação em grandes extensões de terras continuava ser a tônica na pecuária sertaneja.[59]

A Tabela 5 apresenta os dados da evolução demográfica das Lavras Diamantinas de 1890 a 1940. Percebe-se que, durante esse período, a população dos municípios dos diamantes permaneceu praticamente

A cultura fotográfica da cidade de Lençóis durante o período 1845-1930: Influências e práticas. Imagem divulgação (Coleção particular de Mestre Osvaldo, Lençóis).

estável, em números absolutos, o que reduziu a sua participação no total do estado. Esse quadro denota dois fenômenos. O primeiro, a baixa taxa de crescimento demográfico do estado como um todo, relativa à do país. O segundo, o esvaziamento populacional do sertão em relação ao litoral, particularmente da região do cacau, para onde afluiu um grande número de sertanejos em busca de oportunidades de trabalho. Com base na população das maiores cidades, observa-se que, em 1920, o Sertão e a Chapada abrigavam cerca de 35% da população total do estado, enquanto, em 1930, esse percentual havia decrescido para 30%. O litoral que, em 1920, continha 29%, em 1930, perfazia 33%. Além da migração para o Centro-sul, o declínio da produção de diamantes provocou o êxodo de garimpeiros das Lavras em direção às novas descobertas no rio das Garças, no Mato Grosso. Esses números ajudam a compor um cenário de estagnação econômica no sertão, onde a concentração da propriedade de terras, o isolamento geográfico e a estrutura social cerceavam as possibilidades de sobrevivência de uma grande massa de despossuídos.[60]

Tabela 5
Evolução da população da Bahia e das Lavras Diamantinas: 1890 - 1940

	Bahia	Andaraí	Lençóis	Mucugê	Palmeiras*	Total Lavras	% Lavras/ Bahia
1890	1.919.902	1.805	22.230	22.814	-	46.849	2,4
1900	2.117.956	2.050	25.252	25.914	-	53.216	2,5
1920	3.334.465	9.285	7.789	15.685	8.978	41.737	1,3
1940	3.918.112	14.378	10.796	16.377	9.469	51.020	1,3

* Em 1890 e 1900 a população de Palmeiras estava incluída na de Lençóis.
Fonte: Recenseamentos[61]

As taxas de analfabetismo dos municípios das Lavras, apesar de levemente inferiores à média baiana, eram bastante altas, conforme dados do Gráfico 7. Em vinte anos, ela regride pouco, de 75,2%, na média dos quatro municípios, em 1920, para 67,5%, em 1940, evidenciando a insuficiente estrutura educacional, que mantém a grande maioria da força de trabalho desqualificada, sem outras ocupações que não tarefas manuais, de baixa produtividade. Nunca é demais lembrar que essas características da mão de obra limitam o mercado interno e reduzem o crescimento de uma economia presa a fundamentos de séculos passados.

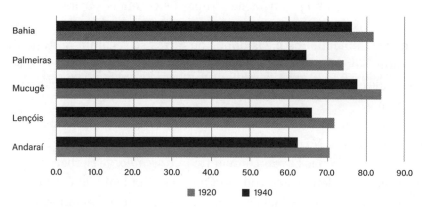

Gráfico 7
Taxas de analfabetismo da Bahia e das Lavras: 1920 e 1940

Fonte: Recenseamentos.[62]

O fim da escravidão nas Lavras não foi diferente do de outras regiões do Sertão. Os antigos escravos procuraram trabalho onde houvesse, em quaisquer outros lugares. Muitos continuaram suas lides nos garimpos, agora regidos por outras relações de trabalho, desde os "alugados", pagos por diária, aos "meia praças", que dividiam os resultados com o financiador do "saco", pacote de víveres para sobrevivência no garimpo, após abatido o "quinto" do dono da terra, sem falar aqueles presos à modalidade de "quarto até salvar", que vinculava o garimpeiro a seu financiador até quando ele encontrasse uma pedra, da qual um quarto do valor cobrisse totalmente os adiantamentos realizados. Outros se abrigaram nos latifúndios dos poderosos, na condição de agregados ou de meeiros, a renda da terra sempre cobrada, mesmo que ela não valesse muita coisa. Para os assalariados, além dos diaristas, geralmente empregava-se o sistema de "armazém", como na região do cacau, onde era conhecido como "barracão". Relações de trabalho capitalistas passavam ao largo da economia sertaneja baiana.[63]

Os ex-escravizados vão se juntar à massa de despossuídos que, embora livres, não encontram meios seguros de sobrevivência naquelas terras tão vastas, mas de tão poucos. O drama nordestino explode, de forma surpreendente e violenta, em Canudos (1893-1897), episódio até hoje emblemático dos percalços da evolução histórica dessa região desditosa. A falta de terra e trabalho impele boa parte da população para a marginalidade, seja seguindo profetas messiânicos, seja se engajando como jagunços nas tropas de coronéis, ou abraçando o cangaço. As secas expulsam levas de pessoas incapazes de se manter naquele ambiente hostil. Os donos de terras se seguram no topo da estrutura social, a classe média não cresce significativamente, a desigualdade e a exclusão permanecem, abrangendo uma população cada vez maior.[64]

A literatura mais uma vez nos ajuda a caracterizar períodos históricos relevantes. No caso da extração de diamantes na primeira metade do século XX nas Lavras Diamantinas, *Cascalho*, de Herberto Sales, é a principal referência, o trabalho mais contundente do período, ao evidenciar as relações sociais apegadas ao passado do mandonismo e da exclusão.

Cascalho

Nesse romance, considerado sua obra prima, Herberto Sales, descreve com maestria o ambiente humano das Lavras Diamantinas na primeira metade do século XX. Nele, são retratadas as relações sociais da época em que o diamante era extraído por pretensos homens livres, porém presos a condições de trabalho e de sobrevivência típicas de uma sociedade hierárquica e excludente, onde o poder dos donos imperava, concentrando a riqueza e as possibilidades de uma vida digna. Enquadrado como exemplar da literatura regionalista da época – foi primeiramente publicado em 1947 – Cascalho faz parte de um momento em que boa parte da produção literária brasileira estava comprometida em retratar o universo social do país, na linha da célebre Semana de Arte Moderna de 1922. A linguagem é crua e direta, e os personagens falam a língua realmente falada, sem disfarces elitistas.

O livro conta a história de Silvério, agricultor sertanejo que deixa sua terra e sua família em busca do sonho das pedras brilhantes pelos lados do Andaraí. Pena para aprender o ofício e se torna "meia praça", membro de uma equipe que sobe a serra para extrair e lavar cascalho. Silvério sofre humilhações nas mãos de um capataz sádico e de seus colegas que desconhecem a solidariedade. Quando eles finalmente conseguem um carbonado de valor, a negociação do preço revela todo o poder do comprador, o financiador do "saco", e do coronel "dono da serra", sempre vigilante ao cobrar o seu "quinto". Silvério consegue fugir da festa do "bamburrio", quando o ganho dos garimpeiros é gasto em apenas uma noite, pensando na família que deixou, no dinheiro para a almejada compra de um pedaço de terra na volta feliz ao lar, que deve ser adiada, pois ainda não juntara o suficiente. Sua opção é fugir para outro garimpo, onde possa perseverar no sonho.

Todos os tipos sociais das Lavras são encontrados nas urdiduras

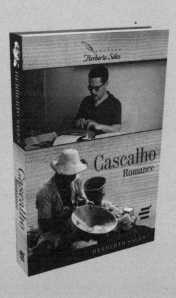

dessa trama. Os garimpeiros que trabalham duro, os capatazes a serviço do dono e de seus recalques, os comerciantes que exploram a fraqueza dos garimpeiros, o coronel que ocupa o topo da "cadeia alimentar", as prostitutas que, ao festejarem, se aproveitam de seus clientes, o jovem promotor que tenta enfrentar o coronel, mas só obtém a possibilidade de fuga, frente o opróbrio ou mesmo a morte iminente. As relações de poder são fixas e inquebrantáveis: não há lugar para a justiça que não seja a do coronel, não há espaço para diferenças ou mudanças. Toda a estrutura é calcificada pelos séculos de mandos e desmandos dos poderosos. Em pleno século XX, encontra-se uma sociedade imersa em regras de convivência de um tempo em que os homens se mediam por suas posições predefinidas, reprodutoras de uma ordem patriarcal incontestável. Um mundo onde o capitalismo avançara apenas pela metade.

O romance sinaliza ainda a decadência final da mineração do diamante nas Lavras. Os carbonados, última reserva, perdem valor no mercado, e não compensa mais investir no "saco" dos garimpeiros. Para eles, só resta a estrada, o caminho para outras desventuras. Para o coronel, sua família e agregados ficam as matas com boa madeira de lei que, após vendida, dá lugar ao capim dos pastos de sempre.

NOTAS

[49] Paulo Henrique Duque Santos reporta uma considerável cotonicultura no Alto Sertão baiano (região de Caetité) entre 1890 e 1930. No entanto, nas estatísticas de exportação pelo porto da Bahia, o algodão não aparece. O autor sugere que boa parte dessa produção era dirigida para o Rio de Janeiro, via rio São Francisco e ferrovia, abastecendo as fábricas têxteis do Centro-sul. Essa possibilidade é condizente com a sua tese, que tenta mostrar uma vida econômica e social dinâmica no Alto Sertão naquele período. Ver Santos (2014).

[50] Boa parte da exportação de couros e peles provinha de caprinos e ovinos.

[51] Os dados sobre couros e peles e borracha são de da FUNDAÇÃO CENTRO DE PESQUISAS E ESTUDOS - CPE (1980, tabela 17, p. 121). Sobre diamantes e carbonados, ver Pereira (1937, p. 74-76).

[52] As informações sobre exportações de borracha de mangabeira e maniçoba foram elaboradas a partir de dados encontrados em: em Wisniewski e Melo (1983). Paulo Henrique Duque Santos revela a constituição de uma empresa internacional de borracha de maniçoba em 1911, próxima ao povoado de Machado Portela, perto do atual município de Itaetê. A The Lafayette Ruber States Limited foi constituída em Londres e possuía sócios brasileiros, inclusive fazendeiros sertanejos. Chegou a contar com 500.000 pés de maniçoba em 874 hectares. Teve vida efêmera por conta da perda de competitividade da borracha brasileira frente aos competidores do oriente. Santos (2014, p. 18-19).

[53] Esses dados constam do Anuário Estatístico da Bahia de 1923. Barbosa (1924, p. 120).

[54] A análise da legislação desse período é feita por Catharino (1986, p. 209-211). Simões Lopes foi o ministro responsável pela sua formulação. A separação entre a propriedade do solo e do subsolo, que voltou a fazer parte do patrimônio da União, foi revogada durante o período Vargas, mantendo-se até hoje. É famosa a passagem do romance Cascalho, de Herberto Sales, em que um cabra adverte um forasteiro de que o rio pertencia ao coronel. Não só para garimpar, mas até para tomar banho, ele deveria ter autorização do próprio.

[55] As informações sobre a Blander e Cia. foram coletadas por Catharino (1986, p. 256-261).

[56] Sobre a legislação republicana, ver Lima (1990, p. 75-79).

[57] Dados da FUNDAÇÃO CENTRO DE PESQUISAS E ESTUDOS - CPE (1980, tabela 36, p. 187).

[58] Carone (1975, p. 17). Nessa mesma página, encontram-se as informações sobre a concentração de propriedades. Os dados sobre o tamanho médio das propriedades na Bahia e nas Lavras são do Anuário Estatístico da Bahia – 1923.

[59] Essas informações foram obtidas em Barbosa (1924, p. 93-130). Os valores foram calculados tendo por base o lançamento de impostos estaduais sobre o giro dos estabelecimentos comerciais. A reduzida dimensão da economia sertaneja em relação à do litoral também foi notada por Aguiar (1979). Em 1887, a contribuição direta de todo o interior para a renda provincial teria sido de apenas 10%. Ver Thales de

Azevedo, A era republicana, em Azevedo e Lins (1968, p. 189). Interessante observar que as vicissitudes da política monetária, que muitas vezes reduzia drasticamente o meio circulante, problema presente desde os tempos coloniais, levou o coronel Horácio de Matos, então senhor das Lavras, a, em 1927, emitir moeda, conforme relatado por Walfrido Moraes: "[...] à falta de moeda divisionária, Horácio de Matos lança mão de um recurso original: faz emissões impressas, de vales coloridos dos mais diversos valores que passam a correr pela chapada inteira e são trocados nas feiras livres como um novo papel-moeda, mais valioso do que mesmo o dinheiro do governo[...]". Moraes (1991).

[60] Sobre a saída de garimpeiros das Lavras baianas para o Mato Grosso, ver Maculay (1977, p. 119).

[61] Ver nota 37. A população das grandes regiões e das grandes cidades encontra-se em Silva (2006, tabela 4, p. 53).

[62] Ver nota 37.

[63] É curioso o episódio de uma senhora emancipacionista das Lavras, relatado por Brito (1996): "Outra mulher, uma rica senhora que enriquecera nas lavras diamantinas, também se destacou pelo seu emancipacionismo, a ponto de merecer o registro dos seus atos nos relatos que dois abolicionistas baianos, Francisco Borges de Barros e Teodoro Sampaio, fizeram para a posteridade. Essa senhora, que não teve seu nome revelado, além de ter libertado todos os seus escravos, mantinha a filarmônica chapadista que animava os abolicionistas". A curiosidade advém, principalmente, do inusitado do ato.

[64] Dantas (2007) realizou uma aprofundada pesquisa visando a identificar e caracterizar as pessoas que deixam seus lugares para construir Canudos, relacionando-os com a estrutura social vigente na Comarca de Itapicuru.

Os coronéis e suas guerras

Na Chapada Diamantina, durante a Primeira República, o episódio histórico mais relevante foi, sem dúvida, a guerra dos coronéis. Esse conflito se destaca entre as várias disputas armadas nos sertões pela forte liderança do Coronel Horácio de Matos, chefe guerreiro que enfrentou e derrotou não só inimigos locais como também o governo estadual e suas forças públicas, em busca da autonomia política necessária para consolidar e exercer o poder local em favor dos interesses de seu grupo.

Disputas armadas entre famílias são comuns desde a época colonial. Ao abordar as lutas de famílias no Brasil, Luiz de Aguiar Costa Pinto se reporta às características da estrutura política em formações sociais anteriores à presença do Estado como instituição reguladora e controladora da vida em sociedade. A ausência do Estado enseja o surgimento de grupos familiares patriarcais para exercer funções sociais abrangentes, dentre elas a defesa do território onde se assenta sua base econômica, e dos valores inerentes àquele padrão de sociedade: "[...] prevenção e reparação de delitos, a segurança, a ordem e o equilíbrio sociais, que são assegurados pelas represálias exercidas pela família contra todos os que atentam contra a vida, os interesses e a honra de seus membros." A esfera privada, a das famílias e seus chefes, se confundia com a esfera pública, separação impossível onde o Estado não se fazia presente. Essa parece ser uma interpretação que se ajusta com muita propriedade ao sertão colonial nordestino, onde a conquista, o desbravamento e a colonização foram delegados a agentes privados, dotados de autoridade militar para garantir seus interesses e valores e, em decorrência, os da Coroa.[65]

Em tão vasto território, apesar da Independência e do governo imperial centralizador, a presença do Estado nos sertões continuou rarefeita, pois o processo de difusão das instituições, ao avançar lentamente, preservava o espaço para o poder familiar patriarcal. Família que ia além dos laços de sangue, ao se estender pela inclusão de outras pessoas e unidades familiares agregadas, sob a liderança de um chefe mais destacado, seja pelo poderio econômico seja pela capacidade de defender os interesses do clã, constituindo um grupo de poder quase autônomo. Nesse contexto, conflitos entre estendidas famílias, a parentela, são inevitáveis, por motivos mais diversos, disputas por territórios e questões de honra sendo os mais frequentes. A intervenção do Estado, quando raramente lançada, é quase sempre inócua, porquanto ele não possui os instrumentos para efetivamente fazer valer as suas leis e normas. Costa Pinto resume a situação com acurácia:

> A história do poder político no Brasil, desde então, é a história dessa competição entre, de um lado, os fatores de dispersão social e política que suscitam e engendram a formação de agências de autoridade privada e, de outro, os fatores de unificação e centralização do poder social que contribuem para a consolidação definitiva da organização estatal – que aliás, até hoje, não se pode dizer completada.[66]

Essa estrutura político-social desemboca na República sem muitas mudanças. Nos sertões, embora mais povoados, as terras mais divididas e as instituições estatais mais presentes, o papel da família patriarcal permanece praticamente intocado. A base territorial ainda servia de lastro ao poder político e econômico, as relações de sangue, de compadrio e de amizade articulando a formação das redes de solidariedade prontas a disputar o predomínio sobre os domínios e a defender suas conquistas. Com a Primeira República, essas unidades locais de poder ganham proeminência, uma vez que o sistema de governo republicano garante aos coronéis, os detentores dos privilégios territoriais, uma participação até então inédita na esfera da política, em dimensão subnacional, algumas vezes nacional. Ao tempo em que se fortalecem em seus domínios, os coronéis procuram se compor com oligarquias que garantam seus privilégios, principalmente o privilégio de mando inquestionável e autocrático em seus territórios. Eles passaram a participar diretamente do círculo de poder, mesmo que em condição subordinada.

O protagonismo do chefe familiar patriarcal, na Colônia, era simbolizado pelas patentes das Ordenanças e Milícias, forças particulares que agiam em nome do Estado em questões de segurança e justiça. Em 1831, foi criada a Guarda Nacional que, nos sertões, exerceu a mesma função das sucedâneas coloniais, dividindo com a Igreja o direto exercício de várias funções de estado, mormente nos municípios mais afastados do litoral. Daí advém o prestígio das patentes da Guarda Nacional, particularmente a de coronel, que vai se tornar um forte símbolo de poder, em um período político bastante tumultuado em todo o país. A princípio, a República não mudou esse quadro. Só em 1918 a Guarda Nacional foi incorporada ao Exército como força de segunda linha. Em 1922, ela foi, finalmente, desmobilizada. Antes disso, houve uma distribuição generosa de patentes: entre 1902 e 1914, foram conferidos 11.369 postos apenas entre os baianos. Em 1916, a Bahia contava com 5.020 oficiais, de um total de 44.242 em todo o Brasil. Assim como na Colônia e no Império, a nomenclatura das patentes de oficiais revelava claramente a estrutura social e de poder em um território. O proprietário mais poderoso era o coronel; logo abaixo vinha o tenente-coronel, quem sabe um importante comerciante, funcionário público, podia ser major, ou outros menos importantes, capitão ou tenente.[67]

A extinção da Guarda Nacional não representou o fim do papel social do coronel. O título continuou a ser usado mesmo após a Revolução de 1930, para indicar o chefe político, o que mandava em um município, distrito, em um território. Em sua clássica nota sobre a origem do termo "coronelismo", Basílio de Magalhães esclarece essa permanência:

> O vocábulo "coronelismo", introduzido desde muito em nossa língua com acepção particular, de que resultou ser registrado como "brasileirismo" nos léxicos aparecidos do lado de cá do Atlântico, deve incontestavelmente a remota origem do seu sentido translato aos autênticos ou falsos "coronéis" da extinta Guarda Nacional. Com efeito, além dos que realmente ocupavam nela tal posto, o tratamento de "coronel" começou desde logo a ser dado pelos sertanejos a todo e qualquer chefe político, a todo e qualquer potentado.

Até a hora presente, no interior do nosso país, quem não for diplomado por alguma escola superior (donde "doutor", que legalmente não cabe sequer aos médicos licenciados) gozará fatalmente, na boca do povo, das honras de "coronel". [...] o sistema ficou arraigado de tal modo na mentalidade sertaneja, que até hoje recebem popularmente o tratamento de "coronéis" os que têm em mãos o bastão de comando da política edilícia ou os chefes de partidos de maior influência na comuna, isto é, os mandões dos corrilhos de campanário.[68]

A proeminência do coronel como ator político na República está vinculada ao controle do processo eleitoral, dos votos, em decorrência de seu estabelecido domínio do poder local. O novo regime não alterou fundamentalmente a lei de 1828, que aprisionara as municipalidades ao governo dos estados. Não obstante, as eleições, direcionadas para legitimar a estrutura de poder, deviam ser manipuladas a partir das seções eleitorais de cada município onde residia o eleitor. Para obtê-los, o chefe da oligarquia incumbente, o governador ou um preposto, teria de se articular com uma quantidade de coronéis que lhe assegurasse a maioria no parlamento estadual e garantisse a vitória dos indicados para o parlamento nacional. Esses mesmos votos deviam ser carreados para os candidatos a governador e a presidente, fechando o círculo do poder, mantendo a hierarquia política intacta.[69]

O processo eleitoral estava longe de ser isento de burlas e fraudes. Por isso mesmo, os coronéis eram essenciais para que ele sempre fluísse no sentido previamente definido, na direção traçada pelos potentados, com o fito de lhes assegurar o comando. Em troca dos votos de "cabresto" de seus "currais", os coronéis ganhavam o direito de indicar os ocupantes dos cargos públicos em seus territórios: delegados, promotores, coletores, juízes. O intendente (prefeito), eleito ou nomeado, também não poderia ser de outra corrente, pois teria de ser um "amigo" do coronel dominante, quando não ele próprio, seu filho ou genro doutor, seu compadre. A composição das câmaras de vereadores seguia na mesma linha.

Para além dos cargos, ao coronel era garantido o poder de mando, a certeza de que suas decisões seriam acatadas, suas ordens cumpridas. A justiça era, no essencial, a justiça do coronel. Seus direitos não estavam circunscritos ao estatuto legal. O direito de homiziar criminosos, por exemplo, não era contestado nem pelos inimigos, pois o costume ditava as regras. Os cargos asseguravam o controle das instituições estatais, além de salários. O exercício dos direitos tácitos, que o poder de mando garantia, por certo aumentava a potência econômica do coronel e de seu grupo, consolidava e aumentava sua base territorial, facilitava seu comércio, amealhava concessões e subsídios que porventura pudessem ser criados, e financiamentos. Quem sabe até conseguir algum raro investimento estadual ou federal em seu território. Era como se o coronel governasse um estado quase autônomo dentro de um estado.[70]

Essa caracterização do coronel diz respeito, fundamentalmente, àqueles que eram proprietários de terras nos sertões. Contudo, no jogo político da Primeira República, pode-se dizer que coronel, no sentido mais lato, era todo aquele capaz de amealhar votos, independentemente de sua ocupação. Eul-Soo Pang distingue sete tipos de coronéis, com base em uma divisão entre ocupacionais e funcionais. O que importa reter aqui é que o coronel podia ser um chefe guerreiro proprietário de terras, o mais comum no sertão, mas podia também ser um rico comerciante, um padre, um industrial (nas grandes cidades), um bacharel da cidade, filho do latifundiário ou a ele associado por casamento, o que o tornava sucessor do sogro. Nesse sentido, coronéis eram os que controlavam currais eleitorais, carregando para o seu eventual partido seus votos de cabresto. A patente da Guarda Nacional não era uma condição indispensável para tanto.[71]

Nos sertões, o poder local do coronel podia ser contestado. Por vezes, grupos rivais surgiam no interior do próprio território, por outras rebentavam dissidias entre coronéis vizinhos em disputas por terras, poder, prestígio ou vantagens. Conflitos por questões de honra, família, vingança também eram comuns. Raramente tais conflitos eram resolvidos de forma pacífica, a violência quase sempre imperando. Mesmo não contando oficialmente com batalhões da Guarda Nacional, os coronéis possuíam suas próprias forças armadas, condição indispensável para ser respeitado e fazer valer suas ordens, os soldados recrutados entre "sua gente" – parentes, agregados, amigos, meeiros e quem mais fosse. Quando havia guerra, essas pessoas se transformavam em cabras, jagunços ou capangas, com disposição de enfrentar os inimigos seguindo as ordens do coronel. Esses exércitos eram recrutados não só nas propriedades do líder. Parentes e amigos forneciam seus préstimos diretamente ou por meio de recrutas de seus domínios. A participação na guerra era indispensável para receber as benesses da vitória: bens e haveres dos derrotados, proteção contra possíveis vinganças, cargos públicos, prestígio e amizade. O poderio do coronel media-se por sua capacidade de arregimentar outros proprietários para seu grupo, para seu "partido", sob sua inconteste liderança.[72]

Cumpre indagar sobre os meios utilizados para financiar as campanhas. A literatura não explorou em profundidade esse aspecto do fenômeno do coronelismo, mas ele é, sem dúvida, intrigante. Em regiões, a exemplo do sertão baiano, cujas economias eram pobres, os recursos sempre escassos, os meios de sobrevivência difíceis, como seria possível que os poderosos pudessem sustentar guerras tão numerosas e recorrentes? Afinal, os exércitos precisavam ser alimentados, armados, vestidos e abrigados, os eventuais mercenários pagos. As lutas deixavam terras arrasadas, gado sequestrado, casas destruídas, e, mais importante, vidas de trabalhadores ativos ceifadas. Tratava-se de jogos de soma zero, com o risco de ficar no lado negativo bastante alto. Não obstante, a negociação era mais rara do que a luta. Como, então, bancar esse eterno esforço de guerra?

Ao tentar uma resposta para essa pergunta, deve-se levar em conta que um coronel do sertão, como pontuou Victor Nunes Leal, podia ser considerado um homem rico apenas em relação a seu meio local, mas, na verdade era, em geral, apenas um "remediado", quando visto na elite de um estado. Em sendo assim, seu sucesso dependia, em grande medida, de sua capacidade de arregimentar aliados que, de um lado, pudessem compartilhar o esforço de guerra, entrando com homens, dinheiro, armas ou víveres, de outro, partilhando os botins das vitórias. Ou seja, um coronel não poderia sobreviver sem uma forte liderança entre os aliados. Tendo em vista essas considerações, uma possível primeira resposta para a pergunta levantada seria que não se pode generalizar. Os meios usados para financiar as campanhas são específicos de cada caso, dependentes de circunstâncias, alianças, parentescos, amizades. Independentemente dos meios, o que cabe ressaltar é que as guerras dos coronéis mobilizavam um esforço econômico de monta e contribuíam – impossível saber em que medida – para também sufocar uma região já eternamente sufocada pelas secas e pelo baixo desempenho econômico.[73]

Na sua geografia do poder político baiano na Primeira República, Eul-Soo Pang divide o território do estado em quatro grandes áreas. A primeira, correspondente ao Recôncavo e o Nordeste, continuou dominada pelas tradicionais famílias da cana de açúcar, juntamente com comerciantes e financistas da capital, além de alguns criadores de gado. Essas famílias, sem embargo da decadência econômica, forneceram os principais nomes da política da Bahia, até mesmo depois da Revolução de 1930. Os governadores eram indicados por elas, assim como a maioria dos deputados e senadores e os poucos ministros do governo federal. Marcelino, Gonçalves, Calmon, Araújo Pinho, Moniz e Vieira são nomes dessa região, a proximidade com a capital facilitando as lides políticas. A velha aristocracia conservadora da era imperial, subsistindo às mudanças, resistindo ao ataque dos novos ricos.

A segunda área abrange o Vale do São Francisco, antigo berço da "época do gado", fecunda de coronéis pitorescos. De Casa Nova provêm os Viana, cujo primeiro patriarca chegou ao cargo de governador, mas não foi capaz de resistir ao assalto dos tradicionais representantes da oligarquia agrário-comercial do Recôncavo. Seu filho seria também governador na década de 1960. O município de Sento Sé era dos Sento Sé, em sociedade com os Sousa. Em Pilão Arcado e Remanso, reinavam os Castelo Branco, os França Antunes e os Lins de Albuquerque, esse último o mais poderoso e longevo. Barra do Rio Grande era dominada pelas famílias Wanderley (do Barão de Cotegipe) e Mariani. Bom Jesus da Lapa tinha nos irmãos Moacir os chefes incontestes. Correntina ficava com os Araújo. Em Carinhanha, vizinha de Minas, dominavam os Duque e os Alkmin, que mantinham um pé em cada lado da fronteira. No Além São Francisco, em Barreiras, Balbino, Walney e Rocha controlavam o território; Rio Preto, os Rodrigues de Araújo; Santana, os Flores; Santa Maria da Vitória, os Araújo de Castro.

A terceira área corresponde à região do cacau, no litoral sul. Nela prevaleciam os coronéis Antônio Pessoa, Domingos Adami e Misael Tavares, liderados pelo primeiro durante os quarenta e um anos da

Primeira República. Apesar do peso econômico da região, de seus representantes nenhum conseguiu liderar a política estadual, sempre participando como aliados dos oligarcas da capital e Recôncavo.

A quarta e última área abrange a Chapada Diamantina e suas Lavras. Até 1920 a família Sá dominou Lençóis, a cidade mais importante. Em Campestre (hoje Seabra), reinava o coronel Manuel Fabrício de Oliveira, inimigo e depois aliado dos Sá. Mucugê pertencia a Douca Medrado, herdeiro da velha dinastia dos Medrado, presente no território desde antes da descoberta dos diamantes. Andaraí era de Aureliano Gondim e sua família; Morro do Chapéu de Francisco Coelho; Brotas de Macaúbas de Militão Rodrigues; Macaúbas do coronel Monsenhor Hermelino Leão. Em Chapada Velha, dominava a família Matos desde 1840, quando chegaram os primeiros, vindos de Minas, tendo como patriarca o Capitão Clementino. Desse clã provém o mais destacado de todos, aquele que vai liderar toda a região, o Coronel Horário de Matos.[74]

NOTAS

[65] Pinto (1980). Nesse trabalho, Costa Pinto relata dois estudos de caso: a briga entre os Pires e os Camargos, em São Paulo do século XVII, e dos Feitosa e Monte, no sertão do Ceará, no século XVIII. Dentre outras, na Bahia são famosas as lutas entre os Canguçu e os Castro e Meira, no alto sertão do século XIX, aqui já narrada, e dos França Antunes contra os Guerreiro, no médio São Francisco, também do século XIX. Sobre essa última, ver Lins (1983).

[66] Idem, p. 29.

[67] Os dados sobre as patentes são de Pang (1979, p. 30-31). Essa farta distribuição está relacionada com a "compra" das patentes. Pelo que parece, porém, essa compra correspondia ao pagamento de taxas e emolumentos. O pagamento se dava, na verdade, com o prestígio do comprador, que precisava de um "pistolão" para obtê-la.

[68] Nota de Basílio de Magalhães inserida em Leal (1933, p. 19-21).

[69] A Constituição de 1891 delegou às constituições estaduais a definição da autonomia municipal. Embora não fosse criado um padrão único entre os estados, ao apreciar o assunto, Leal (1993), no capítulo quarto do seu livro, chegou à conclusão de que "O resultado final da política municipalista foi mesquinho" (p. 84). No que se refere às receitas tributárias, o mesmo autor conclui que, "Durante a longa vigência da Constituição de 91, as rendas municipais, de forma geral, foram ínfimas" (p. 146). A União ficava com 63% dos impostos, os estados 28% e os municípios 9%.

[70] Sobre o direito de homizio e o modo operacional dos coronéis, ver Rosa, (1973).

[71] Pang (1979, p. 57-60).

[72] Sobre a origem e os usos do termo jagunço, que, no nosso caso. é usado na acepção de "defensor valente de um chefe", ver Queiroz (1976, p. 219-228).

[73] Sobre a riqueza dos coronéis, ver ver Leal (1993, p. 24 e 25). Em entrevista a Américo Chagas, Manoel Alcântara de Carvalho, o mais importante aliado de Horácio e considerado um dos homens mais ricos da Chapada, menciona os gastos que teve com a compra de armas e munições para as guerras. Ver Chagas (1996, p. 136-140).

[74] Pang (1979, p. 68-76).

As guerras do
Coronel Horácio de Matos

Embora extremamente importante para a trajetória histórica da Bahia, a saga de Horácio de Matos e suas guerras é pouco divulgada e estudada. Conhecer esses episódios, no entanto, é indispensável para um conhecimento mais aprofundado sobre nossa formação social. A síntese que se segue é baseada na literatura disponível sobre Horácio e sua época. Os autores são, geralmente, pouco críticos em relação ao Coronel, enfatizando suas virtudes, o que demonstra seu carisma, mesmo postumamente. No entanto, para seus inimigos e detratores da época, ele não passava de um facínora cruel e violento.[75]

As guerras na Chapada foram travadas em um momento econômico difícil. A mineração de diamantes, embora ainda produtiva, sofria fortemente devido à paulatina redução da produção. Por algum tempo, os carbonados evitaram uma decadência ainda mais pronunciada. A pecuária e a lavoura, que haviam se beneficiado da mineração, enfrentavam o estreitamento dos mercados, a concorrência de áreas com maior produtividade no sul do país, além das periódicas secas. A região vivia isolada, em decorrência dos precários meios de comunicação, que alongavam sobremaneira as distâncias. Às dificuldades econômicas naturais vieram se somar aquelas provocadas pelas guerras, que castigavam os sertanejos, arruinavam suas culturas, deixando os campos arrasados.

Horácio de Queirós Matos nasceu na fazenda Capim Duro, distrito de Chapada Velha, no município de Brotas de Macaúbas, em 18 de março de 1882, um dos quinze filhos de Quintiliano Pereira de Matos (vulgo Tiano) e D. Hermínia de Queirós Matos. Era neto do alferes José Pereira de Matos, português vindo do Tejuco (atual Diamantina), que chegara à região por volta de 1842 à procura de diamantes nas lavras de Santo Inácio, na Serra das Aroeiras. Veio ali a se estabelecer e constituir numerosa família, trabalhando em garimpo, mas também em fazenda de gado e lavoura. Quintiliano era um dos sete filhos do Alferes. A família dominava o distrito de Chapada Velha. Seu prestígio e poder aumentaram com o casamento do pai de Horácio, Tiano, e outros dois irmãos (Clementino e José Joaquim) com mulheres da tradicional família Queirós, do Assuruá, ao norte.

Com a morte do alferes, Clementino, tio de Horácio, se tornou o patriarca, respeitado líder do clã, dedicado aos afazeres de minerador e comerciante de diamantes, proprietário de terras e chefe da família. Diferentemente de outros coronéis da região, Clementino militava no Partido Conservador, o que lhe trouxe antipatias da maioria liberal. Ele se envolveu com brigas de família na região quando o chefe político e militar de Cochó do Malheiro (distrito do atual município de Seabra), Coronel Heliodoro de Paula Ribeiro, cansado das lutas e das perseguições movidas pelo governador Luiz Viana, passou a gestão das suas propriedades no Cochó para o aliado, se retirando da região.

Heliodoro era homem de grande prestígio, deputado estadual constituinte de 1891, com extensa rede de relacionamentos, tanto na sua região como na capital, e respeitável fortuna. Os coronéis Felisberto Augusto de Sá, de Lençóis, e Manoel Fabrício de Oliveira, de Campestre, que brigavam com Heliodoro pela supremacia regional, inconformados com o desmembramento de Palmeiras e Campestre (atual Seabra) do território de Lençóis, promovido por Heliodoro, procuraram tomar à força suas propriedades em Cochó, desencadeando guerra contra Clementino.

Felisberto Augusto de Sá era o velho chefe de Lençóis, a capital das Lavras, o mais poderoso coronel da Chapada. Se estabelecera na região vindo de Cachoeira, no Recôncavo, no início da exploração de diamantes, tendo se casado com uma filha do rico e poderoso comendador Antônio Botelho de Andrade, tornando-se, após disputa com o coronel Antônio Gomes Calmon, a liderança maior da cidade. Desde então, a facção dos baianos passou a ser chamada de "Mandiocas", referência à origem dos seus membros, e a dos mineiros, a exemplo dos Calmon, de "Pinguelas". Essa divisão vai perdurar na República, embora as posições de cada clã não permanecessem as mesmas.

Clementino, com ajuda do célebre José Montalvão, lugar-tenente de Heliodoro, tido e havido como jagunço de alto coturno, destacado pela coragem e valentia, derrotou os coronéis Felisberto e Fabrício. Apesar de ter negociado um acordo de paz, ele é traído, sendo sua família, na Chapada Velha, atacada de surpresa. Mesmo sofrendo golpe traiçoeiro, Clementino reage e derrota um batalhão da Força Pública estadual, com 500 homens, enviada pelo governador para reforçar os jagunços dos coronéis seus amigos. Essas lutas, ocorridas ainda no final do século XIX, marcaram a entrada da família Queirós de Matos nas lutas da Chapada, passando a ser temida pela força e união do clã.

Desde cedo, Horácio demostra um espírito calmo, pacífico, evitando brigas e brincadeiras violentas. Demonstra ser, no entanto, resoluto, empreendedor e perseverante. Não completa o ensino fundamental. Rapazola foi para Morro do Chapéu, onde se estabeleceu como pequeno comerciante de miudezas, tecidos e diamantes. Lá, em decorrência da amizade com o Coronel Francisco Dias Coelho, o chefe da cidade e para quem trabalhava, recebe a patente de Tenente-coronel da Guarda Nacional.[76]

Quando em Morro do Chapéu, recebeu um chamado de seu tio Clementino, no leito de morte. Surpreendentemente, o velho tio, antes de morrer, o escolheu como novo líder do clã e lhe passou o bastão do comando da família, que ele jurou proteger. Um rígido código de honra lhe foi transmitido. Os familiares asseveram obediência a seu comando. Torna-se, aos 28 anos, o chefe da família Matos e herda também seus inimigos.

Seu primeiro feito à frente da família foi a negociação de um acordo de paz com um pretenso invasor de sua própria terra. Com a morte do Coronel José João de Oliveira, chefe de Brotas de Macaúbas, o Coronel Militão Rodrigues Coelho, chefe de Barra do Mendes, próximo de Chapada Velha, resolveu invadir e tomar a cidade para impor sua vontade e mando. A terra dos Matos, era, assim como Barra do Mendes, distrito de Brotas. Com os jagunços de Militão já nas portas da cidade, Horácio foi ao seu encontro e conseguiu, a duras penas, um acordo de paz, evitando a invasão. Sua liderança aumenta e se consolida, com o povo da terra admirando o jovem chefe. Sua disposição para a negociação, evitando o confronto, e sua aposta no diálogo eram novidade.

Um incidente vai mudar seus planos de paz. Em dezembro de 1914, seu irmão, Vítor Matos foi assassinado por um grupo de jagunços a mando de chefes políticos da região. Vitor tinha uma vida atribulada, valentão, desordeiro e bèberrão. Sua morte era desejada por muitos. No entanto, a família Matos não poderia ficar indiferente àquele assassinato, uma agressão a todo o clã. Horácio procurou a justiça, porém a influência dos chefes mandantes do crime impediu que o processo fosse adiante. Essa morte mudou os destinos de Horácio.

Inútil a justiça e recebendo toda sorte de insultos e ameaças dos homens de Campestre, onde se homiziaram os criminosos, Horácio resolveu marchar com a sua tropa de Brotas de Macaúbas até o local, guarnecido por uma força do chefe Manoel Fabrício de Oliveira, velho inimigo da família Matos. A primeira investida sobre Campestre, comandada por Isidoro Matos, irmão de Horácio, fracassa, ao ser traída por Hermenegildo, chefe menor de jagunços, então aliado dos Matos, que não atacou com seus homens na hora e no local combinados. A jagunçada de Horácio teve de recuar para se fortalecer e organizar suas forças.

Enquanto isso, o Coronel Fabrício (que só guerreava e conferenciava de cócoras) despacha mensagens pedindo apoio aos seus amigos. Consegue, por meio do Coronel Felisberto de Sá, de Lençóis, seu velho aliado e chefe, o envio, pelo governador Seabra, de policiais da Força Pública, comandada pelo Tenente Pedra, que se juntam aos jagunços na defesa de Campestre. Horácio adota a tática de sítio. Bloqueia todas as estradas que levam ao povoado, evitando que os suprimentos dos sitiados sejam renovados. As semanas se arrastam, e a fome começa a tomar conta da vila. Os soldados do Tenente Pedra fogem, após negociar um acordo com os sitiantes. Outra companhia de soldados da Força Pública é enviada, porém desbaratada antes de chegar a Campestre. O cerco era cada vez mais implacável.

O Governo do Estado, prevendo o alastramento do conflito, procura negociar uma saída. Após negaças e contratempos, um acordo finalmente é alcançado, por meio do Coronel José Pedreira Lapa, homem respeitado por todas as facções. A capital exigência da família Matos foi a punição dos assassinos de Vítor, causa inicial de toda a briga. O cerco a Campestre durara quarenta e dois dias.

Coronel Dias Coelho, chefe de Morro
do Chapéu, padrinho de Horácio

Clementino Matos, tio de Horácio,
que lhe passou o poder

O Coronel Militão, grande inimigo
dos Matos

Coronel Manuel Fabrício,
de Campestre

Galeria dos Coronéis

Após o cerco de Campestre, Horácio se recolhe para descansar. Os acontecimentos, porém, não lhe dão muita trégua. O Coronel Militão Rodrigues Coelho, chefe de Barra do Mendes, resolveu, mais uma vez, ampliar o seu domínio e poder pela submissão de Brotas de Macaúbas. Dessa vez, Militão invadiu a cidade, se arvorou a Intendente, ocupou todos os cargos públicos com seus amigos e lá implantou um regime de força e arbitrariedades. Após vários incidentes envolvendo ilustres brotenses e amigos dos Matos, Militão ataca uma das fazendas de parentes de Horácio, a fazenda Melancia, e a ocupa com jagunços.

A guerra de Horácio contra Militão começa com a retomada da fazenda Melancia, em uma violenta investida noturna de surpresa, que deixou em polvorosa os jagunços que a guarneciam. A partir desse assalto, as forças dos Matos travam outros onze combates, expulsando os jagunços de Militão de cada reduto onde haviam se instalado. Mais uma vez, o governo do estado, por meio do governador Antônio Moniz, sucessor e correligionário de Seabra, manda tropas para ajudar os inimigos de Horácio. Ao contrário de Seabra que, geralmente, esperava as lutas terminarem para apoiar o coronel vencedor, Moniz adotou uma política de intervenção, ajudando os seus previamente selecionados aliados, o que vai lhe custar muitos problemas e inimizades.

Retomados os redutos, restava a cidadela de Barra do Mendes, fortemente reforçada com tropas, trincheiras e fortalezas, defendida pelo pessoal de Militão, que também recebera ajuda dos coronéis seus amigos. Mais uma vez, a tática inicial foi de sítio. Após cinco meses de lutas e cerco, em uma série de violentas refregas, nos quais foram usados até dinamites e granadas, as forças de Horácio adentram e dominam o distrito de Barra do Mendes, pondo para correr seu chefe Militão, que vai se esconder nas terras do Coronel Franklin, em Pilão Arcado, beira do São Francisco. Mais de quatrocentas mortes foram contadas nessa batalha sangrenta. Corria o ano de 1916.

Depois da vitória sobre Militão, a fama de Horácio ganhou mundo. Tornou-se herói popular, figura mítica, "corpo fechado", protegido por todos as mandingas, cantado nas feiras por repentistas e cordelistas. Cada episódio aqui sumarizado comporta inúmeros casos, feitos e lendas até hoje contados e recontados pelos "antigos" e admirados pelos "novos". Na Chapada, a aura de herói imbatível havia se formado. Não obstante, Horácio era tratado pelas autoridades estaduais, dispostas a defender seus amigos da região e que não perdoavam os desafios que ele lançou às suas posições de mando maior, como um bandido violento, cruel e desonesto. Boa parte da imprensa da capital ecoava essa versão. Mesmo com tudo isso, seu perfil de herói não sofreu abalo nos seus domínios da Chapada, e heróis são, por sua própria natureza, míticos. Essa dimensão é explorada na próxima caixa de texto.

Corpo Fechado

O Coronel Horácio de Matos é uma lenda viva na Chapada Diamantina. Suas lutas e conquistas são, até hoje, cantadas em prosa e verso nas conversas dos antigos. Seus feitos são transmitidos para as novas gerações, mantendo, pela via da história oral, a aura de líder, estrategista militar invencível, chefe justo e herói do povo humilde e dos novos ricos da região. Orgulho e glória da Chapada. Dentre os poderes do Coronel, acredita-se que ele tinha o "corpo fechado", imune a doenças, balas de inimigos ou traições de falsos amigos. Sua invencibilidade é atribuída, nas histórias contadas, nos cordéis, a esse atributo místico. Conta-se que, no ataque que as forças policiais governistas lançaram, em 1925 contra Lençóis, então reduto e quartel general de Horácio, seu "corpo fechado" o salvou. A surpresa do avanço inimigo o pegou desprevenido, mas, mesmo assim, foi capaz de reunir uma pequena força de jagunços para impedir a queda da cidade. A força policial era maior e mais bem armada, contando com oitenta policiais e mais não se sabe quantos jagunços dos inimigos. Mesmo assim, os homens do Coronel foram capazes de contê-la. Em determinado momento, Horácio, vestido com uma calça de azulão e paletó preto de alpaca, sua vestimenta costumeira, se postou na vanguarda de suas forças. Para injetar ânimo em seus homens, subiu em uma pedra e

Casa de Horácio de Matos em Lençóis

passou a atirar contra os inimigos, tendo um revólver em cada mão. A refrega foi dura, com várias mortes de ambos os lados. O comandante da força policial, Major João da Mota Coelho, caiu sem vida, atingido supostamente pelos disparos do próprio Horácio. O paletó preto do grande líder restou todo furado de balas. Apenas uma atingiu Horácio de raspão, a atestar sua invulnerabilidade. Esse paletó virou seu talismã e até hoje é guardado em sua antiga casa de Lençóis. Corpo fechado ou não, o fato é que o coronel Horácio tratava de se proteger com as forças divinas. Dora Leal Rosa encontrou um livrinho de orações no arquivo pessoal do Coronel, de onde destacou uma especial "para os tempos de guerra": "Salve rainha forte e forte será eu forte e forte. As armas de meus inimigos por baixo de mim e eu por cima das armas de meus inimigos. É elas por mim e não contra mim; meus inimigos e minhas inimigas assim como meu Senhor Jesus Cristo foi o melhor e pacífico cordeiro; no pé da Santíssima Cruz, assim será meus inimigos e minhas inimigas, para mim hoje neste dia amanhã todo dia. Se olho tenha, não me veja, se boca tenha não me fale não; se mão tenha não me prenda não; se pés tenha não me alcançarão pelos poderes de Deus e da Virgem Maria. Forte me deito, forte me alevanto, forte sou de Jesus Cristo, pela pia de água benta Senhor São João pelo Rio do Jordão, pela barca de Noé, pela chave do calvário eu com ela me destranco o com este credo me tranco."[77]

A eleição estadual de 1919 opõe o mesmo J. J. Seabra, com o apoio do governador Moniz, ao candidato do "Movimento Civilista" – comandado por Rui Barbosa e apoiado por ilustres políticos, como Otávio e João Mangabeira, Ernesto Simões Filho, Pedro Lago e Luiz Viana –, o juiz federal Paulo Martins Fontes. Os oposicionistas sabiam que as eleições seriam, como sempre, manipuladas e que dificilmente o seu candidato seria eleito ou empossado. Partem, então, para a conflagração dos sertões, aliciando coronéis insatisfeitos com o intervencionismo do governador, em torno de uma campanha pela "libertação da Bahia". Em suas palestras pelo interior, Rui Barbosa, usando sua costumeira verve, clamava pelos brios dos homens do sertão:

> Seria possível que qualquer coisa capaz de usar o nome de povo, seria possível que o mais baixo povo do mundo, quanto mais o povo brasileiro, quanto mais o povo baiano, se acomodasse a chafurdar nesse atascadeiro vilíssimo sem uma reação eficaz, sem uma reação heroica, sem uma reação de todos os seus instintos, de toda sua consciência, de toda sua energia? Seria possível que as virtudes sertanejas, no momento em que essa política abdominosa e voraz, obra do coito da hiena com o varrasco, a política do bombardeio de Salvador e da bancarrota da Bahia, no momento em que essa política espúria e degenerada vai jogar todos os trunfos na última cartada pela sua eternidade no Governo do Estado que desonrou – seria possível que a moralidade, o civismo e o pundonor desta raça de heróis do trabalho, da modéstia e do sofrimento [...] escolhesse o cogote e desfilasse de corrida para casa como a ovelhada a caminho do aprisco, ao latir dos cães do ovelheiro?[78]

Horácio é o principal aliciado e vai deflagrar a revolta que ficou conhecida como "Revolução Sertaneja". Com sua adesão, o movimento se alastra e ganha o apoio de dois importantes chefes regionais: o Coronel Anfilófio Castelo Branco, de Remanso, no São Francisco, e o Coronel Marcionílio Sousa, de Maracás. Os três lideram a revolta do sertão, para eles, cansados de tanta espoliação e injustiça. O plano era sitiar Salvador por terra, com a tomada de três estações ferroviárias, de linhas que partiam da capital em direção do sertão: Horácio tomou a estação de Sítio Novo (atual Iaçu), na entrada da Chapada, Castelo Branco a de Juazeiro, depois a de Alagoinhas, nordeste da Capital, e Marcionílio a de Nazaré das Farinhas, já dentro do Recôncavo.

Nesse clima tumultuado, as eleições ("Orgia de Fraude e Sangue") são realizadas. Paulo Fontes é nominalmente eleito, mas não será reconhecido e empossado. O sistema eleitoral daquela época reservava ao Congresso Estadual a "verificação dos poderes" e a confirmação dos resultados. Era muito comum "ganhar, mas não levar".

Horácio desencadeia uma série de batalhas, saindo de seus domínios para tomar e ocupar vários distritos da Chapada: Campestre, Guarani, Remédios, Estiva. Finalmente chega a Lençóis, capital das Lavras, que ocupa sem resistência. O chefe local, Coronel Aureliano de Sá (Lili Sá), filho do velho Felisberto, então falecido, frente à avassaladora ofensiva, resolve abandonar a cidade, fugindo com toda a sua gente sem oferecer resistência. Lençóis passa a ser o quartel general de Horácio, sua residência.

A intervenção federal na Bahia era inevitável e foi efetivada pelo Decreto Presidencial de 23 de fevereiro de 1920. Embora desejada por ambas as partes em conflito, o poder federal veio para "restaurar a ordem" e, por esse caminho, assegurar a autoridade do governador Antônio Moniz e a posse do seu sucessor, J. J. Seabra, que, como esperado, é confirmado como governador. O Governo Federal, de Epitácio Pessoa, mandou dez mil homens do exército para a Bahia e autorizou o comandante da V Região Militar, General Alberto Cardoso de Aguiar, a reprimir a revolta e garantir a posse do novo governador, sendo Seabra empossado em abril de 1920.

A princípio, Cardoso de Aguiar se orienta pela repressão violenta da "Revolução Sertaneja", considerada uma humilhação para a República. Ameaça o uso de aeroplanos, arma que se mostrara muito efetiva na Primeira Guerra Mundial, para combater os jagunços espalhados pelo território, em três frentes dispersas. Logo se verifica que tal arma seria pouco efetiva naquela situação de guerra espalhada, disseminada, furtiva, de guerrilhas e longe da Capital o bastante para exceder a autonomia dos aviões daquela época. O envio de infantaria corria o mesmo risco das outras expedições da força pública, e o massacre de Canudos (1897) ainda estava vivo na memória.

Cardoso de Aguiar, orientado pelo governo federal, resolveu negociar. Sua tática de negociação funcionou. Abordou cada um dos três coronéis em separado, obtendo acordos individuais. Primeiro Castelo

Branco, depois Marcionílio, só restando Horácio. Os acordos reconheciam a autoridade dos coronéis em suas respectivas regiões, em troca do fim das hostilidades e a aceitação de Seabra como governador. Vendo-se sozinho e preocupado com o futuro de sua região, Horácio decide negociar a paz.

O "Convênio de Lençóis", de 23 de março de 1920, nome pelo qual é chamado o acordo que selou a paz entre Horácio e o Governo Federal, resultou de uma negociação entre representantes do General Cardoso de Aguiar e do Coronel. A conferência se deu na sede da Intendência Municipal de Lençóis. Os dois representantes do governo eram o Capitão Felinto Cesar Sampaio e o doutor Joaquim Caribé da Rocha. Horácio credenciou seis representantes, figuras ilustres na sociedade da região, destacando-se Manuel Alcântara de Carvalho, o seu grande amigo e conselheiro, intelectual rebelde do movimento oposicionista, ferrenho defensor do sertão, brilhante articulador da revolta sertaneja e principal financiador das guerras.

A ata dessa reunião reconhecia e denominava Horácio como "chefe do movimento revolucionário da zona sertaneja Centro-Oeste", com todos os poderes para negociar o acordo em nome dos chefes da região. Nada parecido havia até então ocorrido. O acordo previa a aceitação de Seabra como legítimo governador pelos revolucionários. Por sua vez, os rebeldes foram anistiados de possíveis crimes e, o mais importante, o governo aceitava a autoridade de Horácio sobre doze municípios da região, com poderes para indicar os chefetes e autoridades de cada distrito, os quais o governo deveria ouvir em todas as decisões.

Reconhecer a autoridade de Horácio sobre a região significou sua nomeação como Delegado Regional e a de seus indicados para os postos oficiais em doze municípios da Chapada: delegados, promotores, coletores, sem falar nos Intendentes.[79] Recebeu autorização para manipular as eleições e, por essa via, indicar os representantes da região na Câmara Federal e no Congresso Estadual. Seus principais inimigos históricos e concorrentes, Militão e Manoel Fabrício, foram afastados da área, deixando o terreno limpo para seu domínio. Passou a ser o efetivo governador da região, instalado em Lençóis, a capital dos diamantes. Governador com plenos poderes políticos, militares e até de justiça. Um estado dentro do estado. Em contrapartida, Seabra tomou posse no governo da Bahia pela segunda vez, no entanto destituído da autoridade de antes. Sem o aval do presidente Epitácio, desmoralizado diante dos coronéis, começou a perder o controle sobre a política baiana. Forçou uma reunião com Horácio, em Bom Jesus da Lapa, para pedir apoio e paz, o que obteve enquanto respeitou o chefe da Chapada.

Na interpretação de Consuelo Novaes, a Revolução Sertaneja foi um movimento contra a interferência do poder executivo estadual nas questões locais. Não representou uma revolta de oposição ao partido do governo. A revolta dos coronéis contra o governo estadual foi, em grande parte, estimulada pela política municipal empreendida por Seabra e Antônio Moniz. Durante seu primeiro governo (1912-16), Seabra modificou a constituição estadual (agosto de 1915), passando o governador a nomear os intendentes (prefeitos), antes eleitos. No entanto, ele esperava o fim das disputas locais para escolher os intendentes entre os vencedores. Moniz modificou essa política indicando seus amigos, independentemente da correlação de forças no panorama local. Como era de se esperar, os coronéis não aceitaram essa nova situação. Para eles, interessava manter a ordem de sempre, de respeito àqueles que haviam dominado os distritos e que tinham, por força do costume e das armas, o direito ao mando inconteste, em detrimento de seus inimigos. Essa revolta trouxe ainda um elemento novo na política do estado. Os principais coronéis, a exemplo de Horácio, passaram a negociar seus pleitos diretamente com o governo federal, passando por cima do governador Seabra.[80]

De acordo os vários relatos da época, Horácio procurou administrar seus domínios sob o signo da paz social e da justiça. Mirava a prosperidade da região e a melhoria de seu povo, muito sofrido por anos de guerras, que se defrontava com uma economia arrasada. Vestiu a capa de magistrado, mediador de conflitos e agente da lei. Essa é sua imagem na região, que seus inimigos, governadores e parte da imprensa nunca reconheceram.

Apesar de pugnar pela paz, em agosto de 1920, teve de enfrentar uma rebelião com origem em sua própria capital, Lençóis. Os chefes derrotados, liderados dessa vez pelo Senador Cesar Sá, irmão de Lili, começaram a estocar cladestinamente armas e munições em casas de amigos, dentro da própria cidade. A conspiração tomou força até que, ao chegar de uma viagem de trabalho até o extremo dos seus domínios, em Paramirim, barranca do São Francisco, Horácio encontrou Lençóis assustada, nervosa e começou a tomar providências.

Convocou uma reunião no Paço Municipal com as todas as lideranças da cidade, amigos e inimigos, para discutir a situação que se tornara tensa e insuportável: os comerciantes receosos de seus negócios, as famílias alarmadas com a violência. Essa convocação era parte de uma trama para desmascarar os conspiradores, e assim aconteceu. Na reunião, foi formada uma comissão para revistar as casas dos indivíduos denunciados nominalmente por Horácio, em busca de armas e munições. Eles tentaram resistir, sem sucesso. Os aliados dos Sá em Estiva, no entanto, lançam uma ofensiva que foi prontamente derrotada pelas forças de Horácio, com a ajuda de coronéis amigos, que marcharam em direção ao distrito. Mais uma vez, o líder é vitorioso, mas, mesmo assim, procura impor a lei, permitindo que os inimigos arrependidos permanecessem na área, evitando perseguições e desatinos.

Horácio procura meios para desenvolver a região. Escreve cartas ao Presidente da República e ao Governador do Estado solicitando ajuda e apoio para o restabelecimento da economia da Chapada. Propõe a navegação na bacia do Paraguaçu, visando a uma maior integração do Sertão com o Recôncavo e a Capital. Reorganiza as forças políticas e eleitorais em seus distritos. Promove várias conferências de paz, meio que encontra para dirimir conflitos e apaziguar ânimos contrariados. Destaca-se a sua índole conciliadora, sempre procurando ouvir a todos para chegar a decisões colegiadas. No início de 1921, funda o jornal *O Sertão*, com sede em Lençóis.[81]

Os opositores da facção de Horácio não desistiram. Dessa vez, perpetraram um atentado contra a vida do Coronel Manuel Alcântara de Carvalho, então deputado na Assembleia Legislativa da Bahia. Seu espírito rebelde e combatente o levou a angariar antipatias na Capital, tanto do governador como do presidente do Senado, Frederico Costa. Era visado por muitos inimigos, principalmente os *sazistas* de Lençóis, que havia ajudado a destronar. Manuel conseguiu sobreviver ao atentado, que contou com a colaboração do chefe do Companhia Regional da Força Pública da cidade e do juiz de direito, que foram imediatamente recambiados para Salvador. A expulsão do comandante da Companhia Regional e do juiz resultaram na renúncia de Manuel Alcântara de Carvalho e no seu autoexílio. Seabra havia pedido sua cabeça, e essa foi a saída honrosa. Horácio perdeu um amigo valoroso, companheiro de sempre e grande político. A guerra parecia não ter fim.

Em 23 de julho de 1923, Horácio se casa com D. Augusta, filha do Coronel Douca Medrado, chefe de Mucugê, com quem sempre tivera relações instáveis. Procurou uma aliança política, estendendo sua influência até as terras dos Medrado. Antes de casar, tivera dois filhos naturais com Laura, relação antiga, mas que não havia resultado em casamento. Pela primeira vez, aos 31 anos, ele tinha alguma tranquilidade para constituir uma família em paz, criar filhos pensando no futuro promissor. Volta feliz com sua esposa para Lençóis.[82]

A eleição de Artur Bernardes, em 1922, havia alçado ao poder federal Francisco Sá, ministro do novo governo. Embora mineiro do Grão Mogol, era da mesma família de Lençóis, velha inimiga de Horácio. O coronel sertanejo procurou neutralizar essa forte ameaça apoiando Góis Calmon para o Governo do Estado, que se elegeu com todo o apoio da Chapada. Horácio se torna Senador Estadual e, nessa condição, vai pela primeira vez a Salvador, em 1924. Tudo parecia caminhar para a paz.

Uma intriga urdida de dentro de Lençóis, que conta com a colaboração melíflua do telegrafista da cidade, ao deturpar a correspondência entre as autoridades, leva a nova guerra. Quando chega a Lençóis, após longa viagem desde Salvador, Horácio encontra a cidade conflagrada. Todas as pessoas por ele nomeadas haviam sido substituídas. O cargo de Delegado de Polícia da cidade fora entregue a um dos seus mais terríveis adversários. Apesar dos seus apelos, o Governador Góis Calmon manda uma grande expedição da Força Pública para dar posse ao novo delegado, na tentativa de impor sua autoridade.

São 800 homens da Força Pública mais 400 jagunços do Coronel Cézar Sá a marcharem para Lençóis, em janeiro de 1925. Lençóis é sitiada. Quando uma nova força do governo entra em Wagner, então um distrito, os habitantes de Lençóis abandonam a cidade. Ela fica entregue à resistência dos jagunços de Horácio, novamente levantados em guerra, formando uma tropa coesa de mais de mil homens, contando com aqueles enviados pelos amigos. A luta é renhida, mas a cidade não se entrega. Após a retomada de Wagner, os sitiantes são expulsos de Lençóis. Mais uma vez, Horácio derrotou a Força Pública da Bahia.

Após a intervenção de diversas personalidades nos planos federal e estadual, Góis Calmon resolve negociar um novo acordo. Manda uma delegação de alto nível para se reunir com os *horacistas* em Mucugê, considerado território neutro. Depois que as manipulações de correspondências do telegrafista foram desmascaradas, o acordo ficou fácil. Tudo voltava a ser como antes, com o domínio de Horácio sobre, agora, quatorze municípios. Mais uma guerra inútil, com pesadas perdas para a população, havia sido travada. De qualquer forma, o "Acordo de Mucugê" representou o estabelecimento de um pacto tácito entre os "doutores" do litoral e os coronéis do sertão. Após esse acordo, nenhum coronel importante foi atacado pelo governo estadual e nenhum coronel desafiou a autoridade incumbente.

Um dos trunfos que Horácio usou nesse último acordo foi o início da marcha da Coluna Prestes, em julho de 1924. Partindo do extremo Sul do país, se dirigia para o Norte mirando conflagrar o sertão. O eventual apoio de Horácio, com seus imbatíveis jagunços, seria um reforço que dificultaria imensamente a repressão ao movimento. Os revoltosos chegaram a tramar essa aliança, enviando uma carta, confiantes na percepção que Horácio e seus amigos estavam "do lado do povo". Horácio não se aliou a Prestes, mas sim ao governo. A Coluna passava pelo Alto Sertão fazendo grandes estragos nas cidades, plantações e pecuária, confiscando recursos, aterrorizando os sertanejos, que passaram a odiar a marcha revoltosa e os seus combatentes. Antes mesmo do acordo com o governo, Horácio já combatia as hostes rebeldes, travando escaramuças em locais de sua região.

O governo estabeleceu acordos com Horácio e outros três coronéis, sendo um da Bahia (Franklin de Albuquerque), um de Minas e outro de Goiás, para que combatessem a Coluna Prestes. Os chefes receberam ajuda em armas, munições, fardamento e dinheiro. Até Lampião foi contratado pelo governo, recebendo patente de capitão. Ou seja, os coronéis com seus jagunços foram contratados pelo estado nacional para combater a famosa Coluna. Horácio organizou o "Batalhão Patriótico Lavras Diamantinas", sob seu comando, contando com estado maior patenteado, formado por seus melhores guerreiros. Os jagunços marchavam lado a lado com as forças que tanto haviam combatido.[83]

A marcha e a perseguição à Coluna Prestes foram epopeias de enormes dimensões. A Coluna percorreu vinte e cinco mil quilômetros, em diferentes estados e regiões, sem nunca ter sido efetivamente derrotada. A guerra de movimento, que Prestes dominava como ninguém, tornava a perseguição uma corrida sem rumo, muitas vezes às cegas, as táticas da Coluna sempre conseguindo iludir as forças governistas, formada por contingentes do exército, de forças públicas estaduais e de jagunços.

Cabe mencionar o ataque a Mucugê pelo destacamento de Djalma Dutra, em 7 de maio de 1926. A cidade resistiu, aproveitando sua geografia, imprensada entre serras que serviram de trincheiras. Os revoltosos foram repelidos e seguiram para o povoado de Guiné, para se juntarem aos demais destacamentos. Nesse episódio, Anatalino Medrado, filho do coronel Douca, sogro de Horácio, foi aprisionado pelos rebeldes por quarenta e dois dias, ao fim dos quais foi libertado são e salvo. Essa história comporta algumas versões, pois se desconfia que Anatalino, na verdade, aderiu e ajudou a Coluna a se proteger, o que nunca foi confirmado nem desmentido.

A Coluna Prestes, sempre perseguida, acabou por se internar no território Boliviano, onde chegou a ser seguida por um destacamento do Batalhão das Lavras, se dispersando e entregando as armas ao governo daquele país. No início de 1927, finalmente, a marcha se encerrava. Não fora derrotada militarmente, mas dissolvida após restar destroçada.

Na volta a seu reduto, Horácio se torna Intendente de Lençóis e passa a trabalhar pela recuperação da economia das Lavras. Até que explode a Revolução de 1930. Projetada a marcha revolucionária desde o Rio Grande do Sul, o Governo Federal, por intermédio de Geraldo Rocha, jornalista, deputado e amigo fraterno de Horácio, estabelece contato com o caudilho, pedindo ajuda para proteger a Bahia dos revoltosos. Horácio aceita a incumbência e, rapidamente, forma um pequeno exército de 1.500 homens, cujo primeiro batalhão, de 500 "soldados", alcança Salvador e, de lá, é mandado para Alagoinhas para ajudar a conter as forças que vêm do Norte. Tarde demais. Chega a notícia da prisão de Washington Luiz e a vitória da Revolução.

Oficiais do Batalhão Patriótico Lavras Diamantinas: Horácio, sentado (comandante-em-chefe); em pé: Capitão Ezequiel de Matos, Capitão Francisco Costa e Capitão-ajudante Franklin de Queirós.

A Comissão de Desarmamento, com Horácio ao centro, segurando sua bengala, onde no tacão ocultava um punhal.

Logo em seguida, Horácio recebe telegrama de Juarez Távora, o "Vice-Rei do Norte" da Revolução de 30, propondo desarmamento. Horácio concorda desde que seus inimigos também sejam desarmados. Entrega as armas esperando dias de paz, assim como vários outros coronéis da Bahia. Novos tempos haviam chegado. No entanto, quando o processo já estava no final, Horácio foi preso em Lençóis por um tenente que havia sido destacado para a missão. Entrega-se sem resistência e é levado para a cidade da Bahia, onde é encarcerado. Mais uma vez sofre brutal traição.

Após a intervenção de várias autoridades, inclusive do célebre Cardeal Augusto Álvaro da Silva, Horácio foi solto. Ao ser obrigado a permanecer mais algum tempo em Salvador, ocorre seu assassinato. Hospedado na casa do amigo Arlindo Sena, um dia sai a passear, sete horas da noite, pelo Largo do Acioly (atual Largo Dois de Julho), levando pela mão sua filha mais velha, Horacina, quando recebe três tiros pelas costas. Os disparos foram feitos pelo guarda-civil Vicente Dias dos Santos, que, depois de solto, viria a sofrer atentado e morrer envenenado. Vicente teria sido contratado pelos familiares do Major João da Mota Coelho, morto por Horácio na famosa batalha de Lençóis, em 1925. Outras versões orais do atentado dão conta de que ele fora encomendado por Seabra, seu velho inimigo, ou por Juracy Magalhães, interventor da Revolução na Bahia, ou mesmo pelo próprio Getúlio Vargas. Tudo é possível, tudo pode ser imaginado, mas nada foi provado.

Vale a pena transcrever um pedaço da narrativa de Walfrido Moraes sobre o assassinato de Horácio.

> O guarda civil nº 97, Vicente Dias dos Santos, empreitado por Manuel Dias Machado, funcionário aposentado do Senado baiano e tio da viúva daquele Major João da Mota Coelho, tombado em combate às portas de Lençóis em 1925, e por outros adversários do caudilho, recebe quinhentos mil réis e um revólver Taurus 38, para a empreitada sinistra em plena Capital. A lenda de que Horácio tem o corpo fechado faz o policial (o assassino) tremer de medo e tomar as necessárias precauções. Leva, então, as balas que deverão ser usadas a um candomblé do Retiro e as entrega a uma 'mãe de santo' que as cura, passando em cruz, na vagina, durante dias, único meio de se quebrar qualquer encanto.[84]

Após a morte de Horácio, aos 49 anos, a Chapada Diamantina, que havia sofrido tanto durante tantos anos de lutas, viu sua economia decair vertiginosamente, a extração de diamantes cada vez menor, os campos arrasados, as pessoas saindo para bem longe daquela terra, antes de tantas esperanças, agora um lugar sem nenhum futuro. Quanto ao Coronel, sua morte teve como consequência a desagregação de sua família, que, sem um chefe, se dispersou, em pouco tempo nada restando de sua forte liderança.

NOTAS

[75] Os autores são: Morais (1991), Chagas (1996), Chagas (1998), Barbosa (2008), Queiroz (1998) e Pang (1979).

[76] Francisco Dias Coelho era um coronel diferenciado. Sua base econômica era o comércio, inclusive de diamantes e carbonados de Ventura, distrito diamantífero de Morro do Chapéu. Era preto, em uma região cuja elite era considerada branca e onde o preconceito e o racismo prevaleciam, apesar de a escravidão haver terminado oficialmente há pouco tempo. Pacífico, nunca entrou diretamente em guerras, usando sua enorme capacidade de negociação para dirimir conflitos. Morreu admirado por sua gente, pelos coronéis aliados e até pelos adversários. A respeito do Coronel Dias Coelho ver Sampaio (2009).

[77] Rosa (1973, p. 66). Sobre os mitos do corpo fechado nos sertões, ver Santiago (2013). Estuda quatro casos, inclusive o de Horácio de Matos.

[78] Citado por Sarmento (2009, p. 119).

[79] Os municípios foram: Lençóis, Palmeiras, Seabra, Barra do Mendes, Brotas de Macaúbas, Paramirim, Bom Sucesso (atual Ibipitanga), Guarani (atual Boninal), Wagner, Macaúbas, Piatã e Remédios (atual Ibitiara).

[80] Consuelo Novaes Soares de Quadros (1973, p. 108).

[81] Walfrido Moraes, autor do grande livro sobre Horácio, **Jagunços e Heróis**, trabalhou no jornal "O Sertão" desde os nove anos, a princípio como aprendiz, chegando a redator-chefe.

[82] Horácio sempre procurou manter relações amistosas com os coronéis das outras cidades das Lavras: Douca Medrado, de Mucugê, Aureliano Gondim, de Andaraí, Lídio Belo e Olímpio Barbosa, de Palmeiras. Esses coronéis não participaram diretamente das lutas de Horácio, mas ou o apoiaram ou mantiveram-se neutros. O mesmo aconteceu com Coronel Dias Coelho, de Morro do Chapéu, antigo protetor de Horácio.

[83] Outros chefes de jagunços haviam sido contratados na Paraíba e no Ceará. Nesse estado, o Padre Cícero deu apoio ao governo e atraiu Lampião, seu amigo, para a causa. Apesar de ter recebido patente de capitão da reserva, o Capitão Virgulino, como passou a se chamar, nunca chegou a combater a Coluna, preferindo continuar em sua vida de cangaceiro. Ver Macaulay (1977, p. 186).

[84] Moraes (1991, p. 178).

A Bahia e a Revolução de 1930

Assim como da Proclamação da República, as elites baianas ficaram de fora do movimento que levou Getúlio Vargas ao poder. Fruto da articulação de oligarquias insatisfeitas com o domínio paulista, aliadas aos tenentes, a alas do exército e a grupos urbanos opositores das oligarquias agrárias, a Revolução de 1930 pôs fim à Primeira República, inaugurando uma nova época na política e na economia do país. Os rumos que a Revolução seguiu – a instalação da ditadura varguista por quinze anos, com uma breve interrupção constitucional de fachada – foi, até certo ponto, surpreendente e revela a enorme capacidade de empolgar o poder do político gaúcho, formado na velha orientação positivista dos chimangos do sul. Centralização do poder decisório, reforma do Estado e políticas intervencionistas são características desse regime, que deixará suas marcas na sociedade brasileira até os dias de hoje.

Tendo o vice-presidente eleito para tomar posse em 1930 (o governador Vital Soares), a oligarquia então incumbente na Bahia ficou alienada das articulações que levaram ao golpe, mantendo-se ao lado do governo. Calmonistas e mangabeiristas se tornaram, automaticamente, oposição à Revolução. As forças armadas estacionadas na região mantiveram-se fiéis, salvo alguns poucos oficiais. Por consequência, o estado foi invadido por tropas vindas de guarnições que desciam desde a Paraíba, divididas em três colunas comandadas por oficiais rebeldes – Juraci Magalhães, Joaquim Monteiro e Aguinaldo de Menezes – movimentando-se em três diferentes direções. Com a adesão do 19º Batalhão de Caçadores, de Salvador, e a prisão de Washington Luís, a batalha que se anunciara para acontecer em torno de Alagoinhas, considerada, pela sua estação ferroviária, o ponto estratégico do estado, terminou não ocorrendo, os revoltosos se assenhoreando do território sem maiores dificuldades.

No plano político, os seabristas haviam aderido ao movimento da Aliança Liberal, mirando apear do poder seus adversários locais. Com a vitória da Revolução, os calmonistas e mangabeiristas foram afastados, mas nem Seabra nem seus amigos ocuparam os postos vagos, muito menos a chefia do executivo estadual. Apesar do apoio à Aliança Liberal, os tenentes não consideravam esses políticos confiáveis, oriundos que eram da "velha política" da Velha República. De pronto, foram nomeados três sucessivos interventores, Leopoldo do Amaral, Artur Neiva e Raimundo Barbosa que não conseguiram se estabelecer. Derrotados pelas disputas políticas locais, tiveram curtos mandatos. Ao contrário, o quarto interventor, Juraci Magalhães, um tenente cearense de 26 anos, nomeado em setembro de 1931, foi muito bem-sucedido em seus objetivos, apesar da forte oposição dos velhos políticos destronados, permanecendo no cargo até novembro de 1937. Seabristas, mangabeiristas e calmonistas se uniram para combater o forasteiro tenente, que, mesmo assim, sobreviveu e os venceu.

No plano político, Juraci foi, aos poucos, forjando alianças com os coronéis do interior, em busca de apoio e sustentação eleitoral. Como é pontuado por Victor Nunes Leal, o coronelismo não acabou com a Revolução de 30. Acabaram as lutas armadas, por certo, mas os coronéis continuaram cultivando seus "currais", agora que os votos de cabresto se tornaram mais valiosos nas disputas eleitorais. No caso da Bahia, a estratégia traçada por Juraci remetia à antiga política das oligarquias da República Velha, pela qual a adesão dos coronéis era recompensada pelo reconhecimento de seu poder local e a concessão de benesses e favores. Esse aparente paradoxo é bem comentado por Eliana Batista:

> O desarmamento dos coronéis marcou a inserção das lideranças políticas do interior na fase de centralização autoritária e burocrática da sociedade política, isso porque, se, por um lado, ele enfraqueceu os coronéis do ponto de vista militar, do ponto de vista político ocorreu o inverso. A partir de então, verifica-se um investimento maior na política partidária e na luta parlamentar por

parte desses grupos. Para algumas regiões do interior da Bahia, como o baixo médio São Francisco, a Revolução de 1930 restabeleceu antigas lideranças e consagrou o *modus operandi* dos coronéis que continuaram sendo chefes locais e base de sustentação do governo.[85]

Essa estratégia deu certo. Enfrentando uma oposição quase unânime das velhas forças da República Velha, o jovem tenente soube manobrar com destreza a situação, criando uma corrente política que vai pontuar na política baiana por várias décadas. O juracisismo começou a ser forjado quando o interventor derrotou os antigos oligarcas nas eleições para a Assembleia Constituinte, em 1933, e para governador, em 1934. Contou com o decisivo apoio dos coronéis aliados, entre os quais se destacava Franklin Lins de Albuquerque, do baixo médio São Francisco. Voltaria a governar o estado em 1959, contando com a mesma base que havia criado durante o período revolucionário. Legou uma linhagem de políticos, até hoje presente na cena local. Um oligarca de escol.

O golpe do Estado Novo (novembro de 1937) trouxe com ele o rompimento de Juraci Magalhães com o seu, até então, incondicional aliado e amigo Getúlio Vargas. Juraci foi removido do comando da Bahia, porém não deixou de cuidar da política estadual e nacional, mesmo tendo voltado para o exército, onde chegou ao posto de general. A ele se seguiram quatro outros interventores: Antônio Dantas, Landulfo Alves, Renato Aleixo e Bulcão Viana. Nenhum deles foi politicamente bem-sucedido.

A queda de Vargas, em 1945, trouxe de volta as eleições. Antes de Otávio Mangabeira, antigo representante da última oligarquia da República Velha no poder, ser eleito governador, em 1947, houve dois interinos de curto mandato (Guilherme Marback e Cândido Caldas). Parecia que a política do estado voltava a seu antigo leito das oligarquias, acrescido da nova corrente juracisista.

No plano econômico, Juraci seguiu o programa do governo federal, mirando a modernização da economia da "Velha Mulata", tão combalida e estagnada. Deu sequência à implantação do Instituo do Cacau, iniciativa de Artur Neiva, que atuou no sentido de sustentar os preços do produto, centralizando as exportações no porto de Salvador. Revigorou o Banco de Crédito Agrícola. Criou, em 1936, o Instituto do Fumo, nos mesmos moldes do de cacau. Data de sua primeira gestão as primeiras iniciativas de industrialização induzida. Em suma, o governo do estado interveio para promover sua dinamização, quebrando as velhas práticas que haviam relegado a província a um papel marginal na economia do país. Os resultados não foram tão bons, pois a velha estrutura agrário-exportadora não se converteria tão facilmente à era da grande indústria.

Enquanto isso, o país vivia, durante a década de 1930, um período de rápido crescimento industrial. Se, entre 1920 e 1929, o produto industrial crescera a uma taxa anual histórica na casa de 5,4%, de 1930 a 1939, essa mesma taxa alcançou 8,7%. Para Nathaniel Leff, esses resultados estão vinculados às políticas do governo federal, que garantiram proteção tarifária ao mercado interno, câmbio desvalorizado e provisão de infraestrutura econômica. Conta também a forte expansão monetária do período, além de preços industriais favoráveis em relação à produção agrícola. Em suma, a intervenção do estado produziu as condições para o avanço acelerado da indústria no país.[86]

Também no período do Estado Novo, o programa do governo baiano esteve sempre atrelado ao da ditadura Vargas, agora ainda mais centralizadora, intervencionista e pretensamente modernizadora. A situação econômica do estado, porém, pouco mudou. A industrialização não avançava, as culturas de exportação definhavam, com exceção do cacau. O crescimento industrial do país não foi compartilhado pela Bahia, conforme as cifras da Tabela 6. Elas mostram que o processo de relativa desindustrialização, que se estabelecera desde o início do século, se acentuou frente ao rápido crescimento no Centro-sul. A indústria baiana perdeu um enorme terreno desde o final do século XIX. Parece que havia uma irremediável dissintonia entre as políticas de industrialização do Governo Federal e a estrutura agrário-exportadora da economia baiana. O fato é que nem capitais locais, minguados com a decadência, nem de fora foram investidos em indústrias importantes na Bahia.

Tabela 6

Participação da indústria baiana na indústria brasileira (%)

	1920	1940
Capital aplicado	3,5	1,9
Força motriz utilizada	4	2,3
Número de trabalhadores	5,7	3,3
Valor da produção	2,8	1,3

Fonte: Cavalcante (2008, p. 73).

A estagnação da economia do estado nesse período foi discutida por alguns autores em busca de explicações para o que ficou conhecido como o "enigma baiano". Dentre as causas levantadas, destacam-se os desfavoráveis "termos de intercâmbio". Esse argumento é bem sintetizado por Rômulo Almeida:

> A Bahia exportava para o exterior uma quantidade avançada relativamente, mas importava muito pouco do exterior, porque todos os produtos básicos de consumo já eram produzidos no sul do país. Ora, como já falei, a Bahia vendia as divisas a um preço baixo e tinha que comprar a um preço mais alto o que vinha do Sul; os preços na fábrica eram muito mais altos que os produtos importados e os transportes internos muito mais caros que os transoceânicos.[87]

A economia baiana só voltaria a tomar algum impulso com a descoberta do petróleo no Recôncavo, cuja primeiro poço comercial começou a operar em 1941, e a construção da usina hidrelétrica de Paulo Afonso, inaugurada em 1952. Em 1950, começa a ser construída a Refinaria de Mataripe, marco inicial do processo de industrialização moderna do estado. Não obstante, o importante a assinalar é que a Revolução de 30 não significou mudança na estrutura da economia, que, entre 1930 e 1950, continuou basicamente agrário-exportadora. Além disso, o açúcar, o fumo, o algodão e a pecuária permaneceram em suas trajetórias declinantes, resultando em um período de acentuada estagnação.

Essa afirmação pode ser constatada pela análise do Gráfico 8. A participação baiana no PIB brasileiro, que era de 4,5% em 1939, decresce para 3,37%, em 1952. A partir desse ano, com a inauguração da Refinaria de Mataripe, essa participação inicia um período de ascensão que vai até 1960, quando atinge 4,16%, ainda assim inferior à de 1939. Apesar da recuperação a partir de 1964, até 1970 o peso do PIB da Bahia, no conjunto do país, não voltou ao patamar do início da série. Pernambuco teve uma trajetória tendencialmente parecida. No entanto, como a população desse estado era menor do que a da Bahia, em cerca de 39%, e que a taxa de crescimento da população foi semelhante nos dois estados, infere-se que o produto *per capita* baiano foi inferior ao pernambucano durante todo o período em tela. A "Velha Mulata", outrora opulenta, tornara-se uma pobre senhora em um país não muito rico.

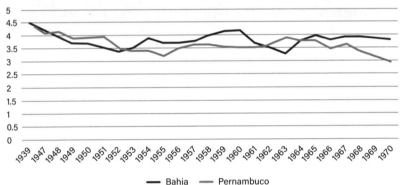

Gráfico 8
Participação (%) da Bahia e de Pernambuco no PIB do Brasil: 1939-1970

Fonte: Cavalcante (2008, p. 193).

Os dados da Tabela 7, que traçam a evolução demográfica da Bahia, também são úteis para caracterizar seu declínio econômico. A taxa de crescimento da população brasileira, de 1940 a 1970 (2,9%), foi 23,5% maior do que a baiana (2,2%), indicando um processo de relativo esvaziamento populacional do estado. No entanto, a população de Salvador cresceu a uma surpreendente taxa de 4,3% ao ano, quase o dobro da do estado como um todo. Enquanto isso, a taxa do interior (1,9%) indica a perda de um grande contingente populacional, levando-se em consideração que não há razões para supor que a taxa de natalidade na capital fosse maior do que no resto da unidade federativa. Em suma, os problemas enfrentados pela economia sertaneja, as secas em destaque, expulsaram um número significativo de habitantes para a capital e, principalmente, para o Centro-sul do país, dando continuidade a um processo que começara no princípio do século.

O paralelo com outros períodos históricos de relativo esvaziamento econômico é inevitável. Na primeira metade do século XVIII, muitos escravos foram transferidos para a região de mineração em Minas Gerais. Na segunda metade do século XIX, outros tantos foram vendidos para fazendeiros de café. No século XX, a migração era voluntária, mas, paradoxalmente, compulsória. Mesmos sem serem escravos, os sertanejos não eram livres para permanecer nas terras onde nasceram por absoluta falta de condições objetivas de sobrevivência.

Tabela 7

Brasil, Bahia, Salvador e interior da Bahia: evolução das populações. 1940-1970

Anos	Brasil	Bahia	% Bahia, Brasil	Salvador	% Salvador, Bahia	Interior da Bahia
1940	41.236.315	3.918.112	9,5	290.443	7,4	3.627.669
1950	51.944.397	4.834.575	9,3	417.235	8,6	4.417.340
1960	72.593.584	5.918.872	8,2	655.735	11,1	5.263.137
1970	95.982.453	7.493.470	7,8	1.027.142	13,7	6.466.328
Taxas de crescimento (%)	2,9	2,2		4,3		1,9

Fonte: IBGE, Recenseamentos.

NOTAS

[85] Leal (1993). Batista (2018, p. 101).

[86] Leff (1991, cap. 8 e 9).

[87] Rômulo Almeida, citado por Cavalcante (2008, p. 73). No Capítulo 3, o autor elabora uma ótima síntese do debate sobre o "Enigma Baiano". Além de Rômulo Almeida, Clemente Mariani e Pinto de Aguiar são os principais estudiosos dessa questão.

A desintegração do sertão, a irremediável decadência das Lavras

A Revolução de 30 significou o fim das guerras dos coronéis. O sertão restou desarmado, embora a violência permanecesse, sob outras formas, disseminada nas relações pessoais. Mesmo que não mais armado, o poder dos coronéis era conservado pela proteção que conferia às "suas gentes" e pelo aparelhamento das instituições do Estado, porquanto ficavam encarregados de designar os ocupantes dos mais diversos cargos em seus territórios. O mandonismo continuou imperando, tendo as eleições como evidências do controle político exercido pelos poderosos de sempre. A inquebrantável concentração da propriedade agrícola amarrava a estrutura social, quase imóvel. A acachapante maioria de despossuídos dependia dos latifundiários. A reduzida classe média, formada principalmente por pequenos comerciantes e proprietários, mostrava-se incapaz sequer de reivindicar mudanças. Muitas regiões, ainda isoladas pela ausência de infraestrutura viária, formavam ilhas desintegradas, unidas apenas por relações esporádicas e eventuais, além dos fluxos comerciais internos. Em pleno século XX, o sertão se movia lentamente, tributário de um passado ainda presente.

A economia sertaneja patinava na grande pasmaceira da estagnação do estado, o esvaziamento populacional atestando a falta de perspectivas, a impossibilidade de fixação na terra. A pecuária extensiva e a agricultura temporária subsistiam como principais atividades, impossibilitadas, no entanto, de fornecer lastro para a sobrevivência de toda aquela população. As secas cobravam seu pedágio dizimando animais e plantas, tornando a água o produto mais escasso e valorizado. As desigualdades regionais se aprofundavam, deixando para trás uma região onde a miséria e o analfabetismo andavam de braços dados. As décadas que se seguiram à Revolução de 30 foram um período de sofrimento para grandes áreas do vasto sertão baiano.[88]

Esse quadro adquire contornos mais nítidos quando miramos as Lavras Diamantinas. A morte de Horácio de Matos, em maio de 1931, representou o início de uma profunda decadência que só começou a se reverter a partir da década de 1980. A Chapada e as Lavras Diamantinas se viram privadas de uma liderança forte, capaz de reivindicar um lugar significativo no jogo político do estado, no momento em que o interventor Juraci Magalhães buscava sustentação nas alianças com os coronéis do sertão. A região permaneceu isolada, a ferrovia passando por fora de seu território, as rodovias incipientes e precárias, tropas de mulas ainda cruzando os velhos caminhos. Diamantes e carbonados desaparecem das estatísticas oficiais, a pequena produção restante fluindo pelos canais informais, sem impostos e sem registros.

A decadência econômica das Lavras pode ser observada no Gráfico 9. Verifica-se que seu peso na economia do estado é decrescente: de 0,31%, em 1940, a 0,27%, em 1950.[89] De 1950 a 1970 (0,34%), esse indicador cresce ligeiramente. Esse aumento foi puxado pela participação de Andaraí, que sai de 0,09%, em 1940, para 0,23%, em 1970. Enquanto isso, os outros municípios têm trajetória cadente durante todo o período. A participação de Lençóis, Mucugê e Palmeiras que era, em 1940, de 0,22%, em 1970 alcançou apenas 0,08%. O desempenho diferenciado de Andaraí deveu-se à exploração da madeira das matas do Paraguaçu, a impermeável mata sobre a qual falara Capistrano de Abreu, e a subsequente formação de pastagens.[90] Os territórios dos outros municípios não permitiam tal exploração em escala apreciável. A pecuária extensiva e a agricultura temporária neles se constituíam nas principais atividades econômicas a alimentar um comércio atarracado. A exceção era o café, cuja pequena quantidade produzida não alterava o quadro. O valor da produção industrial (inclusive extrativa mineral) dos quatro municípios, que tinha o peso de 0,26% em 1940, decai para apenas 0,03% em 1970, a atestar, além da rudimentar manufatura em bases artesanais, o declínio da produção de diamantes.

De fato, o número de garimpeiros no estado da Bahia, levantado pelos Recenseamentos, que era 4.780 em 1950, estava reduzido a apenas 200 em 1970.[91]

Gráfico 9
Peso econômico das Lavras Diamantinas na economia baiana (%): 1940-1970

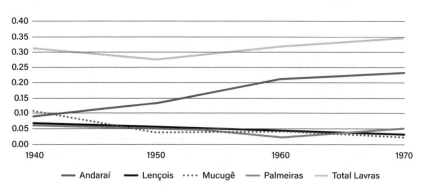

Fonte: Elaborado a partir de dados dos Recenseamentos.

A evolução demográfica das Lavras também ajuda a expor o processo de seu esvaziamento econômico. A Tabela 8 apresenta os números para cada município e a participação do total das Lavras na população do estado. A taxa de crescimento da população da região no período foi de meros 0,4% ao ano, 18% da baiana (2,2%). No entanto, de 1950 a 1960, a população de Andaraí cresceu significativamente, passando de 19.457 para 30.616, principalmente em decorrência da extração madeireira. Na década seguinte, porém, ela decresceu para 16.391, indicando o início da exaustão dessa atividade econômica. Em 1970, a população urbana da sede do município de Mucugê estava reduzida a 541 pessoas. Aquela mesma área que reunira 25.000 pessoas seis meses após a descoberta de diamantes, em 1844, havia chegado ao fundo do poço. As taxas de analfabetismo continuaram superiores à média do estado, a educação relegada a um plano secundário frente às agruras da sobrevivência.

Tabela 8
Evolução da população das Lavras Diamantinas. 1940-1970

Anos	Andaraí	Lençóis	Mucugê	Palmeiras	Total Lavras	% Lavras, Bahia
1940	14.378	10.796	16.377	9.469	16.318	0,4
1950	19.457	9.895	13.994	7.839	21.407	0,5
1960	30.616	8.401	14.379	5.941	32.576	0,6
1970	16.391	5.131	6.759	4.422	18.361	0,3

Fonte: Recenseamentos.

A trajetória histórica das Lavras Diamantinas não é muito diferente da de outros distritos minerais no Brasil e no mundo pobre. As descobertas promovem uma corrida inicial para os locais de ocorrência, gerando uma sociedade fluída e desestruturada. O aumento da produção leva a alguma concentrada prosperidade, atraindo levas de migrantes em busca de oportunidades e, quem sabe, da sorte grande.

Casario de Mucugê em decadência.

A riqueza é dissipada em consumo supérfluo e ostentação. Muito pouco é investido com vistas a reverter ou a amenizar o declínio. As áreas vizinhas, supridoras dos alimentos para o mercado da mineração, caminham no mesmo ritmo. A decadência se instala e vai lentamente minando as bases da frágil estrutura social. Do antigo fausto só resta a melancólica lembrança fantasiosa do passado, que a "Canção do Garimpeiro", cantada nas festas locais, reporta e remói:

Na solidão claustral da serrania
Vagueia o garimpeiro solitário.
Nasce mais uma esperança nesse dia,
Como o sol de granito relicário.

Avante garimpeiros bem unidos
Sede do País lição, preceito, exemplo
Cantando ficarão vossos gemidos
Nesse altar de granito, vosso templo.

E tangendo o almocreve braço forte,
Arrancar ao cascalhar da pedra bruta
A gema que o trabalho o conforte
E o faça repousar da dura luta

(Forte) Avante garimpeiros...

Sangrando os vales em murulhosas fontes,
Da nívea areia o diamante rola,
Na curva azul de nossos horizontes
Em busca da sorte a generosa esmola

(Forte) Avante garimpeiros...

Repousa em cada peito uma saudade
E em cada coração uma lembrança,
No solo retalhado a mão invade
E hasteia o pavilhão de uma esperança

(Forte) Avante garimpeiros...[92]

Desde o início do século XX, as Lavras já viviam a sua decadência. As guerras dos coronéis adicionaram um elemento trágico ao declínio da extração diamantina. Os coronéis da Chapada não eram muito diferentes dos de outros rincões sertanejos. O que se destacava era a forte liderança de Horácio de Mattos, chefe guerreiro que foi capaz de derrotar seus inimigos, ameaçar o governo estadual e unir os demais coronéis em torno dos interesses locais. O desaparecimento de Horácio simboliza a entrada da Chapada no seu período de declínio final, evidenciado pelo esvaziamento populacional, além de baixo desempenho econômico. Acima de tudo isso, a concentração da propriedade fundiária continuou impedindo que uma parcela significativa dos habitantes permanecesse naquelas terras. O fundo do poço foi atingindo na década de 1970. Na década seguinte, começa um processo de reversão da decadência, em outras bases, em outras linhas.

Casario de Mucugê restaurado.

NOTAS

[88] As maiores secas, mas não as únicas, no sertão baiano, ocorreram em 1915, 1932 e 1972. Ver Cruz (2006).

[89] O indicador de "peso econômico" foi formado por três variáveis: valor da produção agropecuária, valor da produção industrial e vendas do comércio (atacado e varejo). A soma dos valores para cada município foi dividida pelo valor total do estado. Os dados foram extraídos dos Recenseamentos de 1940, 1950, 1960 e 1970.

[90] Abreu (1975). Em *Além dos Marimbus*, romance escrito em 1945, Herberto Sales descreve o início da exploração madeireira dos terrenos úmidos de beira-rio no seu Andaraí natal, evidenciando as velhas relações de produção que teimavam em subsistir no sertão.

[91] Em pioneiro estudo realizado na década de 1950, em Rio de Contas, Marvin Harris observa o isolamento da cidade, mesmo sendo servida por transporte rodoviário, e descreve a sua manufatura de base artesanal, principal atividade econômica do outrora polo produtor de ouro (século XVIII). Harris (1956). Ao resenhar esse livro, Fernand Braudel inicia afirmando que "No Brasil baiano, o presente explica o passado". (BRAUDEL, 1978, p. 219).

[92] Composição de autoria de Dr. Sá Carvalho (letra) e Dr. J. Toledo (música). Foi composta em Mato Grosso, em 1924. Levada para Lençóis pouco depois, foi tocada pela primeira vez na festa do Senhor dos Passos, em 1927, pela Lira Popular Philarmônica. Informações constantes em Brito (2005, p. 253-254 e nota 61).

O presente condicionando o futuro

A partir da década de 1950, a Bahia inicia um processo de industrialização moderna, emulando o que aconteceu no país, especialmente no Sudeste. Os números são eloquentes: enquanto, em 1950, a indústria representava 8,7% da economia baiana, em 2010 esse percentual havia atingido 27,1%. Por sua vez, a participação da agropecuária que, em 1950, era de 43,4%, em 2010 havia sido reduzida para 7,9%. A industrialização, no entanto, não foi suficiente para tirar o estado do seu atraso relativo no tocante à riqueza. Em 2016, a renda *per capita* da Bahia era de apenas 56% da média brasileira, uma das mais baixas entre os estados da Federação.[93]

A dinâmica do processo de industrialização baiano foi caracterizada como "exógena e espasmódica". Exógena porquanto os investimentos que impulsionaram seu crescimento tiveram origem fora do estado, vinculados a projetos estatais e de grandes grupos nacionais e estrangeiros, atraídos por uma extensa gama de incentivos e subsídios. Espasmódica denota o fato de esses investimentos terem sido realizados em grandes blocos descontínuos no tempo, gerando períodos de acentuado crescimento intercalados por outros de estagnação relativa, o que, em alguma medida, indica a incapacidade de essa indústria gerar significativos efeitos de encadeamentos locais.[94]

O primeiro "espasmo" teve como marco a refinaria de Mataripe, que começou a operar em 1956 para aproveitar o petróleo que começara a ser extraído no Recôncavo. Sua construção foi finalizada e ampliada pela Petrobras, que havia sido criada em 1954. O epicentro do segundo "espasmo" foi a criação do Centro Industrial de Aratu (CIA), na década de 1960, um distrito industrial planejado, próximo a Salvador, que atraiu diversos empreendimentos adventícios, em virtude, fundamentalmente, dos incentivos fiscais que passaram a ser concedidos a indústrias que se instalassem no Nordeste, no âmbito da política de redução dos desequilíbrios regionais. O terceiro e mais significativo "espasmo" foi provocado pela implantação do Polo Petroquímico de Camaçari, na década de 1970, que ostentou, por um bom o tempo, a condição de maior aglomeração industrial do país. Novamente, os investimentos vieram de fora, aliando a Petrobras, por meio da sua subsidiária, a Petroquisa, a capitais nacionais, dentre os quais dois grupos baianos, e estrangeiros, fornecedores das tecnologias empregadas nas fábricas. O quarto e último "espasmo" foi decorrente da instalação de uma planta da Ford, também em Camaçari, no final da década de 1990. Nesses espasmos de investimentos, a participação de capitais locais foi reduzida, denotando a pequena poupança aqui acumulada e a histórica resistência dos capitalistas baianos em reinvestir localmente.

Ainda que recentemente tenha havido uma maior diversificação, a indústria baiana é caracterizada pela produção de bens intermediários de baixo valor agregado, principalmente petroquímicos e metalúrgicos, vendidos para o Sudeste e para o exterior. Venceu a concepção de se incentivar uma indústria complementar, integrada à do Sudeste, em contraposição à proposta de replicação do perfil daquela manufatura. O resultado foi a instalação de uma estrutura produtiva altamente concentrada em termos setoriais, na qual a química e a metalurgia respondem por cerca de 60% do valor da transformação da indústria manufatureira. Concentrada também em grandes empresas – a exemplo de Petrobras, Braskem, Gerdau, Caraíbas –, responsáveis por uma fatia considerável da produção local. Concentrada ainda na dimensão espacial, uma vez que o grosso da indústria se localiza na Região Metropolitana de Salvador e, em menor parte, em torno de Feira de Santana.[95]

A industrialização concentrada pouco repercutiu no interior baiano. Os investidores preferiram aproveitar as vantagens locacionais da região Metropolitana de Salvador. Analisando a concentração espacial a partir dos Territórios de Identidade,[96] verifica-se que o território Metropolitano de Salvador respondia, em 2013, por 41% do Produto Interno Bruto (PIB) estadual, 51% dos empregos formais (com carteira assinada) totais, 40% dos empregos formais na indústria de transformação e, em contrapartida, apenas 25% da população. Adicionalmente, um conjunto de fábricas com perfil diversificado se encontra no Território Portal do Sertão (região de Feira de Santana), onde se conjuga a vantagem locacional da logística rodoviária com a infraestrutura do distrito de Subaé.

Além dessa indústria, o estado conta com um forte polo agrário no Oeste, alguma fruticultura irrigada na região de Juazeiro, duas grandes fábricas de celulose no extremo sul e a velha região do cacau, ainda às voltas com os problemas provocados pela praga da Vassoura de Bruxa. A alta concentração econômica no estado também pode ser verificada pelo fato de que, em 2016, o maior PIB *per capita* entre os Territórios de Identidade, o da Bacia do Rio Grande (R$ 38.934) – onde se localiza o polo agrário do Oeste – era 5,8 vezes maior do que o menor R$ (R$ 6.622), o da Bacia do Paramirim. O vasto sertão semiárido da Bahia, constituído por 278 municípios, abrangendo uma área de 446 mil quilômetros quadrados (78,6% do estado), onde residem 7,4 milhões de pessoas (50% da população), pode ser visto como um deserto econômico, onde são encontrados poucos oásis com alguns traços de prosperidade. O Mapa 2 divide o estado da Bahia de acordo com os seus Territórios de Identidade.[97]

A centralização econômica provocou não apenas fortes desigualdades entre os territórios do estado, mas também alta concentração da renda e, em consequência, muitos problemas sociais. A Bahia se encontra entre os estados com maior índice de desigualdade de renda, medida pelo Índice de Gini, que, em 2012, atingiu 0,548, maior do que o do Brasil naquele mesmo ano (0,530), um dos países mais desiguais do mundo.[98] Por sua vez, apesar de o Índice de Desenvolvimento Humano (IDH) ter saltado de 0,386 (Muito Baixo Índice de Desenvolvimento Humano), em 1991, para 0,660 (Médio Desenvolvimento), em 2010, ainda assim, o estado estava abaixo da média nacional, de 0,727, ocupando a vigésima segunda posição entre os vinte e sete unidades federativas do país. As políticas voltadas para descentralizar o crescimento, implementadas desde a década de 1990, não foram capazes de reverter o processo de concentração. Em síntese, apesar da indústria, a Bahia permaneceu relativamente pobre e com indicadores de desigualdade bastante acentuados.[99]

Mapa 2
Territórios de Identidade da Bahia

Fonte: Cooegemas – Ba: Colegiado Estadual de Gestores Municipais de Assistência Social do Estado da Bahia.

Esta breve contextualização da economia baiana nas últimas décadas será útil para analisar a evolução recente da Chapada e das Lavras Diamantinas.

NOTAS

[93] Esses dados são da SEI – Superintendência de Estudos Econômicos e Sociais da Bahia e podem ser acessados em <https://www.sei.ba.gov.br/index.php?option=-com_content&view=article&id=137&Itemid=337>

[94] Essa caracterização se encontra em Teixeira e Guerra (2000). Além desse artigo, uma análise do processo de industrialização do estado pode ser encontrada em Cavalcante (2008).

[95] A proposta de replicar o perfil da indústria do Sudeste está implícita no documento do Grupo Técnico para o Desenvolvimento do Nordeste (GTDN), coordenado por Celso Furtado, que deu origem à criação da SUDENE. A proposta da indústria integrada e complementar foi defendida por Rômulo Almeida, quando liderou as primeiras iniciativas de planejamento do estado da Bahia. Para uma discussão a respeito, ver Cavalcante (2008).

[96] A partir de 2006, o Estado da Bahia passou a adotar o conceito Territórios de Identidade como critério de regionalização. Seguindo esse conceito, a Bahia foi dividida em 27 Territórios de Identidade. Segundo a SEI, "o território é conceituado como um espaço físico, geograficamente definido, geralmente contínuo, caracterizado por critérios multidimensionais, tais como o ambiente, a economia, a sociedade, a cultura, a política e as instituições, e uma população com grupos sociais relativamente distintos, que se relacionam interna e externamente por meio de processos específicos, onde se pode distinguir um ou mais elementos que indicam identidade, coesão social, cultural e territorial." Em <http://www.seplan.ba.gov.br/modules/conteudo/conteudo.php?conteudo=17>. O território Metropolitano de Salvador é formado pelos municípios de Salvador, Camaçari, Lauro de Freitas, Candeias, Dias D'Ávila, Itaparica, Madre de Deus, Salinas da Margarida, Simões Filho e Vera Cruz. O território Portal do Sertão compreende os municípios de Feira de Santana, Água Fria, Amélia Rodrigues, Anguera, Antônio Cardoso, Conceição de Feira, Conceição do Jacuípe, Coração de Maria, Ipecaetá, Irará, Santa Bárbara, Santanópolis, Santo Estevão, São Gonçalo dos Campos, Tanquinho, Teodoro Sampaio e Terra Nova.

[97] Essas informações podem ser encontradas em: em Teixeira e Araújo (2011) e Teixeira e Araújo (2016). As informações sobre o semiárido são da Superintendência de Estudos Econômicos e Sociais da Bahia (SEI) e podem ser acessados em <https://www.sei.ba.gov.br/images/resumo/semiarido_baiano.pdf>

[98] O Índice de Gini é um indicador utilizado para medir o grau de concentração de renda de um país, região ou município, e varia entre zero e um. Quanto mais próximo o valor for da unidade, maior a desigualdade. O Brasil está entre os quinze países mais desiguais do mundo, de acordo com esse índice. Os números referentes ao rendimento domiciliar *per capita*, são da Superintendência de Estudos Econômicos e Sociais da Bahia (SEI), e podem ser acessados em <http://www.sei.ba.gov.br/index.php?option=com_content&view=article&id=2231&Itemid=418>

[99] Os números são do Atlas do Desenvolvimento Humano Brasil 2013, divulgado pelo Programa das Nações Unidas para o Desenvolvimento (PNUD), em parceria com o Instituto de Pesquisa Econômica e Aplicada (IPEA), calculados com base nos dados do Censo de 2010. Inspirado no IDH global, publicado anualmente pelo PNUD, esse índice agrega as dimensões longevidade, educação e renda, que sintetizam mais de 180 indicadores socioeconômicos. O valor máximo possível é 1. Ver < http://atlasbrasil.org.br/2013/pt/>. Para uma discussão das políticas voltadas para a desconcentração industrial e os seus parcos resultados, ver Uderman (2005).

Chapada, Lavras para onde se destinam?

O Território de Identidade Chapada Diamantina é composto de vinte e quatro municípios: Abaíra, Andaraí, Barra da Estiva, Boninal, Bonito, Ibicoara, Ibitiara, Iramaia, Iraquara, Itaetê, Jussiape, Lençóis, Marcionílio Souza, Morro do Chapéu, Mucugê, Nova Redenção, Novo Horizonte, Palmeiras, Piatã, Rio de Contas, Seabra, Souto Soares, Utinga e Wagner. O Mapa 3 localiza o Território, situando-o no mapa da Bahia. Ele ocupa uma área aproximada de 32.664 km^2 e corresponde a cerca de 5,7% do território estadual. Os municípios das Lavras Diamantinas (Andaraí, Lençóis, Mucugê e Palmeiras) formam uma porção especial do Território de Identidade Chapada Diamantina.

A quase extinção do garimpo na Chapada levou à sua *reterritorialização*,[100] na medida em que as relações econômicas e sociais estão sendo refeitas em outras bases. A criação de gado e a agricultura temporária de baixo rendimento persistiram, embora incapazes de assegurar a sobrevivência da maior parte da população. Em consequência, a migração passou a fazer parte das alternativas para um grande contingente de pessoas, principalmente homens adultos, em busca de oportunidades. Como foi visto, esse processo atinge seu ápice na década de 1960, ao final da qual a população havia atingindo uma proporção mínima do total do estado (ver Tabela 8).[101]

Durante a depressão, uma das estratégias de sobrevivência de moradores de Mucugê e da vila de Igatu foi a extração de sempre-viva (*Helichrysum bracteatum*), iniciada de forma sistemática nos anos 1960. Essa é uma planta nativa usada como um artefato decorativo muito valorizado, empregada na confecção de buquês e tapetes (Figura 5). É chamada de sempre-viva porque não perde sua beleza e viço por longo tempo depois de colhida. Nessas duas localidades, estima-se que essa

Mapa 3
Território de Identidade Chapada Diamantina

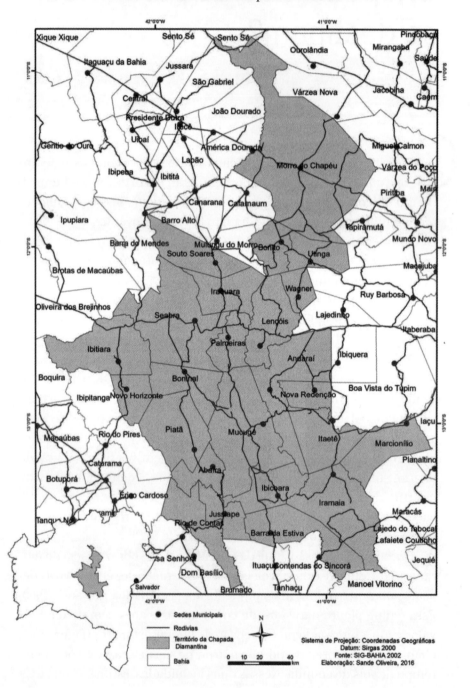

atividade chegou a ocupar 70% da mão de obra, na segunda metade dos anos 1970.[102]

Duas empresas do Sudeste, uma de Minas Gerais outra de Santa Catarina, por meio de acerto com as prefeituras e proprietários de terras, empregavam homens, mulheres e crianças na coleta da planta, pagando por peso colhido. O volume extraído era tanto, a ponto de se especular que boa parte era exportada para ser utilizada pela indústria química na fabricação de *piretrina*, uma substância componente de inseticidas. A extração de plantas nativas – sempre-vivas, orquídeas, bromélias, avencas – foi proibida desde a criação do Parque Nacional da Chapada Diamantina (1985). Apesar de ter diminuído, a coleta dessas plantas não cessou por completo em Mucugê, Andaraí, Ibicoara e Igatu. A caça e a pesca também são coibidas com vistas à preservação de espécies ameaçadas. A tradição extrativista estava enraizada e custaria algum tempo até que fosse esquecida.[103]

Por volta de 1979, começou a mineração mecanizada na Chapada, empregando dragas e outros equipamentos. Poucos anos depois, por iniciativa do Governo do Estado, a Companhia Baiana de Pesquisa Mineral (CBPM) contratou a Companhia Tijucana, de Diamantina, Minas Gerais, para atuar na região. Essa empresa atraiu mineradores de outros estados, reconfigurando a extração de diamantes, dessa vez por processos mecanizados. No seu auge, havia 356 dragas em operação, espalhadas pelos rios Paraguaçu, Santo Antônio, Mucugê, Baiano, Campo de São João, Preto e São José, nos quatro municípios das Lavras. No imaginário local, surgiu a esperança de volta aos bons tempos, aos tempos da bonança. Tudo indica que a atividade passou a ser a maior geradora de empregos e renda, embora as condições de trabalho fossem calamitosas e a as pedras, destinadas ao exterior, deixassem pouca receita na região. Sendo o trabalho informal e o valor do produto desconhecido, não há registro dos resultados em estatísticas.

A mineração mecanizada não durou muito tempo. Por um lado, no auge de sua expansão, surgiram as primeiras iniciativas voltadas para a transformação do território em um polo turístico. Por outro, se acelerava a disseminação da consciência ambiental. Naquele momento, movimentos ambientalistas começavam a atuar organizadamente na região. Os problemas provocados pelas dragas são assim resumidos:

Em geral, o "garimpo-de-draga" tem um impacto muito forte no ecossistema atingido, como por exemplo: (1) destruição total, ou parcial, da vegetação nas imediações da cata; (2) soterramento da vegetação por detritos sólidos retirados da cata; (3) desmatamento das áreas periféricas, devido à construção de vias de acesso, barragens de contenção, etc.; (4) remoção do solo e consequente perda da matéria orgânica; (5) formação de lagoas e barrancos, em áreas antes planas; e (6) poluição com artefatos do garimpo, como ferro velho, pneus usados, lixo de acampamento e outros.[104]

Após sucessivas denúncias de danos e abusos, os órgãos de controle resolveram intervir. Houve três operações para coibir a mineração ilegal, comandadas pelo Departamento Nacional de Pesquisa Mineral (DNPM), órgão regulador, em conjunto com a Polícia Federal, IBAMA e instituições do governo estadual. A primeira em 1996, outra em 1997. Na última, em 1998, as dragas foram finalmente banidas. O garimpo manual existe ainda hoje, em escala muito pequena, a desafiar a fiscalização, pela esperança, nunca perdida, de a sorte um dia surpreender.

Flores do Projeto Sempre Viva, em Mucugê.

Garimpo irregular com cinco dragas em funcionamento em Lençóis.
Fonte: Matta (2006, p. 100).

Uma amostra dos problemas ambientais causados pelas dragas pode ser vista na foto acima.[105]

Duas atividades econômicas hoje se destacam na Chapada Diamantina: o turismo e a agricultura irrigada.

Ainda na década de 1960, o então prefeito Olímpio Barbosa Filho, alarmado com a decadência econômica do município, propõe, pioneiramente, o turismo como alternativa para Lençóis, criando o Conselho Municipal de Turismo. Essa iniciativa visionária não prosperou por falta absoluta de infraestrutura e investimentos: a rodovia BR 242, que corta a Bahia de Leste a Oeste passando pela Chapada, ainda não existia, o que isolava a cidade, perdida no meio daquelas serras.

A ideia voltou à tona por meio de missionários do *Peace Corps* (Corpos da Paz) destacados para a região.[106] O primeiro voluntário, David Blackburn, atuou em Lençóis de 1965 a 1968, desenvolvendo um trabalho de organização comunitária, preservação ambiental, identificação de trilhas e pesquisa da flora e fauna locais, tendo sido o primeiro a prever a criação de um parque nacional. O segundo missionário, Steve Horman, chegou em Lençóis no início dos anos 1970, e seu principal feito for propor o tombamento do acervo arquitetônico da cidade pelo Serviço do Patrimônio Histórico e Artístico Nacional (atual IPHAN), o que foi alcançado em dezembro de 1973, mesmo enfrentado a oposição de alguns proprietários de imóveis. O terceiro agente do *Peace Corps*, Roy Funch, com formação em bioquímica e fitofisiologia, iniciou seus trabalhos no final da década de 1970. Se dedicou à pesquisa dos recursos naturais, difundindo medidas de preservação. Propôs a criação do Parque Nacional da Chapada Diamantina, o que ocorreu em setembro de 1985. A partir daí, mesmo sem contar com uma infraestrutura adequada, a Chapada passou a ser divulgada na imprensa, atraindo um número crescente de turistas.

Ainda nos anos 1970, o governo estadual inicia um processo de planejamento voltado para o turismo, que incluiria a Chapada Diamantina como um dos polos de atração. As principais iniciativas que deram corpo ao plano foram a pavimentação da BR 242, realizada pelo governo federal na década de 1970; a construção da Pousada, depois Hotel, de Lençóis, primeiro empreendimento do gênero na região, em 1979; a construção do Aeroporto de Lençóis, inaugurado em 1998; a pavimentação da rodovia BA 142, que interliga os principais atrativos da região, na década de 1990; a recuperação urbana e arquitetônica das cidades; a expansão da rede de eletricidade; a construção de sistemas de abastecimento de água e saneamento. A maior parte desses investimentos foi realizada sob a égide do Programa Nacional de Desenvolvimento do Turismo (PRODETUR-BA), fruto de contrato de empréstimo com o Banco Interamericano de Desenvolvimento (BID). De 1991 a 2003, esse Programa havia investido cerca de US$ 86 milhões na Chapada Diamantina, de um total previsto, até 2005, na casa dos US$ 163 milhões, dos quais 54% em infraestrutura de transportes e 28% em saneamento.

O governo estadual também ofereceu crédito subsidiado para a construção de meios de hospedagem. Destacam-se o já citado Hotel de Lençóis – construído pelo governo do estado, depois arrendado e, finalmente, privatizado – e o Portal de Lençóis, primeiro cinco estrelas da região, inaugurado em 1997. O fato é que, em 1970, só havia duas pensões em Lençóis, enquanto que, em 1993, a cidade já contava com 885 leitos em diversos meios de hospedagem, saltando para 1.933, em 2003. Nesse mesmo ano, Andaraí possuía 387 leitos, Igatu 75, Mucugê 352, Palmeiras 174 e Caeté-Açu (Vale do Capão) 293. Em 2016, em Lençóis havia 2.431 leitos; em Andaraí (incluindo Igatu), 876; Mucugê, 638; e Palmeiras (incluindo Caeté-Açu) 1274. Esses números indicam o crescimento do turismo no território, que teria rendido US$ 13,17 milhões em receitas, somente para Lençóis, em 2003.[107]

Desde o início, percebeu-se que a vocação turística da Chapada estava vinculada ao produto denominado "ecoturismo". Esse tipo de turismo demanda, fundamentalmente, paisagens naturais preservadas e meios para acessá-las. A criação do Parque Nacional sinaliza nesse sentido. A preservação também é fundamental para garantir a perenidade do rio Paraguaçu e, consequentemente, o abastecimento de água de uma boa porção da população do estado, inclusive a de sua capital. A atratividade do destino Chapada Diamantina está, portanto, vinculada às atrações do Parque e do seu entorno, particularmente suas trilhas, rios e cachoeiras. A arquitetura histórica das cidades é um outro atrativo, complementar ao natural. Atualmente, trabalha-se com a ideia de um circuito do diamante, percorrendo os municípios das Lavras, e um circuito do ouro, cujo ponto focal é Rio de Contas, integrados por uma "Estrada Real", um conceito semelhante ao das cidades históricas mineiras.

Além da criação do Parque Nacional, que conta com 152 mil hectares, outras iniciativas foram tomadas visando a disciplinar a exploração dos recursos naturais na região. O governo do estado criou a Área de Proteção Ambiental (APA) Marimbus–Iraquara, uma unidade de uso sustentável abrangendo os municípios de Iraquara, Palmeiras, Lençóis, Seabra e Andaraí; a APA Serra do Barbado (Abaíra, Piatã, Rio de Contas, Jussiape); a APA Gruta dos Brejões–Vereda do Romão Gramacho; o Monumento Natural (MONA) da Cachoeira do Ferro Doido, de proteção integral, junto com o Parque Morro do Chapéu, além da ARIE (Área de Relevante Interesse Ecológico) Nascentes do Rio de Contas. Somam-se a essas iniciativas estaduais alguns parques municipais, a exemplo daquele que abriga o Projeto Sempre-Viva, em Mucugê, voltado para a preservação das espécies ameaçadas; o Parque da Muritiba, em Lençóis; o Parque do Espalhado, em Ibicoara. Essas outras áreas protegidas somam cerca de 260 mil hectares.[108]

As características naturais da Chapada Diamantina atraem uma população em busca de "vida alternativa", vinculada ao contato com a natureza e a valores preservacionistas. Desde a década de 1980, o Vale do Capão, distrito de Caeté-Açu, município de Palmeiras, é conhecido como abrigo de experiências comunitárias, residências de pessoas que buscam uma vida no meio da natureza, invernistas, "mochileiros" e, em números cada vez maiores, ecoturistas que se hospedam em suas pousadas, algumas já sofisticadas. As cidades de Lençóis e Mucugê, além do distrito de Igatu, atraíram moradores de fora, tanto brasileiros como estrangeiros, que são os principais investidores em pousadas e restaurantes para atender à demanda turística. São poucos os empreendimentos desse tipo feitos por locais. Os habitantes mais pobres encontram empregos nos estabelecimentos ou atuam como guias das atrações naturais.

Apesar das iniciativas preservacionistas, o turismo na Chapada vem ocasionado problemas no campo ambiental. Até hoje não houve a regularização fundiária na área do Parque Nacional, cujos limites são contestados. Sua fiscalização é precária, realizada por um pequeno escritório em Palmeiras. Durante o período seco, focos de incêndios são comuns em toda a região, sem que haja os meios adequados para combatê-los. Não há controle do fluxo de turistas no Parque, gerando problemas pela superlotação. A situação é bem resumida por Francisco Emanuel Matos Brito:

> Tanto na área do Parque Nacional, que concentra a maioria dos atrativos, quanto nos demais locais turísticos, observa-se a implementação de um turismo desordenado, onde o respeito ao meio ambiente termina quando os empresários, sempre preocupados com o aumento do número de turistas, percebem que terão seus lucros reduzidos no momento em que aderirem à proposta de ordenamento da atividade turística, que implica na limitação da quantidade de visitantes a determinados atrativos em respeito à capacidade de carga recomendada.
>
> Enquanto esta proposta não vem sendo efetivamente implementada, a maior parte das agências e muitos guias continuam despejando multidões de turistas nos frágeis atrativos, sobretudo nos períodos de alta estação. Este comportamento tem colocado em campos opostos as agências de viagens que lucram no atacado e

o IBAMA, apoiado por grupos ambientalistas e alguns guias, que vem tentando limitar esta visitação excessiva como forma de reduzir os problemas ambientais.[109]

A outra atividade econômica de destaque na Chapada Diamantina dos dias de hoje é a agricultura irrigada. Dois segmentos podem ser identificados. O primeiro é constituído pela agricultura capitalizada, constituída de grandes unidades produtivas, utilizando extensivamente a irrigação, principalmente por pivôs centrais. Nesse segmento, o Agropolo Mucugê-Ibicoara é emblemático. Ele é constituído por dezenove grandes empreendimentos, além de propriedades menores, espalhados em uma área de cerca de 200 mil hectares, inseridos nos municípios de Mucugê, Ibicoara, Barra da Estiva, Boninal, Jussiape e Ituaçu. Trata-se do mesmo "gerais" descrito por Miguel Pereira da Costa, que por lá passara em 1720, em direção às minas do Rio de Contas e onde, no século XIX, o Coronel Reginaldo Medrado criava gado solto pelos campos. Essas terras eram tidas como imprestáveis para a agricultura. O estabelecimento do Agropolo é, em grande medida, decorrente da oferta de água da barragem do Apertado, no alto Paraguaçu, inaugurada em julho de 1998, em conjunto com o uso de corretivos para o solo, o que torna essa área um celeiro agrícola de alta produtividade. Os investimentos vieram de fora. Na grande maioria, os antigos latifundiários venderam ou arrendaram suas terras, incapazes de se adaptarem a um outro modelo de exploração econômica.[110]

A produção do Agropolo Mucugê-Ibicoara é diversificada, destacando-se o café, pela qualidade, em grande medida decorrente da altitude do terreno (cerca de mil metros). Produz, no entanto, uma ampla variedade de alimentos: milho, batata, tomate, alho, cebola, pimentão, repolho, arroz etc. Possui a maior densidade de pivôs centrais do país, cerca de 435 espalhados por 30 mil hectares, correspondendo a 20,7% da área do Agropolo. Alguma atividade de processamento é realizada na própria região, principalmente a torrefação de café, além de tomate e da batata. Mais recentemente, teve início o plantio de uva, mirando a produção de vinho, que já é feita experimentalmente. O projeto da vinícola é integrado ao de "enoturismo", articulando as duas atividades mais importantes da região dos dias de hoje.

O outro segmento da produção agrícola é constituído por pequenos produtores da agricultura familiar. A dimensão desse segmento pode ser avaliada pelos 51 assentamentos de reforma agrária espalhados por 13 municípios do território, em 2014: Andaraí (2), Bonito (6), Ibicoara (1), Iramaia (3), Iraquara (1), Itaetê (9), Lençóis (5), Marcionílio Souza (5), Morro do Chapéu (9), Nova Redenção (4), Souto Soares (1), Utinga (2) e Wagner (3). Esses assentamentos ocupam uma área total de 141 mil hectares, onde trabalham cerca de 5 mil famílias. Existem ainda 96 comunidades quilombolas certificadas, dispersas por vários municípios: Abaíra (2) Andaraí (4), Barra da Estiva (3), Boninal (5), Bonito (13), Ibicoara (4), Ibitiara (12), Iraquara (2) e Itaetê (3), Lençóis (6), Morro do Chapéu (9), Mucugê (2), Palmeiras (1), Piatã (14), Rio de Contas (3), Seabra (11) e Souto Soares (2). A lavoura temporária é a principal atividade, com destaque para cana-de-açúcar, fruticultura, mamona e mandioca. O café também está presente. A importância da agricultura familiar, na Chapada Diamantina, pode ser aferida pelo fato de que, no período de 2010 a 2016, cerca de 71% do valor adicionado da produção agropecuária no território foi gerado por esse tipo de produção.[112]

Plantações de café e feijão de
pequenos produtores de Ibicoara.

Na região, o acesso e o uso da água tornaram-se críticos. Pivô central, principal sistema utilizado, é um grande consumidor de água e energia. Tendo em vista a escassez de chuvas nos últimos anos, os mananciais vêm sofrendo desgastes, a tal ponto de se aventar o colapso hídrico da Chapada. Como a barragem do Apertado não tem acumulado volumes suficientes para abastecer as fazendas do Agropolo, rios afluentes passaram a ser explorados. Mesmo assim, a escassez continuou. A opção tem sido avançar no lençol freático: poços artesianos são, no momento, as fontes mais seguras para alimentar os sistemas de irrigação. Essa situação tem gerado conflitos, como o que envolve pequenos e grandes proprietários no vale do rio Utinga, um dos mais importantes da bacia do Paraguaçu, que teve seu curso cortado, em 2017, pela falta de chuvas e pelo uso da água na irrigação de grandes fazendas. O abastecimento da cidade de Mucugê também esteve ameaçada, evidenciando uma situação crítica e preocupante.[113]

A Tabela 9 apresenta a evolução da população residente da Chapada e nas Lavras, em comparação com as do Brasil e da Bahia, de 1980 a 2016. Observa-se que a taxa de crescimento anual, tanto da Chapada como das Lavras, foi menor do que a do país e a do estado. Na verdade, a taxa de crescimento médio anual da Bahia no período (1,34%) foi menor do que a do Brasil (1,54%), indicando que o processo migratório em direção ao Sudeste continuou, embora em menor escala do que a do século XX: a participação da população baiana na nacional, que era de 7,94%, em 1980, passou a 7,41%, em 2016.

Por sua vez, a participação dos habitantes da Chapada no total estadual, que alcançava 2,9%, em 1980, passou a 2,6%, em 2016, em função de uma taxa de crescimento de 0,98%. Os quatro municípios das Lavras tiveram uma taxa de crescimento bem menor (0,24%), reduzindo sua participação no total da Chapada de 14,6%, em 1980, para 11,2%, em 2016. Em 2010, o grau de urbanização da Chapada (48,4%) era inferior à média da Bahia (72,1%), enquanto os municípios das Lavras apresentavam um grau médio de 58,7%. Essa dinâmica populacional indica que o surgimento de atividades econômicas que detiveram o processo de acentuada decadência não foi suficiente para estancar completamente o fluxo migratório para fora da região, nem para promover um grau de urbanização pelo menos no mesmo nível do estado.

Tabela 9
Evolução da população Brasil, Bahia. Chapada e Lavras Diamantinas
1980-2016 (mil)

	1980	1991	2000	2010	2016	Crescimento (% anual)
Brasil	119.011	146.917	169.590	196.732	206.081	1,54
Bahia	9.454	11.855	13.066	14.016	15.276	1,34
Chapada Diamantina	279	353	367	371	397	0,98
Lavras Diamantinas	40	38	54	43	44	0,24

Fonte: Recenseamentos.

O Gráfico 10, que mostra a evolução do Produto Interno Bruto (PIB) *per capita* no século XXI, não deixa dúvidas sobre a relativa recuperação da Chapada e das Lavras, em termos econômicos. O crescimento desse indicador para a região cresceu mais do que o da Bahia. No período que vai de 2002 a 2016, o PIB *Per capita* da Bahia multiplicou por 3,8, enquanto o da Chapada por 4,3 e o das Lavras 6,6 vezes. Esse aumento ganhou *momentum* a partir de 2015. No caso das Lavras, o destaque foi Mucugê, cujo PIB *per capita* multiplicou 10,5 vezes, saltando de R$ 3.692, em 2002, para R$ 38.638, em 2016. Esse crescimento em Mucugê deve-se, certamente, ao faturamento concentrado do Agropolo, e não necessariamente a uma melhoria generalizada nas condições de vida da população. Apesar disso, em 2016, o PIB *per capita* da Chapada (R$ 9.258) e das Lavras (R$15.670) eram menores do que a média da Bahia (R$ 16.931).

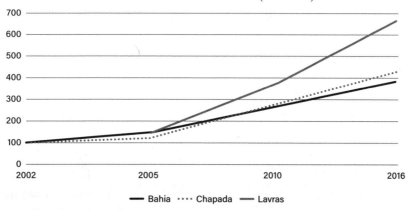

Gráfico 10
Crescimento do PIB *Per Capita* da Bahia, Chapada e Lavras Diamantinas: 2002-2016 (2002=100)

Fonte: Elaborado a partir dos dados da SEI.[114]

Os dados sobre empregos podem nos ajudar a desvendar a situação do mercado de trabalho e das condições de vida da população. O Gráfico 11 apresenta a evolução da quantidade de empregos formais na Bahia, na Chapada e nas Lavras Diamantinas. Verifica-se que, assim como o crescimento do PIB *per capita*, as Lavras tiveram um desempenho melhor no tocante à criação de empregos do que a Bahia e a

Gráfico 11
Bahia, Chapada e Lavras Diamantinas: evolução do emprego formal
2005-2015 (2005=100)

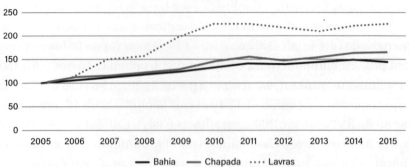

Fonte: Elaborado a partir de dados da SEI.[115]

Chapada, que, por sua vez, teve um desempenho ligeiramente melhor do que o do estado. No entanto, esses números são pequenos quando comparados com a população economicamente ativa (PEA). Em 2010, os empregos formais (com carteira assinada) da Bahia correspondiam a 32,5% da PEA, enquanto, na Chapada, essa relação era de 14,4% e, nas Lavras, 26,8%. Isso quer dizer que, no Território de Identidade, havia uma maior quantidade relativa de trabalhadores sem carteira assinada ou que produziam para o próprio consumo do que no estado, indicando uma maior precariedade do mercado de trabalho. De fato, em 2010, a relação entre o total de ocupados e os empregados com carteira assinada, para a Bahia, era de 45%, enquanto, para a Chapada, essa relação era de 21% e, para as Lavras, 35%. Além disso, ainda em 2010, o rendimento médio do trabalho principal das pessoas ocupadas no Território de Identidade era de R$ 529,00, bem abaixo do observado para o estado (R$ 901,85). Todos os municípios apresentaram rendimentos médios menores que o da Bahia. Lençóis tinha o maior rendimento médio do Território (R$ 717,00), seguido por Palmeiras (R$ 633,00) e Mucugê (R$ 610,00), indicando uma melhor situação das Lavras, em relação à Chapada como um todo.

O turismo, em 2006, empregava diretamente 264 pessoas no Território de Identidade (1,5% do total de empregos formais), aumentando para 423 (1,7%), em 2013. Já as atividades agropecuárias empregavam 3.029 (17%), em 2006, aumentando para 3.865, em 2013, porém reduzindo sua participação no total (15,8%). Verifica-se que o turismo não é um grande empregador direto, pelo menos no que diz respeito a empregos com carteira assinada. Na verdade, o grande empregador na Chapada, assim como em todo interior baiano, é a administração pública: em 2006, ela empregava 9.793 pessoas (55% do total de empregos), aumentando para 12.503, em 2013, porém reduzindo sua participação no total (51%).

A realidade social da Chapada pode ser vislumbrada pela análise do Índice de Desenvolvimento Humano (IDH), conforme se observa no Gráfico 12. Verifica-se que houve um acentuado avanço desse índice no país, no estado, na Chapada e nas Lavras no período de 1991 a 2010. Os valores do índice para a Chapada e as Lavras tiveram um crescimento maior do que o do Brasil e da Bahia. No entanto, por partirem de uma base reduzida em 1991, ao final do período eles eram inferiores ao do estado e ao do país. Isso quer dizer que, mesmo tendo um maior crescimento do PIB *per capita* (Gráfico 10), as Lavras e a Chapada não alcançaram o nível de desenvolvimento humano médio da Bahia. Entre os municípios, o destaque é para Palmeiras que, em 2010, apresentava o maior IDH do Território de Identidade, 0,643, apesar de, naquele mesmo ano, não ter o maior PIB *per capita* (R$ 4.636). Enquanto isso, Mucugê apresentava o maior PIB *per capita* do Território (R$ 20.847) e um IDH de 0,606, apenas o sexto maior.

Gráfico 12
Evolução do IDH do Brasil, da Bahia, da Chapada e das Lavras Diamantinas: 1991-2010

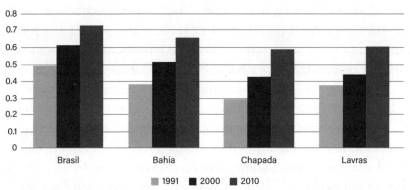

Fonte: PNUD/IPEA.

De acordo com os dados do Censo de 2010, a proporção de famílias da Chapada em condições de extrema pobreza era de 24,2% e, nas Lavras, de 21,8%, superiores à média da Bahia (15%). Em dezembro de 2016, 61.842 famílias da região eram atendidas pelo Programa de Bolsa Família, correspondendo a 59% do total, sendo que 7.279 nas Lavras. Em 2010, a taxa de analfabetismo da população de 15 anos ou mais, no Território de Identidade, era de 20,8%, superior à do estado (16,3%), enquanto, nos municípios das Lavras, a taxa média alcançava 20,7%.

Esses dados pintam um complexo quadro social. Apesar da recuperação econômica, em relação à profunda decadência posterior ao fim do ciclo do diamante, que se inicia na última década do século XX e avança no XXI, a Chapada Diamantina não foi capaz de alcançar o nível médio dos indicadores sociais da Bahia, que, no contexto nacional, se situam entre os últimos dos estados. A situação social é remediada por programas assistenciais, a exemplo do Bolsa Família, que garante um nível mínimo de renda para um conjunto expressivo de famílias da região. Deve-se mencionar também os programas *Água para todos*, que contribui para reduzir os efeitos das secas no abastecimento humano, e o *Luz para todos*, que tem levado energia elétrica para o meio rural. Os programas sociais vêm contribuindo para reduzir significativamente a migração, embora as taxas de crescimento populacional revelem que a busca de oportunidades fora da região ainda é uma alternativa para os seus habitantes.

A estrutura social passou por algumas mudanças. No topo da pirâmide, os coronéis foram substituídos por fazendeiros da agricultura capitalizada. A relação de dependência dos trabalhadores com os coronéis se desfez. Uma incipiente classe média passou a se formar, constituída por comerciantes, profissionais liberais, prestadores de serviços especializados e agricultores familiares. Os "forasteiros", os que vieram em busca de oportunidades no turismo ou na agricultura, criaram raízes, contribuindo para aumentar a diversificação social em relação aos tempos do diamante e do latifúndio. Essas mudanças, embora indiquem a redução da extrema pobreza, não foram capazes de extinguir a miséria, ainda parte da vida do sertão baiano. Miséria alimentada pela concentração, pela exclusão e pelos baixos índices educacionais.

A estrutura social mais diversificada resulta em uma representação política mais pulverizada. A última década do século XX e as primeiras do XXI marcam o fim da era dos coronéis como detentores do poder político nos municípios. O poder local hoje é disputado por atores procedentes de diferentes bases econômicas, em acirrada competição por cargos eletivos e, consequentemente, pelo controle dos recursos e dos empregos públicos. No século XXI, assim como em todo o sertão nordestino, a população da Chapada votou maciçamente em candidatos majoritários (presidente e governador) do Partido dos Trabalhadores, identificados como os mais capazes de promover melhorias de vida no local. A disputa pelas prefeituras privilegia aqueles que trabalham para as comunidades, que possuem popularidade pelas efetivas ações assistenciais que promovem. As eleições proporcionais (deputados federais e estaduais) são vinculadas às locais, uma vez que prefeitos, vereadores e cabos eleitorais pedem votos para os candidatos que ajudam concretamente na consecução de benefícios, a exemplo daqueles provenientes dos programas *Água para todos* e *Luz para todos*. Em suma, o voto hoje não é mais do coronel: ele tem de ser disputado. Os políticos mal avaliados, de uma perspectiva utilitarista, são deixados para trás.

NOTAS

[100] CAR: Companhia de Ação Regional (2016).

[101] O termo reterritorialização está sendo usado no sentido empregado por Rogério Haesbaert. Para ele: "A precarização (para alguns 'exclusão') social que lança de forma crescente milhões de pessoas na miséria faz com que eles revalorizem seus vínculos básicos com o 'território', mesmo no seu sentido mais elementar – como 'terra', 'terreno', base primeira da reprodução social, como abrigo e fonte de sobrevivência. Mas, do mesmo modo como o ser humano, mesmo na condição econômica mais precária, não se reduz a um indivíduo biológico, podendo se tornar alvo fácil dos identitarismos mais radicais, o território também envolve sempre, em diferentes níveis, uma dimensão simbólico-identitária". (Haesbaert (2006, p. 66-67).

[102] Ao analisar a estrutura etária e mudança social em Mucugê nos anos 1970, Luzinete Simões verificou um estreitamento da pirâmide etária na faixa dos 30 a 45 anos, evidenciando a expulsão da população adulta economicamente ativa, gerando um vazio populacional. Ver Simões (1977).

[103] Essas informações se encontram-se em Simões (1977, p. 71-72) e Brito (2005, p. 190).

[104] Moreira e Couto (1994), citado por Matta (2006, p. 141).

[105] As informações sobre a mineração mecanizada na Chapada são de Matta (2006, p. 93-105) e Brito (2005, p. 133-139).

[106] O *Peace Corps* (Corpos da Paz) era uma organização de voluntários, promovida pelo governo americano, fundada em 1960 pelo presidente Kennedy, no âmbito da Aliança para o Progresso. Essa iniciativa visava a disseminar os valores e a cultura americanos em países subdesenvolvidos, por meio de cooperação técnica a comunidades carentes, no momento em que a Guerra Fria escalava. O *Peace Corps* chegou a contar com 7.330 voluntários espalhados por 44 países.

[107] Os dados e informações sobre turismo na Chapada são de Brito (2005) e Simões (1977). Impressiona a escassez de dados oficiais sobre o turismo no Brasil e na Bahia. Os números de leitos em hotéis, por exemplo, foram coletados por Francisco Emanuel Matos Brito diretamente, em pesquisa de campo para sua tese. Os dados dos leitos em 2016 foram obtidos diretamente na Secretaria de Turismo do Estado da Bahia - SETUR.

[108] As áreas das unidades de conservação são encontradas em SUPERINTENDÊNCIA DE ESTUDOS ECONÔMICOS E SOCIAIS DA BAHIA - SEI (p. 119). Uma Área de Proteção Ambiental (APA) é, de acordo com a legislação ambiental brasileira, destinada à conservação dos recursos ambientais (fauna, flora, solo e recursos hídricos). Pode apenas ter uso sustentável, ou seja, o acesso, a ocupação e a exploração devem ser controlados para não prejudicar seu ecossistema. As áreas de proteção ambiental podem ter posse e domínios público ou privado. Cabe, no entanto, aos órgãos públicos a fiscalização de sua ocupação e exploração. Já uma Área de Relevante Interesse Ecológico (ARIE) é de pequena extensão, com pouca ou nenhuma ocupação humana, protegida por suas características naturais singulares ou por abrigar exemplares raros da fauna e flora de uma região.

[109] Brito (2005, p. 381-382). Atualmente, a parte do IBAMA que cuida de parques chama-se Instituto Chico Mendes (ICMBIO).

[110] Costa (1885).

[111] Miranda e Alencar (2012).

[112] Esses dados são de SUPERINTENDÊNCIA DE ESTUDOS ECONÔMICOS E SOCIAIS DA BAHIA (2015, tabela 2, p. 120, e tabela 13, p. 141). Sobre o peso da agricultura familiar, ver <https://www.sei.ba.gov.br/index.php?option=com_content&view=article&id=2725&Itemid=732>

[113] Sobre o número de pivôs centrais ver <https://www.correio24horas.com.br/noticia/nid/agricultura-irrigada-bahia-possui-o-mais-extenso-polo-de-pivos-do--pais/>. Sobre os conflitos <https://www.cptnacional.org.br/multimidia/12-noticias/conflitos/4091-o-colapso-hidrico-da-bacia-hidrografica-do-rio-paraguacu--e-o-eminente-conflito-entre-os-usuarios>

[114] Elaborado a partir das tabelas encontradas em <https://www.sei.ba.gov.br/index.php?option=com_content&view=article&id=561&Itemid=335>

[115] SUPERINTENDÊNCIA DE ESTUDOS ECONÔMICOS E SOCIAIS DA BAHIA (2017, tabelas 2.0 e 2.3).

A quem pertence o futuro?

Naquelas escarpadas serras, onde envelheciam vento e os bichos brabos, havia fazenda de pouco gado, quilombos e passagens de tropeiros, até o dia em que as pedras que brilham foram achadas. Muita gente acorreu, senhores de grande escravaria, garimpeiros de outras venturas, arraia miúda, espertos comerciantes, gente de todas as esferas. De repente era o eldorado, pouso de ganho fácil para quem tinha poder ou sorte. A fama correu mundo, acampamentos viraram cidades, a riqueza abundou para poucos, as pedras lavadas até esgotar o brilho. Lugar violento, jagunços valentões a serviço dos coronéis. Guerras sem fim nem finalidades muito certas. A riqueza dissipada pelas frestas de uma estrutura social fraturada.

Os coronéis se foram, chegaram os turistas e os capitalistas da agricultura irrigada. Assentados e quilombolas são parte do misturado caldo da sociedade de hoje. As Lavras, enfim, despertaram da profunda letargia causada pelos cada vez mais raros diamantes. Seus filhos já quase não precisam buscar outras paragens para sobreviver. A vida precisa ser conquistada pelos frutos da terra, suas dádivas, sortilégios e mazelas. A luta é grande, os resultados incertos, enquanto a humilhante extrema pobreza parece que nunca acaba.

A Chapada e as Lavras precisam desesperadamente da água, que pode ser, ao mesmo tempo, farta e escassa. Os rios formam a maior bacia exclusivamente baiana. Mas as persistentes secas teimam em reduzi-los e até secá-los, ajudadas pela irrigação desregrada. Nascentes desprotegidas, desmatamentos indiscriminados, constantes queimadas. Descaso e desperdício, exploração irracional desde os primeiros tempos, juntam-se às atuais ameaças climáticas globais. A água escassa gera conflitos no campo e afugenta turistas. Ela é, hoje, a principal riqueza, como um dia foram os diamantes, que se esgotaram. Resta saber se a água também vai se esvair, se ela percorrerá o mesmo ciclo vital inerente a toda dádiva da natureza. Afinal, nem diamantes nem a natureza são eternos.

Os dias de hoje também são retratados na literatura que tem a Chapada Diamantina como cenário. Esse é o caso do livro *Bye bye Babilônia*.

Bye Bye Babilônia

Nesse livro singular, Luiz Afonso articula todos os elementos que atualmente estão presentes na Chapada Diamantina. Lá estão esotéricos, alternativos, moradores, antigos garimpeiros, guias, turistas e invernistas, que buscam as serras como refúgio e pouso. Os personagens são extraídos do dia a dia da Chapada de hoje, com todos seus componentes e suas vivências. A paisagem humana é enunciada pelos matizes que configuram o cenário natural. Um romance moderno, de estilo eclético, muito próprio à estória que se conta com fina fluidez.

O enredo tem por inspiração a suposta ocorrência de um *tsunami* no litoral. Aqueles que podem, procuram as terras altas do interior, onde a ocorrência já era esperada e preparada pela narrativa mística de um anão peruano, achado naquele meio. Quem quiser que acredite, quem não quiser desapareça no fogo ou no primeiro disco voador que apareça. Tudo é possível, tudo é imaginável. A mais delirante fantasia não está distante das possibilidades de um mundo em desespero. Essa estória é usada para movimentar as relações e os conflitos da região. O turismo se chocando com o ambiente, a modernidade com a tradição, o misticismo alienígena com as crenças locais, os forasteiros com os nativos, as serras com o mar que vem chegando, como anunciara o profeta. A realidade é onírica. Naquele caos instalado, tudo se confunde com tudo – melhor sonhar que acordar. Sonhar e aprender com o bagre albino, por exemplo, evoluída espécie sobrevivente de outras eras glaciais.

A inspiração esotérica não é refúgio para futilidades. As questões transcendentais são levantadas para apontar as mazelas reais: destruição do ambiente, desarticulação de uma sociedade ancorada no passado, forasteiros aproveitadores com intenções questionáveis. Nada disso pode ficar impune frente às determinações do universo. O desastre é inevitável. Uma outra vida é possível desde que o leitor seja eleito para ser abduzido, para observar de uma nave o final de tudo, nave que se confunde com o útero materno. A Chapada Diamantina, mais uma vez, oferece inspiração para alta criatividade literária.

Luiz Afonso, *Bye bye Babilônia*. Salvador: Edição do autor, 2010.

Referências

ABREU, Capistrano de. *Caminhos antigos e povoamento do Brasil.* Rio de Janeiro: Civilização Brasileira; Brasília, INL, 1975.

ABREU, Capistrano de. *Capítulos de História Colonial,* 1500-1800. São Paulo: Publifolha, 2000.

ACAUÃ, Benedicto Marques da Silva, Memórias sobre os terrenos diamantinos da província da Bahia. Em Francisco Ignácio Ferreira. *Dicionário Geográfico das Minas do Brasil.* Rio de Janeiro: Imprensa Nacional, 1885.

AFONSO, LUIZ. *Bye, bye Babilônia.* Salvador: Edição do autor, 2010.

AGUIAR, Durval Vieira de. *Descrições Práticas da Província da Bahia: com declarações de todas as distâncias intermediárias das cidades, vilas e povoações.* Rio de Janeiro: Cátedra; Brasília: INL, 1979.

ALMEIDA, Miguel Calmon Du Pin e. *Ensaio sobre o fabrico de açúcar.* Salvador: FIEB, 2002.

ALMEIDA, Miguel Calmon Du Pin e. *Memória sobre a cultura do tabaco.* Salvador: Tipografia do Diário, 1835.

ALMEIDA, Romulo. Traços da história econômica da Bahia no último século e meio. *Revista de Desenvolvimento Econômico,* v. XI, n. 19, janeiro de 2009.

ALMEIDA, Sérgio Luiz Muricy de, *Cônego Benigno José de Carvalho: imaginário e ciência na Bahia do século XIX.* Dissertação de Mestrado em História Social da UFBA, 2003.

ALVES, Delmar Araújo; NEVES, Erivaldo Fagundes; SENNA, Ronaldo de Salles. *Bambúrrios e quimeras (olhares sobre Lençóis: narrativas de garimpo e interpretações da cultura).* Feira de Santana: UEFS, 2002.

AMADO, Janaina, Região, Sertão, Nação. *Estudos Históricos,* v. 8, n. 15, 1995.

ANTONIL, André João. *Cultura e Opulência do Brasil por suas Drogas e Minas.* Primeira impressão em Lisboa, 1711, e segunda no Rio de Janeiro, 1837.

ARENDT, Hanna. *Origens do totalitarismo. Antissemitismo, imperialismo, totalitarismo.* São Paulo: Companhia de Bolso, 2012.

ASSIS, Machado de. *Esaú e Jacó*. Rio de Janeiro: Nova Fronteira, 2016.

AZEVEDO, Thales de; VIEIRA LINS, E.Q. *História do Banco da Bahia, 1858-1958*. Rio de Janeiro: Livraria José Olympio Editora, 1968.

BANDEIRA, Luiz Alberto Moniz. *O Feudo: a Casa da Torre de Garcia d'Ávila: da conquista dos sertões à independência do Brasil*. Rio de Janeiro: Civilização Brasileira, 2007.

BARBOSA, Lívia. *Garimpo e Meio Ambiente: águas sagradas e águas profanas*. Estudos Históricos, V. 4, N. 8. 1991.

BARBOSA, Mario F. *Anuário Estatístico da Bahia – 1923*. Imprensa Oficial do Estado da Bahia, 1924.

BARBOSA, Olympio. *Horácio de Mattos: sua vida e suas lutas*. Salvador, Assembleia Legislativa do Estado da Bahia, 2008.

BARICKMAN, B. J. Até a véspera: o trabalho escravo e a produção de açúcar nos engenhos do Recôncavo baiano (1850-1881). **Afro-Ásia**, 21-22, 1998-1999.

BARICKMAN, B.J. *Um contraponto baiano: açúcar, fumo, mandioca e escravidão no Recôncavo, 1780-1860*. Rio de Janeiro: Civilização Brasileira, 2003.

BATISTA, Eliana Evangelista. *A Bahia para os baianos: acomodação e reação política ao governo de Getúlio Vargas (1930-1937)*. Tese apresentada ao Programa de Pós-Graduação em História da Universidade Federal da Bahia, 2018.

BORBA, Silza Fraga Costa. *Industrialização e exportação do fumo na Bahia*, 1870-1930. Salvador: Universidade Federal da Bahia, Mestrado em Ciências Sociais, 1975.

BOXER, Charles. *A idade de ouro do Brasil: dores de crescimento de uma sociedade colonial*. Rio de Janeiro: Nova Fronteira, 2000.

BRANDÃO, Ambrósio Fernandes. *Diálogos das grandezas do Brasil*, São Paulo, Melhoramentos, Brasília, INL, 1977.

BRANDÃO, Carlos. *Territórios e desenvolvimento: as múltiplas escalas entre o local e o global*. Campinas, SP: Editora da Unicamp, 2012.

BRAUDEL, Fernand. *Civilização Material e Capitalismo (séculos XV-XVIII)*. Lisboa: Edições Cosmos, 1970.

BRAUDEL, Fernand. *Escritos sobre a História*. São Paulo: Editora Perspectiva, 1978.

BRAUDEL, Fernand. *Gramática das Civilizações*. São Paulo: Martins Fontes, 1989. Excluir "pg. 29".

BRITO, Francisco Emanuel Matos. *Os ecos contraditórios do ecoturismo na Chapada Diamantina*. Salvador: EDUFBA, 2005.

BRITO, Jailton Lima. *A Abolição na Bahia: uma história política: 1870 - 1888*. Dissertação apresentada ao Mestrado em História, UFBA, 1996.

BRITO, João Rodrigues de. *Cartas econômico-políticas sobre a agricultura e o comércio da Bahia*. Lisboa: Imprensa Nacional, 1821.

CALDAS, José Antônio. *Notícia Geral de tôda esta Capitania da Bahia, desde o seu descobrimento até o presente ano de 1759*. Tipografia Beneditina: Salvador. Bahia. 1951.

CALDEIRA, Jorge. *A Nação Mercantilista*. São Paulo: Editora 34, 1999.

CALDEIRA, Jorge. *O banqueiro do sertão*. São Paulo: Mameluco, 2006.

CALDEIRA, Jorge. *Nem céu nem inferno: ensaios para uma visão renovada da história do Brasil*. São Paulo: Três Estrelas, 2015.

CALDEIRA, Jorge. *História da riqueza no Brasil*. Rio de Janeiro: Estação Brasil, 2017.

CALMON, Francisco Marques de Góes. *Vida econômico-financeira da Bahia (elementos para a história), de 1808 a 1899*. Bahia: Imprensa Oficial do Estado, 1925.

CALMON, Pedro. *História da Casa da Torre: uma dinastia de pioneiros*. Salvador: Fundação Cultural do Estado da Bahia, 1983.

CALÓGERAS, Pandiá. *As minas do Brasil e sua legislação*. São Paulo: Companhia Editora Nacional, 1938.

CAR: Companhia de Ação Regional, *Plano Territorial de Desenvolvimento Rural Sustentável e Solidário*, Chapada Diamantina, 2016.

CARLETTO, Cássia Maria Muniz. *A estrada de ferro de Nazaré no contexto na política nacional de viação férrea*. UFBA, Mestrado em Ciência Sociais, Dissertação de Mestrado, 1979.

CARONE, Edgard. *A República Velha I: Instituições e classes sociais*. Rio de Janeiro: Difel, 1975.

CARONE, Edgard. *A República Velha II: Evolução Política (1889-1930)*. Rio de Janeiro: Difel, 1977.

CARVALHO, José Murilo. *A construção da ordem: a elite política imperial. Teatro das sombras: a política imperial.* Rio de Janeiro: Civilização Brasileira, 2008.

CASTELLUCCI, Aldrin Armstrong Silva. *Salvador dos Operários: Uma História da Greve Geral de 1919 na Bahia,* Dissertação de Mestrado, Programa de Pós-Graduação em História, UFBA, 2001.

CATHARINO, José Martins. *Garimpo, Garimpeiro, Garimpagem.* Rio de Janeiro: Philobibliom, 1986.

CAVALCANTE, Luiz Ricardo Mattos Teixeira. *A era da indústria: a economia baiana na segunda metade do século XX.* Salvador: FIEB, 2008.

CEZAR, Rodrigo Valle; CAMARGO, Vanessa Aparecida. *História Natural da Chapada Diamantina.* São Paulo: Gregory, 2016.

CHAGAS, Américo. *Montalvão.* Secretaria de Cultura e Turismo, EGBA, 1998.

CHAGAS, Américo. *O Chefe Horácio de Matos.* Salvador: Edição do autor, 1996.

CÓDICES DE CAETANO COSTA MATOSO. *Do descobrimento dos diamantes, e diferentes métodos, que se tem praticado na sua extração.*

COSTA, Miguel Pereira da. Relatório apresentado ao Vice-rei Vasco Fernandes Cezar quando voltou da comissão em que fora ao distrito das minas do Rio das Contas, *Revista do Instituto Histórico e Geográfico Brasileiro (RIGHB)*, Tomo Quinto, Terceira Edição, 1885.

COUTINHO, Afrânio (org.). *A literatura no Brasil.* V. III. Rio de Janeiro: Editorial Sul-americana, 1969.

CRUZ, Myrt Thânia de Souza. *A Chapada Diamantina e a convivência com o semi-árido: Ameaça de desarticulação e dissolução de comunidades locais.* Tese de doutorado em Ciências Sociais – Antropologia. Pontifícia Universidade Católica de São Paulo, 2006.

CUNHA, Euclides da, *Os Sertões.* Rio de Janeiro: Nova Fronteira, 2011.

CUNHA, Sílvio Humberto dos Passos. *Um retrato fiel da Bahia: sociedade-racismo-economia na transição para o trabalho livre no recôncavo açucareiro, 1871-1902.* Tese de doutorado, Instituto de Economia da Universidade Estadual de Campinas, 2004.

DANTAS, Ibarê "Sobre o conceito de oligarquia". *Cadernos da UFS: História*, v.2, n.2, Aracaju, 1996.

DANTAS, Monica Duarte. *Fronteiras movediças: relações sociais na Bahia no século XIX: (a comarca de Itapicuru e a formação do arraial de Canudos)*. São Paulo: Aderaldo e Rothschild: Fapesp, 2007.

DERBY, Orville A. Os primeiros descobrimentos de diamantes no Estado da Bahia. *Revista do Instituto Geográfico e Histórico da Bahia*, v. 31, 1905-06.

DINIZ, Almachio. *O diamante verde*. São Paulo, GRD; Brasília, INL, 1981.

DOMALAIN, Jean Yves, *Mucugê, o brilhante da Chapada*. Centro de Recursos Hídricos da Secretaria do Planejamento, Ciência e Tecnologia do Governo da Bahia, 1998.

EDELWEISS, Frederico. Os primeiros vinte anos de extração de ouro documentada da Bahia. *Anais do Primeiro Congresso de História da Bahia*, IV volume. Instituto Geográfico e Histórico da Bahia, 1950.

EISENBERG, Peter, *The Sugar Industry in Pernambuco: Modernization without change, 1840-1910*. Berkeley: University of California Press, 1974.

EPSTEIN, Edward Jay. *Have You Ever Tried to Sell a Diamond?* <http://www.theatlantic.com/magazine/archive/1982/02/have-you-ever-tried-to-sell-a diamond/304575/>. Acesso novembro de 2016.

ESCHWEGE, W.L. von, **Pluto brasiliensis**. Belo Horizonte: Editora Itatiaia; São Paulo: Editora da USP, 1979.

ETCHEVARNE, Carlos. *Projeto do Geoparque Serra do Sincorá*, Anexo 1. Universidade Federal da Bahia: 2017.

EVEN-ZOHAR, Chaim. *From Mine to Mistress: Corporate Strategies and Government Policies in the International Diamond Industry*. Londres: Mining Communications Ltd., 2007.

FAORO, Raymundo. *Os donos do poder: formação do patronato político brasileiro*. São Paulo: Globo, 1997.

FAUSTO, Boris. *A Revolução de 1930: historiografia e história*. São Paulo: Editora Brasiliense, 1979.

FERRARO, Alceu Ravanello. Analfabetismo e níveis de letramento no brasil: o que dizem os censos? *Educ. Soc.* vol. 23, no. 81, 2002.

FERREIRA, Francisco Ignácio. Dicionário Geográfico das Minas do Brasil. Rio de Janeiro: Imprensa Nacional, 1885.

FERREIRA, Jackson André da Silva. *Gurgalha: um coronel e seus dependentes no sertão baiano (Morro do Chapéu, século XIX)*. Programa de Pós-Graduação em História Social, UFBA, Tese de Doutorado, 2014.

FRAGOSO, João Luís Ribeiro. *Homens de grossa aventura: acumulação e hierarquia na praça mercantil do Rio de Janeiro (1790-1830)*. Rio de Janeiro: Editora Arquivo Nacional, 1992.

FRANCO, Francisco de Assis Carvalho. *Dicionário de bandeirantes e sertanista do Brasil: séculos XVI, XVII e XVIII*. Belo Horizonte: Itatiaia; São Paulo: Editora da USP, 1989.

FREIRE, Felisbello, *História Territorial do Brasil*. Salvador: Secretaria de Cultura e Turismo, Instituto Geográfico e Histórico da Bahia, 1998.

FRUTUOSO, Moisés Amado. *"Morram marotos!": antilusitanismo, projetos e identidades políticas em rio de contas (1822-1823)*. Programa de Pós-Graduação em História, UFBA, Dissertação de Mestrado, 2015.

FUNDAÇÃO DE PESQUISAS – CPE, *A inserção da Bahia na evolução nacional 1 etapa: 1850-1889*. Salvador: Bahia, Secretaria de Planejamento, Ciência e Tecnologia, 1978.

FUNDAÇÃO CENTRO DE PESQUISAS E ESTUDOS – CPE (Bahia). *A inserção da Bahia na evolução nacional – Segunda etapa*: 1890-1930. Salvador, 1980.

FURTADO, Júnia Ferreira. *O livro da capa verde: o Regimento Diamantino de 1771 e a vida no distrito diamantino no período da real extração*. São Paulo: Annablume; Belo Horizonte: PPGH/UFMG, 2008.

FUSCO, Wilson; OJIMA, Ricardo. Migrações e nordestinos pelo Brasil: uma breve contextualização. Em FUSCO, Wilson; OJIMA, Ricardo. *Migrações Nordestinas no Século 21 - Um Panorama Recente*, São Paulo: Editora Edgard Blücher, 2015.

GAYER, A.D.; ROSTOW, W.W.; SCHWARTZ A.J. *The Growth and Fluctuation of the British Economy 1790-1850*. Oxford: Clarendon Press, 1953.

GONÇALVES, Graciela Rodrigues. *As Secas na Bahia do Século XIX (Sociedade e Política)*. Dissertação de Mestrado em História, UFBA, 2000.

GONÇALVES, Maria Salete Petroni de Castro. *Garimpo, devoção e festa em Lençóis*, BA. São Paulo: Escola de Folclore, 1984.

GORENDER, Jacob, *O escravismo colonial*. São Paulo: Editora Fundação Perseu Abramo, 2010.

HAESBAERT, R. Concepções de território para a entender a desterritorialização. In: Programa de Pós-Graduação em Geografia da UFF. *Território, Territórios*. Niterói: PPGEO-UFF/AGB-Niterói, RJ. 2002.

HAESBAERT, Rogério. Concepções de território para entender a desterritorialização. Em SANTOS, Milton; BECKER, Bertha (organizadores). *Território, territórios: ensaios sobre ordenamento territorial*. Rio de Janeiro: DP&A, 2006.

HARRIS, Marvin. *Town&Country in Brazil*. New York: The Norton Library, 1956.

HART, Matthew. *Diamond: a journey to the heart of an obsession*. New York: Walker & Company, 2001.

HOLANDA, Sérgio Buarque de. *O Brasil Monárquico*. São Paulo: Difusão Europeia do Livro, 1972.

HOLANDA, Sérgio Buarque de. *Visão do Paraíso: os motivos edênicos do descobrimento e colonização do Brasil*. São Paulo: Brasiliense; Publifolha, 2000.

IBGE (https://brasil500anos.ibge.gov.br/estatisticas-do-povoamento/evolucao-da-populacao-brasileira.html).

INSTITUTO BRASILEIRO DE GEOGRAFIA E ESTATÍSTICA. *Recenseamento Geral do Brasil, População e Habitação*. Rio de Janeiro: Serviço Gráfico do Instituto Brasileiro de Geografia e Estatística, 1950.

IPAC-BA, *Inventário de proteção do acervo cultural; monumentos e sítios da Serra Geral e Chapada Diamantina*. Salvador, 1980, v. 4.

LEAL, Victor Nunes. *Coronelismo, Enxada e Voto* (O Município e o Regime Representativo no Brasil). São Paulo: editora Alfa-Ômega, 1993.

LEFF, Nathaniel. *Subdesenvolvimento e desenvolvimento no Brasil: estrutura e mudança econômica, 1822-1947*. Rio de Janeiro: Expressão e Cultura, 1991.

LENZEN, Godehard. *The history of diamond production and the diamond trade*. Londres: Barrie and Jenkins, 1970.

LEVINE, Robert. *A velha usina – Pernambuco na federação brasileira, 1889-1937*. Rio de Janeiro: Paz e Terra, 1980.

LIMA, Ruy Cirne. *Pequena História Territorial do Brasil: sesmarias e terras devolutas*. São Paulo: Secretaria de Estado da Cultura, 1990.

LIMA, Fernando Carlos de Cerqueira. *Uma Análise Crítica da Literatura Sobre a Oferta e a Circulação de Moeda Metálica no Brasil nos séculos XVI e XVII*. Estudos Econômicos, V. 35, N. 1, 2005.

LINS, Wilson. *O Médio São Francisco: uma sociedade de pastores e guerreiros*. São Paulo: Editora Nacional, 1983.

LUGAR, Catherine. *The Merchant Community of Salvador, Bahia, 1780-1830*. Tese de Doutorado, State University of New York at Stony Brook, 1980.

MACAULAY, Neil. *A Coluna Prestes*. Rio de Janeiro e São Paulo: Difel, 1977.

MAGALHÃES, Basílio de. *Expansão Geográfica do Brasil Colonial*. São Paulo: Editora Nacional e Brasília, INL, 1978.

MARIANI, Clemente. Análise do problema econômico baiano. *RDE - Revista de Desenvolvimento Econômico*, Ano XI, Nº 20, julho de 2009.

MARTINS, Romulo de Oliveira. *"Vinha na fé de trabalhar em diamantes". Escravos e libertos em Lençóis, Chapada Diamantina-BA (1840 – 1888)*. Dissertação de Mestrado, Programa de História Social da Faculdade de Filosofia e Ciências Humanas, Universidade Federal da Bahia, 2013.

MATTA, Paulo Magno da. *O garimpo na Chapada Diamantina e seus impactos ambientais: uma visão histórica e suas perspectivas futuras*. Dissertação apresentada ao Programa de Pós-graduação em Engenharia Ambiental Urbana da UFBA, 2006.

MATTOSO, Katia M. de Queirós. *Bahia, século XIX: uma Província no Império*. Rio de Janeiro: Editora Nova Fronteira, 1992.

MAUÁ, Visconde de. *Exposição aos credores de Mauá & C e ao público*. Rio de Janeiro: Tipografia de J. Villeneuve e C., 1878.

MEDRADO, Helena. *Medrado, há 300 anos no Brasil*. João Pessoa: Ideia Editora, 2002.

MELO NETO, João Cabral de. *Melhores poemas de João Cabral de Melo Neto*. São Paulo: Global Editora, 2001.

MELO, Evaldo Cabral de. *O Norte agrário e o Império: 1871-1889*. Rio de Janeiro: Nova Fronteira; Brasília: INL, 1984.

MENEZES, Gustavo Adolpho de. *Memórias sobres os terrenos diamantinos da província da Bahia*, (escrito em 1863). Em FERREIRA, Francisco Ignácio. Dicionário Geográfico das Minas do Brasil. Rio de Janeiro: Imprensa Nacional, 1885.

Ministério da Indústria, Viação e Obras Públicas, Diretoria Geral de Estatística. *Sinopse do Recenseamento*. Rio de Janeiro: Oficina da Estatística, 1898. 1900.

Ministério da Indústria, Viação e Obras Públicas, Diretoria Geral de Estatística. *Sinopse do Recenseamento de 31 de dezembro de 1900*. Rio de Janeiro: Tipografia da Estatística, 1905.

Ministério da Indústria, Viação e Obras Públicas, Diretoria Geral de Estatística, *Recenseamento do Brasil realizado em 1 de setembro de 1920, Volume IV, População*. Rio de Janeiro: Tipografia de Estatística, 1920.

MIRANDA, Rogério Mucugê; ALENCAR, Cristina Maria Macedo de. Questão agrária em Ibicoara-Ba: antes e depois da barragem do Apertado. *XXI Encontro Nacional de Geografia Agrária*, Uberlândia, 2012.

MONTEIRO, Tobias. *Pesquisas e depoimentos para a História*. Rio de Janeiro: Francisco Alves, 1913.

MORAES, Walfrido. *Jagunços e Heróis*. Bahia: Empresa Gráfica da Bahia/IPAC, 1991.

MOREIRA, P. R.; COUTO, P. A. Extração de Diamantes na Chapada Diamantina (BA) e seus Reflexos no Meio Ambiente. *38° Congresso Brasileiro de Geologia*. Balneário Camboriú - SC, 1994.

MOTTA, Márcia Maria Menendes. *Direito à terra no Brasil: a gestação do conflito*. São Paulo: Alameda, 2009.

NABUCO, Joaquim. *Um Estadista do Império*. Rio de Janeiro: H. Garnier, Livreiro-Editor, 1899.

NAYLOR, R. T. *The political economy of Diamonds*. em <http://www.counterpunch.org/2007/03/16/the-political-economy-of-diamonds/> acesso em 05/09/2016, às 16 h.

NEVES, Erivaldo Fagundes. Estrutura fundiária e dinâmica mercantil: Alto Sertão Baiano séculos XVIII e XIX. Salvador: EDUFBA; Feira de Santa: UEFS, 2005.

NEVES, Erivaldo Fagundes. Almocafre, bateia e gente da pequena esfera: ouro como fator das instituições políticas e sociais nos sertões da Bahia. Em NEVES, Erivaldo Fagundes (org). *Sertões da Bahia: Formação Social, Desenvolvimento Econômico, Evolução Política e Diversidade Cultural*. Salvador: Editora Arcádia, 2011.

NEVES, Erivaldo Fagundes. Região, Território, Lugar: sertão como categoria espacial, alteridade sociocultural e interação político-econômica. Em Erivaldo Fagundes Neves (Org). *Sertões da Bahia – Formação Social, Desenvolvimento Econômico, Evolução Política e Diversidade Cultural*. Salvador: Editora Arcádia, 2011 a.

NEVES, Erivaldo Fagundes. Curraleiro, crioulo, peduro: a pecuária como fator da formação socioeconômica do semiárido. Em NEVES, Erivaldo Fagundes (Org). *Sertões da Bahia – Formação Social, Desenvolvimento Econômico, Evolução Política e Diversidade Cultural*. Salvador: Editora Arcádia, 2011 b.

NEVES, Erivaldo Fagundes. *Uma comunidade Sertaneja: da sesmaria ao minifúndio* (um estudo regional e local). Salvador: EDUFBA; Feira de Santana: Universidade Estadual de Feira de Santana UEFS, 2008.

NEVES, Erivaldo Fagundes; MIGUEL, Antonieta (organizadores). *Caminhos do sertão: ocupação territorial, sistema viário e intercâmbios coloniais nos sertões da Bahia*. Salvador: Editora Arcadia, 2007.

NEVES, Juliana Brainer Barroso. *Colonização e Resistência no Paraguaçu–Bahia, 1530 – 1678*, Universidade Federal da Bahia, Programa de Pós-Graduação em História, Dissertação de Mestrado, 2008.

NEVES, Marcelino José das. *Lavras Diamantinas*. Salvador: Fundação Gonçalo Moniz, 1967.

OLIVEN, Ruben George. *Urbanização e mudança social no Brasil*. Rio de Janeiro: Centro Edelstein de Pesquisas Sociais, 2010.

Ordenações Filipinas, Livro 2, Título 26, Item 16. Acesso *on-line*, Em <http://www1.ci.uc.pt/ihti/proj/filipinas/ordenacoes.htm>, pg. 440. Acesso em 02/04/2018, 18h.

OSÓRIO, Helen. *O império português no sul da fronteira: estancieiros, lavradores e comerciantes*. Porto Alegre: UFRGS, 2007.

PANG, Eul-Soo. *Coronelismo e Oligarquias (1889-1934): A Bahia na Primeira República Brasileira*. Rio de Janeiro: Civilização Brasileira, 1979.

PANG, Eul-Soo. *O Engenho Central de Bom Jardim na economia baiana: alguns aspectos da sua história, 1875-1891*. Rio de Janeiro: Arquivo Nacional, IHGB, 1979 a.

PARAÍSO, Maria Hilda Baqueiro. *Os Kiriri Sapuiá de Pedra Branca*. Salvador: Centro de Estudos Baianos da Universidade Federal da Bahia, 1985.

PEDREIRA, Pedro Tomás. Os Quilombos Baianos. *Revista Brasileira de Geografia*, V. XXIV, n. 4, out-dez 1962.

PEREIRA, Gonçalo de Athayde. Memória Histórica e Descritiva do Município de S. João do Paraguassú, *Revista do Instituto Geográfico e Histórico da Bahia*, Salvador, v.31, 1905-06.

PEREIRA, Gonçalo de Athayde. *Memória História e Descriptiva do Município de Lençóis (Lavras-Diamantinas)*. Bahia: Oficinas da Empresa "A Bahia", 1910.

PEREIRA, Gonçalo Athayde. *Memória Histórica e Descriptiva do Município de Andarahy*. Bahia: Imprensa Oficial do Estado, 1937.

PEREIRA, Gonçalo Athayde. Lapidação dos Diamantes na Bahia. *Rev. Inst. Geo. e Hist. da Bahia*, Volume 69, 1943.

PINA, Maria Cristina Dantas. *Santa Isabel do Paraguaçu: cidade, garimpo e escravidão nas Lavras Diamantinas, século XIX*. Dissertação de Mestrado, Mestrado em História da UFBA, 2000.

PINHO, Wanderley. A Bahia (Capítulo II), em HOLANDA, Sérgio Buarque de. *O Brasil Monárquico*, São Paulo: Difusão Europeia do Livro, 1972.

PINHO, Wanderley. *História de um engenho do Recôncavo: Matoim, Novo Caboto, Freguesia*: 1552-1944. São Paulo: Editora Nacional, 1982.

PINTO de AGUIAR, Manoel. *Ensaios de História e Economia*. Salvador: Livraria Editora Progresso, 1960.

PINTO, Luís de Aguiar Costa. *Lutas de famílias no Brasil: introdução ao seu estudo*. São Paulo: Editora Nacional, 1980.

PINTO, Ver Virgílio Noya. *O ouro brasileiro e o comércio anglo-português: uma contribuição aos estudos da economia atlântica no século XVIII*. São Paulo: Editora Nacional; Brasília: INL, 1979.

PRADO JUNIOR, Caio. *Formação do Brasil Contemporâneo: Colônia*. São Paulo: Brasiliense; Publifolha, 2000.

PRADO JUNIOR, Caio. *História econômica do Brasil*. São Paulo: Brasiliense, 2012.

PRAGUER, Henrique. Riqueza mineral do Estado da Bahia: o diamante. *Revista do IGHB*, número 19, 1899.

PROENÇA, M. Cavalcanti. Introdução a: Euclides da Cunha, *Os Sertões*. Rio de Janeiro: Nova Fronteira, 2011.

PUNTONI, Pedro. *A Guerra dos Bárbaro: Povos Indígenas e a Colonização do Sertão Nordeste do Brasil, 1650-1720*. São Paulo: Hucitec: Editora da Universidade de São Paulo: Fapesp, 2002.

QUADROS, Consuelo Novaes Soares de. *Os partidos políticos da Bahia na Primeira República*. UFBA, Dissertação de Mestrado em Ciências Humanas, 1973.

QUEIROZ, Maria Isaura Pereira de. *O mandonismo local na vida política brasileira e outros ensaios*. São Paulo: Editora Alfa-Ômega, 1976.

QUEIROZ. Claudionor de Oliveira. *O sertão que eu conheci*. Salvador: Assembleia Legislativa do Estado da Bahia, 1998.

REDDY, Sumanth G.; HENRY, Doug; OPPONG, Joseph R. Conflict. Diamonds and the Political Economy of Instability in Africa. *African Geographical Review*, Vol. 24, N. 1, 2005.

RÊGO, André Heráclito do. O sertão e a geografia. *Revista do Instituto de Estudos Brasileiros*, n. 63, abril 2016.

REIS, João José; GOMES, Flávio dos Santos (organizadores). *Liberdade por um fio: história dos quilombos no Brasil*. São Paulo: Companhia das Letras, 1996.

RIBEIRO, Luís Saboia. *Os caçadores de diamantes*. Rio de Janeiro: Epasa, 1945.

ROCHA, Lindolfo. *Maria Dusá*. São Paulo: Ática, 1980.

ROSA, Dora Leal. O mandonismo local na Chapada Diamantina. Dissertação apresentada ao Mestrado em Ciências Sociais da Universidade Federal da Bahia, 1973.

ROSA, João Guimarães, *Grande Sertão: veredas*. Rio de Janeiro: Nova Fronteira, 2006.

ROSA, João Guimarães, *Grande sertão: veredas*. Rio de Janeiro: Nova Fronteira, 2006.

SAINT-HILAIRE, Auguste de. *Viagem pelo Distrito dos Diamantes e litoral do Brasil*. Belo Horizonte, Editora Itatiaia; São Paulo, Editora da USP, 1974.

SALES, Fernando. *Memória de Mucugê*, Salvador: Empresa Gráfica da Bahia, 1994.

SALES, Herberto. *Além dos Marimbus*. São Paulo: Círculo do Livro, s/d.

SALES, Herberto. *Cascalho*. Rio de Janeiro: Edições O Cruzeiro, 1966.

SALES, Herberto. *Garimpos da Bahia*. Rio de Janeiro: Serviço de Informação Agrícola do Ministério da Agricultura, 1955.

SALES, Herberto. *Os pareceres do tempo*. Rio de Janeiro: Civilização Brasileira, 1999.

SALVADOR, Frei Vicente do. *História do Brasil 1500-1627*. São Paulo e Rio: Weiszflog e Irmãos, 1918.

SAMPAIO, Eliane Pinheiro Navarro. *Ventura: dos diamantes ao ecoturismo? Estudo de caso do Potencial Ecoturístico do Dsitrito de Ventura, Morro do Chapéu, Chapada Diamantina, Bahia*. Dissertação de Mestrado, Universidade Estadual de Santa Cruz, Universidade Federal da Bahia, 2004.

SAMPAIO, Moises de Oliveira. *O coronel negro: coronelismo e poder no norte da Chapada Diamantina (1864-1919)*. Dissertação de Mestrado, Programa de Pós-Graduação em História Regional e Local da Universidade do Estado da Bahia – UNEB, 2009.

SAMPAIO, Theodoro. *O Rio de São Francisco e a Chapada Diamantina*. Salvador: Assembleia Legislativa da Bahia, 1998.

SANTIAGO, Luís Carlos Mendes. *O mandonismo mágico do sertão: corpo fechado e violência política nos sertões da Bahia e de Minas Gerais - 1856-1931*. Dissertação de mestrado apresentada ao Programa de Pós-Graduação em História da Universidade Estadual de Montes Claros, 2013.

SANTOS FILHO, Lycurgo. *Uma comunidade rural do Brasil antigo* (Aspectos da Vida Patriarcal do Sertão da Bahia nos séculos XVIII e XIX). São Paulo: Companhia Editora Nacional, 1956

SANTOS, Joaquim Felício dos. *Memórias do Distrito Diamantino da Comarca do Serro Frio*. Belo Horizonte: Editora Itatiaia; São Paulo: Editora da USP, 1976.

SANTOS, Márcio Roberto Alves dos. *Fronteiras do Sertão Baiano (1640-1750)*. Tese de Doutorado, Universidade de São Paulo, Programas de Pós-Graduação em História Social, 2010.

SANTOS, Paulo Henrique Duque. *Légua tirana: sociedade e economia no alto sertão da Bahia*. Caetité, 1890-1930. Tese apresentada ao Programa de Pós-Graduação em História Social, Universidade de São Paulo, 2014.

SARMENTO, Silvia Noronha. *A Raposa e a Águia: J. J. Seabra e Rui Barbosa na Política Baiana da Primeira República*. Dissertação de Mestrado, Programa de Pós-Graduação em História, UFBA, 2009.

SCHUMPETER, Joseph. *History of Economic Analysis*, Taylor & Francis e-Library, 2006.

SCHWARCZ, Lília; Heloísa Starling. *Brasil: uma biografia*. São Paulo: Companhia da Letras, 2015.

SCHWARTZ, Stuart; PÉCORA, Alcir (organizadores). *As excelências do governador*; o panegírico fúnebre a d. Afonso Furtado, de Juan Lopes Sierra (Bahia 1676). São Paulo: Companhia das Letras, 2002

SCHWARTZ, Stuart. Padrões de propriedade de escravos nas Américas: novas evidências para o Brasil. *Estudos Econômicos*, v. 13, n. 1, 1983.

SENNA Ronaldo; AGUIAR, Itamar. Jarê: Instalação Africana na Chapada Diamantina. *Afro-Ásia*. Salvador, número 13, 1980.

SENNA, Ronaldo. Garimpeiros, capangueiros e pedristas: o Jarê nas relações sócio-culturais na Chapada Diamantina. Em Erivaldo Fagundes Neves (org), *Sertões da Bahia – Formação social, Desenvolvimento Econômico, Evolução Política e Diversidade Cultural*. Salvador: Editora Arcádia, 2011.

SIERING, Friedrich Câmara. *Conquista e dominação dos povos indígenas: Resistência no sertão dos Maracás (1650-1701)*. Dissertação de Mestrado, Universidade Federal da Bahia, Programa de Pós-graduação em História Social, 2008.

SILVA, Aldo José Morais. *Instituto Geográfico e Histórico da Bahia: Origem e Estratégias de Consolidação Institucional 1894 – 1930*. Tese apresentada ao Programa de Pós-Graduação em História da Universidade Federal da Bahia, 2006.

SILVA, Eduardo. *Dom Obá d'África, o príncipe do povo: vida, tempo e pensamento de um homem de cor*. São Paulo: Companhia das Letras, 1997.

SILVA, Eduardo; REIS, João José. *Negociação e conflito: a resistência negra no Brasil escravista*, São Paulo, Companhia das Letras, 1989.

SILVA, Ignácio Accioli de Cerqueira e. *Memórias históricas e políticas da Bahia*. Bahia: Tipografia do Correio Mercantil, 1843.

SILVA, José Pedreira da. *O Supergrupo Espinhaço na Chapada Diamantina Centro-Oriental, Bahia: sedimentologia, estratigrafia e tectônica*. USP, Instituto de Geociências, Tese de Doutoramento, 1994.

SILVA, Moacir. Um Guia Ferroviário Brasileiro do Fim do XIX. *Revista Brasileira de Geografia*, V. 16, N. 2, abril-junho de 1954.

SILVA, Moacir. Um Guia Ferroviário Brasileiro do Fim do XIX. *Revista Brasileira de Geografia*, V. 16, N. 2, 1954.

SIMÕES, Luzinete. *Estrutura etária e mudança social em Mucugê: um teste de eidética sociológica*. Dissertação de Mestrado em Ciências Sociais, UFBA, 1977.

SIMONSEN, Roberto. *Evolução industrial do Brasil e outros estudos*. São Paulo: Editora Nacional e Editora da USP, 1973.

SIMONSEN, Roberto. *História Econômica do Brasil (1500/1820)*. São Paulo: Companhia Editora Nacional, 1978.

SOUSA, Gabriel Soares de. *Tratado descritivo do Brasil em 1587*. Madrid 5. Ed, 1851.

SOUZA, Luiza Campos de. *Conflito de família e banditismo rural na primeira metade do século XIX: Canguçús e "Peitos-Largos" contra Castros e Mouras nos sertões da Bahia*. Dissertação de Mestrado, Programa de História Social da Faculdade de Filosofia e Ciências Humanas, Universidade Federal da Bahia, 2014.

SPAR, Debora L. Continuity and Change in the International Diamond Market. *Journal of Economic Perspectives*, Volume 20, Número 3, 2006.

SPINOLA, Noélio. *A trilha perdida: caminhos e descaminhos do desenvolvimento baiano no século XX*. Salvador: UNIFACS, 2009.

SPIX, Johan; MARTIUS, Carl. *Viagem pelo Brasil: 1818-1820*. Belo Horizonte: Editora Itatiaia; São Paulo: Editora da USP, 1981.

STEIN, Stanley. *The Brazilian Cotton Manufature: Textile Enterprise in na Underdeveloped Area, 1850-1950*. Cambridge, Massachusetts: Havard University Press, 1957.

SUPERINTENDÊNCIA DE ESTUDOS ECONÔMICOS E SOCIAIS DA BAHIA – SEI, *Perfil dos Territórios de Identidade*. Salvador, 2015.

SUPERINTENDÊNCIA DE ESTUDOS ECONÔMICOS E SOCIAIS DA Bahia – SEI, *Anuário do Emprego Formal na Bahia* (recurso eletrônico). Salvador: SEI, 2017.

TAVARES, Luís Henrique Dias. *Bahia, 1798*. Salvador: EDUFBA, 2012.

TEIXEIRA, Cid. *Mineração na Bahia: ciclos históricos e panorama atual.* Salvador: Superintendência de Geologia e Recursos Minerais, 1998.

TEIXEIRA, Francisco; GUERRA, Oswaldo. 50 Anos da Industrialização Baiana: do enigma a uma dinâmica exógena e espasmódica. Bahia: *Análise&Dados*, v. 10, n. 1, 2000.

TEIXEIRA, Francisco; GUERRA, Oswaldo; ARAÚJO, Sílvio. Limites para uma dinâmica endógena na economia baiana. Bahia: *Análise&Dados*, v. 21, n. 2011.

TEIXEIRA, Francisco; ARAÚJO, Sílvio. Desigualdade, emprego e aglomerações produtivas: análise da dinâmica dos territórios de identidade da Bahia. Bahia: *Análise&Dados*, v. 26, n. 1, 2016;

TOLEDO, Carlos de Almeida. *A região das Lavras Diamantinas*. Faculdade de Filosofia e Ciências Humanas da USP, Tese de Doutorado, 2008.

UDERMAN, Simone. A indústria de transformação na Bahia: características gerais e mudanças estruturais recentes. *Revista Desenbahia*, Salvador, v. 2, n. 3, 2005.

VARGAS, Jonas Moreira. *Abastecendo plantations*: a inserção do charque fabricado em Pelotas (RS) no comércio atlântico das carnes e a sua concorrência com os produtores platinos (século XIX). *História* (São Paulo) v.33, n.2, 2014.

VASCONCELOS, Albertina Lima. *As Vilas do Ouro: sociedade e trabalho na economia escravista mineradora (Bahia, século XVIII).* Vitória da Conquista, Edições UESB, 2015.

VIEIRA FILHO, Raphael Rodrigues. *Os negros em Jacobina (Bahia) no século XIX*. Tese de doutorado em História Social, São Paulo: Pontifícia Universidade Católica de São Paulo, 2006.

VILELA, André. Política Tarifária no II Reinado: evolução e impactos, 1850-1889. *Nova Economia*. Belo Horizonte, 15 (1), 35-68, janeiro-abril de 2005.

WILDBERGER, Arnold. *Meu pai Emil Wildberger*. Salvador: Gráfica Ignoramus, 1979.

WILDBERGER, Gilberto Almeida. *Gênese da economia cacaueira e da firma Wildberger*. Salvador, s/d.

WISNIEWSKI, Alfonso; MELO, Célio Francisco Marques de. *Borrachas naturais brasileiras, III – Borracha de Mangabeira*. EMBRAPA - Centro de Pesquisa Agropecuária do Trópico Úmido: Belém, PA, 1982

WISNIEWSKI, Alfonso; MELO, Célio Francisco Marques de. *Borrachas naturais brasileiras, IV – Borracha de Maniçoba*. EMBRAPA – Centro de Pesquisa Agropecuária do Trópico Úmido: Belém, PA, 1983.

XIMENES, Cristiana Ferreira Lyrio. *Joaquim Pereira Marinho: perfil de um contrabandista de escravos na Bahia, 1828-1887*. Dissertação de Mestrado em História, Universidade Federal da Bahia, 1999.

Crédito das fotografias

Elaine Quirelli: páginas 8, 13, 14, 26, 28, 29, 34, 48/49, 98, 102, 120/121, 123, 136, 180, 188, 190, 220, 246, 254/255, 256, 258, 259, 262, 269, 334, 368, 376, 382/383, 384, 390, 394, 402/403 e 414.

Kin Guerra: 16, 52, 64, 68, 124, 162, 250/251, 253, 257, 270, 398/399 e verso da capa.

Letícia Grappi: 353 e 354.

Acervo Fotográfico da Biblioteca do IBGE: 380.

Este livro foi editado em abril de 2021
pela Solisluna Design Editora, na Bahia.
Impresso em papel pólen soft 80 g/m²
na Gráfica Viena, em São Paulo.